编委会

主　　编　杨六华　王文科

副主编　罗勇兵　白文松

编　　委　罗恩华　万里波　严全胜　洪　波
　　　　　胡小玲　林政农　胡微微　袁　琳
　　　　　方　宁　黎超权　胡　昱

2016 年度江西省

报纸广播电视优秀新闻作品评析

杨六华　王文科　主编

ZHEJIANG UNIVERSITY PRESS
浙江大学出版社

序

　　当我们把过去一年的新闻集结成册,曾经的新闻已然化作历史。前一年的点滴如同碎片,我们借由这些已然变为历史的新闻,把时光拼合,回望过去,展望未来。

　　2016年春节前夕,中共中央总书记、国家主席、中央军委主席习近平来到江西,看望慰问广大干部群众和驻赣部队,向全国人民致以新春祝福;并来到吉安、井冈山、南昌等地,深入乡村、企业、学校、社区调研考察,带给赣鄱大地无限关怀和殷殷嘱托。"希望江西主动适应经济发展新常态,向改革开放要动力,向创新创业要活力,向特色优势要竞争力,奋力夺取全面建成小康社会决胜阶段新胜利。"总书记对江西工作提出了"新的希望、三个着力、四个坚持"的重要要求。这一幕幕,至今仍记忆犹新。弘扬井冈精神,决胜全面小康,成为激荡在四千多万江西人民心头的时代最强音。

　　东风入赣花千树。一年来,江西省委、省政府带领全省干部群众,深入学习贯彻习近平总书记系列重要讲话精神和治国理政新理念新思想新战略,深入学习贯彻习近平总书记对江西工作提出的重要要求,牢固树立和贯彻落实新发展理念,按照省委确定的"创新引领、绿色崛起、担当实干、兴赣富民"的十六字工作方针,大力弘扬井冈山精神,上下同心、感恩奋进,各项事业取得新成绩,迈出了决胜全面建成小康社会、建设富裕美丽幸福江西新步伐,向党中央和总书记交上了一份沉甸甸的亮丽答卷。统筹做好稳增长、促改革、调结构、优生态、惠民生等各项工作,经济发展稳中有进、稳中提质、稳中向好,完成了全年各项目标任务,实现了"十三五"良好开局。过去的一年,对于江西的新闻工作者而言,是忙碌的一年,也是丰收的一年。他们牢记职责使命,深入赣鄱大地,倾听各界声音,紧握时代脉搏,深入观察和记录近一年来发生在这片红土地上的显著变化和深刻变革。因为他们的专业与努力,因为他们的深入和敬业,这一年江西大地上的发展的喜人态势,在人们心中留下了抹不去的深刻印象,既有"习大大来江西"的温暖与激动,有"硅衬底LED项目获国家科学技术发明一等奖"的无限欣喜,也有"江西鄱阳县向阳圩溃口封堵成功"等刻骨铭心的险情;既有"90后护士网红笔记"展示"工匠精神"的新时代的风景,也有"汤显祖《牡丹亭》唱响莎士比亚故乡"的传统中华文化魅力;既有对巡视组长李泉新奉献精神的倡扬,也有供给侧改革和生态环境建设的成效……社会生活的方方面面,四千万江西人民的拼搏奋进,经由江西新闻工作者的笔端融合在一起,成为了江西人对于2016的美好记忆。

　　2016年年底,在会见中华全国新闻工作者协会第九届理事会全体代表和中国新闻奖、长江韬奋奖获奖者代表时,习近平发表重要讲话,要求广大新闻工作者坚持"四向四做",即"坚持正确的政治方向,同党中央保持高度一致,坚持马克思主义新闻观,坚守党和人民立场，坚持中国特色社会主义，做政治坚定的新闻工作者；坚持正确舆论导向，深入宣传党的理论和路线方针政策，深入宣传全国各族人民为实现'两个一百年'奋斗目标、实现中华民族伟大复兴中国梦进行的奋斗和取得的成就，弘扬主旋律，释放正能量，做引领时代的新闻工作者；坚持正确新闻志向，提高业务水平，勇于改进创新，不断自我提高、自我完善，做业务精湛的新闻工作者；坚持正确工作取向，以人民为中心，心系人民、讴歌人民，发扬职业精神，恪守职业道德，勤奋工作、甘于奉献，做作风优良的新闻工作者"。习近平总书记"四向四做"的要求，激励着新闻工作者奋发有为，不断前行。

社会的发展永远在对新闻工作者提出更高的要求与更大的挑战。在今天，"新媒体"、"融媒体"等已然成为新闻传播界乃至于社会关注的热词。整个舆论生态和媒体格局，都因以网络为代表的新媒体的横空出世而发生翻天覆地的变化，被重新定义。追求时效性是新闻的天性。但无限制地"趋新"也可能恰恰导致新闻的真实性遭受曲解。所谓"新"，固然是指技术的进步与运用，但更指一种永远对人民生活保持关注与记录的精神，更指一种在践行新闻工作时所体现出的专业能力、敬业精神与事业心。"涉水浅者得鱼虾，涉水深者见蛟龙。"一日千里的社会发展变化，需要新闻工作者更加深入的观察、记录与更加高屋建瓴的分析；来自人民群众当中细微多元的冷暖喜忧、万千声心，需要新闻工作者来倾听、感受与关心；整个社会的发展进步，需要新闻工作者放宽自己的眼光，怀着更加深广的情怀来审视。

每年，我们都按精选评析的方式，结集出版年度优秀新闻。我们相信，这一篇篇新闻，犹如一个个脚印，记录着我们前行的印迹。这里呈现的数十篇新闻，仅仅只是江西优秀新闻作品中的一些代表、一份见证。无论是新闻工作还是它所记录的社会本身，精彩仍在继续。让我们暂且轻轻翻过昨天这一页，在来年一如既往地砥砺前行。更何况，赣鄱大地的2016本身，更要比纸上新闻丰富得多。

党的十九大为我们描绘了未来发展的宏伟蓝图。实现"两个一百年"的奋斗目标、实现中华民族伟大复兴的中国梦，激励全体中国人民朝着新的征程新的目标奋勇前进。全省新闻工作者要深入学习贯彻习近平新时代中国特色社会主义思想，不忘初心，牢记使命，以高度的使命感和责任感，做好学习宣传贯彻十九大精神的宣传报道工作，奉献出更多更好的新闻作品，以优秀的作品鼓舞人，把全省党员干部群众的思想和行动统一到党的十九大精神上来，把力量和智慧凝聚到建设富裕美丽幸福现代化江西上来，激励、引导广大干部群众更加奋发有为地做好各项工作，奋力谱写新时代中国特色社会主义的江西篇章。

是为序。

目录
CONTENTS

报纸类

◉巡视组长——追记李泉新 ··· / 3

紧扣时代脉搏　打造精品工程——第二十七届中国新闻奖一等奖《巡视组长——追记李泉新》采编心得 ··················· 江仲俞　宋海峰　游　静/11

◉"百万年终奖"从何而来？——一个种粮大户的供给侧改革实验 ··················· / 14

用个案透视新闻背后的新闻——评析消息《"百万年终奖"从何而来——一个种粮大户的供给侧改革实验》 ··················· 刘茂华/15

◉改善办公条件可以推　推进工程建设不能等　信江新区五让办公用地让出为民情怀 ··· / 18

政绩性报道如何不要太"政绩"——《信江新区五让办公用地让出为民情怀》作品评析 ··· 唐佳丽/19

◉江西一自主研发成果获国家技术发明奖一等奖　实现了"零"的突破　全省共12项成果获奖　为历史之最 ·························· / 21

题眼把握准确，新闻价值明确——评《江西日报》消息《江西一自主研发成果获国家技术发明奖一等奖》 ················· 郭　璇/22

◉练车考试自己作主　拿驾照就这么"任性"　赣颁发全国首本自学直考驾照 ·· / 24

《赣颁发全国首本自学直考驾照》评析 ··················· 李新祥　侍雅慧/25

◉贵溪九牛岗区域2000余亩污染土地成功修复，成为目前我国单体一次性修复重金属污染土壤最大面积的修复治理区 ··················· / 27

着力开掘时代大背景下的新闻价值——报刊消息《贵溪九牛岗区域2000余亩污染土地成功修复》评析 ··················· 杨佳昊　吴生华/28

◉国家级贫困县没脱贫前原则上不得调整岗位　未摘"贫困帽"19个县"一把手"留任 ·· / 30

面对时代难题　探求现实答案——评析消息《未摘"贫困帽"19个县"一把手"留任》
··· 刘茂华/31

◉产业股权证保障长收益　贫困户登记证记录明白账　我市全面推广脱贫攻坚"两证"做法 ·· / 33

国家重大主题的地方性表达——评析消息《我市全面推广脱贫攻坚"两证"做法》
··· 刘茂华/34

◉义务守护红军无名烈士墓66载 ··· / 37

《义务守护红军无名烈士墓66载》评析 ································· 戴颖洁/38

◉九旬老人的最后一个心愿:捐出所有积蓄 ································· / 39

《九旬老人的最后一个心愿:捐出所有积蓄》作品评析 ··········· 戴颖洁/40

◉弘扬井冈精神　决胜全面小康 ··· / 41

党报评论的使命与担当——析《弘扬井冈精神　决胜全面小康》 ·· 邰小丽/46

◉"上海女孩逃离江西农村"事件:假的! ································· / 48

剖解信息证据链　还原事实真相——《"上海女孩逃离江西农村"事件:假的!》评析
··· 洪长晖/48

◉"我给习爷爷送'福'啦!" ··· / 50

技巧与文字的融合　优秀消息稿的必备属性——《"我给习爷爷送'福'啦!"》评析
··· 洪长晖/50

◉江西九江探索扶贫多赢搬迁模式 ··· / 52

《江西九江探索扶贫多赢搬迁模式》评析 ·············· 李新祥　侍雅慧/53

◉"江南都江堰"泰和槎滩陂入选世界遗产 ································· / 55

《"江南都江堰"泰和槎滩陂入选世界遗产》评析 ····· 李新祥　侍雅慧/56

◉百万群众重托　代表不辱使命 ··· / 58

现场信息通过巧妙组合生出了故事情节——浅评《百万群众重托　代表不辱使命》
··· 陈洪标/59

◉江西首次、全国首创——省级人民代表大会审议"生态报告" ·········· / 61

立意先行,中心明确《江西首次、全国首创——省级人民代表大会审议"生态报告"》
　作品评析 ··· 唐佳丽/62

◉不实之风当休 ··· / 63

观点集中　掷地有声——《不实之风当休》作品评析 ··············· 唐佳丽/64

◉三名干部因失信晋升路受影响 ··· / 66

直奔要害抓重点 小改革爆出大趋势——评消息《三名干部因失信晋升路受影响》
…………………………………………………………………………… 陈洪标/67
◉东江哪得清如许 为有源头活水来 赣粤首设生态补偿共护“生命之水” …… / 68
一个签约活动写出一篇厚重新闻——评消息《赣粤首设生态补偿共护“生命之水”》…
…………………………………………………………………………… 陈洪标/69
◉弘扬井冈精神 决胜全面小康——习近平总书记春节前夕赴江西看望慰问回访记
…………………………………………………………………………………… / 71
面对时代难题 聚焦中心工作——评析通讯《弘扬井冈精神 决胜全面小康》
…………………………………………………………………………… 刘茂华/75
◉东风送暖入赣鄱——习近平总书记春节前夕在江西看望慰问干部群众纪实
…………………………………………………………………………………… / 78
用情节和细节深化主题——《东风送暖入赣鄱》评析 ……………………… 石艳华/83
◉“网红”手术笔记，折射坚守40年的工匠精神 ………………………………… / 86
从小处着眼，做大格局文章——评析通讯《“网红”手术笔记，折射坚守40年的工匠精神》…………………………………………………………………… 刘茂华/89
◉江西好家规五次上中纪委网站头条 ……………………………………………… / 92
让墙内开的花墙内外都香——评消息《江西好家规五次上中纪委网站头条》
…………………………………………………………………………… 金重建/94
◉老阿姨的“传家宝” ……………………………………………………………… / 96
浓郁的感情，坚定的信念——评析《老阿姨的“传家宝”》……………… 李 欣/98
◉三十三年不变的坚守——贵溪泗沥村党支部开展“党员主题活动日”纪实 … / 100
有新闻价值的典型报道——浅析《三十三年不变的坚守》………………… 刘 燕/101
◉“农村就是最大的创客空间!”——横峰岑阳打造返乡青年创客社群样板 …… / 103
《“农村就是最大的创客空间!”》评析 …………………………………… 刘小丹/105
◉感受身边的供给侧改革系列报道 ……………………………………………… / 108
系列报道的系列表达“艺术”——《感受身边的供给侧结构性改革系列报道》评析
…………………………………………………………………………… 陈书泱/114
◉南矶湿地保护区内项目“未批先建” …………………………………………… / 118
评《南矶湿地保护区内项目“未批先建”》………………………………… 陈洪标/121
◉南昌“网红”是怎样炼成的 ……………………………………………………… / 123
评《南昌“网红”是怎样炼成的》………………………………………… 陈洪标/126
◉用大数据“说话” 维护“景德镇制造” ………………………………………… / 129
从存在矛盾和冲突的两者之间，挖掘新闻亮点——评《用大数据“说话” 维护“景德

镇制造"》……………………………………………………………………陈洪标/131

●纪念红军长征胜利80周年"重走长征路"系列报道……………………… / 133

新征程与长征历史叙写的交相辉映——江西日报《纪念红军长征胜利80周年"重走
长征路"》系列报道评析………………………………………杨佳昊 吴生华/135

●鏖战洪魔保安澜——我省防汛抗洪抢险救灾斗争取得关键性胜利纪实 …… / 139

评通讯《鏖战洪魔保安澜》…………………………………………………陈洪标/142

广播类

●向阳圩溃口成功封堵 …………………………………………………………… / 149

现场是最好的新闻——广播短消息《向阳圩溃口成功封堵》评析…………李海宏/150

●总理妙解"孚能"寄语新经济 ………………………………………………… / 152

短小而真实 简洁而深刻——广播短消息《总理妙解"孚能"寄语新经济》评析
……………………………………………………………………………李 贞/152

●"信用新余"发威,3干部因失信未能提拔 ………………………………… / 154

一篇有力度的短新闻佳作——评广播短消息《"信用新余"发威,三干部因失信未能
提拔》…………………………………………………………………韩 梅/154

●地铁工地突发塌陷 多方联动保交通 ……………………………………… / 157

广播长消息《地铁工地突发塌陷 多方联动保交通》评析…………………倪琦珺/158

●省长刘奇现场教育干部:生态环境是最大的民生 ………………………… / 160

评广播长消息——《省长刘奇现场教育干部:生态环境是最大的民生》… 于 舸/161

●"硅衬底高光效氮化镓基蓝色发光二极管"项目荣获国家技术发明奖一等奖
……………………………………………………………………………… / 162

《"硅衬底高光效氮化镓基蓝色发光二极管"项目荣获国家技术发明奖一等奖》
评析…………………………………………………………………………倪琦珺/163

●汤显祖《牡丹亭》惊艳唱响莎士比亚故乡 ………………………………… / 166

成功得益于"体裁本位"综合叙事——广播新闻特写《汤显祖〈牡丹亭〉惊艳唱响
莎士比亚故乡》评析…………………………………………………………陈书泱/167

●习近平赴井冈山看望干部群众 向老区和全国人民拜年 ………………… / 170

抓抢重大新闻 发挥广播特色——广播长消息《习近平赴井冈山看望干部群众
向老区和全国人民拜年》评析………………………………杨佳昊 吴生华/171

●南昌供水管网破裂,老城区用水告急 ……………………………………… / 173

"用水告急"报道背后呈现出的记者良苦用心——评南昌停水事件连线报道《南昌

供水管网破裂，老城区用水告急》……………………………………… 金重建/177
●胜利从这里出发 ……………………………………………………… /179
不忘初心　继往开来——评系列报道《胜利从这里出发》………………… 金重建/182
●最美校园评选的背后——莫让功利心玷污了孩子 ………………………… /184
《最美校园评选的背后》广播评论作品评析 ………………… 李新祥　赵唯一/186
●养老院为何成了虐养所 ……………………………………………… /188
针砭养老问题　引发社会关注——广播评论《养老院为何成了虐养所》评析
　………………………………………………………………………… 李　贞/191
●一山多治终结，旅游兴市见效 ……………………………………… /193
角度·形式·主题：作为新闻专题的三个要素——广播新闻专题《一山多治终结，
　旅游兴市见效》评析 …………………………………………………… 张忠仁/196
●赣南老表的电商情缘——《乡村纵横》栏目头 ……………………… /198
《赣南老表的电商情缘》作品评析 ……………………………………… 苗笑雨/202
●井冈深处访脱贫 ……………………………………………………… /205
《井冈深处访脱贫》评析 ………………………………………………… 苗笑雨/208
●七只鸭子的"官司" …………………………………………………… /211
用"好声音"讲述"好故事"——评广播专题《七只鸭子的"官司"》………… 朱　怡/214
●鉴古知今话海昏 ……………………………………………………… /218
匠心独到，魅力无穷——广播新闻访谈节目《鉴古知今话海昏》赏析 …… 张雨雁/228
●雄关漫道从头越　不忘初心新长征——纪念红军长征胜利80周年大型联合直播
　……………………………………………………………………………… /231
讲述长征路上好故事，喜看红色沃土新发展——《雄关漫道从头越　不忘初心新长征》
　评析 …………………………………………………………………… 石艳华/259
●惠农直播室 …………………………………………………………… /261
《惠农直播室》广播节目评析 …………………………………… 李新祥　赵唯一/268

电视类

●习近平春节前夕赴江西看望慰问广大干部群众　祝全国各族人民健康快乐吉祥
　祝改革发展人民生活蒸蒸日上 ……………………………………… /273
时政新闻报道的创新——《习近平春节前夕赴江西看望慰问广大干部群众》评析
　…………………………………………………………………………… 王　贞/277
●江西丰城电厂三期在建冷却塔施工平台坍塌　22人遇难 …………… /279

浅谈突发事件报道中专业媒体的社会责任——析《江西丰城电厂三期在建冷却塔

　　施工平台坍塌　22人遇难》……………………………………… 邰小丽/279

●南昌新建:女子突然昏迷　记者紧急心肺复苏 ……………………… / 281

弘扬社会正能量,记者以身作则——浅析短消息《南昌新建:女子突然昏迷　记者

　　紧急心肺复苏》…………………………………………… 刘　燕/282

●别了,老式绿皮车! …………………………………………… / 284

电视短消息《别了,绿皮车!》评论 ……………………………… 刘小丹/284

●网络红人——"短裤哥" ………………………………………… / 286

《网络红人——短裤哥》评析 …………………………………… 刘小丹/287

●一本老账　一块新碑　一串故事 ……………………………… / 289

《一本老账　一块新碑　一串故事》评析 …………………………… 苗笑雨/290

●江西:90后护士的"网红笔记"　传承40年"工匠精神" ………… / 292

语言有张力　内容有深度——《江西:90后护士的"网红笔记"传承40年"工匠

　　精神"》评析 ……………………………………………… 胡蓓蓓/293

●19年攻坚克难　成功打破国际垄断　江西硅衬底项目获国家技术发明奖一等奖

　　……………………………………………………………… / 295

让新闻落地　挖掘新闻价值的最大化——长消息《江西硅衬底项目获国家技术

　　发明奖一等奖》评析 ………………………………………… 胡蓓蓓/296

●宜春:丰城发电厂在建冷却塔施工平台坍塌　致67人不幸遇难 ……… / 299

地市媒体如何报道突发事故?——《丰城发电厂在建冷却塔施工平台坍塌致67人

　　不幸遇难》评析 ……………………………………………… 陈佳沁/300

●捐献遗体　完成儿子生前心愿 ………………………………… / 302

平凡人的不平凡事——《捐献遗体　完成儿子生前心愿》评析 ………… 陈佳沁/303

●走进文昌里 …………………………………………………… / 305

穿越历史　再现繁华——系列专题片《走进文昌里》评析 …………… 陈佳沁/311

●晶能之路启示录 ……………………………………………… / 313

给创新、创业一个良好的环境氛围——江西台系列报道《晶能之路启示录》之启示

　　……………………………………………………………… 金重建/316

●记者调查·甜蜜的负担·赣州 ………………………………… / 318

坚守媒体使命　践行主流担当——评《记者调查·甜蜜的负担·赣州》

　　……………………………………………………………… 詹晨林/323

●90后护士的"高颜值"笔记 …………………………………… / 326

选题·策划·叙事——电视新闻专题《90后护士的"高颜值"笔记》评析

································ 陈少波/329

●我的红军岁月 王泉媛口述:永远是党的人 ·············· / 332

现实镜像与历史话语——评口述历史文献纪录片《我的红军岁月·永远是党的人》

································ 陈少波/340

●志愿者老王 ····························· / 345

微型人物纪录片的魅力——纪录片《志愿者老王》评析·············· 陈书浃/349

●方志敏 ····························· / 352

信念人生:纪录片《方志敏》的现实意义 ·············· 张忠仁/372

●雨润神山 ····························· / 375

电视专题片的话语转向与传播新形式——评作品《雨润神山》·············· 金 叶/379

●转 移——《长征:那些人 那些事》 ·············· / 382

宏大历史背景下的个体叙事——电视专题节目《转移——长征:那些人 那些事》评析

································ 吴鑫丰/385

●英雄城迎回海军南昌舰 ····················· / 387

以一城之力顶家国千钧——评《现场直播·英雄城迎回海军南昌舰》·············· 詹晨林/394

●中国梦 中国"芯" ····················· / 399

新闻的意义产生于交流背后——电视新闻访谈《中国梦 中国"芯"》评析

································ 张忠仁/402

●杂志天下 ····························· / 405

碎片化时代的精神食粮拼盘——评《杂志天下》·············· 李 琳/412

●方家大院的中国年 ····················· / 414

《方家大院的中国年》创作谈·············· 谢永芳/415

报　纸　类

第二十七届中国新闻奖一等奖

第二十四届江西新闻奖一等奖

巡视组长

——追记李泉新

• 一棵枝繁叶茂的大树，一定有庞大的根系，根深才能树高，根深才能叶茂。学习就是生命的一种"光合作用"，人的精神世界会因为学习而变得蓬勃葱茏、气象万千。

• 亲情、友情再深，也要有一个"界"，这个界限就是公权不能私用。作为党的领导干部，我们最深沉的爱、最博大的爱、最真切的爱，是爱国家、爱人民。

• 我们不是一般的人，我们是党的人。党的领导干部，是有规矩的人，是不能为所欲为的人。

• 自古以来，没有几个做官的死于饥寒，但是死于敛财的，历朝历代，大有人在。人不可能把金钱带进坟墓，但是金钱能将人带进坟墓。金钱没有牙齿，却可以吞没人的灵魂。

• 党纪政纪是设在悬崖边的一道道护栏，保护我们不要掉到悬崖下面去。遵守纪律，就是善待自己。我认为，清廉才能轻松，越清廉就越轻松。

—— 李泉新

一场较量

2015年3月，江西省委第三巡视组巡视南昌市西湖区。

在此之前，第三巡视组组长李泉新反复研究了省委巡视工作领导小组办公室移交给三组的相关材料。在2014年第一轮对南昌市的巡视中，西湖区委书记周某，已被列入进一步关注的对象。

出征前夕，李泉新重申："我们一定要努力工作，团结协作，依纪依法，严格保密，自觉接受监督，落实中央八项规定精神。"

他解释说："我们是监督别人的，决不能有特权思想，要知道干部群众也在监督我们。如果不落实八项规定精神，说不定人还没回去，告状信已经到省委了。"

说到做到。西湖区挑选星级酒店给巡视组办公，被否定；海鲜上了餐桌，被撤走；水果拿进房间，被退回。区联络员看到李泉新喜欢穿布鞋，就买了一双北京布鞋，要送给他。李泉新严厉制止，并提出严肃批评。几天后，联络员又将童装、儿童书籍、玩具等,放到巡视组驾驶员的房间里,说是送给李泉新的孙子的,请驾驶员转交给组长。李泉新立即让司机把东西退了。联络员又将东西邮寄到李泉新家,但邮件被拒收,原封不动退了回去。

西湖区委办公室负责人多次联系巡视组,说周某希望与李泉新见上一面。李泉新回复:"可以,但不单独见面。"见面后,周某说:"听说你们在查我?我什么事也没有!"李泉新当着巡视组所有人的面正告他:"有没有问题你心里最清楚,最好早点向组织说明你的问题!"

在巡视组面前碰了钉子,周某与他人订立攻守同盟,转移隐匿相关证据。三组组员收到了"低头不见抬头见,事不要做绝了"的匿名恐吓短信。

关键时刻,李泉新对组员们说:"你们大胆工作,有什么问题都往我身上推!"有他这份担当,三组及时了解到周某插手干预工程项目建设、违规提拔使用干部、生活作风不正等问题,并移交省纪委。

巡视结束不久,周某接受组织调查。那天,李泉新一夜未眠。

三组有组数据:2014年1月就任巡视组长,2016年3月查出肝癌,李泉新在省委第三巡视组工作800多个日夜。第三巡视组完成了8轮巡视,巡视26个单位,发现问题线索934条,其中涉及厅级干部问题线索89条、县处级干部问题线索333条。

一大收获

2014年5月的一个周末,第三巡视组成员李思远一早接到李泉新的电话:"今天不休息了,你跟我出去一趟。"

第一站是温圳监狱。

按照有关规定和程序,他们提审了一名服刑人员。这个人曾在三组巡视的某区做过主要领导,李泉新希望能从他口中获得巡视单位的线索。这也是李泉新常用的巡视方法——"挖老矿"。

"他做了非常多的功课,一项项问得很细。但我觉得并没有挖到什么。"李思远回忆道。

离开温圳监狱,他们又到了另两座监狱。天气炎热,李思远真担心56岁的李泉新吃不消。

回南昌的路上,李思远想,忙了一整天,跑了三个监狱,却没挖到"矿石",未免沮丧。

"思远,你觉得今天有收获吗?"李泉新似乎猜到了李思远的心思。

李思远说:"要说收获,就是看了以后很感慨,我告诉自己:一定要廉洁从政,不能犯错误。"

李泉新问:"还有呢?"

他想了想,说:"没有了。"

李泉新说:"我觉得还是有收获的。我们巡视工作,发现问题是一大收获。今天的情况有所不同:我们跑了一天,却没有发现什么问题,那么,原来的怀疑就可以排除了,我们也就放心了。所以,没有发现问题,同样是一大收获。"

一次小聚

2015年11月28日,星期六。寒风呼啸。萍乡市审计局副调研员钟杰兰来南昌办事。傍晚,她给李泉新打了一个电话,说请组长出来吃个便饭。前一轮巡视,钟杰兰被抽调到三组,是李泉新的组员。

一听是钟杰兰来了,李泉新非常高兴:"你远来是客,我请你!"

小餐馆很简陋,四面透着寒风。除了李泉新和钟杰兰,还有两个人:李泉新的爱人和孙子。

刚入座,李泉新就单刀直入:"最近忙不忙? 新一轮巡视马上开始,三组需要你!"

钟杰兰听了这话,不免有些"得意"。因为她刚被抽调到三组时,李泉新可不是这样。她记得很清楚:那天李泉新看着组员的花名册,当看到钟杰兰的名字时,他问:"钟杰兰是哪一位?"台下的她站起来,应了一声。李泉新看了她一眼,问:"你这个副调研员是搞行政的,还是干业务的?"

钟杰兰是要强的人,组长这一问,刺激了她。第一次到景德镇巡视,她发现了一个700多万元的"小金库",这一"大手笔",让李泉新对她刮目相看。

寒风透过小餐馆的屏风吹到他们身上,不过,这丝毫不影响李泉新的求知欲望。

"我们马上就要巡视几个大单位了,你说怎样才能快速准确发现'小金库'?"

钟杰兰说:"这些大单位,口子多。我想……"

李泉新打断她的话,向吧台招招手:"服务员,请拿张纸、拿支笔来!"

服务员一时找不到白纸,就撕了一张空白菜单给他。他对钟杰兰说:"快说来听听!"

钟杰兰说:"一是到这些部门的下属单位去了解,比如招待所、后勤服务中心、食堂等;二是从管钱管物的人身上去了解……"

六个方面的"秘诀"传授完了,菜也上齐了,菜单上写满了字。

李泉新小心翼翼把菜单折叠成小方块,放进毛衣里面的贴身衬衣口袋里,开心地说:"对付腐败分子,又多了一个法宝!"

钟杰兰发现,这顿饭,李泉新根本没吃几口菜。他买了单,告别时,他对钟杰兰说:"我马上58岁了,还想再好好干两年,我们一起努力好不好?"

钟杰兰说:"这段时间确实很忙,分不开身。"

李泉新不放弃:"就算很忙,你也要先过来,哪怕一个星期也好,帮我炸开一个'口子',你就回去。"

一次"说情"

有李泉新坐镇指挥,三组组员干劲十足。钟杰兰更有使不完的劲。

巡视某县时,钟杰兰突然找到李泉新,说话时有些底气不足。

"李组长,我有个事请您帮忙。"

平时都是李泉新"求"她帮忙,现在颠倒过来了,李泉新觉得奇怪。

"您说我这看人家的账吧,一路杀杀杀的,正干得起劲,碰到这个单位有个人是我亲戚。我这亲戚把我骂得要死。您能不能帮个忙?"

李泉新说:"这个忙你也帮?他找你、骂你,你可以推到我身上来啊!我跟你说个例子,我亲嫂子有个亲戚,也因为犯了什么事给关起来了。我要是打个招呼,有关方面肯定给面子。但我怎么能帮这个忙呢?"

钟杰兰理解李泉新的话,不再说下去。

后来,钟杰兰的这个亲戚违纪问题被查实,被免职了。

李泉新在中国井冈山干部学院授课时,给学员讲过一个故事:"宜春市袁州区原区委常委、公安局长被抓起来了。他的一个亲戚是我高中同学,我这同学跟我打电话,请我帮忙。我告诉她,没办法,我们有铁的纪律,不准说情。"

李泉新对学员们说:"我们纪委有禁令,其中一条,就是严禁干预基层办案。"

一台收音机

2016年5月下旬,李泉新去世前几天。上海市第一人民医院。

省纪委干部谢良贵在重症监护室外穿好隔离服,准备进去看望李泉新。突然,他隐约听到监护室里传来收音机的声音。他眼睛湿了:"没想到,都这样了,他还在听新闻。"

收音机,是李泉新最好的"伙伴"之一。散步,随身带着收音机;晚上,在收音机播送的新闻中入睡。省纪委驾驶员罗辉说,他的车载收音机,频率一直定格在"中国之声89.1"上。"组长就爱听新闻,所以现在我都喜欢听了。"

而病床上的这台收音机,是儿媳徐翠在上海照顾李泉新时网购的。她说,公公在监护室,一清醒过来就要听新闻、看书。应公公要求,她还网购了《一个革命的幸存者——曾志回忆录》,放在他枕边。

李国英对哥哥李泉新的记忆里,也有一台收音机。1979年,李泉新上大学后,第一个暑假回到丰城市老家,就忙着帮家里干活。他把收音机音量开得很大,放进裤袋,一边收听新闻,一边挑着米糠到城里去卖。

李泉新常说:"不看书不看报,这不行。再忙,每天的《人民日报》、中央电视台《新闻联播》都要看,中央人民广播电台的《新闻和报纸摘要》都要听。只要每天坚持做到这一点,就等于天天进党校、天天进干部学院了。"

他卧室里堆满了书,《毛泽东选集》《邓小平文选》《习近平谈治国理政》《习近平关于严明党的纪律和规矩论述摘编》等著作放在最显眼的地方。去上海治病前夕,他还在翻阅《之江新语》。

省纪委干部汤长明回忆,他刚调整到财务部门工作时,李泉新跟他聊天:"你现在到了财务上,天天和账目打交道,但政治理论学习还是不能丢。"第二天,李泉新就送来了一套书,小汤一看,是《朱镕基讲话实录》。

一声道歉

李泉新进入重症监护室后,他的7个兄弟姐妹陆续来上海探望。

大姐李凤英来到李泉新跟前。李泉新看着大姐,歉疚地说:"大姐,我对不起你。"

看着虚弱的弟弟,李凤英哭了。

李泉新考上北京大学时,家里很苦,是大姐从微薄的工资里挤出钱来,资助他上学。后来,李凤英在丰城市河洲卫生院工作的女儿有个进城的机会:市中医院从基层选拔医务人员。大姐希望李泉新能够出面打个招呼,但李泉新没有答应。他对姐姐说:"这事我帮不了。帮了你,别人就会被挤掉。这种妨碍公平的事,我不能做。"

"好石",是丰城人对硬脾气人的称呼,也是老家人对李泉新的评价。

李泉新最小的弟弟李贵兴,有一好友在新余市开超市。超市被水淹了,朋友跟房东就超市租赁合同起了纠纷。朋友找到李贵兴,要他跟李泉新说一下,请李泉新跟有关方面疏通疏通关系。碍于情面,李贵兴硬着头皮,打通了哥哥的电话。李泉新对弟弟说:"这事我不能掺和。我帮了你朋友,就损害了其他人的利益。再说,具体情况我不清楚,你也不一定全清楚,这样的经济纠纷我不能干预。"

李泉新向亲人解释:"如果我因为办了不该办的事犯错误,你们心里好受吗?再说,我是监督别人的,自己怎么能犯错误呢?自己犯了错误,还怎么去监督别人呢?"

徐翠认识李泉新儿子之前,已经是省妇幼保健院的合同工。李国英说,哥哥去世以后,他们兄弟姐妹看电视,才知道哥哥的儿媳还不是"正式工"。

"他对自己儿媳都这么严格,我们更不能怪他了。"李国英说。

一块手表

李泉新去世快半年了，家里那块手表，还是原封不动放在盒子里。

这块手表，是徐翠在他住院期间，花了 500 元在南昌买的。年轻时他就养成了守时的习惯。但他戴的多为电子表，坏了就再买一块，最多都不超过 200 元。

儿子儿媳曾花 1000 元买过一块较体面的手表送给他。他非常珍惜，戴了数年后，也坏了，他又开始戴起便宜的电子表。

今年 5 月，在重症监护室里躺着的他，突然发现手表上的字码不显示了。爱人徐国香打电话给儿媳，让她在南昌买块新表，带到上海来。

徐翠立即来到南昌一家商场买了这块手表。当她带着手表去上海看望公公时，发现先前那块坏了的表又戴在了他手上。婆婆解释说，她上街找师傅看了看表，原来没有坏，只是没电了，换了新电池，又能用了。

李泉新走了，那块新买的手表，他还是没用上。

"他这人简单，物质上没有一点要求。"徐国香说。他的公文包是普通的材料袋，用了许多年，一个角磨破了。被巡视单位想给他换一个，他不允许，说这个包用习惯了，只要不掉东西就行。他办公室的水杯，是装罐头的玻璃瓶。他的布鞋，是他自己从地摊上"批发"来的，20 元一双。他的皮鞋，永远只有一双——穿破了才肯买新的。他在家吃饭时喜欢喝上一杯，儿子儿媳就在网上买酒，一瓶不超过 40 元。李泉新戴的眼镜只值几十元，镜框褪色，镜身变形，一块镜片裂了一个小口子。儿子儿媳实在看不下去，一个周末，小两口去鹰潭办事，听说那里的眼镜价廉物美，就给他买了一副，也就 200 多元。

一门家风

"听说他在外面好严厉，但在家里不会。只要他回家，家里就有说有笑的。"徐翠说。

回到家中，他会把收音机开到最大声，一边炒菜一边收听新闻。吃饭时，他一边呷着小酒一边给家人讲历史故事，讲中共党史，讲反腐倡廉。

"我们都吃完了，他还一边喝酒一边跟我们聊天。"徐翠说。

李泉新的工资卡由徐国香保管。上班前，徐国香会从他口袋里掏出那个透明的塑料袋来看看，袋子里的钱看得一清二楚。

"他袋子里不会超过 300 块钱，少了我就会给他加一点，让他买烟。"徐国香说。

徐翠想给公公买个真皮钱包，李泉新不肯，说用塑料袋包钱，不占地方。

李泉新也有"土豪"的时候，那就是回老家过年。

每年春节回老家前,爱人和晚辈不等他开口,合起来给他两万元。儿子没买车时,一家人坐客车回丰城;有了私家车,就坐自家的车回老家。

李泉新母亲80多岁,身板硬朗。晚上,母亲回房休息了,李泉新就进到母亲房间,拿出那两万元,交到母亲手上。

母亲看着这么多钱,露出一丝不安,说身边儿女都很孝顺,她不愁没钱用。

李泉新看出了母亲的心思,说:"妈妈,这钱你放心大胆用,儿孙的钱是干净的!"

过年过节,李泉新习惯住在最小的弟弟李贵兴家。李贵兴说:"我们是怕他来,又盼他来。"

怕,是因为"每次都给我们上政治课,提醒我们做人一定要低调,不要张扬,不要打着他的招牌办事"。盼,是因为李泉新"墨水"多,记性好,家人团聚时,他有说不完的故事,特别是晚辈们,更喜欢听他说话。

有团聚就有离别,该回南昌了。母亲和兄弟姐妹出门相送,李泉新向母亲挥手告别,上车前不忘补上一句:"妈妈,儿子去赚钱给你用了!"

一次辞行

2016年3月12日,李泉新住进江西省人民医院。

13日,李泉新跟医生说:"我要出院。"

医生说:"急性肺炎还没控制住,不能出院。"

家人说:"你一个人去那么远的地方,叫我们怎么放心?"

李泉新听不进去。他说四所大学的巡视刚刚开始,工作安排一环扣一环:13日晚上要开碰头会,14日统一行动。他是组长,必须到场。

医生拗不过,说一定要出院,病人必须签字。李泉新说:"我签!"

他在责任书上写下12个字:"身体出了任何问题个人负责!"然后让医生开了3天打点滴的药,坐了4个多小时的长途车,赶到被巡视单位——位于赣州市的江西理工大学。

到学校后,李泉新不停地咳嗽,胃口不好,吃了一点面条,来到医院,用南昌带来的药打起了点滴。

3月16日,药用完了,巡视前期工作也部署完毕。李泉新觉得病情没有好转,决定回南昌复诊。

江西理工大学党委书记罗嗣海前来送行。李泉新忽然想起了什么,对罗嗣海说:"学校里的电子显示屏要滚动播放巡视信息,滚动间隔的时间不能太长。"

说完,他摇晃着走近车子,左脚先上车,坐下,再用双手"搬"起右脚"放"进车内。

一路上,驾驶员罗辉从后视镜上看到,4个多小时的车程,李泉新是蜷缩在后座上，苦撑到南昌的。

进入南昌市区，他并没有去医院，而是先到设在南昌的江西理工大学分校，检查已经开展的巡视工作。

中午，他陪组员吃了工作餐，就来到省人民医院复诊。次日，结果出来了：肝癌。

谁都没有想到，这次辞行成了永别。他，再也没有回到战友们身边。

一场送别

5月18日，李泉新来到上海复检和治疗。一切来得太突然。组员们为了不让他担心病情，用工作来分散他的注意力。

钟杰兰给李泉新发短信："我们这个星期天没回家，按照您的指示在加班加点。发现了不少问题，在这里已形成了很大震慑。请您放心养病，我们都很想念您、惦记着您，希望早日听到您康复的佳音！"

李泉新回复道："钟杰兰好！很高兴你们发现了不少问题！我在上海。明天将做几项身体检查。谢谢你们关心！很希望跟你们一起战斗！"

但是，他的战友们没能听到他康复的佳音。5月31日，李泉新永远离开了人世。

6月2日，南昌大雨滂沱，全城内涝。

李泉新同志遗体告别仪式定于8时举行。

一大早，省纪委的同志赶来了，江西纪检监察系统认识李泉新的人赶来了，和李泉新并肩战斗过的省委第三巡视组的组员们赶来了，被巡视单位的同志也赶来了。

通往殡仪馆的路已被积水淹没，车辆无法通行。钟杰兰和她的同事刘霞、南昌县审计局干部黎凌凌都曾在三组工作过，姐妹三人在路边小店买了三双雨靴，小心翼翼涉水前进。但越往前，积水越深，情急之下，她们花钱雇了一位壮年男子，背着她们涉过了深水区。

遗体告别仪式推迟了两个小时。

人越聚越多，许多人都挽着裤腿，打着赤脚。10时整，遗体告别仪式开始。

望着李泉新的遗像，钟杰兰和大家一起，饱含泪水，深深鞠躬。

一声绝唱

李泉新被查出肝癌前一星期，2016年3月9日。中国井冈山干部学院。

李泉新为新疆维吾尔自治区部分厅局级领导干部讲课。他足足讲了2小时40分钟，最后，他用下面这段话，满怀深情地结束了这堂课——

人生好比一次远航，历经风雨与险滩。是沉舟折戟，还是乘风破浪，这个舵就掌握在自己手里；人生好比一部书，这部书是否精彩，全由书的主角决定，而书的主角就是自己。

参加革命是为了什么,现在当干部应该做什么,将来身后应该留点什么,这是我们每个领导干部在行使权力时,必须认真思考并严肃回答的三个重要问题。

希望每位同志以腐败分子为戒,珍惜自己的历史和荣誉,珍惜党和人民的培育和信任,坚持立党为公,执政为民,艰苦奋斗,廉洁从政,始终保持共产党人的蓬勃朝气、昂扬锐气、浩然正气。讲党性、重品行、做表率,自觉为党和人民掌好权、用好权,创造出无愧于时代、无愧于人民的业绩。

要努力成为人民群众拥护和爱戴的人,努力成为同事和部下敬佩信服的人,努力成为家属和子女引以为荣的人,努力成为回首人生问心无愧的人!

这是他一生的写照,更是他生命的绝唱。

江西日报

作者(主创人员):江仲俞、宋海峰、游静;责任编辑:任辛、李滇敏

紧扣时代脉搏　打造精品工程
——第二十七届中国新闻奖一等奖《巡视组长——追记李泉新》采编心得

江仲俞　　宋海峰　　游　静

2017年11月,全国优秀新闻作品年度最高奖——第二十七届中国新闻奖揭晓,由《江西日报》刊发的长篇报告文学《巡视组长——追记李泉新》荣获报纸副刊类一等奖。

2016年5月,江西省委第三巡视组组长李泉新同志倒在工作岗位上,因公殉职。中央和江西各大媒体均以多种形式,对他的事迹作了连续和深入报道。在众多的新闻报道中,为何这篇报告文学能够脱颖而出,并问鼎中国新闻奖?作为主创人员,我们回顾并梳理采编过程,认为关键在于作品紧扣时代脉搏,以扎实的采访作风,充分挖掘新闻素材,并将其作为精品工程进行打造。

报告文学是运用文学艺术形式,真实、及时地反映社会生活事件和人物活动的一种文学体裁。党报副刊作品,尤其是报告文学作品,必须兼具时代性、新闻性和文学性,而时代性,是对新闻纸副刊的内在要求。

作为一篇报告文学,《巡视组长——追记李泉新》的选题意识格外突出,打破了人们一般认为"副刊作品就是风花雪月"的误区。作品坚持正确的舆论导向,突出新闻价值,在全面从严治党的时代背景下,深入挖掘在巡视一线、在反腐倡廉主战场的正面典型。

党的十八大以来,全国各地学习贯彻习近平总书记系列重要讲话精神和中央巡视工作方针,紧跟中央巡视工作新部署新要求,坚决扛起主体责任,聚焦全面从严治党,加强组织领导,深化政治巡视。特别是去年10月,党的十八届六中全会对全面从严治党作出了新部署,提出要"坚定推进全面从严治党,坚持思想建党和制度治党紧密结合,集中整饬党风,严厉惩治腐败,净化党内政治生态",巡视工作的地位和重要性得到进一步提高,开创了从严治党新局面。

李泉新生前是江西省委第三巡视组组长,在2016年省委首轮巡视期间查出癌症,医治无效,于5月31日不幸逝世,享年58岁。当年10月,江西省委作出追授李泉新同志"全省优秀共产党员"称号的决定。11月,时任中央政治局常委、中央纪律检查委员会书记王岐山在中央纪委常委会第129次会议上指出:"现在巡视工作很辛苦,巡视干部不仅要敢于担当,还要有奉献精神。最近树立的一个优秀典型,江西省委巡视组原组长李泉新的先进事迹很感人。"

面对这样一个紧扣时代脉搏的选题,我们通过认真践行习近平总书记在会见中国记协第九届理事会全体代表和中国新闻奖、长江韬奋奖获奖者代表时勉励新闻工作者时提出"四向四做"的要求,秉持正确的新闻志向,坚持正确的工作取向,瞄准了进一步挖掘李泉新感人事迹这一方向。

采访,对于新闻写作的重要性不言而喻。作为已经被中央和江西各大媒体都宣传过的人物典型,我们不满足于现有材料,采取调查研究的方法,经历1个多月的时间,深入采访了近50人次,挖掘出大量的第一手资料。

正是因为"面"与"度"相结合,《巡视组长——追记李泉新》中的11个小故事,基本上都是首次披露。我们也在采访中被深深感动,更加坚信李泉新形象可信、可敬、可佩,进一步驱动着我们以更加严肃的态度、更加扎实的作风、更加求真的精神,对采访素材进行反复咀嚼,认真思考,并对照中央和江西省有关巡视工作制度,对素材进行筛选,力求做到素材经得起推敲,事实经得起拷问。

(一)"面"广

从2016年10月开始,我们以扎实的作风深入李泉新工作过的单位、巡视过的地方和他生活的家里、老家,采用"地毯式"搜索的方式,对与他产生工作交集、可能有"故事"的人进行接触,再通过筛选,进一步完成深入采访。

为还原李泉新带领巡视组忘我工作时的状态,我们深入南昌市西湖区、南昌县、进贤县、江西省建材集团等他所巡视过的单位,与当地纪委同志座谈,了解巡视过程中的故事,以及巡视对象眼中的李泉新形象;为了了解李泉新作为巡视组长对待同事、下属的情况,我们来到省纪委,与他共事多年的同事座谈,并请当时已经回到原单位工作的多名原第三巡视组成员,讲述他们眼中的李泉新;为了了解为人夫、为人父、为人子的李泉新形象,我们多次到达他南昌的家中,采访他的妻子、儿子、儿媳,为了深度挖掘他的故事,我们还深入李泉新在丰城的老家,了解父老乡亲们对李泉新的评价。

通过工作对象、同事、家人等角度的采访,我们力图还原真实,展现一个有血有肉、生动全面的李泉新形象。

(二)"度"深

正是因为采访的面达到一定的广度,我们捕获了许多尚未披露的感人故事。

例如,在文章的开头和结尾,是引用李泉新在中国井冈山干部学院为新疆维吾尔自治区部分厅局级领导干部讲课的原文摘要,原汁原味地再现了李泉新的形象,生动展示了他的风貌,这份材料的获得就是我们在采访中注重"度"的一个很好体现。

当时,我们在李泉新家中采访,听他儿媳提及"公公不仅学识渊博,而且课讲得非常好,还获得过奖状"。我们敏锐地捕捉住"课"这个关键词,感觉此处有料,立即与省纪委同志联系,希望他们回忆与讲课相关的故事,进一步得知他不久前被中国井冈山干部学院授予"优秀讲师"的称号,并在被查出肝癌前一星期,还在那里上过一堂课。我们立刻跟中国井冈山干部学院取得联系,顺利拿到了当时讲课的视频资料,这份资料,连省纪委领导同志都如获至宝。我们通过对录像资料反复观看,"近距离"感受到了李泉新同志的人格魅力,为增添这篇报告文学的新闻性、文学性起到了关键作用,更加深了我们对李泉新精神的崇敬之情,对我们逼真地描绘这位省委巡视组长的担当和奉献精神起到了重要作用。

第二十四届江西新闻奖特别奖
"百万年终奖"从何而来？
——一个种粮大户的供给侧改革实验

新华社南昌1月8日电（记者郭强）"老刘，今年年终奖拿了多少？""哎，天气不行，再生稻产量不高，只拿到20多万元。""已经不错啦，要知足啊！""哈哈……"

1月8日，江西省南昌市安义县鼎湖镇一大院里，当地种粮大户凌继河正给农民发年终奖，现场228万元现金整齐地码放在桌上，被叫到名字的农民乐滋滋地上前领奖，领到后还不忘相互比比"大小"。

这已是凌继河连续第五年给种粮农民发放年终奖。作为江西省有名的种粮大户，凌继河共流转农田18000多亩。为了展现现代农业的魅力、转变人们对新型农民的印象，这几年他一直以这种抢人眼球的方式给农民发年终奖。但在2015年南方发生罕见冬汛、很多农民种粮出现亏损的背景下，凌继河的"百万年终奖"从何而来？

记者调查发现，这"百万年终奖"的背后，是凌继河在农业供给侧进行的一系列探索和改革：他把这18000多亩田分块交给其他种粮能手管理，并确定一个基本产量，这些种粮能手平时每月预领5000元工资，到年底则根据超额完成的产量领取奖金。

凌继河说，他定的双季稻基本亩产是1500斤，再生稻是1300斤，在这个基础上农民超产1斤到50斤，每斤奖励0.5元；超产50斤到100斤，每斤奖励1元；超产100斤以上每斤奖励1.3元。"通过这种模式，大家的积极性就上来了，产量也就高了。"

中央农村工作会议提出，当前，我国农业也要进行"供给侧结构性改革"，重视去库存、降成本、补短板，提高效益和竞争力。凌继河的"百万年终奖"正是从中而来。

凌继河告诉记者，虽然他将这些农田分给其他种粮能手管理，但在农资购买、农机服务、粮食销售等方面却实行集约化经营。"这样可以方便机械化耕作，降低人工成本；同时，我的农药、种子、化肥等都是直接从厂家拿货，省去了许多中间环节，降低了购买价格。"凌继河说，通过集约化经营和机械化耕作，他种田的成本要比别人低150～200元/亩。

薄弱的基础设施一直是我国农业发展的"短板"。为此，凌继河在流转好土地后，每年都投入上百万元对农田进行改造。"以前田块大小不一、高低不平，机械化水平很低，如今通过改造，我这里基本实现了机械化耕作。"凌继河说。2015年，他购买的大型收割机可以把收割的稻谷直接送到拖拉机里，省去了过去肩挑背扛的环节，不仅让种田变得更轻松，而且成本也更低了。

此外,在国家稻谷托市价格逐年提高、国内外稻米价格严重倒挂的背景下,近几年来,我国粮食市场持续低迷,稻谷库存不断高企,农民遭遇"卖粮难"。为此,凌继河又开始谋划自建大米加工厂,打造自己的绿色大米品牌。"现在加工厂已经建好了,第一个专卖店马上就要开业。"凌继河说,未来两年,他计划将专卖店开到100家。

冬日的午后,阳光洒进院子,农民们手捧年终奖,脸上洋溢着丰收的喜悦。望着眼前的景象,凌继河说,他还要继续推进供给侧实验,力争下年年终奖达到400万元以上。

新华社江西分社

作者:郭强

用个案透视新闻背后的新闻
——评析消息《"百万年终奖"从何而来
——一个种粮大户的供给侧改革实验》

刘茂华

土地问题、收入问题、权利问题、发展问题和职业培育问题是我国我党当前改革新时期正确认识农民问题的五个价值维度。作为江西省有名的种粮大户,凌继河共流转农田1.8万多亩。为了展现现代农业的魅力、转变人们对新型农民的印象,他连续5年以这种抢人眼球的方式给农民发年终奖。但在2015年南方发生罕见冬汛、很多农民种粮出现亏损的背景下,凌继河的"百万年终奖"从何而来?消息《"百万年终奖"从何而来?——一个种粮大户的供给侧改革实验》用简洁的语言和权威数据剥开了新闻背后的新闻。

一、透过现象看本质

透过现象看本质,就是记者在从事新闻舆论监督时要看事物的内在因素,透过外在表象,揭示新闻事件和新闻事物的本来面目。媒体在进行新闻报道和舆论监督时,不但要客观公正全面,不偏听偏信,还要有强烈的社会责任意识,以透过现象看本质来找到新闻事件的主流。

凌继河连续第五年给种粮农民发放年终奖。凌继河的"百万年终奖"从何而来?记者调查发现,这"百万年终奖"的背后,是凌继河在农业供给侧进行的一系列探索和改革:他把这1.8万多亩田分块交给其他种粮能手管理,并确定一个基本产量,这些种粮能手平时每月预领5000元工资,到年底则根据超额完成的产量领取奖金。

如今传媒之间的竞争越来越激烈,少数记者为了一味追求所谓的刺激性和轰动效应,在报道时缺乏全局性把握,"见风就是雨",从而导致政治责任和社会责任的严重缺失。作为拥有公信力和影响力的主流媒体,我们应当时刻记住政治责任和社会责任,牢牢地把握正确的舆论导向,发挥正确的新闻舆论作用,营造积极向上、健康和谐的舆论氛围。消息《"百万年终奖"从何而来?——一个种粮大户的供给侧改革实验》敏锐地抓住了凌继河给农民发大奖的新闻,充分展示了新闻事件、新闻人物新奇的一面,当时并没有过多地聚焦"新奇"的一面,去满足人们的好奇之心,而是牢牢把握住了新闻舆论的导向,透过这些新奇的表面发现新闻的本质,为农村改革与建设提供了良好的舆论氛围。

二、有调查研究才有发言权

新闻的价值到底在哪里?这就需要我们在采写新闻中侧重于方向性的、前瞻性的、预测性的新闻;注意找特点、抓问题、会透视,透过现象看本质;认清形势找特点、通过比较找特点、具体分析找特点。注意抓问题的诀窍是:抓实际工作中急待解决的问题;抓社会公众关心的问题;抓带有倾向性的问题;抓事物发展中出现的新问题。在写的时候,再帮大家一点小的技巧,注意几个结合。上下结合:将上级精神与实际情况相结合;点面结合:个别和一般、特殊和普遍、局部和整体的结合;纵横结合:纵的认识——对事物历史与发展的完整了解,横的认识——对一事物与他事物有机联系的了解;正反结合:相反的两个个别事实之间的联系。

记者通过深入采访了解到,种粮大户凌继河将农田分给其他种粮能手管理,但在农资购买、农机服务、粮食销售等方面却实行集约化经营。这样方式可以方便机械化耕作,降低人工成本。同时,凌继河提供的农药、种子、化肥等都是直接从厂家拿货,省去了许多中间环节,降低了购买价格。集约化经营和机械化耕作让种田的成本要比别人低150~200元/亩。

在国家稻谷托市价格逐年提高、国内外稻米价格严重倒挂的背景下,近几年来,我国粮食市场持续低迷,稻谷库存不断高企,农民遭遇"卖粮难"。为此,凌继河又开始谋划自建大米加工厂,打造自己的绿色大米品牌。"现在加工厂已经建好了,第一个专卖店马上就要开业。"凌继河说,未来两年,他计划将专卖店开到100家。

三、从现实出发思考深层次问题

消息《"百万年终奖"从何而来?——一个种粮大户的供给侧改革实验》,记者首先需要从现实生活出发,实地体验和感受采访的对象和场景,这也就是我们常说的"表象",当然,仅有表面的了解是远远不够的。其次,记者又从宏观大视角出发,对采访到手的新闻材料进行分析和梳理,多层次、多角度、全方位地观察分析问题,着力探索、掌握和反映规律性的东西,抓住问题的本质,提炼出能够给人以启迪的新思想、新观点。

粮食安全是国家安全的重要组成部分,是影响我国经济社会发展大局的重大战略问题。农民是实现粮食安全的经济主体,"谁来种粮"和"如何种粮"的问题的核心是农民问题,农民问题是影响粮食安全战略的根本问题,关乎国民经济全局、粮食生产稳定和农村社会和谐稳定。重视、研究和解决农民问题,是一个贯穿于我国整个改革开放和社会主义现代化进程中的时代性课题。

正如本文开头指出的:土地问题、收入问题等是新时期正确认识农民问题的五个价值维度。那么,更重要的是,以法的形式还地权于农民、千方百计增加农民收入、构建全方位的农民权利体系、全面提升农民发展能力和加快培育新型职业农民,是解决农民问题的根本举措。消息《"百万年终奖"从何而来?——一个种粮大户的供给侧改革实验》就是这样从现实出发,从身边的人和事出发,发现问题并思考深层次的问题,将这些问题与供给侧改革结合起来,由此揭示出一位特殊的种粮大户的故事所蕴含的新闻价值,为中国农村建设的现实提供了参考答案。

第二十四届江西新闻奖一等奖

改善办公条件可以推 推进工程建设不能等
信江新区五让办公用地让出为民情怀

本报鹰潭讯（通讯员徐卫华 江西日报记者罗云羽） 说起信江医院,许多鹰潭人都知道,这个按三级资质设计建设、总投资 1.85 亿元的医院已进入内部装修阶段,不久将投入使用,从而为鹰潭市民看病提供又一个好去处。

然而,许多鹰潭人并不知道,原址本是建设信江新区管委会办公大楼的。2011 年,信江新区管委会选址于此,当时规划设计已经通过评审并开始筹建。但管委会觉得,这样的黄金地段建办公楼,有点可惜。经过集体讨论,最后决定让位于民生工程——信江医院。

记者深入采访后得知,新区因为重点及民生工程而放弃改善办公条件,这不是唯一的一次,而是有 5 次。最近的一次是 2015 年 6 月,考虑到办公条件实在太差,上级有意让新区管委会搬迁到环境更好、配套更完善的信江大市场公房里办公,相关部门也拟定了搬迁计划。但管委会班子经过讨论认为,新区当务之急是发展产业,而信江大市场现有公房周边商业氛围浓厚、配套完善,十分适合发展电商产业,于是修改规划建设电商产业孵化园。如今,孵化园的规划图纸已经绘就,而管委会办公房搬迁计划又落空。

屡次让出办公用地的新区管委会,如今一直"蜗居"在民房办公。近日,经过一路询问,记者终于找到了"隐身"于一个安置房小区里的管委会。管委会办公房与周边居民住房无异,三层半小楼,每层建筑面积 120 平方米,只不过管委会办公楼是 4 栋相邻民居的"合体"。步入楼内,陡狭的楼梯,窄小的走廊,每层分布着十余个几乎一样大小、面积不足 10 平方米的办公室。而大部分办公室除了桌椅、电脑、档案柜外,几乎没有其他摆设。

信江新区并不是没有钱。2010 年 1 月管委会成立后,新区财政收入从当年的 500 万元增长到 2015 年的 4 亿元。"我们不是没有钱改善办公环境,坚持过紧日子,主要是为了将最好的地块留给重点项目,把资金向完善城市功能、提升城市品位、保障百姓民生倾斜。"说起 5 次让出办公用地,新区党工委书记费尚恒这样说。建区之初,新区还只是鹰潭老城区与信江隔河相望的一片易涝地。如今的新区,高楼林立、路网通达、宜居宜业,到处涌动着人气和商机。几年来,新区累计发放各类拆迁补偿、过渡安置款 5 亿多元,并在养老保险、医保、就业、创业等方面给予拆迁户和失地农民最大限度支持。全区拆迁面积近 70 万平方米,却未发生一起恶性与群体性事件。

江西日报

作者:罗云羽、徐卫华;编辑:任辛、王少君

政绩性报道如何不要太"政绩"

——《信江新区五让办公用地让出为民情怀》作品评析

唐佳丽

《信江新区五让办公用地让出为民情怀》这篇报纸消息作为烘托当地公务人员为当地谋发展、为百姓谋事实的报道,不论从新闻角度、结构、写作手法都给人一种耳目一新的感觉,不仅将新闻价值最大化,还将政绩性报道写得鲜活、生动、不死板,是一篇值得圈点的报道。

1.细节描述到位,丰富新闻内涵

新闻细节,就是新闻的血肉,所谓"窥一斑而见全豹,以一目尽传精神",细节描写得好不仅能带给人们一种视觉化的体验,增强新闻的生动性、可读性,同时还能够通过对细节的客观描述,形象地彰显新闻价值及其所表达的内在意义。本篇消息巧用故事性的语言,层层追述,细致描述。尤其是在描写一路询问探得到的管委会大楼时,更是大方泼墨,极致描述。三层半、120 平方米、4 栋楼、十余个、10 平米等数字直观、具体地将这个略显简陋的办公区域展现在读者眼前;"蜗居""隐身""合体"等鲜活的修辞手法更是让管委会办公地点与气派、现代、黄金地段的所让区域形成鲜明的对比,更加凸显了信江新区常怀为民之心、常思为民之策、常兴为民之举的高尚情怀。

2.结构运用巧妙,增强报道可读性

大部分消息习惯于采用倒金字塔的结构,而本篇报道精心谋篇布局,巧妙运用背景资料以及写作手法,既有故事的生动性,又有推理的悬念性,层层推进,跌宕起伏。首先,导语处作者并没有直奔主题,而是借助信江医院的投入使用侧面烘托,设置悬念,从而引出原规划建的是信江新区管委会办公大楼,引出管委会将黄金地段出让给惠民用地——信江医院;紧接着,作者推进事实,告诉大家"这不是唯一的一次,而是有5 次",而且是在相关部门已经拟定搬迁计划的前提下,管委会班子成员一致决定为了发展当地电商产业,将办公用地规划建设成孵化园;层层铺垫,办公房搬迁一次次落空,作者这才描述这个屡次出让办公用地的管委会办公地点,与当地产业发展、基础设施形成了鲜明的对比;最后作者回答读者一个疑问,管委会班子成员这么做并不是因为没有钱,而是他们将钱、将精力都用在了服务当地建设、服务百姓身上,才有了今天

的信江新区,从而升华主题,体现了班子成员的为民情怀。

3.精心挑选角度,新闻价值最大化

新闻角度就是作者为受众提供的一个观察认知事实的"窗口",在新闻事实确定的情况下,不同的窗口看事物,读者可以看到"远近高低各不同"的风景。尤其政绩类的报道,很容易就事论事,光讲成绩结果,给人一种成果汇报的感觉,而本篇消息则选择了一个很好的角度:从办公用地多次出让给有关城市发展、经济建设、惠民服务等建设用地切入,通过故事叙述的表现手法,读者很自然地从中看出信江新区管委会班子成员的为民情怀,同时还用对比的手法,侧面烘托出管委会"有钱""富裕""稳定"的事实,为当地做了一次很好的宣传。

第二十四届江西新闻奖一等奖

江西一自主研发成果获国家技术发明奖一等奖
实现了"零"的突破　全省共 12 项成果获奖　为历史之最

本报讯（江西日报记者罗德斌、宋茜 通讯员李年华）　1 月 8 日,一个载入江西史册的日子,从国家科学技术奖励大会上传来重大喜讯:我省完全自主知识产权成果——由南昌大学、晶能光电(江西)有限公司、中节能晶和照明有限公司共同完成的"硅衬底高光效 GaN 基蓝色发光二极管"项目荣获国家技术发明奖一等奖。

在此次国家科技奖励大会上,我省共 12 项重大科技成果获国家科学技术奖,获奖项目数为历史之最。"硅衬底高光效 GaN 基蓝色发光二极管"项目荣获本届国家技术发明奖中唯一的一等奖,实现了我省获国家技术发明奖一等奖"零"的突破。这标志着江西科技创新能力有了重大提升,江西科技发展实现重大历史性跨越,凸显近年来省委、省政府大力实施创新驱动发展战略取得的显著成效。

国家技术发明奖是国家三大奖中对原始创新难度、自主创新水平、推动科技进步作用、产生经济社会效益等综合性要求最高的奖种,一等奖曾连续 5 年出现过空缺。"硅衬底高光效 GaN 基蓝色发光二极管"项目,创造了一条新的 LED 照明技术路线,发明了在材料生长和芯片制造过程中克服巨大张应力的方法、结构和工艺技术,在国际上率先研制成功并实现高光效硅衬底蓝光 LED 外延材料与芯片产业化,形成上中下游产业链,获授权发明专利 147 项,突破了国际专利壁垒,有力提升了我国 LED 技术在国际上的地位。

我省获国家科技进步奖二等奖的"热敏灸技术的创立及推广应用"和公安部南昌警犬基地某项目,同样具有自主知识产权。"热敏灸技术的创立及推广应用"由江西中医药大学及其附属医院等单位经过 26 年研究,发现灸疗的特异性穴位——热敏穴位,创立"辨敏施灸"的热敏灸新技术,提出"腧穴敏化"与"灸之要,气至而有效"新理论,在全国 27 个省(市、自治区)广泛应用。

江西参与完成的 9 个项目分获国家技术发明奖二等奖、国家科技进步奖一等奖、国家科技进步奖二等奖。

江西日报

作者:罗德斌、宋茜、李年华;编辑:任辛、傅云

题眼把握准确，新闻价值明确

——评《江西日报》消息《江西一自主研发成果获国家技术发明奖一等奖》

郭　璇

　　今天的中国，作为世界第二大经济体，在国际舞台上发挥着越来越举足轻重的作用，中国特色的社会主义发展道路也受到世界的瞩目。然而，国际社会特别是西方发达国家，仍然对"中国模式"所能保持的经济奇迹表示怀疑，对中国是否能跨越"中等收入陷阱"表示担忧。在这份质疑中，中国的自主创新能力一直是被国际社会诟病最多的问题之一，而自主创新能力又日益成为一国国际竞争力的重要评价指标。为此，党的十八大明确提出"科技创新是提高社会生产力和综合国力的战略支撑，必须摆在国家发展全局的核心位置"。强调要坚持走中国特色自主创新道路、实施创新驱动发展战略。在 2015 年 10 月中国共产党第十八届中央委员会第五次全体会议上，我党提出了以"创新、协调、绿色、开放、共享"为核心的五大发展理念，将"创新"放置于五大发展理念之首，将创新视为中国经济结构转型升级，解决发展动力问题的关键。2014 年，李克强总理在夏季达沃斯论坛上第一次提出"大众创业、万众创新"的号召，2015 年的"两会"上，李克强总理在政府工作报告中明确指出要把"大众创业、万众创新"打造成推动中国经济继续前行的"双引擎"之一，进一步推动创新成为一种社会风气。

　　在这样的政策背景下，《江西日报》的这篇短消息，寥寥几百字，却具体生动地为中国大地上科技创新能力不断提升的美好画卷又增添重要的一笔。纸媒中的消息，标题的作用非常重要，本条消息的主标题"江西一自主研发成果获国家技术发明奖一等奖"，信息完备、重点明确；副标题中"零的突破""历史之最"，既交代了新闻的价值，又梳理了江西省在自主创新能力上的进步步伐和创新驱动战略开展以来在省市取得的具体成效。

　　全篇报道采取规范的倒金字塔结构，在有限的篇幅中，用精练的文字功力完备地呈现出全部新闻重点，点面结合，主次明确。从国家意义上来讲，获得国家技术发明奖一等奖的"硅衬底高光效 GaN 基蓝色发光二极管"项目是本届国家技术发明奖一等奖在连续五年空缺的情况下唯一的一等奖，是国家创新发展的重大突破。从地区意义上来讲，它实现了江西省获国家技术发明奖一等奖"零"的突破，是地方贯彻落实中央号召的具体成效表现。另一方面，报道留意到了创新驱动发展战略的意义在于创新的最终目的是为了驱动社会发展，而不仅仅是为了发表高水平论文，因此，报道中特别强调了创新转化的能力和产业化成效，技术能够被广泛应用的能力，凸显了这种自主研发项目的社会意义。

不过,由于篇幅所限,一些比较专业化的词汇例如"发明了在材料生长和芯片制造过程中克服巨大张应力的方法、结构和工艺技术"等表述,如果可以再用更通俗易懂的语言进行解释,方便普通读者阅读和理解,那么传播效果可能会更好。

第二十四届江西新闻奖一等奖

练车考试自己作主　拿驾照就这么"任性"
赣颁发全国首本自学直考驾照

本报讯　记者胡萍　张文娟报道:4月28日9时02分,一本备受关注的小型汽车驾驶证在吉安产生,吉安市公安局交警支队考试科科长史江涛郑重地将该本驾驶证交到市民曾文聪手中。这是正式颁发的全国首本通过自学直考途径取得的驾驶证。通过自学直考,曾文聪从报名到拿到驾驶证,仅用了38天!

自4月1日起,我国实施驾考系列改革,试点小型汽车、小型自动挡汽车驾驶证自学直考。吉安市成为我省唯一一个、全国首批16个机动车驾驶证自学直考试点城市之一。为确保驾照"自学直考"试点工作稳妥进行,省市上下齐心,合力推进改革。省公安厅交通管理局成立工作专班定向帮扶,吉安市政府成立专项工作领导小组,全程督办指导,研究推进。市公安局交警支队与交通运输、质监等部门沟通协调,建立了试点工作协作机制。为了真正把好事办好办实,吉安市开辟了业务窗口和电话预约两种途径报名,市车管所设置了1个自学直考咨询岗和受理窗口。

驾驶证自学直考便民新政的出台,受到部分市民欢迎。曾文聪就是吉安市首批申请驾驶证自学直考的人员之一。在汽车修理厂工作的他由于休息时间有限,难以请假练车,考驾照之事一再拖延。得知吉安开始试点驾驶证自学直考,他第一时间报了名,提前将车辆进行改装、通过检测,并于3月22日顺利通过了科目一考试。

4月1日是驾驶证自学直考新政实施首日,曾文聪成功申领了自学直考学车专用标识。随车指导人员是他的舅舅李春平,一位有着30多年货车、小车驾驶经验的老司机。6日,曾文聪成功通过科目二考试。27日,又顺利通过科目三考试。28日9时02分,曾文聪顺利拿到了心仪已久的、属于自己的驾驶证,成为江西自学直考领取驾驶证第一人,也是正式颁发的全国首本自学直考驾驶证。"没想到这么快就能拿到驾照,关键是练车、考试时间都能自己作主,太方便了,我要为自学直考便民利民政策点个赞!"曾文聪开心地说。

据了解,目前,吉安市共有35人报名驾驶证自学直考,其中18人申请到了自学直考学车专用标识,2人顺利通过所有考试拿到驾驶证。

吉安驾驶证自学直考试点工作走在全国前列。4月6日,公安部专门发简报,对吉安的试点工作给予充分肯定。4月28日,吉安又正式颁发了全国首本通过自学直考途径取得的驾驶证。

新法制报

作者:胡萍、张文娟;编辑:顾强、刘栗

《赣颁发全国首本自学直考驾照》评析

李新祥　侍雅慧

这则消息获得了第二十四届江西新闻奖报刊消息言论类一等奖,之所以能获得一等奖,可以说在以下几个方面具有很大的闪光点。

第一,从新闻价值的角度去看,这则消息具有比较高的新闻价值。首先这则消息有宣传政策的作用。2014年11月24日,公安部正在调研驾考改革的消息一经公布,就引发社会广泛关注。人们在为驾考改革点赞叫好的同时,也希望驾考改革方案尽快出台,让驾照自学自考早日成真。2016年4月1日,《关于机动车驾驶证自学直考试点的公告》正式实施。而这则消息选择采访一个参加驾照自学直考的考生——曾文聪,叙述了他从报名自学直考到最终顺利拿到驾照的经过,且这个过程总共只耗时38天,要远远比以往考驾照节省时间。一方面这则消息宣传了新颁布的政策,起到了广而告之的作用;另一方面也从当事人的口中听到了"没想到这么快就能拿到驾照,关键是练车、考试时间都能自己作主,太方便了,我要为自学直考便民利民政策点个赞!"这样称赞政策的言论。

第二,这则消息采用了客观叙述的手法,很多政策宣传类的消息在写作的时候往往比较死板,将政策生搬硬套进文章,包括颁布时间、内容、产生的影响等一起放进消息中,这往往就会导致文章落入形式主义、落入俗套,导致读者不爱看这样的内容。但是这则消息不一样,记者在一开头就采用了设置悬念的写作手法,消息中写道:"一本备受关注的小型汽车驾驶证在吉安产生""这是正式颁发的全国首本通过自学直考途径取得的驾驶证",读者在阅读时就会产生好奇心,这本驾驶证为什么备受关注?这个政策究竟如何实施?作为个人来说自学直考究竟如何执行?这一系列的疑问会促使读者有阅读下去的兴趣。

接着,消息的第二段开始简要论述这个政策,选取吉安市为定点试行城市,论述省市上下如何安排、协调,保证自学直考政策能够顺利、有效实行。从消息的第三段开始进行客观的叙述,选取第三人称曾文聪的角度,采用了平铺直叙的写作手法,按照时间节点,通过了科目一、科目二、科目三直到拿到驾照,没有任何的插叙、倒叙的写作手法。

一般说来,写文章最好不要采用平铺直叙的方法,尤其写通讯更需忌讳。可是,为什么在这篇消息中,这种叙述方法却使读者兴趣盎然地读下来又不觉枯燥呢?奥妙就在于作者使用了大量的具体细节,这些细节包括自学直考中要注意的事项,比如说报名、考试、指导人、拿证等。

在新闻采写中,现在人们经常谈论客观报道手法的影响大。客观报道手法的使用,不仅是新闻写作中的写作技巧问题,更重要的是它反映记者(通讯员)的采写作风。一个手里没有过硬的有说服力和感人的新闻素材的作者,无论写作技巧多么高明,你想客观报道也客观不起来。在这种情况下,只能乞求于概念化的叙述,不着边际的描写,令人反感的感慨。现在在报纸上,我们经常可以看到一些报道,文中并无动人的情节,有的只是记者(通讯员)大段空洞的议论,或作无病呻吟式的抒情,或拼凑一大堆吓人的新名词,或收罗若干句格言警句,以示自己学识之渊博和见解的深邃。实践证明,采用这种方法取得的效果往往适得其反。

但是看完整则消息,我们可以发现实行自学直考之后的考试通过率并不是很高,"目前,吉安市共有 35 人报名驾驶证自学直考,其中 18 人申请到了自学直考学车专用标识,2 人顺利通过所有考试拿到驾驶证。"这一类的数据可以不用放在消息里,虽然是客观数据,但是从政策宣传的效果方面考虑,这类数据会降低宣传效果。

第二十四届江西新闻奖一等奖

贵溪九牛岗区域 2000 余亩污染土地成功修复
成为目前我国单体一次性修复重金属污染土壤
最大面积的修复治理区

本报贵溪讯（江西日报记者祝学庆 记者严米金）　正值仲夏季节，贵冶周边九牛岗土壤修复示范项目区一片翠绿，红土地长出了郁郁葱葱的香根草、黑麦草、海州香薷等植物。九牛岗陈家村村民陈跃进指着面前的农田说，五年前，这片土地由于受到污染寸草不生。

九牛岗土壤修复示范项目区位于贵溪市滨江镇柏里村，项目区总面积 2075.6 亩。7 月 5 日，记者在现场看到，昔日寸草不生的土地已实现植被全覆盖，土壤中重金属浓度大幅下降。中国科学院南京土壤研究所研究员周静在接受采访时证实：九牛岗区域是目前我国单体一次性修复重金属污染土壤最大面积的修复治理区。环保部门此前进行的阶段性验收结果也显示，九牛岗项目区所有样点修复后，土壤有效态重金属浓度下降幅度超过 50%，植被覆盖率达 100%，达到了土壤修复的要求。同时，种植能源植物的烧灼试验表明，灰烬中重金属含量不会造成二次污染。

九牛岗位于贵溪冶炼厂旁，由于早期技术上的制约，企业在生产过程中排放的"三废"长期累积，对周边环境造成污染。2007 年，中国科学院南京土壤研究所采样分析发现，土壤中铜、镉等重金属超标，涉及污染农田面积 2075.6 亩，其中重度污染面积约 1111 亩。

2010 年，九牛岗土壤修复示范项目正式列入国家重金属污染防治示范项目，该项目由中科院南京土壤研究所负责技术指导。专家们通过大量对比试验后，决定采用植物修复技术对污染地进行治理。植物修复就是种植经筛选出的耐重金属以及对重金属能超积累吸收的能源植物。据周静介绍，在污染地种植香根草、黑麦草、伴矿景天等能源植物，既能大量吸附、消减重金属，又可出售给附近电厂进行生物发电，达到了"边修复边收益"的效果，可谓一举多得。经过近 5 年科技修复试验，目前，九牛岗区域土壤生态逐渐恢复，环境得到明显改善。

九牛岗土壤修复的实践表明，利用能源植物治理重金属污染土壤是可行的，效果也是明显的。项目组专家认为，我国在这一领域的研究已走在世界前列。

鹰潭日报

作者：祝学庆、严米金；编辑：袁因、邹志兵

着力开掘时代大背景下的新闻价值

——报刊消息《贵溪九牛岗区域 2000 余亩污染土地成功修复》评析

杨佳昊　吴生华

《鹰潭日报》短消息《贵溪九牛岗区域 2000 余亩污染土地成功修复,成为目前我国单体一次性修复重金属污染土壤最大面积的修复治理区》,以 800 字的短小篇幅,荣获第二十四届江西新闻奖报刊消息、言论类中的报刊消息一等奖,关键在于时代大背景下新闻价值的深入开掘与准确把握,以及采访和写作的精准和细致。

一、大背景下新闻价值的深度开掘

2016 年 2 月 19 日,习近平总书记在党的新闻舆论工作座谈会上的讲话中强调,一切新闻报道都要讲导向。而把握导向,首先就要把握好时代的大背景。这一消息报道的虽然只是贵溪九牛岗区域 2000 余亩污染土地成功修复的事实,但映照出的却是复原“绿水青山”、建设“美丽中国”的新突破。报道结尾处在事实支撑之下进行了明确的主题表达:“九牛岗土壤修复的实践表明,利用能源植物治理重金属污染土壤是可行的,效果也是明显的。项目组专家认为,我国在这一领域的研究已走在世界前列。”——曾几何时,有关部门对土壤重金属污染问题讳莫如深,但这一消息凭借科研领域内新的重大突破的新闻事实,成功破题重金属污染土壤修复话题,揭示了直面问题、修复治理是历史必然的重大主题。

二、观察细致,事实精准

在具体的报道手法上,这一消息的特色首先体现在细致入微的观察与描写上。导语部分,记者以白描手法向读者展示了一幅生机盎然的景象:“正值仲夏季节,贵冶周边九牛岗土壤修复示范项目区一片翠绿,红土地长出了郁郁葱葱的香根草、黑麦草、海州香薷等植物”,描写中将修复土壤的草的种类作了介绍。其次是数据翔实。精准的数据表达也凸显出报道的真实性与权威性,大大增强了说服力,如文中提到“项目区总面积 2075.6 亩”“重金属浓度下降幅度超过 50%,植被覆盖率达 100%”“重度污染面积约 1111 亩”等等,相关的数据提供详尽、准确,充分体现了对科研突破性报道的精准和严谨态度。此外,多层次的采访,也为报道主题的呈现提供了有力的事实支撑。报道中,记者采访了九牛岗陈家村村民陈跃进、中国科学院南京土壤研究所研究员周静以及其他专家组的成员等,深入了解土壤修复示范区的前因后果以及相关精准的数据信息,借采访对象之口为读者作出深入的解答,凸显了报道的权威性。

三、语言凝练,结构清晰

这一短消息以 800 字的短小篇幅,涵盖了记者观察、不同采访对象讲述和新闻背景的提供,说明白了该地区土壤修复的原因、过程和结果,以及该治理措施在科学研究领域取得的突破等等,麻雀虽小却五脏俱全,语言凝练又言简意赅。与此同时,报道结构上也显得十分清晰。从导语到主体、到背景、再到结尾,层次分明。第一自然段导语部分先从记者观察到的土壤修复区里草木生长良好的现状引出,由一位当事人村民陈跃进的讲述交代了该区域五年前的污染情况;第二自然段主体部分交代了土壤修复区的地理位置和占地面积,并由记者再次观察到"昔日寸草不生的土地已实现植被全覆盖"的景象引出了中国科学院南京土壤研究所周静的采访,介绍了土壤修复的成果;第三和第四自然段背景部分说明了土壤污染的原因、植物修复技术、治理过程;最后一个自然段结尾部分证明了植物修复的可行性与科学领域的重大突破。此外,记者的观察、事实陈述、当事人讲述等巧妙衔接,都使得 800 字的稿件字字珠玑,全无废话,全文通篇脉络清晰,行文流畅。

第二十四届江西新闻奖一等奖

国家级贫困县没脱贫前原则上不得调整岗位
未摘"贫困帽" 19个县"一把手"留任

本报讯(记者余红举)近日记者获悉,赣州、九江、吉安三地县(市)区党政"一把手"拟调整名单在8月5日公示结束后未有异议,意味着其所辖的修水县、上犹县、永新县等国家级贫困县(市)党政"一把手"敲定。至此,全省100个县(市、区)中21个未"摘帽"的国家级贫困县(市),有19个县(市)党政"一把手"未调岗。

今年5月20日,省委办公厅、省政府办公厅联合印发《关于坚决打赢脱贫攻坚战的实施意见》,明确规定,贫困县党政"一把手"除领导班子换届和特殊情况必须调整外,原则上在贫困县脱贫"摘帽"前不得调整岗位。在2014年全国首个"扶贫日"来临之前,国务院扶贫开发领导小组办公室发布了592个国家级贫困县名单,其中我省有21个县,分别为莲花县、修水县、赣县、上犹县、安远县、宁都县、于都县、兴国县、会昌县、寻乌县、吉安县、遂川县、万安县、永新县、井冈山市、乐安县、广昌县、上饶县、横峰县、余干县、鄱阳县。

7月,是我省100个县(市、区)党政"一把手"换届期。在全省11个设区市集中公示的名单当中,21个国家级贫困县党政"一把手"有遂川县委书记张平亮、井冈山市委书记龙波舟未出现在公示名单,工作简介显示两人出生于1959年。

省委党校党史党建教研部副教授王志强认为,贫困县党政正职除领导班子换届和特殊情况必须调整外,原则上在贫困县摘帽前不得调整岗位,这一重大干部政策调整可以说是抓住了扶贫攻坚战的命门。

王志强表示,贫困县党政"一把手"绝对是扶贫攻坚战中的"关键少数",只有充分发挥关键少数的积极作用,扶贫工作才能事半功倍,才能实现2018年脱贫目标,并解决我省区域性整体贫困。

此外,记者采访了解到,我省有17个县纳入罗霄山集中连片特困地区,其中14个县与国家级贫困县名单重合。未重合的石城县、瑞金市和南康区此次党政"一把手"也未进行调岗,继续担任现职。而不是国家级贫困县和集中连片特困地区,享有与国家级贫困县扶贫补助资金与政策优惠的都昌县,此次党政"一把手"调岗。

江西日报

作者:余红举;编辑:李颖、尹晓军

面对时代难题　探求现实答案

——评析消息《未摘"贫困帽"　19个县"一把手"留任》

刘茂华

　　减少和消除贫困问题,是我国政府一直高度关注和重视的重大问题。在全面建设小康社会和构建和谐社会的重要历史阶段,我国贫困问题出现了农村贫困与城市贫困并存、绝对贫困与相对贫困并存、区域贫困与阶层性贫困并存、物质贫困与精神贫困并存的新特征。中国贫困的成因、方针对策都十分值得社会各界的关注。江西"未摘'贫困帽'",19个县"一把手"留任的做法值得肯定也值得推广。

一、准确地捕捉到新闻价值

　　经过探索、研究,看见或找到前人、他人未发觉的事实或未知领域,这就是发现。何谓新闻发现力?新闻发现力俗称新闻敏感,西方新闻界则称之为新闻嗅觉或"新闻鼻",是新闻工作者及时识别新闻事实所蕴含新闻价值的能力。

　　消息《未摘"贫困帽"19个县"一把手"留任》的记者敏锐地从全省100多个县市区党政一把手换届中捕捉到了新闻,全省有21个国家级贫困县,有两位"一把手"因为年龄关系未出现在公示名单中,而其他19位则齐刷刷地出现在公示名单中。

　　这里的发现力指的是记者发现新闻即新闻敏感和判断新闻价值的能力。新闻实践一再证明,新闻工作者需要千种能力、万种能力,而其中最重要的莫过于新闻发现力。新闻工作者能不能在纷繁复杂、浩如烟海的新闻事实中,及时察觉和敏锐分辨某个事实有无新闻价值和新闻价值大小,依靠的就是新闻发现力。新闻发现力包括新闻判断力、新闻挖掘力、新闻鉴别力和新闻预见力。

　　新闻竞争使得独家新闻很难寻觅,往往一个新闻事实或事件甫一发生,各路记者就会迅速出现在同一新闻现场,谁的新闻判断力强,谁先看出事实的价值,谁就能赢得主动。

二、全面掌握新闻素材

　　新闻采访的主体是记者,而不是采访对象。在采访过程中,必须控制采访进程,掌握主动权。面对大量的素材信息,要多加分析,善于洞察,识别关键。记者在采访前除做好充分的准备外,自身还要有高度的新闻敏感性、策划组织能力以及较强的应变能力。

　　消息《未摘"贫困帽"19个县"一把手"留任》的记者不仅全面掌握了全国贫困县的整体情况,而且全面且准确掌握了江西省贫困县的情况。该记者采访了解到,我省有 17 个县纳入罗霄山集中连片特困地区,其中 14 个县与国家级贫困县名单重合。未重合的石城县、瑞金市和南康区此次党政"一把手"也未进行调岗,继续担任现职。而不是国家级贫困县和集中连片特困地区,享有与国家级贫困县扶贫补助资金与政策优惠的都昌县,此次党政"一把手"调岗。

在掌握大量且全面可靠的材料之后,记者最终才能得出可靠的结论,即 19 位"一把手"留任原地的原因就是与脱贫攻坚工作密不可分。这样的扶贫攻坚经验也值得全国其他贫困地区借鉴。因为,脱贫工作关键因素是人,而人的因素最重要的是脱贫致富的领头人,抓住了领头人,也就抓住了问题的关键点,也足以体现地方党委政府对扶贫攻坚的决心。

三、简洁的新闻表达艺术

实现新闻价值要有"精品意识"。角度确定以后,要实现它的新闻价值,"精品意识"是绝对不能忽视的。形式和内容是一对矛盾,它们既是对立的,又是统一的。一篇文章,一个节目,光有好的角度是不够的,还必须要有好的内容,要以"生花之笔"加以润色,使读者从一篇好的新闻作品中除了得到信息,还能获得一种美的享受。

综合消息《未摘"贫困帽" 19 个县"一把手"留任》在写作上有很多可借鉴之处。消息首先摆出两个新闻事实:一是省委办公厅、省政府办公厅联合印发《关于坚决打赢脱贫攻坚战的实施意见》,明确规定,贫困县党政"一把手"除领导班子换届和特殊情况必须调整外,原则上在贫困县脱贫"摘帽"前不得调整岗位;二是国务院扶贫开发领导小组办公室发布了 592 个国家级贫困县名单,其中我省有 21 个县名列其中。随后,消息摆出第三个新闻事实:19 个国家级贫困县的"一把手"在本次环节中均予以保留。

在摆出新闻事实、用事实说话之后,《未摘"贫困帽" 19 个县"一把手"留任》借专家的观点表达了该新闻报道的主题:

> 省委党校党史党建教研部副教授王志强认为,贫困县党政正职除领导班子换届和特殊情况必须调整外,原则上在贫困县摘帽前不得调整岗位,这一重大干部政策调整可以说是抓住了扶贫攻坚战的命门。

> 王志强表示,贫困县党政"一把手"绝对是扶贫攻坚战中的"关键少数",只有充分发挥关键少数的积极作用,扶贫工作才能事半功倍,才能实现 2018 年脱贫目标,并解决我省区域性整体贫困。

新闻是一种客观性很强的文体,依靠事实本身说话,以叙述为其主要的表达方式,且采用第三人称进行叙述。记者一般不能在消息里发表议论或者就新闻事件下结论,消息《未摘"贫困帽" 19 个县"一把手"留任》利用"借脑"准确而深刻地表达了新闻的内涵,点出了新闻主题。

第二十四届江西新闻奖一等奖

产业股权证保障长收益　贫困户登记证记录明白账
我市全面推广脱贫攻坚"两证"做法

本报讯(记者蒋阿平、见习记者王剑维)产业"股权证"保障长收益,贫困户"登记证"记录明白账,这是井冈山市茅坪乡神山村、吉安县在推进脱贫攻坚中探索出来的精准扶贫工作好办法。日前,我市专门下发通知,要求在全市全面推广"两证"做法,助推全市打赢脱贫攻坚战。

神山村红卡户赖伯芳家,刚刚领到了三本股权证,一本是金融产业扶贫股权证,一本是茶叶合作社的股权证,一本是黄桃合作社的股权证。"三本证清清楚楚写明了贫困户在每个产业中的股额、收益期、收益率,以司法公证的方式保障贫困户的长期、持续、稳定收益。"茅坪乡党委副书记胡林才介绍。产业股权证的颁发,让全村农户实现了"户户当股东、长久能受益",把农户尤其是贫困户牢牢拴在产业链、价值链上。

除了股权证,赖伯芳还领到了一本脱贫帮扶登记簿。安居工程扶贫,政府代建爱心公寓,资金7万余元;资金保障扶贫,新农合每人每年120元、产业保险每人每年120元、低保金每人每月220元、红卡户政府保障每人每月100元⋯⋯登记簿上分门别类地记录着他的家庭情况、参加产业股权及受益情况、安居工程扶贫受益情况、资金保障扶贫受益情况等,让人一目了然。"逐项简单计算,就能知道该贫困户是否脱贫,且每一笔帮扶收入都要有贫困户本人的签收记录,确保精准帮扶到户到人。"神山村挂村第一书记、井冈山市科协副主席陈学林告诉记者。不仅是神山村,吉安县立足做实脱贫工作,积极完成精准扶贫台账,也设计制作了贫困户登记证,发给每个贫困户,实现了贫困户家庭情况、结对情况、受扶情况"三个全记录"。

我市要求各地结合工作实际,认真推广落实"两证"做法,尤其是在产业扶贫工作中,注重发挥产业合作社提高农民组织化程度、带动农民增收致富的重要作用,大力推广产业合作社模式,制定合作社章程,完善财务制度,加强人员培训,推动合作社规范运行。同时,要求各地各部门继续加压奋进,开拓创新,努力探索出更多可复制、可推广的扶贫好经验、好做法、好模式。

井冈山报

作者:蒋阿平;编辑:李燕、朱瑾

国家重大主题的地方性表达

——评析消息《我市全面推广脱贫攻坚"两证"做法》

刘茂华

全面建成小康社会、实现中国梦,最艰巨最繁重的任务在农村,最硬的"骨头"在贫困地区。回应贫困地区对全面建成小康社会的迫切愿望,满足贫困群众的利益诉求,要求我们必须把走好群众路线作为新时期创新扶贫工作的生命线。创新扶贫机制是全面建成小康社会的迫切要求。消息《我市全面推广脱贫攻坚"两证"做法》正是从当前党和国家的中心工作上呼应了时代发展的需要,用地方的经验回答了解决脱贫攻坚的难题。

一、准确突出新闻价值,凸显地方特色

党的十八大以来,以习近平同志为核心的党中央把贫困人口脱贫作为全面建成小康社会的底线任务和标志性指标,在全国范围全面打响了脱贫攻坚战。脱贫攻坚力度之大、规模之广、影响之深,前所未有。但是,脱贫攻坚并非易事,中国幅员辽阔,地域之间发展不平衡,每个地方均有自己的特殊情况。消息《我市全面推广脱贫攻坚"两证"做法》抓住井冈山市"两证"的做法,既凸显新闻价值,也展现了地方与众不同的特点。

消息《我市全面推广脱贫攻坚"两证"做法》用简洁明了的语言准确地概括了井冈山市的做法:"产业'股权证'保障长收益,贫困户'登记证'记录明白账,这是井冈山市茅坪乡神山村、吉安县在推进脱贫攻坚中探索出来的精准扶贫工作好办法。"这样的好办法也在全市推广:井冈山市专门下发通知,要求在全市全面推广"两证"做法,助推全市打赢脱贫攻坚战。

新闻以事实形成舆论,左右社会。新闻事实有差别、新闻价值有高低。新闻价值问题是任何新闻写作中不可回避的一个问题,不同的记者对同一件客观事实的报道,往往有着不同的新闻价值,引发不同的社会反响,追求和提炼最大的新闻价值是所有新闻作者应该关注的问题。重要性是指在纷繁复杂的社会中为大多数人所关切、对社会生活影响较大的那些事件的基本社会属性,重要性是新闻价值的主要因素,也是核心因素。井冈山市的脱贫攻坚"两证"做法具有非常重要的新闻价值,毫不夸张地说,这样的地方行动与人民和国家密切关联。越是关系着国家命运、民族兴衰、人民利益的重大、迫切的事情,人民群众才会越普遍关心,新闻报道的价值也就越大。也正是从

这个意义上来看,消息《我市全面推广脱贫攻坚"两证"做法》意义重大,新闻价值独特且重大。

二、发挥新闻的舆论引导作用,为全国提供扶贫范本

把坚持正确导向摆在首位,必须大力弘扬主旋律、传播正能量。主旋律反映当代中国发展进步的主流价值观,代表党和人民的根本利益。弘扬主旋律就是要反映时代最强音,用主旋律来鼓舞士气,提升觉悟,动员全体人民为实现伟大的中国梦而努力奋斗。所谓正能量,即所有积极的、健康的、催人奋进的、给人力量的,充满希望的人、事、理。正能量体现了积极向上、乐观健康的社会精神力量。传播正能量就是要宣传社会主义核心价值体系,传播有利于振奋人民斗志、凝聚民族力量、推动社会进步的精神力量、有益于解决社会矛盾的好做法,就是宣传典型新闻人物和新闻事件,使之起到社会示范作用。

扶贫工作是一项艰巨的复杂系统工程,需要政府、农民、社会各个方面的共同参与,要统筹兼顾,协调推进。实现贫困人口如期脱贫,是我们党向全国人民作出的郑重承诺。当下,全国上下都在凝聚力量,精准发力,向贫困的"最后堡垒"发起总攻。各地空前重视扶贫工作,各级干部把扶贫工作牢记在心上,紧抓在手上,下大力气,动真感情,扶真贫,真扶贫,脱贫攻坚形势喜人。井冈山市率先脱贫摘帽的好经验好做法,成为了井冈山经验,这些经验能够给各地创新脱贫攻坚工作体制机制、如期打赢脱贫攻坚战提供有益的借鉴。《我市全面推广脱贫攻坚"两证"做法》及时准确地报道这一经验的成功之处和可借鉴之处,不仅起到了很好的舆论引导,也为各地扶贫攻坚提供了切实可行的好办法。

三、形式简洁,表达规范

新闻写作为什么要用事实说话?用事实说话,作为一条报道原则,一种实践方法和技巧,这是新闻写作的最大特点和优势,是新闻区别于文学、评论等文体最明显的标志。新闻依存于事实,读者、听众、观众想知道的主要也是事实,如果新闻不是用事实说话,则不成其为新闻。新闻对党和政府的方针、政策的宣传解释,也唯有用事实说话,即通过事实的报道才能真正起到作用。

该消息用讲故事的方式还原新闻的现场,也还原了新闻发展的事实:

除了股权证,赖伯芳还领到了一本脱贫帮扶登记簿。安居工程扶贫,政府代建爱心公寓,资金7万余元;资金保障扶贫,新农合每人每年120元、产业保险每人每年120元、低保金每人每月220元、红卡户政府保障每人每月100元……登记簿上分门别类地记录着他的家庭情况、参加产业股权及受益情况、安居工程扶

贫受益情况、资金保障扶贫受益情况等,让人一目了然。

怎样用事实说话?简单来说,就是写出事实,把事实说清楚,即"根据事实来描写事实",而不是"根据希望来描写事实"。消息《我市全面推广脱贫攻坚"两证"做法》直接陈述事实;没有以抽象的概念和议论代替事实的报道;实事求是,按事实本身的逻辑展开新闻和注明消息来源。

第二十四届江西新闻奖二等奖

义务守护红军无名烈士墓 66 载
万载农民一家三代义举感染了乡亲感动了社会

本报万载讯(记者钟瑜、邹海斌) 10 月 11 日,万载县茭湖乡上峰村槽上村民小组凌端清、凌庄云父子领着记者,踏上了陡峭湿滑的山路。这是一条红军走过的山路,留下了光辉的革命足迹。爬山 40 多分钟,登上黄皮尖,来到了"上峰无名烈士墓"前,凌家父子动作麻利地打扫落叶,擦拭烈士墓碑。从 1950 年起,凌端清的父亲凌高寿就为 45 名红军无名烈士义务守墓,从此,凌家一代接一代,传承着革命老区农民的忠诚与深情。

1933 年 4 月,湘鄂赣省委、省苏维埃政府驻地万载仙源(原名小源)遭敌人围攻。为保卫红色苏维埃,红十六军、红十八军和红三师 1 万余人,于 7 日至 9 日在小源附近的株木桥歼敌 600 余人。

"株木桥大战"打了三天三夜,红军伤亡 400 多人,很多伤员被送往红军第三医院救治。当时,年幼的凌高寿目睹了红军伤员因无药救治而痛苦呻吟的情景,主动帮医护人员洗草药、递纱布,给伤员端水。他说:"红军伤员很喜欢我,还盛了一碗稀饭给我,可我不好意思吃,也不舍得吃。"

因缺医少药,45 名伤势过重的红军战士不幸牺牲,被当地群众安葬在黄皮尖山上。1950 年清明节,凌高寿给亲人扫墓时,路过那一座座烈士墓,思绪万千,红军第三医院的情形浮现在脑海。为了穷人翻身解放,这些红军战士流血牺牲,连名字都没留下。

凌高寿做了一个决定:为红军烈士守墓。从 1950 年起,他每年清明都会给这些红军无名烈士扫墓。"60 多年来,父亲一直把这些红军无名烈士墓当成亲人墓祭扫,平时也悉心守护,从未间断。"凌端清说。

一年又一年,凌高寿义务为红军无名烈士守墓,从青丝守护到白发,始终不改初心;一代接一代,凌高寿带着儿子,带着孙子,接力扫墓守墓,感染了乡亲,感动了社会。

2003 年清明节前,茭湖乡东江、上峰 10 名老党员、老干部自发捐款,将 45 名烈士遗骸收集合葬,立碑。2013 年 12 月,万载县政府为上峰无名烈士修墓,并建立爱国主义教育基地。

如今,88 岁高龄的凌高寿虽然爬不了山,却念念不忘那些红军无名烈士。凌庄云对记者说:"我们会代代守护下去,守护好上峰无名烈士墓。"

江西日报

作者:钟瑜、邹海斌;编辑:任辛、罗云羽

《义务守护红军无名烈士墓 66 载》评析

戴颖洁

"感人心者,莫先乎情。"报刊消息类作品《义务守护红军无名烈士墓 66 载》以清晰简洁的思路,层次分明的结构,严密的逻辑,灵活生动的表达,引发了读者的共鸣,取得了良好的社会传播效果。

好的新闻标题是攫取读者眼球的第一步,能起到画龙点睛的效果;否则,即便报道内容再好再充实,没有鲜活的标题来吸引读者,也只能是事倍功半。本作品主标题设计精巧,通过"义务守护""无名烈士墓""66 载"这三个关键词,简洁而又生动鲜明地传递了作品的关键信息点;接着又依托副标题"万载农民一家三代义举感染了乡亲感动了社会",进一步阐明了作品的主要内容,在增添报道感染力的同时,也透射着作品积极而又正面的社会价值。

精练是新闻消息类稿件的基本要求之一,如何让短小精悍的篇幅吸引和抓住读者,开篇导语非常重要。本作品以描写式导语开篇,记者通过对新闻事实现场的简洁描绘以及运用细节化的修辞方式,营造出读者如临其境的真实感,激发起读者了解现象背后故事的浓浓兴致。

接着,作品将读者带回到了 1933 年,那是对发生新闻事实的历史背景的介绍。通过阐释故事发生的起因、过程和走向,向读者交代了故事主人公凌高寿几十年如一日善举的原因,在深化读者对新闻事实认识的同时,也烘托了报道主题,升华了报道的历史厚重感。

最后,报道进一步点明了该新闻事件的社会影响。凌家三代的善举感染了乡亲,感动了社会,万载县政府决定为无名烈士修墓,并建立了爱国主义教育基地,可谓善举有了善终。

总之,报道较好地把握了"时""度""效"三要素,让读者感同身受,为之动容;充分践行了正面宣传鼓舞人、激励人的作用。

第二十四届江西新闻奖二等奖

九旬老人的最后一个心愿：捐出所有积蓄
向三所敬老院和 56 位老人捐赠 6.74 万元

本报九江讯　记者曹诚平报道：16 日上午，在都昌县苏溪乡井头村，90 岁高龄的孙长荣老人当着 109 个子孙的面，郑重宣布：将自己毕生积蓄 67400 多元，全部捐赠给三所敬老院和本村 56 位高龄老人。"我一直有这个想法，现在这个心愿完成了，这辈子没什么遗憾了！"

孙长荣老人生有六儿三女共九个儿女，如今，这个大家族的家庭成员，已经发展到了 109 人，可谓人丁兴旺。儿女子孙们十分孝顺，逢年过节，总会给老人包个红包。老人也没什么开支，于是就将这些钱一分不少地存了起来，至今共存了 67400 多元。这两年，孙长荣老人多次交代子女，这个大家庭有今天的幸福，多亏国家政策好，因此，她想在自己的有生之年，为社会做一点善事，想把自己这些年来的所有积蓄，捐给村里的贫困老人和敬老院。

今年国庆过后，家人发现老人的身体越来越差，于是大家商议，决定在老人的有生之年，帮她完成最后这个心愿。经过召集，109 个子孙全部到场，孙长荣老人郑重地拿出她的所有积蓄 67400 多元，分别捐赠给三所敬老院和本村 56 位 85 岁以上的高龄江姓老人。其中，三所敬老院每所捐赠 1.5 万元，56 位 85 岁高龄以上的江姓老人，每人捐赠 399 元。

孙长荣老人的儿子江浩翔告诉记者，打自己记事开始，母亲就十分乐于帮助他人，虽然以前自己家里生活也很艰苦，但是母亲看到哪家有什么困难，总是会送上一点钱，或者送上一袋米什么的。20 世纪 80 年代，村里经常会来一些乞丐，母亲见了，总是将他们请进家里，给他们吃饱饭。"这些年，我们从母亲身上学到的最好的东西，就是乐于助人。今后，我们还将延续她老人家的美德，为社会做一些力所能及的善事。"

信息日报

作者：曹诚平；编辑：徐宏、黄孝昱

《九旬老人的最后一个心愿：捐出所有积蓄》作品评析

戴颖洁

报刊消息类作品《九旬老人的最后一个心愿：捐出所有积蓄》语言精练朴实，层次清晰严谨，通俗易懂，是有温度的作品。

新闻作品的题目好比电视机的遥控器，若吸引不了读者的眼球，读者就会更换频道。因此，题目是文章的眼，好的标题能起到先声夺人、一目了然的效果。本作品主标题简明扼要，用较短的语言字数传达出了作品的主要内容，将文字的信息价值发挥到最大限度；与此同时，副标题又充分利用数据来说话，通过"三所敬老院""56位老人""6.74万元"这三个关键词，在突出新闻客观事实的同时，给读者带来较大的视觉冲击效果，依托题目的冲击力来增强文章的可读性，勾起读者继续阅读的兴趣。

导语是新闻消息中概述最有价值事实的开头部分，有传达新闻事实的核心内容、点明主题、引导受众接受和理解新闻内容等多方面的作用。本作品以概述式导语开篇，用最简洁明快的新闻语言，开门见山地交代了最主要的新闻事实，起到了提纲挈领的作用。

接着，记者通过倒叙式手法，讲述了这一新闻事件背后故事的起因、发展和走向，深化了读者对该新闻事件的了解。并依托故事主人公孙长荣老人的儿子的口述，交代了老人这一行善之举并非一朝一夕，而是多年来一直有的良好品德，让读者为之深深动容。

结尾部分是整篇消息的结束语。好的结语会进一步阐明新闻事实的意义，指出事件发展的趋向，起到画龙点睛的效果。本作品结尾同样借助主人公儿子的话，表明孙长荣老人乐于助人的善举和美德会代代相传；记者也通过这种"寓理于事"的手法，间接流露出自己的观点和倾向，希望通过该新闻事件来影响读者，鼓舞、激励读者向老人家学习，表达对整个社会洋溢善人善举的良好期望。

综上，整篇报道看似短小平实，没有特别华丽的语言，也没有夸张的表述，却把这一中国好故事娓娓道来，透彻心扉，启示社会大众从中得到教益，有较好的社会影响和传播效果。

第二十四届江西新闻奖二等奖

弘扬井冈精神　决胜全面小康

江仲平

（一）

每一个时代都有每一个时代的命题与追求，每一代人都有每一代人的使命与担当。

以 2020 年为历史时序，全面建成小康社会是这个时代的宏大命题与不懈追求，也是我们这一代人的光荣使命与神圣担当。

今天开幕的中国共产党江西省第十四次代表大会，站在时代的高度，深入贯彻落实习近平总书记系列重要讲话精神和治国理政新理念新思想新战略，凝聚全省人民的智慧与力量，擘画江西决胜全面建成小康社会的宏伟蓝图，引领这片土地上的 4600 万人民，书写新的时代荣光。

（二）

江西这片厚重的人文沃土，蓄积已久。

公元 675 年，途经南昌的王勃登上新落成的滕王阁，疾笔写下千古名篇《滕王阁序》。"物华天宝、人杰地灵"像神奇的预言，赋予这片尚处蒙顿的土地以灵动与勃发，成为江西的千古名片。自唐以降，江西人文喷薄而出、叱咤风云，欧阳修、王安石、曾巩、晏殊、黄庭坚、陆九渊、汤显祖、朱耷等文化巨擘开宗立派，璀璨了中华文化的万紫千红。江西倚人文鼎盛之势、南北交通之便、江南丰腴之利，一时领风气之先，成江右风流。

尊享过千年荣华，江西也咀嚼了百年沧桑。近代以来，受交通要道更迭、战争巨大创伤、开放重心东移等影响，江西的发展日渐式微，欠发达成为江西的基本省情，发展不足成为江西的主要矛盾。

俯看过风起云涌，也阅尽了世态沧桑，慨叹之余，江西人从未抛弃信念、从未放弃奋斗。革命年代，他们向死而生，为民族的解放事业付出巨大牺牲、作出重大贡献；建设年代，他们上下求索，为打造美好家园、创造幸福生活砥砺前行、矢志奋斗。

站在决胜全面建成小康社会的新起点，4600 万江西人民有着未变的必胜信念。这信念，来自醇厚文化的滋养浸润，来自英雄儿女的坚毅果敢，来自赣江鄱湖的千帆竞渡。这是江西复兴千年荣光的呐喊,更是赣人走向新的征程的宣言。

(三)

江西这片英雄的革命圣地,感奋已久。

1934 年,长征前夕,毛泽东同志登临会昌山,吟下了著名的《清平乐·会昌》。"东方欲晓,莫道君行早。踏遍青山人未老,风景这边独好……"82 载光阴,弹指一挥间。"风景这边独好",成为当下江西最生动的写照;"江西风景独好",成为当代江西最耀眼的名片。

筚路蓝缕,以启山林。一代代淳朴勤劳的江西人接续努力、奋勇开拓,朝着复兴的梦想铿锵而行。特别是进入新世纪以来,从"以工业化为核心、以大开放为主战略",到"科学发展、绿色崛起",到"龙头昂起、两翼齐飞、苏区振兴、绿色崛起",到"发展升级、小康提速、绿色崛起、实干兴赣",富民强省战略、思路紧扣时代最强音,层层推进、精准发力,引领江西阔步前行,跃上发展的新高程。

"第一方阵"见证了江西新的发展速度。五年来,每当统计数据公布之时,我们都能听到一个耳熟能详的词语——"第一方阵"。是的,这五年,无论全省经济总量,还是财政收入、固定资产投资,江西的增长速度都位居中部前列、全国"第一方阵"。这是江西与外界对话的"基准音"。

"山清水秀"见证了江西新的发展质量。这是江西生态的成绩单:森林覆盖率稳定在 63.1%,主要河流监测断面水质达标率 82.4%,设区市城区空气质量优良率达 90.1%。发展的急行军,并没有让生态质量掉下去,江西蓝、江西绿成为美丽江西的"调色板"。

"进位赶超"见证了江西新的发展坐标。五年来,全省生产总值由全国第 21 位前移至第 18 位,城镇居民人均可支配收入由全国第 22 位前移至第 15 位,农村居民人均可支配收入由全国第 14 位前移至第 12 位。江西人在前进中收获了自信和自豪。

站在决胜全面建成小康社会的新起点,江西有着自己的从容淡定、必胜底气。这淡定、这底气,来自绿水青山的流金淌银,来自量质齐升的昂扬气势,来自钉钉子般的接续奋斗。这是逶迤山川、连绵翠绿赋予的钟灵毓秀,这是滔滔赣江、浩渺鄱湖涵养的广博阔大。

(四)

朝着全面建成小康社会的伟大目标大踏步前进,以时代命笔,挥斥方遒,我们有着强大的精神动力和制胜法宝。

江西是一片红色的圣土。中国革命在这里孕育,人民共和国在这里奠基,人民军队在这里诞生。百折不挠的中国共产党人在江西艰苦卓绝的革命斗争中,用热血与生命,用信仰与执着,开辟了引领中华民族从苦难走向辉煌的崭新道路,诞生了推动中国革命从胜利走向胜利的井冈山精神。

井冈山精神以"坚定信念、艰苦奋斗,实事求是,敢闯新路,依靠群众、勇于胜利"为主要内涵,她是中国共产党人的"初心",是中国革命精神的源泉。无论长征精神、延安精神、西柏坡精神,还是"两弹一星精神""九八抗洪精神""焦裕禄精神",都是井冈山精神的延伸和融入时代内涵的发展,都是中国共产党人在革命和建设中,不忘初心、继续前进的精神丰碑。

井冈山精神是具有原创性的民族精神和革命精神,是中国共产党人在民族精神传承中的伟大创造。作为唯一未曾中断的人类文明,中华文明孕育、壮大的中华民族精神源远流长,是历史的积淀,人文的升华,是中华民族生生不息的强大精神支柱和不竭前进动力。中国共产党人薪火相传、继往开来,在继承民族精神中不断丰富和发展了民族精神,诞生了伟大的井冈山精神。

行程万里,不忘初心;不忘初心,继续前进。作为井冈山精神的发源地,江西始终以传承红色基因、弘扬革命传统为责任与使命,高举井冈山精神的伟大旗帜。我们过去所取得的一切成绩,都是大力弘扬井冈山精神、攻坚克难的结果。我们要实现全面建成小康社会的伟大目标,同样需要大力弘扬井冈山精神,不断解放思想、改革创新,强决胜之志,扬奋进之帆,夺伟业之胜。

2016年2月,习近平总书记视察江西,再一次登上八百里井冈。抚今追昔,他深情地说,井冈山是中国革命的摇篮。井冈山时期留给我们最为宝贵的财富,就是跨越时空的井冈山精神。今天,我们要结合新的时代条件,坚持坚定执着追理想、实事求是闯新路、艰苦奋斗攻难关、依靠群众求胜利,让井冈山精神放射出新的时代光芒。

2016年9月,省委书记鹿心社履新之后的首次赴外调研便来到井冈山。在井冈山革命烈士纪念碑前,他坚定地说:决不能让老区贫困群众在全面建成小康社会进程中掉队,这是习近平总书记的殷切嘱托;我们要大力弘扬井冈山精神,坚决打赢脱贫攻坚战,让全省人民同全国人民一起,共享全面建成小康社会的成果。

决胜的号角已经吹响,胜利的行军已经出发。

(五)

朝着全面建成小康社会的伟大目标大踏步前进,书时代伟业,再创辉煌我们有着独特的优势和良好的基础。

小康不小康,关键看老乡;全面不全面,脱贫是关键。全面建成小康社会最大的难题在于脱贫攻坚。

习近平总书记一直惦念和牵挂着红土地的英雄儿女。2012 年 6 月 28 日,在他的直接推动下,《关于支持赣南等原中央苏区振兴发展的若干意见》制定出台,给赣南这片红色故土带来了亘古未有的巨变,为赣南人民按期打赢脱贫攻坚战打下坚实基础,赢得了宝贵时间。

2015 年 3 月 6 日,习近平总书记在参加十二届全国人大三次会议江西代表团审议时,语重心长,殷殷嘱托:我们决不能让老区的贫困群众在全面建成小康社会进程中掉队,要立下愚公志,打好攻坚战,让老区人民同全国人民一起,共享全面建成小康社会的成果。

在党中央和习近平总书记的亲切关怀下,坚决打赢脱贫攻坚战,江西已奋起先行。

发展才是硬道理。当"江西号"同步全面小康列车风驰电掣、一往无前时,我们发现,发展之路比以前好走了许多。

交通"洼地"正被填平,区位优势不断放大。曾几何时,京广铁路绕过江西,让江西千年南北交通要道旁落;就在几年前,高铁路网"井"字状绕过江西,让许多人一阵悲叹。而今,这样的格局正在改变。全省高速公路突破 5000 公里,实现了县县通达;沪昆高铁的开通、赣深和安九高铁的开工,构建了江西东西、南北高铁十字架大动脉;合福高铁、向莆铁路的振翅而飞,"不东不西"的江西占尽承东启西、连南接北的区位优势。

战略"高地"愈发隆起,集聚效应不断提升。今年 6 月,作为全国第 18 个国家级新区,赣江新区正式获批。极目江西,众多国家级战略已相互叠加、综合发力。"一带一路"、长江经济带、长江中游城市群等国家级战略,江西均是重要支点;国家生态文明试验区,江西是先行者;赣南等原中央苏区振兴发展、鄱阳湖生态经济区,是给江西发展的量体裁衣、精准施策。叠加效应带来集聚效果,吸引越来越多的"金凤凰"前来栖息、筑巢。

绿色"福地"熠熠生辉,金字招牌不断擦亮。江西之绿,绿在山清水秀的自然生态,绿在天人合一的文化底蕴,更绿在立足长远的机制建设。肩负打造美丽中国"江西样板"的历史使命,以建设国家生态文明试验区为抓手,省委、省政府始终把制度创新作为核心要义,在全国首创把"生态文明先行示范区建设情况和生态环境状况"报告作为全省两会重要报告内容,在全国率先探索河流预防污染的"河长"制、率先实现全境流域生态补偿。

善战者,求之于势;势至者,譬如破竹。乘势而行,我们的征途是更加富裕更加美丽更加幸福的美好前程。

（六）

朝着全面建成小康社会的伟大目标大踏步前进，扬时代风帆，砥砺前行，我们有着万众一心的凝聚力、众志成城的战斗力。

今年夏天，面对新世纪以来形势最为严峻的洪水，在以习近平同志为核心的党中央坚强领导下，在解放军和武警部队的大力支持下，省委、省政府团结带领全省人民科学调度、攻坚克难，奋力夺取了防汛抗洪的全面胜利。这是作风的检验，更是战斗力的试金石。在这场硬仗中，各级党组织和广大党员经受了考验，显现出烈火真金本色；充分发挥好战斗堡垒和先锋模范作用，成为攻坚利器、制胜法宝。

做好全省工作，关键在党，关键在人。省委始终坚持党要管党、从严治党，全面加强党的思想政治建设、组织建设、作风建设、廉政建设、制度建设，全力打造风清气正的政治生态，为全面建成小康社会提供坚强保证。

重大教育丝丝入扣显成效。扎实推进党的群众路线教育实践活动、"三严三实"专题教育和"两学一做"学习教育，牢固树立"党建＋"理念，深入推进"连心、强基、模范"三大工程，引领全省广大党员，引导党员干部坚守政治信仰、站稳政治立场、把准政治方向、保持政治清醒，牢固树立"四个意识"，始终在思想上政治上行动上同以习近平同志为核心的党中央保持高度一致。

正面引导春风化雨润无声。"老阿姨"龚全珍的形象唱响全国、深入人心，成为全省党员、干部的镜子和标杆。省委反复强调激活和传承红色基因，弘扬选人用人的新风正气，推动全省广大党员干部弘扬党的光荣传统和优良作风，争做有信仰、有担当、有情怀、有气节的好党员、好干部。

反腐执纪雷霆万钧扬正气。省委保持高压态势，坚定不移把党风廉政建设和反腐败斗争引向深入，坚决肃清苏荣腐败案件毒害。坚持党要管党、从严治党，出台了系列政策措施，开展了"红包"和"违插"专项治理，集中整治群众身边"微腐败"，完成了对11个设区市、100个县（市、区）的巡视全覆盖，把权力关进制度的笼子。

问渠哪得清如许，为有源头活水来。清风拂面的政治生态，定了商心，暖了人心，强了党心。

（七）

梦想是最令人心动的旋律，又是最引人奋进的动力。

我们的先辈奔着梦想而行，高举革命圣火走下井冈山，高唱战歌从于都河出发，他们的赤诚照耀了中国革命的铁血征程，他们的信仰点亮了中国革命的伟大胜利。

"雄关漫道真如铁，而今迈步从头越。"有着井冈山精神的红色基因、有着苏区精神的政治血统、有着长征精神的钢铁肌体，我们继承先辈遗志，我们奔着梦想出发，在以习近平同志为核心的党中央坚强领导下，豪情满怀地行进在全面建成小康社会的新的长征路上。

我们坚信，梦想一定能实现，胜利将又一次属于我们！

江西日报

作者：任辛、刘勇；编辑：王晖

党报评论的使命与担当

——析《弘扬井冈精神 决胜全面小康》

邰小丽

《江西日报》署名"江仲平"的评论《弘扬井冈精神 决胜全面小康》，洋洋洒洒4500余字，文字功力之深，论述之力，实属政论力作。

在我国，报纸尤其党报长期以来是党重要的舆论宣传工具，评论更是党报的旗帜，肩负着重要的使命。要提高舆论引导能力，党报评论需要更好地宣传党和政府的中心工作，更加深入地分析解读新闻事件背后的原因，更加有效地引导舆论以及凝聚人心。党报评论只有在权威性、鲜明性和亲民性上下工夫，才会具有感染力和影响力。评论《弘扬井冈精神 决胜全面小康》做到了这些，既全方位、多层次地分析说理，高屋建瓴地引导舆论，又酣畅淋漓，一气呵成。

评论开篇交代"每一个时代都有每一个时代的命题与追求，每一代人都有每一代人的使命与担当"。紧接着明确"我们这一代人的光荣使命与神圣担当"是"全面建成小康社会"。从评论开头的两句话就得知此评论的主题重大，抓住重大时代课题做评论，这正是党报评论的使命与担当。评论接着交代写作背景是"今天开幕的中国共产党江西省第十四次代表大会，站在时代的高度，深入贯彻落实习近平总书记系列重要讲话精神和治国理政新理念新思想新战略，凝聚全省人民的智慧与力量，擘画江西决胜全面建成小康社会的宏伟蓝图，引领这片土地上的4600万人民，书写新的时代荣光"。由此读者得知，这是党报为"今天开幕的中国共产党江西省第十四次代表大会"写的评论。

评论在第一部分引出论题"江西决胜全面建成小康社会"。从第二部分到第六部分层层递进权威解读江西怎样"决胜全面小康"。各级党报是各级党委、政府方针、政策的阐释者和解读者，这些评论在传递政策意图，指导工作方面具有不可或缺的作用。

第二部分和第三部分论述了站在决胜全面建成小康社会的新起点，江西人民的必胜信念以及从容淡定和必胜底气。其中第二部分论述 4600 万江西人民拥有必胜信念的缘由,第三部分阐释江西为何有着自己的从容淡定和必胜底气。这两部分的论述有事实、有数据,鼓舞人心。

第四部分、第五部分和第六部分递进一层,从第二部分和第三部分的"站在决胜全面建成小康社会的新起点",江西人民的必胜信念以及从容淡定和必胜底气到论述"朝着全面建成小康社会的伟大目标大踏步前进",江西强大的精神动力、制胜法宝,独特的优势和良好的基础以及万众一心的凝聚力、众志成城的战斗力。其中第四部分解读江西强大的精神动力和制胜法宝,集中阐释井冈山精神,井冈山精神以"坚定信念、艰苦奋斗,实事求是、敢闯新路,依靠群众、勇于胜利"为主要内涵,她是中国共产党人的"初心",是中国革命精神的源泉。作为井冈山精神的发源地,江西始终以传承红色基因、弘扬革命传统为责任与使命,高举井冈山精神的伟大旗帜。我们过去所取得的一切成绩,都是大力弘扬井冈山精神、攻坚克难的结果。我们要实现全面建成小康社会的伟大目标,同样需要大力弘扬井冈山精神,不断解放思想、改革创新,强决胜之志,扬奋进之帆,夺伟业之胜。第五部分分析江西独特的优势和良好的基础。第六部分论述江西万众一心的凝聚力、众志成城的战斗力。这三部分的论述高屋建瓴、见解深刻。

第七部分结语信心满满,"有着井冈山精神的红色基因、有着苏区精神的政治血统、有着长征精神的钢铁肌体,我们继承先辈遗志,我们奔着梦想出发,在以习近平同志为核心的党中央坚强领导下,豪情满怀地行进在全面建成小康社会的新的长征路上。"

整篇评论分七部分,总分总的结构安排。纵论江西古今,富有学识的语言和大气磅礴的论证相得益彰,权威解读,体现了党报评论的使命和担当,让人读后酣畅淋漓,意犹未尽。

在新媒体时代,信息资源不再垄断和掌控在专业媒体机构手中,传统媒体获取独家信息越来越艰难,评论应上升为报纸市场化经营的重要战略。这篇评论既大气磅礴,有独到深刻的思想认识,又通俗易懂,有生动的表达方式。这样的党报评论才能追求党的路线方针宣传效果的最大化,追求党报舆论引导力的最大化。

第二十四届江西新闻奖二等奖

"上海女孩逃离江西农村"事件：假的！

本报讯　记者金路遥报道：春节前后，一条"上海女孩逃离江西农村"帖文成为网络口水的热点，江西无辜"躺着中枪"。2月20日，记者从网络部门获悉，"上海女孩逃离江西农村"事件从头至尾均为虚假内容。自称"上海女孩"的发帖者不是上海人，是某省一位已为人妇的母亲，她春节前压根没来过江西；而其后发帖回应的"江西男友"，只是话题的碰瓷者，与发帖者素不相识。

春节前夕，有网名为"想说又说不出口"的网友在上海某网站发帖《有点想分手了……》，称自己是上海女孩，春节前去"男朋友"家乡江西过年，被第一顿饭"吓一跳"而逃离江西。网帖春节期间在网上网下成为热点，转发不断、话题不断。但同时，许多清醒的媒体，如界面、澎湃等已从照片、订火车票、返程时间等一系列细节推断出帖文存在虚假和欺骗性。

根据网络部门的信息梳理，发帖者"想说又说不出口"并非上海人，而是上海周边某省的一位有夫之妇徐某某，春节前夕与丈夫吵架，不愿去丈夫老家过年而独自留守家中，于是发帖宣泄情绪。而之后在网上自称"江西男友"回应的网友"风的世界伊不懂"，和徐某某素不相识。

南昌大学新闻与传播学院教授王卫明认为，网络从来不是法外之地，虚假内容的发布，基于虚假内容不加甄别而渲染社会情绪，损害的是社会的公信力，突破的是法律和道德的底线。

江南都市报

作者：金路遥；编辑：彭京、刘勇

剖解信息证据链　还原事实真相
——《"上海女孩逃离江西农村"事件：假的！》评析
洪长晖

2016年2月6日19时28分，篱笆网一名名为"想说又说不出口"的网友发帖《有点想分手了……》，发帖人在帖子中称自己是上海女孩，主要内容讲述的是被江西男友家第一顿年夜饭吓到而逃离江西并选择分手。该帖子被迅速转发，进入新闻视野，引发了数万网友就城乡差距、地域差距、恋爱婚姻等敏感性、公共性话题展开讨论。2月21日,网络部门证实该事件为虚假内容。该辟谣消息在第一时间(2月22日)发布。

众所周知,真实是新闻的生命,是新闻报道的根本要求。因此,新闻报道必须以事实为基础,用事实说话。除此之外,新闻舆论工作者要承担"澄清谬误、明辨是非"的职责和使命。但是在这起事件中,多家媒体注重话题效果,未经核实就做二次传播,起到了推波助澜的作用,使该事件迅速成为舆论热点。而《江南都市报》的记者金路遥在面对网络汹涌舆情时,能够保持清醒头脑,不与舆论为伍,冷静面对。从一系列细节中,推断出该事件中存在虚假和欺骗性,并与权威部门进行核实,发现"上海女孩逃离江西农村"事件从头至尾均为虚假内容,并且第一时间进行报道还原事情真相,维护了江西形象,起到了很强的舆论引导效果。国内知名新闻学者陈力丹曾指出:"核实是转载的前提,任何添加的材料都要有切实的新闻来源,并通过注明消息源来规范自己的职业行为,最可靠的做法是通过自己的采访来证实事实。"

与此同时,该事件一经报道就引起了网民、媒体、专家等舆论主体的关注,涉及了城乡差距、地域差距、恋爱婚姻等敏感性、公共性话题,此消息报道出来一是能够还原事实真相,二是此条新闻由于是群众普遍关心的"热点",因此具有重要性。

进一步看,任何新闻的发生、新闻人物的出现都不是偶然的、孤立的现象,有它产生的环境和条件,发展变化的原因——即便是这样的"假"新闻。作者在此则消息中,介绍了发帖者发帖的原因以及回帖者与发帖人之间的关系,有助于受众能够更好地理解报道、明白其意义的事实,而从整体来看,也恰恰形成了对原先"消息"进行证伪的证据链。这就是逻辑和叙事的力量!

消息这种写作体裁是意在传播的体裁,因此作者要全面把握新闻的传播需要,以事实为基础的同时,应该力求新意、争取时效,并且考虑公开传播的效果,讲究事实的反映艺术,善于表现事实的社会价值,把新闻写得更有吸引力和说服力。在此篇报道中,作者最后还不忘采访相关学者,提醒公众"网络从不是法外之地",扭转了公众被欺骗的舆论风向,该报道一经发出,被全国1600余家媒体转载稿件,迅速占领了舆情高地,引导受众理性思考。甚至有人专门撰文,提出"假事件背后的真思考",如何净化网络、发挥网络的正向功能,成为全社会都必须严肃认真对待的一个现实大问题。

第二十四届江西新闻奖二等奖

"我给习爷爷送'福'啦!"

本报记者 邓维

"我给习爷爷送'福'啦!"

见到涂佳欣钰,9岁的小姑娘一脸灿烂,言语中充满甜蜜和自豪。

2月3日,习近平总书记来到东湖区彭家桥街道光明社区,看望慰问干部群众,给大家送去党中央的新春祝福和亲切关怀。与父母一起到社区参加"送春联迎新春"活动的涂佳欣钰,正巧遇上这一幸福时刻。

临近正午,习近平总书记走进社区书画室。"'总书记好!''春节快乐!''我们看见您真高兴呀!'"……热烈的掌声、激动的欢呼从四面八方传来。

涂佳欣钰恰好站在总书记的前方,她立即上前说道:"习爷爷,我给您写个'福'字,好吗?""好啊!"总书记热情回应道。铺开红纸、蘸满墨汁,涂佳欣钰轻车熟路,很快将一个大大的"福"字写好,送到总书记手上。

涂佳欣钰的母亲胡璐充满感情地说:"总书记,您为全国人民造福,我们全家给您送福了。"习近平总书记接过"福"字,拿到手上展示,祝大家都幸福。

"习爷爷夸我字写得好,还祝我好好学习、天天向上。"涂佳欣钰告诉记者,习爷爷一点架子都没有,让大家感到格外温暖和亲切。"今后我要更加努力学习,勤奋练字,争取成为一名书法家,不辜负习爷爷的期望。"

南昌日报

作者:邓维;编辑:谢松、邹仕虎

技巧与文字的融合 优秀消息稿的必备属性

——《"我给习爷爷送'福'啦!"》评析

洪长晖

2016年2月3日,习总书记在江西省视察时,来到光明社区书画室给大家拜年,9岁小朋友涂佳欣钰在红红的四方纸上写下一个大大的"福"字送给习总书记。其母亲表示:"总书记,您给全国人民造福,我们全家给您送福了。"

任何文章都讲究标题的拟制,对新闻而言,标题是新闻基本内容的高度集中和概括,是读者阅读新闻的向导和索引。此则消息引用了涂佳欣钰小朋友的话作为标题,巧妙设置悬念,为文章增添神秘感,激发读者紧张与期盼的心情,勾起了读者的阅读欲望。

在导语部分,作者采用延缓导语的写作方式——先引用涂佳欣钰小朋友的话引起读者的阅读兴趣,而后缓缓地陈述事件经过。这样做的好处是给人以轻松、舒展之感。同时,也更具有可读性和趣味性以及叙述点。

一则好的消息报道应该包含以下四类事实:首先是包含概括性事实,而要想使消息更加具有可读性,其次还需要加入具体事实、背景材料以及典型事例和细节。此篇消息主要内容,即概括性事实,是涂佳欣钰小朋友给习总书记送福。在这篇消息的主体部分,作者增加了很多细节描写,如涂佳欣钰站在总书记前方、总书记热情地回应道以及铺开红纸、蘸满墨水等细节,在消息中穿插一些与新闻事件相关的场面、环境、人物语言、动作等内容的描写,能够让报道生动逼真,富有实感和情趣。

除此之外,作者在消息中使用了较多的形容词,如"充满感情地""热烈的""激动的"等等,使消息文字轻松,以强烈的视觉冲击力吸引人,让读者看了就想一口气读完,并从中获得美的享受,进而使消息变得有滋有味。并且形容词还能够帮助消息刻画人物形象,使人物栩栩如生。

在结尾部分,引用涂佳欣钰小朋友的话来做收束,开头与结尾呼应,相辅相成。同时,借涂佳欣钰小朋友之口说出对习总书记的感受,增加了可信度。

通篇阅读下来,美中不足的是引用当事人语言过多,记者本人的总结性语言较少,会给读者一种"事件实录"的阅读感受。因此,在消息稿写作中,要特别注意把控受访者"同期声"的引用篇幅,做到恰到好处,真正做到技巧和文字的巧妙融合,成就一篇优秀的消息稿。

第二十四届江西新闻奖二等奖

搬得出　稳得住　能致富
江西九江探索扶贫多赢搬迁模式

"搬得出、稳得住、能致富,是我们实施搬迁移民扶贫工程的出发点和落脚点,搬得出是前提,稳得住是核心,能致富是根本。"江西省九江市移民和扶贫部门负责人说。

5年间,共完成搬迁8.4万人,一大批贫困群众的住房、就业、社会保障和公共服务等问题得到根本解决,走上了致富路。江西省九江市修水、武宁两县搬迁移民扶贫被誉为江西省的两面旗帜。

近年来,九江市不断开拓思路,积极探索以自然村为单元的整体搬迁,用改革的办法统筹住房、就业、发展、户籍、教育、医疗和保障问题,解决边远贫困群众的长远生计,探索出了一种扶贫开发、生态保护、产业转移扶贫多赢的移民搬迁模式。

九江为了确保整体搬得出,在整合涉农资金的基础上,制定了"四享受一支持"政策,即搬迁移民享受移民扶贫政策补助;符合危房改造条件的农户,享受危房改造补助;享受旧房拆除补偿;享受县城购商品房、小户型安置房的财政奖励;安置房凭产权证可以抵押享受信贷支持,为搬迁群众减轻经济压力。同时,按照政府引导、群众自愿、梯度安置的原则,根据群众的需求能力,以县城、工业园区搬迁安置为主,中心集镇、中心村、养老院安置为辅的方式进行集中安置,解决移民人口的落地问题。

如何解决易地安置"人地分离"的管理问题,确保搬迁群众生活安稳?九江市出台了户籍管理"两选一继续"政策,移民可选择直接办理城镇居民户口,也可选择保留农村户籍办理城镇居住证,子女入学、就业等享受城镇居民同等待遇;移民继续享有土地承包经营权、集体收益分配权和相关惠农政策。在社会保障方面,实施"两转一选择"政策,新农保和城镇居民社会保险互转、新农合和城镇低保互转、农村合作医疗和城镇居民医疗保险自由选择,有效解决了搬迁户的后顾之忧。

为实现搬迁贫困户能逐步致富,九江市以全面深化农村改革为契机,积极推进整体搬迁地区集体产权制度改革以及农村土地承包经营权、林权的确权登记颁证和流转工作。探索通过组建股份制农林综合开发有限公司,将农户持有的集体耕地、山林承包经营权综合折算成股份,农民采取持股分红的模式流转林地、承包土地经营权,形成"人走权不走、人移利不移"的利益机制。修水县林业局相关负责人说,组建股份制农林综合开发有限公司后,再将公司山林资源整体流转出去,农民可以从经营权出让、封山育林和发展林下经济等方面获得红利,然后用这些红利换保障,可以购买社会保险、医疗保险等,也可以直接用于生产、消费。

九江日报

作者:杨鸿敏、龙群;编辑:刘丽明

《江西九江探索扶贫多赢搬迁模式》评析

李新祥　侍雅慧

这是一篇关于江西九江扶贫搬迁的政策科普类新闻,新闻篇幅不大,总共 900 多字,行文流畅,结构清晰严谨,不失为一篇优秀的报刊消息类新闻。这篇新闻之所以能够获得二等奖,在以下几个方面具有可取之处。

从内容上看,首先,在新闻价值方面,这是一篇政策科普类的新闻稿,主要是围绕江西省九江市的扶贫搬迁模式而展开的一系列普惠人民的政策举措,在新闻的引题中,记者用"搬得出、稳得住、能致富"三个短语言简意赅地概括了政策的出发点和落脚点,其中"搬得出是前提,稳得住是核心,能致富是根本"。之后的政策便是紧紧围绕着这三点展开的。江西省九江市的扶贫搬迁政策是与人民群众紧密相连的,关乎人民的切身利益,能够引起人民群众的强烈关注与广泛兴趣。第三,本篇消息还具有较高的政策宣传价值,具有一定的政治意义,对于接下来的日子继续实施扶贫搬迁政策具有一定的长远意义。其次,新闻主题方面记者抓住了贫困户搬迁的问题,对于贫困群众在搬迁之后可能出现的一系列问题,例如住房、就业、社会保障和公共服务等问题,相关部门都针对性极强地制订了解决措施,让群众能够走上致富道路。也正是因为这样,5 年间,共完成搬迁 8.4 万人,"江西省九江市修水、武宁两县搬迁移民扶贫被誉为江西省的两面旗帜"。根据十八届三中全会的指示,政府要加强发展战略、规划、政策、标准等制定和实施。优化机构设置和职能配置,完善决策权、执行权、监督权,严格绩效管理,突出责任落实,做到权责一致。作为负责扶贫和移民的相关部门,则有义务、有责任做好扶贫和移民工作的规划、政策的制定,规范扶贫和移民工作的科学管理。在这一点上本篇新闻稿的主题充分体现了江西九江的创新和探索扶贫和移民工作的发展思路——"搬得出、稳得住、能致富",充分贯彻了党的十八届三中全会的精神,克服了地区各种先天不足的条件,为人民办实事、谋福利,也为进一步实现我党提出的到 2020 年全面建成小康社会的目标。

从形式上看,首先在结构方面,本篇新闻采取了倒金字塔式的结构,但是在第一段并非以记者的口吻在叙述,而是采用直接引语的方法,以江西九江的扶贫和移民负责人的口吻说道:"搬得出、稳得住、能致富,是我们实施搬迁移民扶贫工程的出发点和落脚点,搬得出是前提,稳得住是核心,能致富是根本。"这样的一个开头很出彩,简明扼要地点出了扶贫搬迁模式的根本出发点和落脚点,同时还能吸引读者的眼球。接下来的第二段是全文最重要的一部分,即金字塔的顶端。在这一段中记者列出了数据——"5 年间,共完成搬迁 8.4 万人",简单却具有说服力,充分体现了江西九江的扶贫搬迁工作的巨大成功。而在新闻的后面几段,记者的写作顺序也是十分有讲究的,并非是乱写,而是严格按照"搬得出、稳得住、能致富"这样的策略顺序,依次写清政府相关部门"如何让群众愿意搬出、如何采取策略措施帮助群众安定生活、如何引导群众走上致富之路"这一系列的关键问题,条理清晰、行文流畅。

最后从语言上看,其实这类政策科普类的新闻最忌讳的就是受众看不懂,这样就达不到本身的目的,而这篇新闻记者在写作的时候就避免了这样的情况。虽然文章中出现了不少政策类专业术语,例如:"四享受一支持""人地分离""两转一选择""人走权不走、人移利不移",但是记者在后面加上了浅显易懂的解释,让受众容易理解。

第二十四届江西新闻奖二等奖

"江南都江堰"泰和槎滩陂入选世界遗产
是国内第四个"国宝"级水利工程 将升级为国家级水利风景区

本报泰和讯（记者徐黎明）　被誉为"江南都江堰"的泰和槎滩陂水利灌溉工程，是一座拥有千年历史的水利工程，至今仍惠泽万顷。11月8日，在泰国清迈召开的第二届世界灌溉论坛暨国际灌溉排水委员会67届国际执行理事会上，该工程被授牌列入世界灌溉工程遗产名录，成为目前我省唯一的世界灌溉工程遗产。

槎滩陂地处吉泰盆地核心区的泰和禾市镇内，始建于南唐年间的937年，南唐金陵监察御史周矩在迁居泰和后，见当地地势"高燥"，因旱歉收，经多次选址后于此兴修水利。在工程修筑、建后管理和养护上为后人提供了可资借鉴的宝贵经验，至今仍灌溉泰和、吉安县5万亩农田。

泰和县槎滩渠水利管理委员会副主任匡莹萃介绍，2013年，槎滩陂被国务院核定为第七批全国重点文物保护单位，是继四川都江堰、安徽丰塘芍陂、福建木兰陂后第四个"国宝"级水利工程，也是我省首个"国宝"级的水利灌溉工程。新中国成立后，泰和县政府又进行了三次规模较大的扩修，使这一古陂至今仍发挥着显著的水利灌溉效益。

今年6月5日至6日，中国国家灌溉排水委员会组织专家对泰和槎滩陂灌溉工程进行现场考察评估。专家一致认为，槎滩陂是中国古代农业灌溉文明的代表性工程，是人水和谐相处的杰出典范，其因地制宜的工程规划、系统完善的工程体系、科学有效的管理制度，保障了农业灌溉等综合效益的持续发挥，保障了区域经济、政治、社会、文化的发展，见证了该区域自然、社会的变迁，具有突出的历史、科技、文化价值。

专家称，2014年开始在全球范围评选世界灌溉遗产工程以来，我国有10个水利工程入选该名录。事实上，在省内，相比于抚州的述陂、千金陂及宜春的李渠等，槎滩陂并不是我省最早建成的古代水利灌溉工程，但它有很强的生命力，对研究学习中国水利史和古代水利建筑工艺具有重要意义。槎滩陂作为一项使民众长期受益的水利灌溉工程，其历史之久远、功能之稳定，为水利工程历史所罕见，发展水利工程观光旅游大有可为。

对此，匡莹萃介绍，该县在对槎滩陂申遗的同时，已着手将其升级成为国家级水利风景名胜区。同时，为保护山水生态格局，发掘文化历史内涵，该县拟斥资进一步修缮槎滩陂这一古老的水利工程。

江西日报

作者：徐黎明；编辑：彭平、朱华

《"江南都江堰"泰和槎滩陂入选世界遗产》评析

李新祥　　侍雅慧

这是一则关于槎滩陂成功入选世界遗产的社会新闻，短短八九百字便把槎滩陂的历史、现状以及申遗过程交代清楚，并在文章结尾处说明，相关部门已经着手将其升级为国家级水利风景名胜区并准备斥资进一步修缮这一项古老的水利工程。

从内容上看，首先，在新闻价值方面，该新闻报道的是江西省泰和槎滩陂入选国家遗产，这样的一则社会新闻，一来为泰和槎滩陂入选国家遗产作了宣传；二来也从侧面说明江西省在保护国家物质文化遗产方面作了巨大的、不懈的努力。中国共产党十八届三中全会提出，要紧紧围绕建设社会主义文化强国深化文化体制改革，推动社会主义文化大发展大繁荣。进一步强调了保护中华文化在我国社会主义现代化建设中的重要地位。可见诸如江西省槎滩陂这类的物质文化遗产，在推动我国文化大发展大繁荣的进程中，起着至关重要的作用，该新闻报道的内容与当前社会生活和广大群众利益有着密切的关系，因而具有不可忽视的重要性。其次，在新闻主题方面，记者选取了"江南都江堰"槎滩陂作为新闻的主题，并且围绕槎滩陂的历史、现状以及其在历史、科技、文化方面体现出的价值展开了说明。借专家之口道出了槎滩陂是"人水和谐相处的杰出典范"，主题鲜明、深刻、集中。再次，在新闻角度方面，作者由"江南都江堰"切入，还选择了江西省内，抚州的述陂、千金陂及宜春的李渠等作为对比，突出了其强大的生命力，以及对研究学习中国水利史和古代水利建筑工艺的重要意义。

从形式上看，首先在结构方面，该新闻采取了倒金字塔式的结构，开头论述新闻最重要的一部分，即"槎滩陂被授牌列入世界灌溉工程遗产名录，成为目前江西省内唯一的世界灌溉工程遗产"，结构清晰简要，容易理解。第二段介绍槎滩陂的历史由来，第三、四、五段介绍了槎滩陂在江西省内水利方面的重要地位以及专家肯定了槎滩陂的多方面价值，最后一段记者说明相关部门正在着手修缮该工程并准备将其打造为旅游风景区。其次，在表达方法方面，记者陈述了一些专家的观点，对于槎滩陂的历史也进行了简要、准确的介绍，不仅简单明了，而且具有很强的说服力。再次，在语言方面，该新闻的语言既通俗易懂，又不失权威，在新闻标题的引题中，"江南都江堰"五个字极好地将槎滩陂的定位以及价值表达出来，能够让读者一下就能够明白槎滩陂对于江西省水利的重要地位。

从这篇新闻的社会影响力来看,这篇新闻发表在《江西日报》这份省级报纸上,辐射面是整个江西省,既肯定了江西省对于世界灌溉遗产工程的保护工作,也是为了槎滩陂即将发展为风景名胜区这一举措能够引起社会各界的重视与关注。另一方面也能够激发江西群众对于家乡的自豪感与归属感,同时号召大家保护山水生态格局,发掘文化历史内涵,共同促进社会主义文化大发展大繁荣。

第二十四届江西新闻奖二等奖

鹿心社现场答复全国人大代表兰念瑛提问
百万群众重托 代表不辱使命

本报北京6日消息(特派记者 周斌 汤洪 文/图)"听完鹿心社省长给我的详细答复,压在我心里的石头终于落地了。"6日,在江西代表团举行的分组讨论上,听完省长的答复,全国人大代表兰念瑛皱着的眉头终于舒展了。

记者了解到,兰念瑛心里的疑问,其实就是今年她带到两会的两个议案:《关于要求鹰梅铁路途经资溪并加快实施的议案》和《关于恳请支持吉安至抚州至武夷山铁路建设的建议》。简而言之,兰念瑛建议鹰梅铁路(鹰潭至梅州)和吉武铁路延伸到资溪县,助力资溪经济发展。

兰念瑛告诉记者,她是今年全国两会抚州市唯一的一名全国人大代表,压力巨大。"会前,我仔细查看了全国'十三五'的铁路规划,我没有找到这两条线路,当时心里就非常着急。今天上午,我想在分组讨论上发言时说,但大家一直在讨论,我没有找到机会。下午,一轮到我发言,我就冒昧地向省长提出了自己的疑问,希望省长给我一个答复。"把憋在心里的话说出来,兰念瑛久久难以平静。

"再好的资源,再好的环境,人不来,也不行。"兰念瑛告诉记者,资溪森林覆盖率达到87.2%,生态非常好,但是交通并不便利,资源优势未能得到充分发挥。"资溪的人口非常有特点,由3个1/3组成,1个1/3是原来的'两江移民',1个1/3是原来来自全国各地支援边区建设的人口,1个1/3是本地人,所以人口流动较大,有路能让资溪群众的幸福指数大幅提高。"兰念瑛向记者道出了她的理由。

听完兰念瑛的现场提问,鹿心社向兰念瑛详细地介绍了今年我省将开工建设的铁路项目。他告诉兰念瑛,江西省已经和国家发改委衔接完毕,并达成意向,将鹰梅铁路和吉武铁路列入"十三五"规划,有望在2017年动工。

同时,针对兰念瑛今年带来的议案《关于恳请支持抚州市重点生态功能区建设的建议》,鹿心社也表示,江西省已经和国家发改委进行了沟通对接,前期工作已经对接完毕,具体可等国家发改委的回复。

分组讨论还未结束,兰念瑛就已经抑制不住内心的激动。她走到会场外,给黎川县的领导打去了电话。"不仅黎川县,周边的南丰、广昌、乐安、宜黄、南城、崇仁、金溪等县的群众,都非常期待这两条铁路走进抚州。省长的答复,我非常满意,我今年参加两会,也算完成了使命。晚点,我会一一向这些地方的领导报告这个好消息。"兰念瑛兴奋地对记者说。

经济晚报

作者：周斌、汤洪；编辑：许可

现场信息通过巧妙组合生出了故事情节

——浅评《百万群众重托 代表不辱使命》

陈洪标

这是篇来自全国两会的消息稿，内容是常规性的省长参加代表团分组讨论，这样的稿子工作性很强，要写出彩，很难，除非有精彩的猛料。尤其是事关代表的议案内容，写活就更难了。而这篇稿子的可取之处，正是突破了这两难，它采用的不是以省长为中心的常规写法，而是以人大代表为主角，以其情绪变化为主线，通过材料的巧妙组合，把一个现场消息成功转换成一篇带情节有起伏的故事性报道，更鲜活，更生动。

先来看消息的导语："听完鹿心社省长给我的详细答复，压在我心里的石头终于落地了。"6日，在江西代表团举行的分组讨论上，听完省长的答复，全国人大代表兰念瑛皱着的眉头终于舒展了。

引用采访人的话语，这种写法很常用，也是让消息生动鲜活，有可读性，拉近与读者的距离的一种好办法，但在这里除了达到这些效果之外，还起到了让整篇消息生发故事性情节的引子作用，一句"全国人大代表兰念瑛皱着的眉头终于舒展了"，为下面的故事作了铺垫。

第二段，记者就直奔兰念瑛为什么会皱眉头。原来她心里有疑问，就是今年她带到两会的两个议案：《关于要求鹰梅铁路途经资溪并加快实施的议案》和《关于恳请支持吉安至抚州至武夷山铁路建设的建议》，即她建议鹰梅铁路（鹰潭至梅州）和吉武铁路延伸到资溪县，助力资溪经济发展。这里点出了消息的核心内容，两个受百万群众重托的议案，以及她所担心的问题，事关本省百万群众的发展大计的两个项目能不能得到答复，以完成人大代表的使命。

第三段进入兰念瑛情绪发展阶段，直接写她所承受的巨大压力。这种压力来自两个方面：一是客观原因，"会前，我仔细查看了全国'十三五'的铁路规划，我没有找到这两条线路。"所以心里就非常着急；二是时间原因，"今天上午，我想在分组讨论上发言时说，但大家一直在讨论，我没有找到机会。"

正因为如此，"下午，一轮到我发言，我就冒昧地向省长提出了自己的疑问，希望省长给我一个答复。"

一个"冒昧",一句"把憋在心里的话说出来,兰念瑛久久难以平静",写活了兰念瑛的心情波动。

最出彩的地方是记者接下来并没有直接写省长的答复。而是继续强化主题,通过兰念瑛告诉记者的方式,讲述这两个议案是何等的重要。把情节再酝酿了一番。

通过上面对兰念瑛的皱眉头、久久难以平静,加上背景交待等情感酝酿,终于把最重要的信息和盘托出。

听完兰念瑛的现场提问,省长鹿心社向兰念瑛详细地介绍了今年我省将开工建设的铁路项目,告诉兰念瑛,江西省已经和国家发改委衔接完毕,并达成意向,将鹰梅铁路和吉武铁路列入"十三五"规划,有望在 2017 年动工。同时,兰念瑛的另一个议案《关于恳请支持抚州市重点生态功能区建设的建议》,江西省也已经和国家发改委进行了沟通对接,前期工作已经对接完毕,具体可等国家发改委的回复。

最后记者还是没有写现场省长说完后代表们的反应,而是把笔墨再回到兰念瑛的情绪上,"分组讨论还未结束,兰念瑛就已经抑制不住内心的激动。她走到会场外,给黎川县的领导打去了电话。"与导语形成了呼应。

这还不够,记者再次用"兰念瑛兴奋地对记者说"的方式,表达了她使命完成了,"皱着的眉头终于舒展了","我非常满意"的激动之情。

第二十四届江西新闻奖二等奖

江西首次、全国首创

——省级人民代表大会审议"生态报告"

本报讯（记者魏星）　1月27日上午，省十二届人大五次会议在省行政中心会议中心举行第二次全体会议，相对以往惯例，本次大会新增一项议程，听取和审议全省生态文明先行示范区建设和生态环境状况的报告。人民代表大会听取审议政府的某一项专题工作，在我省尚属首次，在全国也属首创。

生态是我省最大的财富、最大的优势和最大的品牌。去年3月6日，习近平总书记在参加十二届全国人大三次会议江西代表团审议时，殷殷嘱托江西"走出一条经济发展和生态文明相辅相成、相得益彰的路子，打造生态文明建设的江西样板"。党的十八届五中全会把"绿色发展"列入五大发展理念之一，将绿色发展战略植入全面小康社会建设之中，并将"美丽中国建设"首次写入"十三五"规划建议。作为"中国最绿"省份之一，我省始终贯彻生态立省、绿色发展的理念，落实"发展升级、小康提速、绿色崛起、实干兴赣"十六字方针，以打造生态文明建设江西样板的勇气与智慧，正在走出一条具有江西特色的绿色发展新路。

2014年11月，我省成为首批全境列入国家生态文明先行示范区建设的省份之一。在这一背景下，我省去年首次以人民代表大会决议案方式推动国家重大战略实施，审议通过了《关于大力推进生态文明先行示范区建设的决议》。省政府及其有关部门高度重视，认真按照《决议》要求，抢抓机遇，积极作为，生态文明先行示范区建设初见成效。今年省人代会听取和审议全省生态文明先行示范区建设和生态环境状况的报告，正是对全省一年来生态文明先行示范区建设成效的检阅，向全省人大代表交上一份绿色答卷。

省人大常委会负责人表示，首次听取和审议全省生态文明先行示范区建设和生态环境状况的报告，把江西的蓝天、青山、绿水，交给人民代表审议监督，这必将进一步凝聚全省共识，推动全省上下保持定力，把生态环境保护好，把生态文明先行示范区建设好，为建设"美丽中国"作出更大贡献。

江西日报

作者：魏星；编辑：任辛、罗德斌

立意先行,中心明确

《江西首次、全国首创
——省级人民代表大会审议"生态报告"》作品评析

唐佳丽

为贯彻落实党的十八大关于大力推进生态文明建设的战略部署,积极落实十八届三中全会关于加快生态文明制度建设的精神,中央在全国范围内选择有代表性的 100 个地区开展国家生态文明先行示范区,探索符合我国国情的生态文明建设模式。而本篇报道即在江西省成为首批全境列入国家生态文明先行示范区建设之一的省份后,抢抓机遇、积极作为的表达。

首先,本篇文章最突出的无疑是它的主题以及所蕴含的意义。党的十八大以来,以习近平总书记为核心的党中央把生态文明建设纳入"五位一体"总体布局和"四个全面"战略布局,锐意深化生态文明制度改革,坚定贯彻绿色发展理念,开创了生态环境保护新局面。江西省以打造生态文明、建设江西样板的勇气与智慧,不仅很好地契合了习总书记"走出一条经济发展和生态文明相辅相成、相得益彰的路子,打造生态文明建设的江西样板"这一期望,而且为江西这个全国首创的新举措亮牌宣传,让受众看到这条正在探索的具有特色的绿色发展新道路;看到政府要把江西的蓝天、青山、绿水交给人民代表审议监督的这一决心;也看到全国人民凝聚共识、保持定力,建设"美丽中国"的美好愿景。

其次,该消息角度新颖、观点独到。新闻意在消除读者的不确定性,所以作者在短短篇幅中,对众多内容的取舍就显得尤为重要。作者并没有将新闻局限在审议"生态报告"的内容上,而是将这一事件放在了更加宏观的时代背景和社会环境下,跳出事件本身来采编新闻,使新闻更具时代性和重要性。而且消息背景资料翔实、前后呼应。不仅将此次人大代表审议"生态报告"说清点名,还介绍了这是映照去年首次以人民代表大会决议案方式推动国家重大战略实施,审议通过的《关于大力推进生态文明先行示范区建设的决议》,检阅全省一年来生态文明先行示范区建设的成效。

消息写作内容在精不在多,能够用最简练的文字表达最有价值的信息才是它的精髓所在,本篇消息用短短篇幅不仅将事情缘由、背景交代清楚,还有效地将其新闻价值最大化,值得借鉴。

第二十四届江西新闻奖二等奖

不实之风当休

本报评论员

承诺了时间,划出了底线,执行时却"打折扣""踱方步""拖慢拍"。去年12月31日,省长鹿心社在调研昌九大道建设情况时,对这种慢作为甚至不作为的不实工作作风提出了严厉批评。

昌九大道是提升昌九一体化水平的标志性工程。对于昌九大道全线通车,全省人民期盼已久。去年相关地区和部门曾经多次"打包票":确保2015年年底前昌九大道全线通车。媒体也向社会各界公布了这一承诺。省长多次表示:等年底全线通车时,一定要来走一趟。但2015年最后一天,省长现场调研时却发现:昌九大道并未全线贯通,仍有大段"中梗阻"。为此省长批评说:议定了的事,就要不折不扣抓好落实;定了的目标,要千方百计确保实现;遇到了困难,要主动作为想尽办法克服。如果遇到自身克服不了的困难,要抓紧时间及时报告,以便全局统筹。

省长的批评发人深思。昌九大道迟迟不通车,其实质是干部的作风"不通",对于昌九大道促进昌九一体化的重要性认识没有"通",对于昌九一体化推动全省区域经济协调发展的重要性认识不到位。思想上慢了"半拍",行动上往往"跟不上趟",效果上就会"肠梗阻"乃至于"断线"。

这种慢作为、不作为的不实工作作风,实在要不得!身在岗位不作为是"庸政",拿着俸禄不干事是"懒政"。它涣散了人心、败坏了党风,让党和政府的公信力受损。对各级领导干部而言,台上说一句算一句,句句要算数;台下干一件成一件,件件须落实。决策时力戒空话大话、哗众取宠,防止卖弄"干劲十足";抓落实时,避免浅尝辄止、虎头蛇尾,要敢于直面矛盾和问题;到了向群众兑现承诺"交账"时,更不应该编织理由,强调客观困难,推卸责任。

一元复始,万象更新。迈进2016,开启"十三五"。到2020年全面建成小康社会,是我们党确定的"两个一百年"奋斗目标的第一个百年奋斗目标。省委十三届十二次全会提出了"提前翻番、同步小康"的总目标,为全省上下指明了前进方向。宏图已绘就,梦想要成真,关键在于真抓实干。面对"十三五"决胜全面小康的繁重艰巨任务和新常态下错综复杂的经济形势,真抓才能攻坚克难,实干才能梦想成真。

各级领导干部要进一步增强责任感、紧迫感和使命感,以只争朝夕的拼搏精神抓落实,以奋发有为的崭新面貌谋发展。要敢于担当出"硬招",无私无畏,不避矛盾,在实干中勇破难题;要敬业精业勤于出"实招",突出工作重点,一件一件抓落实,一年一年抓成效,在实干中创造新业绩;要开拓进取善于出"新招",克服"本领恐慌",主动适应新常态,在实干中展现新作为。要以一抓到底的狠劲和韧劲,不图虚名、不务虚功,出实策、鼓实劲、办实事,"像健壮的青年,有铁一般的胳膊和腰脚,领着我们上前去"。

作风体现形象,作风影响成效。省长批评不实的工作作风,值得全省各级干部警醒。

江西日报

作者:桂榕、江仲俞、李冬明;编辑:任辛

观点集中　掷地有声
——《不实之风当休》作品评析
唐佳丽

在党的群众路线教育实践活动工作会议中,习近平总书记提出要切实解决四风问题,以实际行动密切党群干群关系,取得群众满意的成效。在严抓不实之风的当下,记者敢于披露、敢于报道,无疑作为当代媒体履行监督责任的一针强心剂,是对部分部门不作为现象的一种遏制,体现了记者较强的职业素养和专业精神。

1. 观点集中,点明要害

昌九大道是提升昌九一体化水平的标志性工程,可是在多次"打包票"后却存在不仅未全线贯通,而且仍存在大段的"中梗阻"的现象。该篇评论紧扣"不实之风当休"这个主题,观点鲜明、直击要害,反映了地方政府的不作为,开"空头支票",却不履行承诺职责。作为一篇监督性报道,作者很好地履行了记者的监督责任,将这种涣散人心、败坏党风,使党和政府公信力受损的现象报道出来,并且有理有据、针砭时弊。只有发现问题、指出问题、查摆问题,才能"对症下药",解决当前存在的问题。尤其是结尾处简洁明了:"作风体现形象,作风影响成效。省长批评不实的工作作风,值得全省各级干部警醒。"将该评论的立意拔高,文章不是就事论事,而是希望各级领导干部引以为戒。

2. 结构紧凑,论述深入

本条新闻评论结构完整、条理清晰、一气呵成。全篇紧抓昌九大道未能如期完工展开。评论导语部分,"打折扣""踱方步""拖慢拍"三个并列修辞干脆利索,掷地有声,为全篇定好了主基调;随后省长严厉地批评:"议定了的事,就要不折不扣抓好落实;定了的目标,要千方百计确保实现;遇到了困难,要主动作为想尽办法克服。如果遇到自身克服不了的困难,要抓紧时间及时报告,以便全局统筹。"从现象入手,以省长调研昌九大道时对沿线政府部门不作为行为的批评作为论据，批评地方政府思想慢"半拍"，行动"跟不上"；最后作者以此展开论述，当下部分领导干部诸如"说要不实""做事不实""责任不实"等现象实在要不得，在迈进 2016，开启"十三五"的当下，宏图已经绘就，要想梦想成真，关键就在于真抓实干，劝解各级领导干部要进一步增强责任感、紧迫感和使命感，真正有所作为。

3.语言精练，掷地有声

新闻评论具有鲜明的意识形态性质，能够明确表达对事物的立场和态度，是党和人民的喉舌，是社会舆论的导向。所以新闻评论的语言重点也是要"实"，实在地指出问题、实在地剖析问题，不说官话套话虚话，本篇评论在语言上可谓体现出作者的文字功底，一系列诸如"打折扣""踱方步""拖慢拍""跟不上趟""肠梗阻"等修辞手法准确地形容了描述的现象，语言平实不失生动，表现自然不显生硬，逻辑清晰不说套话，紧紧围绕主题：休不实之风，扬真抓实干。

没有批评的媒体，是不完整的媒体；负责任的媒体批评，是疗治社会弊病的良药。敢于对政府不作为的行为进行批评并提出"治病"之良方是本文精妙之处。

第二十四届江西新闻奖二等奖
三名干部因失信晋升路受影响

本报讯 记者王若刚报道：今年5月，在县乡换届中，渝水区某乡镇干部因近5年来信用卡有8次逾期未还贷记录，被人看好的晋升路受到影响。作为我市改革创新的一大亮点，"信用新余"威力初显。据了解，自今年4月上线以来，"信用新余"为我市单位、个人提拔重用、评先评优等工作提供信用等级报告700余份，3名干部因为有不诚信记录，晋升之路受到影响。

今年4月7日，我市建立机关事业单位和公职人员信用档案，将诚信记录作为干部考核、任聘和奖惩的重要依据，领导干部在提拔重用、评先评优等方面必须先过"信用关"。"信用新余"也于此日起正式上线运行。

截至目前，"信用新余"已收集全市690个机关事业单位和27752名公职人员的信用信息，共采集机关单位和公职人员在履职、奖励处分、违反各项规定等方面的数据94691组，并初步完成信用等级报告。

该系统上线以来，我市不断扩大信用评级结果的运用，推动信用体系建设深入发展，特别在公职人员评先评优、选拔任用、竞争上岗、职称评定等方面，将其信用状况作为重要依据。对信用等级优秀的，同等条件下优先考虑；信用等级较差的，不能评先评优、提拔重用；信用等级极差的，则进行批评教育、警示谈话或列入"失信黑名单"。

经过8个月的运行，"信用新余"威力彰显。据介绍，在今年的县乡换届及全市优秀共产党员、优秀党务工作者表彰候选工作中，公职人员信用评级结果已首次被我市组织部门参考借鉴，并为市人大和政协评选人大代表、政协委员提供490名干部的信用等级报告，为市委、市政府拟表彰"六五"普法教育工作的81个先进集体和102名先进个人提供信用等级报告。截至记者发稿时，"信用新余"共发布诚信红榜4期和诚信黑榜3期，3名干部因为有不诚信记录，本来被人看好的晋升路受到影响。

新余日报

作者：王若刚；编辑：彭勃

直奔要害抓重点 小改革爆出大趋势

——评消息《三名干部因失信晋升路受影响》

陈洪标

这篇消息最显眼的亮点是直奔要害抓重点,小改革爆出大趋势。

建信用档案,留下诚信记录,推行信用建设,以前只是金融行业的事,失信惩处也只限借限贷等方面,多和经济生活发生关系,还从来没有和政治搭边。新余市委、市政府要建立机关事业单位和公职人员信用档案,这本身就是货真价实的新闻,记者正是看到了这一点,在全市的信用体系建设情况中,并没有去写市民的信用情况,而只关注全市690个机关事业单位和27752名公职人员的信用信息。

报道的深入,放在了采集机关单位和公职人员在履职、奖励处分、违反各项规定等方面的数据94691组,并初步完成信用等级报告后,是如何不断扩大信用评级结果的运用的?是如何推动信用体系建设深入发展的?

将信用状况作为公职人员评先评优、选拔任用、竞争上岗、职称评定等方面的重要依据。对信用等级优秀的,同等条件下优先考虑;信用等级较差的,不能评先评优、提拔重用;信用等级极差的,则进行批评教育、警示谈话或列入"失信黑名单"。公职人员信用评级结果在县乡换届及全市优秀共产党员、优秀党务工作者表彰候选工作中,首次被我市组织部门参考借鉴,并为市人大和政协评选人大代表、政协委员提供490名干部的信用等级报告,为市委、市政府拟表彰"六五"普法教育工作的81个先进集体和102名先进个人提供信用等级报告。

将诚信记录作为干部考核、任聘和奖惩的重要依据,这才是新闻的最大亮点,是信用建设的亮点,也是领导干部任用的改革亮点。

报道用活生生的事例回应了改革是实打实的,动真格的。在县乡换届中,渝水区某乡镇干部因近5年来信用卡有8次逾期未还贷记录,被人看好的晋升路受到影响。共发布诚信红榜4期和诚信黑榜3期,3名干部因为有不诚信记录,本来被人看好的晋升路受到影响。领导干部在提拔重用、评先评优等方面必须先过"信用关",这将成为新余市的改革大趋势。

第二十四届江西新闻奖二等奖

东江哪得清如许 为有源头活水来
赣粤首设生态补偿共护"生命之水"
标志着我国跨省流域横向生态补偿取得重大进展

本报讯(记者黄颖、林雍) 清清的东江水,一头连着老区江西,一头连着经济发达的广东和香港。10月19日,在财政部、环保部有关领导见证下,江西省和广东省在南昌正式签署东江流域上下游横向生态补偿协议,标志着我国跨省流域横向生态补偿取得新的重大进展。

东江是香港和珠三角主要饮用水源,是我国具有代表性的饮用水源型河流,被称为"生命之水""经济之水"和"政治之水"。保护东江源,一直是江西、广东和香港同胞的共同心愿。在财政部、环保部的积极推动下,赣粤两省就东江流域横向生态补偿多次协商,达成共识,并最终签署协议。

根据协议,生态补偿期限暂定三年,跨界断面水质年均值须达到Ⅲ类标准水质达标率并逐年改善。赣粤两省共同设立东江流域水环境横向补偿资金,每年各出资1亿元,依据考核目标完成情况拨付资金。中央财政依据考核目标完成情况确定奖金,资金拨付东江源头省份江西,专项用于东江源头水污染防治和生态环境保护。

东江源的生态保护,凝聚着江西人民长久的付出与坚持。封山、关矿、退果、移民……多年来,源区人民不遗余力守护这一江清水。仅"十二五"以来,寻乌、安远、定南三县关闭矿山开采、有色冶炼等污染企业202家,拒绝750多个外来项目。目前,东江平均三级以上水质达88%,有力保障了下游地区饮水安全。

江西省委、省政府历来高度重视东江源头生态保护,先后制定出台了《关于加强东江源区生态环境保护和建设的决定》等政策措施。自2003年全国两会以来,赣粤两省的全国人大代表、政协委员多次提交建议、提案,呼吁国家和受益地区对东江源区实施生态补偿。2014年1月,环保部正式启动了《江西东江源生态保护与补偿规划》编制工作。

"跨省流域水环境保护,难度大,涉及利益如何平衡、共建共管共享机制如何搭建等诸多'瓶颈'。"江西省委党校副巡视员黄世贤认为,"东江源流域生态补偿试点,对探索适合我国国情的跨省流域水环境保护提供了可供借鉴的经验,影响深远。"

多年期盼终于结出硕果,老区人民喜笑颜开。安远县环保局局长叶禄林激动地表示:"东江源生态补偿的最终落地,既是960万赣南人民的福音,更是一种鞭策。我们一定以此为契机,以更大力度抓好源区水环境保护治理,确保养育赣粤港三地人民的这一江清水汩汩流淌。"

江西日报

作者:黄颖、林雍;编辑:桂榕

一个签约活动写出一篇厚重新闻

——评消息《赣粤首设生态补偿共护"生命之水"》

陈洪标

江西省和广东省在南昌正式签署东江流域上下游横向生态补偿协议,标志着我国跨省流域横向生态补偿取得新的重大进展。这对其他跨省生态合作提供了宝贵的借鉴经验,无疑将对我国的生态建设中的补偿机制产生历史性的巨大作用。记者就是抓住这些签约所将产生的重要性,以签约活动为切入口,写出了一篇有厚重有分量的好消息。

一个是革命老区江西,一个是经济发达的广东和香港,就因为一条清清的东江,将三地联系在了一起。东江是香港和珠三角主要饮用水源,是我国具有代表性的饮用水源型河流,被称为"生命之水""经济之水"和"政治之水"。保护东江源,一直是江西、广东和香港同胞的共同心愿。消息用这 80 个字快速简洁交代了三地的关系和共同心愿。

同样,对签约协议中涉及生态补偿的期限、双方权限、补偿资金、中央财政依据考核目标完成情况确定奖金等情况,也只进行了简单的介绍。而把侧重点放在了江西人民如何保护东江源生态上,分两段先后列举了江西省委、省政府历来高度重视东江源头生态保护,先后制定出台了《关于加强东江源区生态环境保护和建设的决定》等政策措施,通过封山、关矿、退果、移民等方式,以及关闭矿山开采、有色冶炼等污染企业,拒绝外来项目,目前水质等多项具体的数据,来充分说明江西人民为此长久的付出与坚持。

然而,以上只是江西省东江源头生态保护的工作,这篇消息的主题为跨省流域水环境保护是如何取得突破性进展的过程。

为此,记者在背景资料中,重点介绍了自 2003 年全国两会以来,赣粤两省的全国人大代表、政协委员多次提交建议、提案,呼吁国家和受益地区对东江源区实施生态补偿,直到 2014 年 1 月,环保部正式启动了《江西东江源生态保护与补偿规划》编制工作等进程。

在这部分,记者引用了相关专家的话,点出了其中的难度:"跨省流域水环境保护,难度大,涉及利益如何平衡、共建共管共享机制如何搭建等诸多'瓶颈'。"同时又指出协议的重要意义:"东江源流域生态补偿试点,对探索适合我国国情的跨省流域水环境保护提供了可供借鉴的经验,影响深远。"

消息最后,写了老区人民的反应:"对多年期盼终于结出硕果,喜笑颜开。"也借环保局局长作出了老区人民的表态:"东江源生态补偿的最终落地,既是 960 万赣南人民的福音,更是一种鞭策。我们一定以此为契机,以更大力度抓好源区水环境保护治理,确保养育赣粤港三地人民的这一江清水汩汩流淌。"

至此,一篇厚重有分量的好消息就成功了。无论从新闻主题、结构层次,还是素材提炼、背景运用等方面都无可挑剔,恰到好处,体现了记者新闻写作的高水平。

第二十四届江西新闻奖特别奖
弘扬井冈精神　决胜全面小康
——习近平总书记春节前夕赴江西看望慰问回访记

农历猴年春节来临之际,中共中央总书记、国家主席、中央军委主席习近平来到江西,看望慰问广大干部群众,向全国各族人民致以新春祝福。

近一年前的全国人代会上,习近平总书记到江西代表团参加审议时,代表们向他发出邀请。时隔不到一年,习近平总书记应约而至,来到吉安、井冈山、南昌等地,深入乡村、企业、学校、社区调研考察。

沿着总书记的考察足迹,新华社记者进行了回访。所到之处,所访之人,给人一种深切的感受:虽然总书记的看望慰问只有两天多时间,但是广大干部群众倍感温暖,倍感振奋,有决心有信心推动江西经济社会建设进一步持续健康发展。

"总书记的讲话给人力量"

江西是革命老区,井冈山是革命圣地。

党的十八大以来,习近平总书记已重访延安、西柏坡等革命圣地。他说,对我们来讲,每到井冈山、延安、西柏坡等革命圣地,都是一种精神上、思想上的洗礼。每来一次,都能受到一次党的性质和宗旨的生动教育,就更加坚定了我们的公仆意识和为民情怀。

这是十八大后习近平第一次到江西调研考察,但他对江西的情况并不陌生,2006年3月、2008年10月,他曾先后两上井冈山。

雪花飞舞,习近平2月2日一大早前往井冈山革命烈士陵园,向革命烈士敬献花篮,在开国元勋、烈士照片墙和烈士英名录前认真听取讲解。

当了两年多讲解员的章婧,向习近平总书记介绍了李聚奎、曾志等革命先辈和胡少海、伍若兰等烈士的故事。她告诉记者,总书记非常了解这段历史,不时对自己讲解的内容进行补充,还讲起和一些老同志及其后代交往的故事,如数家珍,如张宗逊、韩伟等,并询问了红色培训教育情况。"当我最后讲完,总书记还夸我'讲得不错'呢。"

"这次讲解经历我终生难忘。总书记对革命先辈和红色历史的敬重之情给我上了深刻的一堂课。他说,多来这里看看很有必要,要让广大党员干部知道现在的幸福生活来之不易,多接受红色基因教育。对我来说,就是要加强学习,通过更为生动的讲解,让人们充分了解和感悟井冈山精神。"章婧说。

在慎德书屋里,习近平看望了93岁的全国道德模范龚全珍、87岁的全国道德模范毛秉华以及革命烈士后代等,围坐在两盆炭火旁亲切交谈。

龚全珍是推动红色基因传承的重要实践者。1957年开国少将甘祖昌将军辞职回家当农民,她跟着丈夫回到江西"学着当农民"。1986年甘祖昌将军病逝,老人没有停步,继续走进学校、社区,传承将军艰苦奋斗、扶危济困、建设美好家乡的精神。2013年9月26日,习近平总书记在北京会见第四届全国道德模范时专门向大家介绍龚全珍老人,向老人致以崇高的敬意。

"总书记非常平易近人,对我们老区特别关心。他一进门就认出了我,说'老阿姨,你也来了'。叫我'老阿姨',很亲切,就像是自己家里人一样,我非常感动。"龚全珍老人回忆说。

多年来,井冈山革命博物馆原馆长毛秉华坚持义务宣讲井冈山精神,常年捐款救灾、爱心助学,成为远近知名的井冈山"活雷锋"。

回想起见到习近平总书记的时刻,毛秉华兴奋地告诉记者,总书记关心他们的身体健康,也关心整个老区人民,"我们也祝总书记身体健康,全家幸福,给他拜个早年。"说完,毛秉华呵呵地笑了。

总书记强调,行程万里,不忘初心。井冈山革命理想教育要坚持下去。一席话,让毛秉华备受鼓舞。当总书记请大家说说时,他第一个发言表示,理论的发展必须与时俱进,学习井冈山红色历史,必须和治国理政新理念新思想新战略结合起来学,和"两个一百年"、"四个全面"、五大发展理念结合起来学。

"总书记的讲话给人力量。"说着说着,老人兴之所至,带着记者来到八角楼旁边的茅坪红军交通站旧址,现场讲解起井冈山革命斗争史……

弘扬井冈山精神,传承红色基因。吉安市委书记王萍说,作为红色精神的传人,吉安人要像总书记要求的那样,在传承红色基因中站在前列,用伟大的井冈山精神建设吉安、建设井冈山,让老区人民过上更加美好的生活。

"让人民过上更幸福的日子"

习近平总书记心中始终有着浓浓的老区情结。他曾经多次强调,革命老区和老区人民为中国革命胜利作出了重要贡献,党和人民永远不会忘记。

党的十八大以来,从河北阜平到山东临沂,从福建古田到陕西延安,习近平总书记的足迹印在了许多革命老区的大地上。2015年春节前夕,习近平在中国延安干部学院召开的陕甘宁革命老区脱贫致富座谈会上指出,革命老区是党和人民军队的根,我们永远不能忘记自己是从哪里走来的,永远都要从革命的历史中汲取智慧和力量。

对江西革命老区和这块红色土地上的人民,习近平没有忘记。2015年3月6日,总书记参加江西代表团审议时曾殷殷嘱托:决不能让老区群众在全面建成小康社会进程中掉队,立下愚公志、打好攻坚战,让老区人民同全国人民共享全面建成小康社会成果。

这次江西之行,习近平总书记把时间特地选在猴年春节前夕——这是习近平担任总书记以来第四次春节看望基层群众:第一年甘肃,第二年内蒙古,第三年陕西,今年江西。这次看望,再次释放了强烈信号:全面建成小康社会,没有老区的全面小康,没有老区贫困人口脱贫致富,那是不完整的。

黄洋界脚下的茅坪乡神山村是一个贫困村,54户中有13户贫困户。村委会门口,一副崭新的"井冈春早"对联,表达了村民对脱贫和小康的渴盼:"党政倾情心系老区扶真贫 干群合力创新实干奔小康。"

竹影婆娑,山道弯弯。连日的雨夹雪,使井冈山的冬季道路变得十分湿滑。习近平2日上午乘车沿着山路辗转来到这里,走进村党支部了解基层组织建设和精准扶贫情况,还走进红军烈士后代左秀发家和贫困户张成德家看望慰问,送去年货。

在村党支部,总书记认真翻看规划、簿册和记录。为总书记介绍情况的茅坪乡党委书记兰胜华说:"总书记翻到中间还不时地问我,说这家怎么只有儿子、孙子,我说这家有些特殊情况,家里有变故。他看了很多户,而且每户都仔细看。总书记心系群众,心系人民,对革命老区精准扶贫工作看得很重。"

兰胜华说:"我请总书记放心,说我们有信心,有决心,把神山村的精准扶贫工作抓好,让神山村和茅坪乡全乡人民一同在今明两年摘帽脱贫,让人民过上更幸福的日子。"

"总书记这么重视老区脱贫,对我们提出了新期待。"神山村党支部书记黄承忠说,村里下一步主要是要打好三大脱贫攻坚战役,一个是产业扶贫,大力扶持黑山羊等养殖;二是搞好安居工程,加快村里土坯房的改造和加固;三是兜底保障,即对红卡户由政府兜底保障。

谈到产业扶贫,黄承忠说出了自己的想法:"神山村有青山绿水,民风淳朴,可以搞原汁原味的生态旅游,就是乡村游。"

47岁的村民罗林根正在家门口做豆腐,准备过年。在附近工厂打工的他今年就准备回神山村发展,搞乡村旅游和农家乐。"村里的良好生态得到了宣传,很多人会慕名而来,是发展农家乐的好时机。今年起步,等有了起色,就把在外打工的儿子和女儿叫回来一起搞。"

南昌市东湖区彭家桥街道光明社区第一书记陈丽芬负责全程担任讲解工作。回想起接待总书记的时刻,她仍然非常激动:"总书记来之前我们还是有点紧张的,见到他温厚大度、平易近人,给了我信心和力量。"

习近平对社区工作提出了抓好党建、抓好服务的要求。陈丽芬说:"这给了我们莫大鼓舞。我们会以这次总书记视察为新起点,把好的服务渗透到每家每户,把党和政府的爱传递到每家每户,让这里的居民感到更快乐更幸福。"

9 岁的涂佳欣钰,在父母带领下在社区写春联:"习爷爷来的时候,我在写福字。习爷爷看着我写了一个,我送给他,祝他新年快乐。习爷爷也祝我好好学习、天天向上,还问我几岁了、几年级。开学后,我会和同学分享这段特殊的经历。"

"又一次感受到了总书记对技术创新的重视"

去年全国人代会上,习近平总书记对江西发展提出了希望。

2015 年,江西全省实现生产总值 16723.8 亿元,增长 9.1%,增速居全国和中部省份前列,全省预计减贫 70 万人以上,贫困发生率下降 2 个百分点。江西全省上下,以实际行动向总书记交上了一份"亮丽答卷"。

发展是第一要务。从井冈山到南昌,从罗霄山脉深处的农家到全自动无人生产车间……经济发展始终是总书记最关心的话题之一。

从江西中医药大学的校办小厂,到以两家上市公司为运营主体,集医药制造、保健食品、房地产于一体的现代化综合型企业,江中集团近年来发展迅速。习近平总书记 3 日到这里考察时指出,中医药是中华民族的瑰宝,一定要保护好、发掘好、发展好、传承好。

原计划 30 分钟结束的考察,延长了一些时间。"总书记讲中医药发展,讲保障老百姓的生命健康权益,讲创新的重要性,祝我们再接再厉,更上一层楼。"江中集团市场部品牌总监李斌激动地说。

"没想到总书记这么关心中医药产业的发展,这么看好产业发展前景。"江中集团董事长钟虹光说,企业近两年发展很快,这次亲耳听到总书记的鼓励,让自己更有了信心和干劲。

创新是经济发展的动力和源泉,习近平总书记深谙于心。考察期间,他所到之处,不断谆谆教诲,为江西发展指明方向。

关于创新的话题,习近平总书记与南昌大学江风益教授已经不是第一次交流。

由于成功研发硅衬底蓝色发光二极管技术,1 月 8 日召开的 2015 年度国家科学技术奖励大会上,习近平总书记为江风益颁发了唯一的国家技术发明奖一等奖证书。

2 月 3 日,在南昌大学国家硅基 LED 工程技术研究中心,江风益与总书记的手再次紧紧地握在了一起。

"又一次感受到了总书记对技术创新的重视。"江风益说,总书记详细地考察了从材料生长、芯片制造、封装应用的整个流程,对一些核心技术非常感兴趣,问得很细。

LED 技术创新的背后,带动着的是一个千亿级的产业。围绕这一重大科技突破,江西正在勾画 LED 产业发展蓝图:把江西建设成为具有国际核心竞争力的 LED 全产业链研发、制造和应用基地,将南昌打造成全国的 LED"光谷"。

"南昌市将依托具有自主知识产权的 LED 技术,借助国家'一带一路'的战略机遇,让'中国芯'点亮中国,照耀世界。"南昌市副市长肖玉文向习近平总书记汇报了南昌光谷发展情况,总书记肯定他们攻科研难题和抓成果转化决心大、目标高、工作实、成效好。

"虽然这次与总书记交流的时间很短,但深深地感受到了他对创新驱动的关注,对产品创新能否给老百姓带来便利的关心。"在江中集团,江西省工信委主任胡世忠向总书记汇报了全省生物医药产业发展情况,"我们已经尝到甜头,仅医药产业的主营业务收入,就由 5 年前的 460 亿上升到去年的 1250 亿,增长了 1.7 倍。"

胡世忠说,总书记考察期间的讲话高屋建瓴,为江西下一步经济发展指明了方向,我们一定会深刻领会总书记讲话精神,加大创新力度,瞄准需求,改善供给,加快产业发展升级。

新华社江西分社

作者:郭远明、胡锦武、沈洋、李斌

面对时代难题　聚焦中心工作
——评析通讯《弘扬井冈精神 决胜全面小康》
刘茂华

党和国家领导人的重要新闻在获奖作品中有一定的比例,但这并不意味着在评奖过程中占有一定优势,关键在于是否"按新闻规律办事",是否贴近群众,是否有独到之处。《弘扬井冈精神 决胜全面小康》之所以在众多的领导人新闻中脱颖而出,具体的原因有三点:独特的视角、鲜活的细节和温暖的情感元素。

一、用独特的视角切入重大时代课题

农历猴年春节来临之际,习近平总书记来到江西看望慰问广大干部群众,向革命老区江西和全国各族人民致以新春祝福。头一年的全国人代会上,习近平总书记到江西代表团参加审议时,代表们向他发出邀请。习近平总书记应约来到吉安、井冈山、南昌等地,深入各地基层调研考察。通讯《弘扬井冈精神 决胜全面小康》的记者沿着总书记的考察足迹,进行了回访。记者的回访聚焦于当前的重大时代课题,也是党和国家的重大战略目标——决胜全面小康,正如报道所指出的:

这次江西之行,习近平总书记把时间特地选在猴年春节前夕——这是习近平担任总书记以来第四次春节看望基层群众:第一年甘肃,第二年内蒙古,第三年陕西,今年江西。这次看望,再次释放了强烈信号:全面建成小康社会,没有老区的全面小康,没有老区贫困人口脱贫致富,那是不完整的。

很显然,记者敏锐地捕捉到习近平总书记调研江西的新闻价值,从他走访、调研当地群众实际生活情况入手,由此挖掘出新闻的重大主题。

所谓新闻敏感,通常是指写作者及时识别新近发生的事实是否具有新闻价值,即指写作者通过感官和思维对新闻人物、新闻事件、新闻事实所蕴含的新闻价值的敏锐感知力。准确判断对当前工作是否有指导意义,当一个新闻事实出现时,记者马上要同党和政府的中心工作联系在一起来思考,看其对推动当前工作和发展当前形势有何积极、重要的意义,和当前正在开展的大项工作紧密结合起来思考;看是否能推动社会建设,能否对中心工作和老百姓的切身利益建设提供有意义的借鉴。尤其对领导人新闻而言,我们的新闻根本是服务于群众。《弘扬井冈精神 决胜全面小康》表面上看是突出习近平总书记,但实际上字字句句聚焦于当地普通百姓。

二、用鲜活的细节打动人心

新闻作品中的生动细节能在细微之处见精神,再现新闻事实场景,深化主题,打动读者。细节具有真实、具体、实在等特点,能给读者提供更加真实的材料,增加新闻的可信性和感染力。细节是新闻中最微小、最生动、最传神也最具吸引力和感染力的事实。在一篇新闻中,细节所占的字数一般不多,细节的作用却是非常巨大的。一个生动、感人的小情节,往往能触动人的情感和灵魂,让读者铭记一生。

《弘扬井冈精神 决胜全面小康》几乎是"照搬"当事人的原话,用他们自己的话来描述当时的细节:

当了两年多讲解员的章婧,向习近平总书记介绍了李聚奎、曾志等革命先辈和胡少海、伍若兰等烈士的故事。她告诉记者,总书记非常了解这段历史,不时对自己讲解的内容进行补充,还讲起和一些老同志及其后代交往的故事,如数家珍,如张宗逊、韩伟等,并询问了红色培训教育情况。"当我最后讲完,总书记还夸我'讲得不错'呢。"

"这次讲解经历我终生难忘。总书记对革命先辈和红色历史的敬重之情给我上了深刻的一堂课。他说,多来这里看看很有必要,要让广大党员干部知道现在的幸福生活来之不易,多接受红色基因教育。对我来说,就是要加强学习,通过更为生动的讲解,让人们充分了解和感悟井冈山精神。"章婧说。

再如,习近平总书记在翻看村党支部里存放的规划、簿册和记录:

为总书记介绍情况的茅坪乡党委书记兰胜华说:"总书记翻到中间还不时地问我,说这家怎么只有儿子、孙子,我说这家有些特殊情况,家里有变故。他看了很多户,而且每户都仔细看。总书记心系群众,心系人民,对革命老区精准扶贫工作看得很重。"

这些鲜活的细节把人们带到当时的情景之中,让人们更真实地感受着习近平总书记对人民群众的体贴和关心,也感受着新闻事件的发生与发展。

三、用情感元素凸显温暖情怀

事实上,记者与受众的情感是相通的。新闻报道,也不能仅仅把事实报道完了就了事,它应该同时唤起受众情感,使受众得到对事件的客观正确的认识和情感反应。我们应该记住,在新闻"让事实说话"时,悲可以悲伤、哀痛以至绝望;喜可从适意、愉快、高兴、欢喜、大喜以至狂欢,它们的强度依次递增。情感的强度与感知觉不同,它往往不是随刺激量的增加而增加,同时,调动受众的积极性情感、肯定性情感也是新闻报道的一个重要职责。

井冈山革命博物馆原馆长毛秉华坚持义务宣讲井冈山精神,常年捐款救灾、爱心助学,成为远近知名的井冈山"活雷锋"。从他的回忆中,我们可以清晰地感受到党和国家领导人之间深厚的感情,这样的叙述也充满了温馨和幸福:

> 回想起见到习近平总书记的时刻,毛秉华兴奋地告诉记者,总书记关心他们的身体健康,也关心整个老区人民,"我们也祝总书记身体健康,全家幸福,给他拜个早年。"说完,毛秉华呵呵地笑了。

从本质上来讲,新闻是对客观事实的陈述,但这并不意味着新闻要完全排除情感。在新闻情感表达的过程中,不仅要客观讲述新闻中人物的情感,同时要有感情地讲述新闻事实。新闻中的情感表达能够提升新闻的感染力和可视性。在坚持遵守新闻的真实性客观性的前提下,理解处理运用好新闻情感的内容,相信新闻不再会枯燥无味,而是具有人情味的报道,好新闻既反应事实又更好地服务于大众社会。

第二十四届江西新闻奖一等奖
东风送暖入赣鄱

——习近平总书记春节前夕在江西看望慰问干部群众纪实

本报记者 刘 勇

瑞雪兆丰年,东风送新春。

在全国人民喜迎丙申猴年新春到来之际,2 月 1 日至 3 日,中共中央总书记、国家主席、中央军委主席习近平在中共中央政治局委员、中央政策研究室主任王沪宁,中共中央政治局委员、中央军委副主席范长龙,中共中央政治局委员、中央书记处书记、中央办公厅主任栗战书等陪同下,亲临江西考察指导,看望慰问广大干部群众和驻赣部队,祝全国各族人民健康快乐吉祥,祝改革发展人民生活蒸蒸日上,向全体解放军指战员、武警部队官兵、民兵预备役人员致以新春祝福。

一路风尘仆仆,一路暖意融融。习近平来到吉安、井冈山、南昌等地,深入乡村、企业、学校、社区、革命根据地纪念场馆调研考察,就贯彻落实党的十八届五中全会精神和中央经济工作会议、中央扶贫开发工作会议、中央城市工作会议精神进行指导,给广大干部群众送去党中央的新春祝福和亲切关怀。

江西人民何其荣光。

乙未羊年初,和着孕育希望的春风,习近平总书记来到十二届全国人大三次会议的江西代表团参加审议,向江西人民致以亲切的慰问,对江西革命老区发展寄予无限关怀和殷殷嘱托。

乙未羊年末,迎着吉兆丰年的瑞雪,习近平总书记踏上了江西这片革命的热土,亲切看望慰问江西广大干部群众,与江西人民一起喜迎丙申猴年新春的到来。

江西发展何其有幸。

在江西同时面临经济发展下行压力和作风建设刮骨疗毒双重考验的关键时刻,习近平总书记在参加十二届全国人大三次会议江西代表团审议时,对江西发展作了面对面的辅导,对江西工作提出了"一个希望、三个着力"重要要求,给了江西信心,教了江西方法,推动 2015 年江西经济社会发展跃上了新台阶。

在江西开启"十三五"伟大征程,朝着"五年决战同步全面小康"目标开拓奋进的关键节点,习近平总书记亲临江西考察指导,对江西经济社会发展取得的成绩和各项工作给予肯定,对江西发展提出了新的目标、新的要求、新的指导。

习近平总书记要求江西坚持用新发展理念引领发展行动,坚持做好农业农村农民工作,坚持把共享理念落到实处,坚持弘扬井冈山精神。希望江西主动适应经济发展新常态,向改革开放要动力,向创新创业要活力,向特色优势要竞争力,奋力夺取全面建成小康社会决胜阶段新胜利。

(一)

"久有凌云志,重上井冈山。千里来寻故地,旧貌变新颜。"

2月1日下午,习近平总书记一下飞机,便在省委书记强卫、省长鹿心社的陪同下,乘车重上中国革命摇篮井冈山。汽车穿行在八百里井冈的层峦叠嶂间,驶过桐木岭,窗外红军军号雕塑吹响了嘹亮的胜利号角。这号角,曾响彻在南昌城的上空,响彻在井冈山的烽火岁月,气吞山河,声震寰宇,激扬着中国革命从胜利走向胜利。

这是习近平第三次登临井冈山。2006年、2008年,他曾先后两次上井冈,深切缅怀革命先烈、深切感受伟大的井冈山精神。

冰雪压松柏,松柏挺且直。井冈山革命烈士陵园庄严肃穆,安静安详。2月2日一早,习近平冒着纷纷扬扬的小雪花来到这里缅怀井冈革命英烈。他神情凝重地走上109级台阶,缓步走进纪念堂吊唁大厅,向革命先烈敬献花篮并三鞠躬。

三次登上井冈山,习近平每次都怀着崇敬的心情瞻仰井冈山革命烈士陵园。走进陈列室和忠魂堂,习近平在开国元勋、牺牲烈士照片墙和烈士英名录前,凝神驻足、认真听取讲解。他说,多来这里看看很有必要,要让广大党员干部知道现在的幸福生活来之不易,多接受红色基因教育。习近平指出,井冈山是革命的山、战斗的山,也是英雄的山、光荣的山,每次来缅怀革命先烈,思想都受到洗礼,心灵都产生触动。回想过去那段峥嵘岁月,我们要向革命先烈表示崇高的敬意,我们永远怀念他们、牢记他们,传承好他们的红色基因。

八角楼的灯光在茫茫黑夜里照亮了中国革命胜利的道路。习近平沿着盘山公路,驱车来到茅坪八角楼革命旧址群。这里是他向往的地方:"我们唱过《八角楼的灯光》……"古枫参天、苔痕斑驳、铁盏青灯,习近平视察了枫石、中共湘赣边界第一次代表大会旧址,在八角楼先后参观毛泽东同志住室、朱德同志住室和士兵委员会旧址。毛泽东当年在这里写下了《中国的红色政权为什么能够存在》《井冈山的斗争》两篇光辉著作。习近平一边听讲解,一边询问有关细节。听说毛泽东当年住室里的桌、床、凳都是原物,他嘱咐一定要保护好。习近平表示,现场感受当年毛主席、朱总司令领导井冈山斗争的情景,真是深受教育和鼓舞。

在旧址群慎德书屋,习近平看望了6位革命烈士后代和先进人物代表。一进门,习近平一眼就看到了全国道德模范龚全珍,"老阿姨,您也来了。"他上前握住老人的手,亲切地说,"看到您身体这么好,我很高兴。"围着火红的炭火,习近平和大家坐在一起亲切交谈,了解他们的家庭、生活情况,向他们并通过他们向全国老革命、老红军和各方面先进模范人物表示慰问。习近平指出,中华民族是崇尚英雄、成就英雄、英雄辈出的民族,和平年代同样需要英雄情怀。对一切为党、为国家、为人民作出奉献和牺牲的英雄模范人物,我们都要发扬他们的精神,从他们身上汲取奋发的力量,共同为推进中国特色社会主义伟大事业、实现中华民族伟大复兴的中国梦而顽强奋斗、艰苦奋斗、不懈奋斗。

(二)

2月2日,南方的农历小年。

雪后的井冈山,玉树琼枝,分外妖娆。习近平乘车沿着崎岖山路来到井冈山市茅坪乡神山村看望慰问贫困群众。过小年迎大年,当日的神山村年味已浓。炒栗子、做豆腐、打糍粑……家家户户正喜气洋洋制作着过年的民俗小点。习近平热情地向乡亲们问好,兴致勃勃地观看着制作过程,看到几位村民正在打糍粑,他饶有兴致参与打了起来。习近平还给贫困户送去年货,给孩子们送去书包,祝家家都把年过好。

习近平十分关心神山村的脱贫工作,他来到村党支部,了解村级组织建设和精准扶贫情况。听说村里正准备实施土坯房的改造加固计划,习近平很关切,他拿起规划设计图仔细看,问群众意愿、问工程造价、问建设效果。得知这些年村里不断发生着可喜变化,习近平很高兴,希望村里一班人继续努力,团结带领乡亲们把村里的事办好。

贫困户张成德家在山顶上,门前,一副"永远跟党走 时刻感党恩"的春联喜庆、耀眼。看到习近平走上山来,张成德夫妇激动地迎上前去,连声道:习总书记这么老远冒雪来看我们,我们真有好福气。习近平拉着他们的手一起走进家中。他一间一间屋子察看,看吃得怎么样,住得是否温暖,电视能看多少个台。在屋子正堂,习近平与夫妇俩坐在一起,算收入支出账,问家里种了什么、养了什么,吃穿住行还有什么困难和需求。女主人彭夏英高兴地回答总书记,家里养了羊和娃娃鱼,昨天还产了两只小羊羔,还种了黄桃,参加了黄桃合作社,加上毛竹等收入,家里生活越来越好。她由衷地说,总书记给全国人民当家当得好,老百姓感到很幸福。习近平回应说,我们国家是人民当家作主,包括我在内,所有领导干部都是人民勤务员。在红军烈士后代左秀发家中,习近平对一家人立足本地资源、依靠竹木加工增收脱贫的做法给予肯定,祝他们生产的竹筒畅销。他指出,扶贫、脱贫的措施和工作一定要精准,要因户施策、因人施策,扶到点上、扶到根上,不能大而化之。

总书记到村里的消息不胫而走,村民们自发地来到村口,向总书记问好。75岁的村民彭水生激动地握住习近平总书记的手,质朴地竖起大拇指:你呀,干得不错嘞!乡亲们用热烈的掌声和欢呼声道出了自己与老彭一样的感受和心情。习近平与大家握手,向乡亲们拜年。他对乡亲们说,我们党是全心全意为人民服务的党,将继续大力支持老区发展,让乡亲们日子越过越好。在扶贫的路上,不能落下一个贫困家庭,丢下一个贫困群众。他衷心祝福神山村群众生活越来越幸福,老人们越来越安心,孩子们好好成长。总书记真挚热情的话语,温暖着每个人的心。

2月3日,南昌市东湖区彭家桥街道光明社区居民也迎来了他们的幸福时刻。

习近平一进社区,首先视察了社区宣传栏和社区服务站办事大厅,了解社区党建工作、便民服务、创建和谐等情况。习近平听取社区通过开设道德讲堂开展社会主义核心价值观培育的情况介绍,指出培育社会主义核心价值观是一件大事,全社会都要努力抓,社区要利用自己的平台和优势做好。他来到社区警务室,向正在值勤的公安民警问好。

社区书画室里,一些书法爱好者正泼墨挥毫写春联。习近平来到他们中间给大家拜年。9岁小朋友涂佳欣钰在红红的四方纸上写下一个大大的"福"字送给习爷爷,涂佳欣钰的母亲胡璐充满感情地说:总书记,您为全国人民造福,我们全家给您送福了。习近平拿到手上展示,祝大家都幸福。

习近平还观看了社区合唱团排练,称赞她们有激情、唱得好,祝她们歌声常伴美好生活。广场上,社区居民们正在观看舞狮灯彩队排练。看到总书记来了,大家纷纷围拢过来向总书记问好,向总书记拜年。习近平向大家致意,给大家拜年,同大家一起观看了排练,整个广场洋溢着热烈祥和的气氛。

(三)

南昌大学教授江风益的幸福就像他的LED灯那样璀璨。

1月8日,江风益在人民大会堂召开的2015年度国家科学技术奖励大会上,从习近平总书记手中,接过了沉甸甸的本年度唯一的国家技术发明奖一等奖证书。2月3日上午,他又在自己的实验室迎来总书记的视察指导。

在实验室里,习近平听取了实验室研究成果介绍,视察芯片制作流程,了解实验室科技创新、人才培养、产学研结合等情况,并视察了南昌光谷展厅。肯定他们攻科研难题和抓成果转化决心大、目标高、工作实、成效好。习近平指出,高校作为科技创新的生力军,要创新人才培养机制和教育方法,为国家现代化建设培养造就更多的合格人才、创新人才。习近平希望当代大学生珍惜韶华,把学习成长同党和国家的事业紧紧联系起来、同社会和人民的需要密切结合起来,用青春铺路,让理想延伸。

江中集团江中药谷制造基地,生态优美,环境怡人。习近平察看产品展示,视察自动化生产线和质量检测中心,并听取江西省生物医药产业发展总体情况介绍。他对江中集团不断研发新产品、严把原料和产品检测关的做法表示肯定。习近平指出,中医药是中华民族的瑰宝,一定要保护好、发掘好、发展好、传承好。所有制药企业都要增强质量意识、社会责任意识,努力研制和生产质优价廉疗效好的药品,坚决杜绝假冒伪劣,为推进全民健康多作贡献。

考察期间,习近平听取了江西省委和省政府工作汇报,对江西经济社会发展取得的成绩和各项工作给予肯定。他希望江西主动适应经济发展新常态,向改革开放要动力,向创新创业要活力,向特色优势要竞争力,奋力夺取全面建成小康社会决胜阶段新胜利。

习近平指出,发展理念是发展行动的先导。发展理念不是固定不变的,发展环境和条件变了,发展理念就自然要随之而变。如果刻舟求剑、守株待兔,发展理念就会失去引领性,甚至会对发展行动产生不利影响。各级领导干部务必把思想认识统一到创新、协调、绿色、开放、共享的新发展理念上来,自觉把新发展理念作为指挥棒用好。要着力推进供给侧结构性改革,加法、减法一起做,既做强做大优势产业、培育壮大新兴产业、加快改造传统产业、发展现代服务业,又主动淘汰落后产能,腾出更多资源用于发展新的产业,在产业结构优化升级上获得更大主动。

习近平指出,江西生态秀美、名胜甚多,绿色生态是最大财富、最大优势、最大品牌,一定要保护好,做好治山理水、显山露水的文章,走出一条经济发展和生态文明水平提高相辅相成、相得益彰的路子。要加大强农惠农富农力度,推进农业现代化,多渠道增加农民收入,提高社会主义新农村建设水平,让农业农村成为可以进一步大有作为的广阔天地。

习近平指出,保障和改善民生没有终点,只有连续不断的新起点,要采取针对性更强、覆盖面更大、作用更直接、效果更明显的举措,实实在在帮群众解难题、为群众增福祉、让群众享公平。要从实际出发,集中力量做好普惠性、基础性、兜底性民生建设,不断提高公共服务共建能力和共享水平,织密扎牢托底的民生"保障网"、消除隐患,确保人民群众安居乐业、社会秩序安定有序。

习近平指出,井冈山是中国革命的摇篮。井冈山时期留给我们最为宝贵的财富,就是跨越时空的井冈山精神。今天,我们要结合新的时代条件,坚持坚定执着追理想、实事求是闯新路、艰苦奋斗攻难关、依靠群众求胜利,让井冈山精神放射出新的时代光芒。每一名党员、干部特别是各级领导干部,都要把理想信念作为照亮前路的灯、把准航向的舵,转化为对奋斗目标的执着追求、对本职工作的不懈进取、对高尚情操的笃定坚持、对艰难险阻的勇于担当;都要一切从实际出发,解放思想、开拓进取,善于用改革的思路和办法解决前进中的各种问题;都要保持艰苦奋斗本色,不丢勤俭节约的传统美德,不丢廉洁奉公的高尚操守,逢事想在前面、干在实处,关键时刻坚决顶起自己该顶的那片天;都要认真践行党的宗旨,努力提高宣传群众、组织群众、服务群众的能力

和水平。

强卫表示,总书记的亲切关怀、巨大鼓舞是对我们最大的激励、最大的鞭策,为我们推动江西经济社会发展不断开创新局面注入了强大的精神动力。特别是总书记的重要讲话,是对江西发展的面对面指导,情真意切,高屋建瓴,思想深刻,内涵丰富,为我们推动"十三五"发展、实现"五年决战同步全面小康"奋斗目标指明了方向,给出了路径。我们要把学习好、宣传好、贯彻好总书记的重要讲话精神作为当前和今后一个时期全省的首要政治任务,以重要讲话精神为引领和动力,更加坚定地团结在以习近平同志为总书记的党中央周围,团结带领全省人民奋发有为、开拓进取,努力走出一条"绿、富、美"并进的绿色发展新路子,奋力夺取全面建成小康社会决胜阶段新胜利。

考察期间,习近平在南昌亲切接见驻赣部队师以上领导干部和建制团单位主官,同大家合影留念,并发表重要讲话。习近平代表党中央和中央军委,向驻赣部队全体官兵致以诚挚问候。他强调,要以党在新形势下的强军目标为引领,深入推进政治建军、改革强军、依法治军,坚持用井冈山精神等革命传统铸魂育人,教育引导广大官兵坚决听党的话、跟党走,坚决听从党中央、中央军委指挥。要积极支持老区脱贫攻坚,推动军民融合深度发展,为全面建成小康社会、推进强军兴军伟大事业作出新的更大贡献。

中央财经领导小组办公室主任、国家发改委副主任刘鹤,中央办公厅常务副主任、总书记办公室主任丁薛祥陪同调研。

江西日报

作者:刘勇;编辑:王晖、任辛

用情节和细节深化主题
——《东风送暖入赣鄱》评析
石艳华

党的十八大以来,每年春节前夕,中共中央总书记、国家主席习近平都要奔波在视察调研、看望慰问干部群众的路上。发表在《江西日报》上的获奖作品《东风送暖入赣鄱》就记录了习近平总书记在 2016 年春节前夕在江西看望慰问干部群众的完整过程,展示了总书记对江西发展的关切,对人民群众生产、生活的关心,表达了党中央对广大干群的新春祝福。

从新闻体裁上看,《东风送暖入赣鄱》是一篇报刊纪实通讯。在写作手法上,通讯与消息一样,需要讲究真实性、时效性和用事实说话。与消息不同的是,通讯对事实的报道更细、更深,不仅要以事感人,还要以情动人或者以理服人。这就要求通讯不仅要长于记事和表现情节,还要善于挖掘细节。

一、用情节构建主题

新闻通讯需要相对完整、具体地报道事件过程或者演绎人物命运,必须有较详尽又能吸引人的情节,并且通过情节设置把通讯报道的主题构建起来。《东风送暖入赣都》记录了习总书记2月1日至2月3日共3天的行程。实际上,总书记在这3天时间内视察过的地方和慰问过的干群不在少数。如何设置情节才能使得通讯叙事清晰而完整呢?作者以时间推进、空间变换的手段来切割事件,把整个事件构成若干侧面,形成不同情节。例如,"重上井冈山,看望烈士后代和先进人物代表""前往井冈山茅坪乡神山村看望慰问贫困群众""视察南昌市东湖区彭家桥街道光明社区""视察南昌光谷展厅和江中集团江中药谷制造基地""接见并慰问驻赣部队",等等。这些情节在空间上有代表性、在人物上有典型性,作品用这样一个个生动鲜活的情节构建起总书记"东风送暖"的报道主题。

二、用细节深化主题

细节描写是文学创作过程中塑造人物形象、深化作品主题不可或缺的艺术手法,在新闻通讯中它同样具有表现人物精神风貌、升华报道主题的作用。细节描写在报刊媒体中应用比较广泛,因为报刊不能像电视那样可以用画面语言来呈现细节,它必须通过文本语言来再现情景,给人以立体感和现场感。例如,"他神情凝重地走上109级台阶,缓步走进纪念堂吊唁大厅,向革命先烈敬献花篮并三鞠躬""走进陈列室和忠魂堂,习近平在开国元勋、牺牲烈士照片墙和烈士英名录前,凝神驻足、认真听取讲解"。在此过程中,总书记"神情凝重""缓步前行""凝神驻足、认真听取讲解",几个细节描写足以表达出总书记对革命先烈的崇高敬意和缅怀之情。

当习近平总书记看望慰问先进人物代表和茅坪乡神山村贫困群众时又是另一番景象:"他上前握住老人的手,亲切地说……""习近平热情地向乡亲们问好,兴致勃勃地观看着制作过程,看到几位村民正在打糍粑,他饶有兴致参与打了起来""习近平拉着他们的手一起走进家中。他一间一间屋子察看,看吃得怎么样,住得是否温暖,电视能看多少个台""75岁的村民彭水生激动地握住习近平总书记的手,质朴地竖起大拇指:你呀,干得不错嘞!"总书记平易近人、和蔼可亲的光辉形象通过一个个细节烘托出来。总书记无微不至的关怀令人备感温暖,可谓一举一动总是情,一言一语总是爱。

当然,习近平总书记在2016年春节前夕赴江西看望慰问广大干部群众,对江西人民来说是一件非常光荣的事情。从这个角度上讲,本作品的选题本身就具有无可替代的新闻价值,然而选题的独特性和典型性只是作品成功的基础,作者在情节设计和细节描写上的功力才是成为优秀作品的保证。

第二十七届中国新闻奖二等奖

第二十四届江西新闻奖一等奖

"网红"手术笔记，折射坚守 40 年的工匠精神

◎兰　天 本报记者 王少君 吴志刚 文/图

手术室。无影灯下，一台胸外科手术正在紧张进行。

主刀医生、助理医生、麻醉师、器械护士、巡回护士……五六位医护人员搭台的手术能做到阒无人声，依靠的是熟练和默契。

突然，"叮当"一声"巨响"，打破了静谧，一把直角钳被主刀医生扔到了手术盘里。

精力全在患者胸腔的医生，甚至没有看一眼刚刚由见习护士递到手中的器械，仅凭手感，就知道不是此刻需要的肺叶钳，为节省时间，他下意识地扔掉了。

也就是一瞬间，带班护士长周颖迅速把肺叶钳递到了主刀医生还摊开的手掌上。角度、力度，一切刚好。

没有人注意到见习护士口罩下汗水涔涔的脸颊，还有泪水盈盈的杏眼。

这个梦魇曾纠缠南昌大学第二附属医院手术室护士王婷多时，哪怕她的"高颜值"手术笔记已爆红网络。

缘起·穿越 40 年的坚持

对于 23 岁的王婷来说，曾担任二附院护理部主任、74 岁了仍在医院发挥余热的刘肇清，简直是大神一般的存在。

论渊源，王婷的"网红"笔记，其发轫可以追溯到 40 年前刘肇清的上台笔记。

1976 年，刘肇清调入手术室担任护士。在这个没有硝烟但性命攸关的战场，与医生一样，护士也是不可或缺的主力军。

初入手术室，即使已有 15 年临床"护龄"，刘肇清心里还是有点打鼓。

据二附院护理部副主任张超介绍，一台手术，可能用到的各型号手术刀、手术剪、血管钳、手术镊、持针器、功能钳、牵引钩、吸引器达上百件。除此之外，缝针、缝线、敷料的组合亦有数十种之多。而且，什么手术用什么器械，哪个步骤用哪样器械，有非常强的对应性。术前准备，不能漏放一件器械；术中，器械不能递错顺序，补液、引流、监测等辅助工作也必须有条不紊；术后，一针一线都要有明确去处，在患者体腔遗留一把镊子或一块敷料，都是不可设想的。一个合格的手术室护士，甚至要关注每一位医生的个性化习惯。

好记性不如烂笔头。刘肇清决定把参与的手术记录下来，以便时时翻阅，温故知新。

"记一次笔记，等于脑中放了一遍电影，心里就更踏实一点。"刘肇清说，"到80年代，我一共记了5本上台笔记，大伙管这叫'百科全书'。"

由于年代久远，刘肇清的"百科全书"后来散失了2本，现在能查阅到的最早日期停留于1977年10月5日，是对一次阑尾炎手术的记录。上台笔记的基本元素都有了，除了纸质略显粗糙、示意图没有着色之外。

进入上世纪90年代，科室记笔记渐成风气，同事们在自我摸索中奠定了二附院"笔记文化"的基础。

传承·一座挖不尽的"富矿"

2014年11月23日。夜。

南昌大学二附院手术室灯火通明。

这注定是一个不平静的夜晚。

中断八年之后，二附院重启肾移植手术。术前准备的氛围，既有开拓新局面的跃跃欲试，也有心中没底的忐忑不安，因为近几年科室新进人员较多，未配合过此类手术。

压力下，护士长周颖灵机一动：自己多年前曾参与医院肾移植手术，应该留下了上台笔记。她在一堆已泛黄的笔记本中，找到了那篇手术笔记，里面清晰地记载了肾移植的配合要点。精准的手术步骤，清晰明了的解剖图，深刻的个人手术总结，字字管用！

周颖及时将这份承载知识与经验的笔记上传到工作群。大家仔细研读后，几名配合手术的护士圆满完成了"11·23"战役的任务。

到这个时候，经历了30多年的探索、检验、定型之后，二附院手术室的上台笔记形成了自身的特色，达到了"始于细微，成于至善"的良性循环。

多年积累下来的一摞摞上台笔记，成为手术室的宝贵财富，一座可以不断挖掘的业务"富矿"。

发扬·工匠精神就在细微之处

2013年10月，为统一科室笔记，三位护士长召集手术室骨干认真商讨，规范上台笔记基本格式，要求有手术的主要解剖图、用物准备、手术流程、医生习惯以及配合手术的体会。

在不断学习、不断评比、不断激励的氛围中，科室涌现出一批工作追求完美的护士。

翻看王婷的"高颜值"笔记，记录着每一场手术的细节、每一位主刀医生的特点。比如，带线是指带几号线，主刀医生使用的手套码数，传递器械的角度和力度等等。

"看了王婷的上台笔记，我也很惊讶。一台10多分钟就能完成的包块切除手术，她却图文并茂地写了两页纸。我想所有主刀医生都乐意和这样的护士搭台。"乳腺外科主任罗永辉说,"比如手术手套有 4 个号,我的手比较大,要戴 8 码的手套。看完笔记我明白了,为什么王婷递来的手套从没错过。"

王婷也曾是"菜鸟"。

2015 年 7 月,王婷从南昌大学医学院护理专业本科毕业。初入职场,面对事无巨细的护理工作,她一样惶惑过。第一次给患者注射,那位患者看她稚嫩,毫不客气地拒绝了,令她尴尬不已。

然而,二附院从细微处着手的工匠精神,很快就感染了王婷。

入职不久,王婷和带她的巡回护士熊洁老师,去准备间给一个小朋友打留置针,可两岁半的小家伙哭得歇斯底里,手舞足蹈不配合。熊洁没有贸然去抓孩子的小手,而是打开了手机。王婷有点纳闷,心说难道要录现场教学片? 没想到,熊洁找出的是一部动画片:"宝宝不怕,我们一起看动画片啦。"真灵! 刚刚还泪流满面的小朋友破涕为笑。趁这个机会,孩子打上了留置针,一直心疼地抚摸着宝宝的妈妈连声道谢。

这件小事对王婷影响很大,她记下过程和心得:"细处见功夫! 护理工作必须精益求精。"

创新·上台笔记与时代一起进化

2016 年 8 月,王婷调入手术室担任护士。她面临全新的挑战,初做器械助手,也发生过递错器械的事。

迷惘中王婷发现,手术室护士辛安琪的上台笔记很有水平,解剖图刻画细致、着色鲜艳犹如工笔画,文字记录准确,手术细节丰富。比如她记录和中国医师奖获得者邹书兵主任配合的一台胆囊切除手术,特别提到"老爹"(大伙给邹书兵取的雅号)的个性化习惯:"老爹胆大艺更高,做手术飞快,一台腹腔镜胆囊切除术不到 8 分钟,病人出血很少。记得分离胆囊动脉时,他没有用分离钳,直接用手术剪就给做了。切记:我们也必须快速反应,跟上他的习惯和节奏。"

通过向辛安琪等优秀护士学习,以上台笔记为突破口,王婷迅速"入戏"。

与上两代护士相比,王婷、辛安琪们表现出了新一代的特征。比如辛安琪,怀揣艺术梦想,练就了深厚的工笔画功底,精细的解剖图是她的特色。她还设想,用一系列漫画来表现医护工作,做让受众喜闻乐见的健康教育。

而王婷也有从小学画的"童子功",加上长相甜美,性格阳光,从内在到外表,她具备了成为"网红"的基本要素,"高颜值"上台笔记的爆红水到渠成。

王婷的大学同学、现在的室友熊芳婷是二附院神经内科护士,也是一位网红笔记作者,她用 5R 笔记法记录的医护笔记,在国内护理圈颇有名气。而她,是一位小众的尤克里里(四弦小吉他)发烧友,弹奏时那如痴如醉的感觉,完全不像一位理性的医护工作者。

熊芳婷把 5R 笔记法转用于医护笔记,有"不走寻常路"的意味,但护士长批阅她的笔记时,并没有简单判定格式不合,而是鼓励她继续创新。

若问王婷、熊芳婷"走红"的推手,"大 V"方亮功不可没。

身为二附院手术室副护士长的方亮,很难不让人注意到他的性别。他业余时间喜欢鼓捣电脑,并且颇有新媒体传播意识。以他为核心建立的微信公众号"护理公开课"现在拥有 3 万多同行粉丝,在国内医护界影响甚大,可谓上台笔记的新媒体升级版。王婷和熊芳婷的"高颜值"笔记,正是在这里首发后从业内红到业外的。

走红只是一瞬间,但他们背后一脉相承 40 年的工匠精神,更值得人们深思。

江西日报

作者:兰天、王少君、吴志刚;编辑:任辛

从小处着眼,做大格局文章
——评析通讯《"网红"手术笔记,折射坚守 40 年的工匠精神》
刘茂华

一般认为,工匠精神包括高超的技艺和精湛的技能,严谨细致、专注负责的工作态度,精雕细琢、精益求精的工作理念,以及对职业的认同感、责任感。通讯《"网红"手术笔记,折射坚守 40 年的工匠精神》从小处着眼,从一本本看似平常却价值非凡的手术笔记出发,一步步挖掘出深刻的新闻主题——医学界的工匠精神,做出了一篇大格局的好文章。

一、从小处着眼

在新闻报道中,大话空话套话确实令人生厌。要想让新闻报道可信、好看,不能忽视以小见大,应注重细节、现场等方面的描写。所谓"以小见大",即记者通过对一个具体的"点"上的新闻事实的报道,从中挖掘出大的主题,即人们所说的"以点及面"。

《"网红"手术笔记,折射坚守 40 年的工匠精神》从坚持了 40 年的手术笔记所记载的众多日记切入,将不同时期具有代表性的手术笔记逐一展示,讲述这些笔记背后的故事。手术上台笔记"走红"看似偶然,却有着 40 年代代坚守的必然。除了守护生命,这些白衣天使用自己的精湛的手术技艺为病人驱除了病魔,还帮助社会重拾灵魂。透过这些看似普通的手术笔记,我们从另外一个角度看到:南昌大学二附院这批极具事业心的医护工作者,用行动诠释的工匠精神更有时代感和真实性,感染了很多在浮躁中迷失的人们。

"以小见大"是新闻报道的基本表现手法之一。这里说的"小",主要是指一个典型的细节、一个典型的镜头、一段真实的小故事,从手术笔记所记载的一点一滴说起;这里说的"大",主要是指主题重大,有强烈的针对性、普遍性和指导意义,由长期坚持积累的一丝不苟的手术笔记升华为精益求精的工匠精神。

二、做大格局文章

我们说,记者要想总理想的事,或者说是全局的高度来考虑问题,也就是登高壮观天地间,指的就是站得高,才能看得远;站得高,才能胸襟开阔,视野开阔。如同站在高山之巅,远近诸山、视若培丘,山下万物,尽收眼底;公路如链如带,飘没云里山间,河流纵横交错,延绵不尽。这就是登高效应。

《"网红"手术笔记,折射坚守 40 年的工匠精神》从不同的方面层层递进地反映了"网红"手术笔记的重大意义,但重点突出了对医学精益求精的工匠精神,就是在不断学习、不断评比、不断激励的氛围中,该科室涌现出一批工作追求完美的护士。护士王婷的"高颜值"手术笔记记录着每一台手术的细节、每一位主刀医生的特点。比如,带线是指带几号线,主刀医生使用的手套码数,传递器械的角度和力度等等。一台 10 多分钟就能完成的包块切除手术,王婷图文并茂地写了两页纸。记者的采写并未局限于这些细枝末节,而是将"网红"手术笔记的过去、技艺、爱心、精神、发展等攒在一起,从全局的高度自然推出工匠精神。

欲穷千里目,更上一层楼。新闻报道要想体现时代精神、全局精神,就应该站在时代的制高点上,判断哪些应该报道,哪些不应该报道,从而使报道扣紧时代跳动的脉搏。要正确估量自己所采写的事实在全局的地位和作用,必须从全局的角度确立报道的主题和选择契机,使报道一锤敲到最响处。唯有如此,新闻报道才能见微而知著,抓住人们最常见并且见怪不怪的事,透过微观开掘具有普遍意义的报道主题,努力从事物的现状中预见到它的发展趋势,把握形势的新变化,及时采写提出事关全局的新见解,以促进事物的健康发展。

以上这些问题的把握,决定于记者的宏观意识,决定于记者把握大局的能力,洞察全局的能力,以及科学预见的能力,涉及记者的思想水平、政策水平、理论修养、调查的深度和知识的积累,体现时代精神。新闻报道不能简单地停留在表层,为了更全面地展现所处时代的特点,深化新闻主题,还应该开掘得更深些。

一个时代有一个时代的气质,我们的时代将以怎样的面貌被历史书写,取决于我们每个人的表现。将一门技术掌握到炉火纯青绝非易事,但工匠精神的内涵远不限于此。有人说,"没有一流的心性,就没有一流的技术"。的确,《"网红"手术笔记,折射坚守 40 年的工匠精神》告诉我们，倘若没有这些平凡而伟大的白衣天使发自肺腑、专心如一的热爱，怎有废寝忘食、尽心竭力的付出；没有臻于至善、超今冠古的追求，怎有出类拔萃、巧夺天工的卓越；没有冰心一片、物我两忘的境界，怎有雷打不动、脚踏实地的淡定。工匠精神中所深藏的，有格物致知、正心诚意的生命哲学，也有技进乎道、超然达观的人生信念。从赞叹工匠继而推崇工匠精神，见证社会对浮躁风气、短视心态的自我疗治，对美好器物、超凡品质的主动探寻。

三、讲好生动感人的新闻故事

随着网络信息社会日新月异的发展，平面新闻媒体竞争日趋激烈，新闻故事化是新闻发展的一种趋势，讲好新闻故事，营造新闻传播磁场，吸引更多受众关注，提升对社会的服务价值。我们来看看一段感人的故事：

2014 年 11 月 23 日。夜。

南昌大学二附院手术室灯火通明。

这注定是一个不平静的夜晚。

中断八年之后，二附院重启肾移植手术。术前准备的氛围，既有开拓新局面的跃跃欲试，也有心中没底的忐忑不安，因为近几年科室新进人员较多，未配合过此类手术。压力下，护士长周颖灵机一动：自己多年前曾参与医院肾移植手术，应该留下了上台笔记。她在一堆已泛黄的笔记本中，找到了那篇手术笔记，里面清晰地记载了肾移植的配合要点。精准的手术步骤，清晰明了的解剖图，深刻的个人手术总结，字字管用！

这一段文字简洁明了，采用戏剧和影视"剧本"写作的方式，详细叙述了手术笔记给正在进行的重要手术带来的实质性帮助。这么简短的一段文字，其中有人物、场景、情节、发展、经过、结果等几乎所有的故事元素，这样简短的故事叙述胜过千言万语，能够给读者真切的感受，让读者如临其境，也为文中的人物所感动。

第二十四届江西新闻奖一等奖
江西好家规五次上中纪委网站头条

　　清明节,人们在祭奠祖先、缅怀先人的同时,也在重温充满温情和智慧的家规家训。就在清明节前几天,中纪委网站第 38 期"中国传统中的家规",首页头条推介江西浮梁沧溪村家规。"中国传统中的家规"是中纪委网站去年 5 月推出的新栏目,目前已更新到第 38 期,其中 5 期与江西有关,分别介绍了德安义门陈、吉安胡铨家族、婺源朱熹、修水黄庭坚、浮梁沧溪村的家规。

解读
好家规可推动廉政建设

　　有很多人在思考:江西作为一个并不算大的中部省份,为何能诞生 5 个"中国好家规"?

　　"江西虽然人口不算太多,但历史悠久,人文昌盛,是文化大省,自古以来就有读书成风的传统。"南昌大学公共管理学院博士生导师、教授曾明表示,古代江西人科举成名者众,由隋至清,历代江西进士占全国的 10.7%,状元占全国的 5.6%。"特别是吉安县一县就有进士 500 多人。唐宋八大家江西有三家。而且,江西历史上非常重视家风家规和优良家庭传统的传承。如著名的陶侃母亲'停杼教子''削发留宾',欧阳修母亲'画荻教子'等,都已成为千古佳话。因此,江西人历史上留下不少优良家规不足为奇。"

　　"此外,江西家规家训中具有现代价值,能用于当前党风廉政建设的也不少。近些年,我省各级纪委非常重视廉政文化建设,发掘了不少优秀的廉吏故事和廉洁家风格言,建设了不少廉洁文化或廉政教育基地,让'中国好家规'发扬光大。"曾明说。

浮梁沧溪村家规　治家好教材

　　中纪委网站首页头条推介浮梁沧溪村家规,由于正值清明前夕,引发各界关注。事实上,景德镇浮梁,早就因白居易一句"前月浮梁买茶去"而名满天下。如今,该县再次因一个叫沧溪的千年古村"刷屏"。

　　在沧溪村的理学祠里,珍藏着载有《朱氏家训》的《沧溪朱氏宗谱》、沧溪朱氏《传家必读诗文集》。这些家规家训涵盖了持家、立业、礼仪、教化、为官、做人等丰富的内容,是治家的好教材,至今为沧溪人所尊崇、践行。

"先祖遗留下来的训示,普遍带有哲理性。如'养子不教如养驴、有书不读子孙愚'、'遗子钱财不如遗之清白'这些四言八句,对敦促、教化家族成员起了很大的作用。"沧溪小学校长朱柳成说。

浮梁县博物馆馆长李新才表示,朱家先人,所守者道义、所行者忠信、所惜者名节。这种道德境界与行为方式已超越历史和时代,为后世景仰。

朱熹家训　317字凝结儒学精华

朱熹不仅是一代大儒、理学宗师,治家同样严谨有方,他把儒学精华和自己的教育思想融入到家规家训之中,对朱子后裔影响深远。

《朱子家训》是朱熹晚年留给后世子孙的一篇著名家训,讲述了个人在家庭和社会中应该承担的责任和义务,精辟阐明了修身、立德、治家之道。如:"见老者,敬之;见幼者,爱之。有德者,年虽下于我,我必尊之;不肖者,年虽高于我,我必远之。"

中华朱子学会常务副会长、华东师范大学教授朱杰人表示,《朱子家训》只有短短317字,却道出了人之所以为人的基本底线。这个底线划得非常清晰,而且是可以执行的。它让我们知道怎么样才能成为一个高尚的人、文明的人。

黄庭坚家规　告诫子孙谦让和睦

据介绍,黄庭坚的曾祖父黄中理曾主持制订《黄氏家规》,共二十条,对行孝、为友、从业、求学等方方面面进行了详细规定。不仅本族奉为祖训,也被当地百姓奉为楷模,世称"黄金家规"。

此外,黄庭坚晚年还留下了一篇《家戒》,总结一些家族兴衰的原因,告诫子孙"无以小财为争,无以小事为仇""无以猜忌为心,无以有无为怀",要互相谦让、互相照顾、和睦相处,齐心协力维护好家族的传承发展。

义门陈氏家规　闪耀民主光芒

除了上述传统家规外,德安义门陈、吉安胡铨家族的家规也曾被中纪委网站首页头条推荐。

其中,义门陈氏家规由《家法三十三条》《家训十六条》《家范十二则》构成,是一部完整的家族管理制度。其中"家法"侧重规范家族成员的行为,是家族事务的具体管理办法,核心思想是"均等""和同",体现了"一公无私"的本质与内涵,被当朝奉为"齐家"的典范;"家训""家范"侧重规范家族成员的思想,训导家族成员孝顺重亲、团结和睦、明德修身、禁绝非为,形成良好家风传承后代。整部义门陈家族规范集中体现了忠孝仁义的儒家理念,闪耀着民主和智慧的光芒,在维系陈氏义聚中发挥着至关重要的作用,也对当时的社会产生了重要的影响,许多内容至今仍然具有借鉴意义。

江西部分家规格言警句

浮梁沧溪村家规

养子不教如养驴、有书不读子孙愚。

遗子钱财不如遗之清白。

朱熹《朱子家训》

见老者,敬之;见幼者,爱之。有德者,年虽下于我,我必尊之;不肖者,年虽高于我,我必远之。

黄庭坚《家戒》

无以小财为争,无以小事为仇;无以猜忌为心,无以有无为怀。

义门陈《家范十二则》

苟恶劳而好逸,必舍正而趋邪。

信息日报

作者:袁思东;编辑:陈晓云、徐宏

让墙内开的花墙内外都香

——评消息《江西好家规五次上中纪委网站头条》

金重建

有一句俗语"近水楼台先得月",还有一句俗语"墙内开花墙外香"。除去原本含有的物理因素,前一句被比喻为接近某人或某事物能先获得利益,后一句被比喻为本地出的人或事物不被本地重视而受外地欢迎。《信息日报》记者刊发的消息《江西好家规五次上中纪委网站头条》将这两条俗语的比喻义融为一体,既为中纪委网站将江西好家规五次上头条感到喜悦和自豪,又力图在自己这块土地上将这些家规尽快得到弘扬。纵观这条信息的发布,以下几个方面值得点赞:

1.抓住了新闻点。"清明时节雨纷纷,路上行人欲断魂。"清明节人们祭奠祖先、缅怀先人,其中一个重要纽带就是家训、家规和家风。孝敬父母、尊老爱幼、家人和睦相处、邻里团结互助,是中华民族的优良传统。古代社会强调"明明德",要求彰明、弘扬善良的德行,只有"格物、致知、诚意、正心",以"修身"为本,才可"齐家、治国、平天下"。

而"齐家"的前提除了"修身",良好的家训家规是重要保证。作为江西本地的报刊,宣传"江西好家规"五次上中纪委网站头条,既提示人们好家规在江西根基深厚,又激励人们只有将这些好家规发扬光大，才无愧于严于律己、给后人做出榜样的英烈先贤。

2. 政治敏感性强。根据中央纪委监察部网站公布的数据，从 2015 年 2 月 13 日至 12 月 31 日，中央纪委共发布 34 份部级及以上领导干部纪律处分通报，其中有 21 人违纪涉及亲属、家属，比例高达 62%。腐败产生的一个重要缘由在家风。在 2016 年年初举行的第十八届中央纪委六次全会上，习近平总书记要求"每一位领导干部都要把家风建设摆在重要位置，廉洁修身、廉洁齐家，在管好自己的同时，严格要求配偶、子女和身边工作人员"。就在这次全会上，审议通过了《关于新形势下党内政治生活的若干准则》《中国共产党党内监督条例》，不仅对领导干部的家风问题提出要求，还将家风建设提到制度高度。《信息日报》记者能从对清明节前中纪委网站第 38 期头条的关注，到追溯该网站之前发布的江西好家规而做出归纳，联系领导干部频频违纪的报道和习近平总书记的针对性讲话，不难发现记者的政治敏感与觉悟。

3. 厚重的历史感。对中纪委网站头条的再传播，记者颇动了一番脑筋。好家规可推动廉政建设，可江西面积不算大、人口不算多，为何能出 5 个"中国好家规"？结论是"读书成风"是个好传统，"由隋至清，历代江西进士占全国的 10.7%，状元占全国的 5.6%。'特别是吉安县一县就有进士 500 多人。唐宋八大家江西有三家'"。陶侃母亲"停杼教子""削发留宾"，欧阳修母亲"画荻教子"等，都充分体现了好家规、好家风的影响力。在记者将好家规、好家风的具体内容和产生背景一一做出介绍的同时，又辅之以专家、教授的中肯评价，最后再以集纳形式刊发了网站公布了的格言警句。

如果说，中纪委网站公布"中国好家规"，主要传播对象是纪委系统干部、党员领导干部及其家属，那么，《信息日报》的再传播，对象就扩大到了一般党员、党员领导干部，乃至一般百姓。"家是最小国，国是千万家"，江西的好家规，也是中国的好家规，但愿它香在省外，也香遍江西。

第二十四届江西新闻奖一等奖
老阿姨的"传家宝"
特殊的"家庭会议"

细雨斜织,14日上午,我们驱车赶到莲花。走过一排台阶,再经过一条有些逼仄的小道,右拐,便到了位于县长运公司附近的老阿姨龚全珍三女儿甘公荣的家。一位老人朝我们迎面走来,定睛一看竟是龚老,精神矍铄,笑容亲切,全然没有90多岁老人的暮气。

随后赶到的是公荣大姐。前一天才从北京回来,说起受奖经历,大姐依然有些兴奋——"这是我一辈子最快乐最幸福的一天!"大姐告诉我们,一回家她就把"全国文明家庭"的奖牌摆在大厅父亲的遗像前,告慰父亲。"这是荣誉,也是鞭策。"大姐说。从北京回来,公荣大姐第一时间捧着荣誉证书向母亲龚全珍汇报。母亲叮咛她:"这是莫大的光荣!但是我们要更加努力、做得更好才对得起这一荣誉。我们要好好想想,我们还有哪些方面做得不够好的,大家都想想,然后我们开个'家庭会议'专门讨论下。"

14日中午午饭前,就在客厅的小饭桌上,龚老主持召开了家庭会议。记者旁听。龚老的三女儿公荣、公荣的丈夫金林、公荣的儿子金峰及儿媳贺娟、重外孙小雨到会。会上,龚老首先从自己开始说起,她反省自己这几年开展爱心扶贫工作,总是让公荣走家入户摸底调查,公荣汇报情况后,她们就决定帮扶对象、怎么帮扶,没有召开家庭会议充分征求其他家庭成员的意见,"群众观念"不够,对大家尊重不够,以后要改正。公荣觉得自己说话嗓门有些大,可能是因为在农村生活久养成的习惯,这不够文明,也得慢慢改。金峰对于近一年来工作太忙,爱心帮扶工作比以前出力少,有些自责,决心要尽量克服、努力改善。龚老还特别交代,这个荣誉属于整个"大家庭",请公荣转告其他儿女们,大家都好好思考思考,希望家人们珍惜荣誉,做名副其实的文明家庭,对得起党和人民。

好家风就是"传家宝"

公荣大姐告诉我,召开"家庭会议"是家里很多年前就形成的"传统"。甘祖昌将军在世时,家里就有这样一个规矩,孩子们若是犯了错,将军就召集家庭会议,大家一起分析,谈认识,帮助孩子改正。将军走后,这一传统被龚老继承,一家人围坐在一起畅所欲言,很多难题都迎刃而解,好家风被传承。

龚老在日记中曾有记录——1990年3月27日(甘祖昌将军于1986年3月28日

辞世)，"'老老实实、勤勤恳恳'，祖昌一生就是遵循这8个字做的，这8个字就是精神财富、无价宝。孩子们应当继承他的这种革命精神。明天开好家庭会议，讲话内容：一、为什么要悼念祖昌?（略）二、4年来，用这8个字来衡量做得如何? 甘军做得较好，诚实，当上三好学生，红梅做家务有明显进步，艳艳帮家里扯猪草，公荣连续4年被评为县、市、省三八红旗手，金林按时上班，做事认真、质量好……"

——1991年3月28日，"今天是祖昌离开我们5周年的日子。为让子孙们记住祖昌'老老实实、勤勤恳恳'的教导，我们举行了个简单的仪式，做了几样可口的菜，和在县里的儿孙们一起共进午餐。"

采访中，我问龚老："大家都说您有'传家宝'，您的'传家宝'到底是什么呀?"龚老爽朗地笑了，她说：我的"传家宝"就是祖昌的精神! 就是他身体力行倡导的好家风!

公荣大姐总结他们的家风，一是严于律己，先人后己。二是艰苦奋斗，自力更生。龚老曾动员二女儿甘仁荣把上大学的机会让给了贫困的退伍兵，在大女儿因长期从事档案工作而患上过敏性哮喘后也从未想过帮她换个好点的工作环境。当年，龚全珍每月工资80元，10元寄给远在山东的母亲养老，10元留给自己在学校吃伙食，其余的都交给甘祖昌将军统一支配。将军把大部分工资和养猪种地挣的钱，都用来给集体修水库、建桥梁、买化肥。现在，生活条件好了，龚全珍生活依然非常简单，把省吃俭用留下来的钱，用来帮助他人。在她的影响下，全家都养成了艰苦朴素、勤俭节约的生活习惯。龚全珍家庭是一个大家庭，她与甘祖昌将军共养育了7个子女，加上小辈们现在总共有30多人。虽然子女儿孙们都分散在不同的城市，但都在平凡的岗位上默默无闻地工作，在做好本职工作、建设好自己"小家"的同时，积极向社会奉献爱心、服务好"大家"。

历久弥新的"传家宝"

金峰是龚老的外孙，公荣的儿子，从小和龚老住在一起，是孙辈中和老人感情最深、受影响最大的一个。他记得上小学时，外婆就常带着他去看望一位年迈的孤寡老奶奶，每一次，外婆都会准备一些礼物，老奶奶见到他们来总会情不自禁露出开心的笑脸，这让金峰至今难以忘怀，正是从这个笑容里，金峰找到了助人的价值。

"帮助他人，快乐自己——这是父亲留下的家训。"对于孩子们的表现，公荣感到欣慰。这些年，她被井冈山干部学院聘为红军后代宣讲团成员，宣讲任务繁重。从3月学院开学到12月，每年的大部分时间她都在井冈山度过。偶尔回家也是脚步匆匆，忙着打理母亲"龚全珍爱心救助基金会"事务。家里的事就交给了爱人和孩子。令她感动的是儿媳妇贺娟，不仅要上班、照顾两个孩子，还帮助照料龚老。龚老血压高，怕卫生间地滑万一老人摔倒，小娟包揽了帮龚老洗澡的任务。金峰和贺娟还加入了"龚全珍爱心救助基金会",参加志愿服务活动。我市正在沿背村建设党员教育培训基地,金峰工作太忙,贺娟就接过了丈夫的班,成为红色党课《薪火相传信念永恒——沿背村红色印记》的宣讲员,从 10 月份开始,这堂党课已经宣讲了 50 多堂。

公荣大姐提到,这一次总书记会见全国文明家庭代表时说"抓好家庭文明建设,千千万万个家庭才会成为国家发展、民族进步、社会和谐的重要基点,成为人们梦想起航的地方",特别打动她。有了"小家"的和谐,才会有"大家"的和谐,他们一定会好好传承母亲继承和发扬的"传家宝",教育孩子们爱家、爱国,有了国的富强,才有家的幸福。

"做到总书记所希望的'弘扬老一辈的精神,一代一代传承下去',是母亲最大的心愿。让父亲的精神影响更多的人,让我们的'传家宝'历久弥新,是我们努力的动力。"采访结束时,公荣大姐动情地说。

萍乡日报

作者:康霞萍;编辑:黎一君、李珊

浓郁的感情,坚定的信念

——评析《老阿姨的"传家宝"》

李 欣

以细致入微的个案反映社会深层次问题是特稿的内在价值。《萍乡日报》的《老阿姨的"传家宝"》是一篇较为优秀的特稿作品。

特稿是具有高度文学性和创造性、浓厚的人情味以及浓郁的感情的一种新闻文体。普利策新闻奖在甄别一篇报道是否为优秀特稿的条件是:除了具有独家新闻、调查性报道和现场报道的共有获奖特质外,特稿主要是考虑高度的文学品质和原创性。特稿是篇幅较长、最接近文学的新闻文体。《萍乡日报》的这篇报道是富有文学表现张力,以浓郁情感表达坚定信念的特稿。

该篇报道利用写故事的形式去报道老阿姨龚全珍家的一次家庭会议,"14 日中午午饭前,就在客厅的小饭桌上,龚老主持召开了家庭会议。记者旁听。龚老的三女儿公荣、公荣的丈夫金林、公荣的儿子金峰及儿媳贺娟、重外孙小雨到会。"抓住读者爱看故事的心理,增强文章的可读性以及读者的可接受度。

对人物、场景等作恰到好处的细致描述,报道中这样描写与龚阿姨的初次见面:"细雨斜织,14 日上午,我们驱车赶到莲花。走过一排台阶,再经过一条有些逼仄的小道,右拐,便到了位于县长运公司附近的老阿姨龚全珍三女儿甘公荣的家。一位老人朝我们迎面走来,定睛一看竟是龚老,精神矍铄,笑容亲切,全然没有 90 多岁老人的暮气。"丰满的细节描述增强报道的亲和力和感染力。

运用优美的语言,用文学修辞手法来组织语言,烘托文章的气氛,增强文章的可读性。"金峰是龚老的外孙,公荣的儿子,从小和龚老住在一起,是孙辈中和老人感情最深、受影响最大的一个。他记得上小学时,外婆就常带着他去看望一位年迈的孤寡老奶奶,每一次,外婆都会准备一些礼物,老奶奶见到他们来总会情不自禁露出开心的笑脸,这让金峰至今难以忘怀,正是从这个笑容里,金峰找到了助人的价值。"

通过一次特殊家庭会议报道,抓住特征化的生活场景,细致描写,传达出一种坚定信念是这篇特稿的成功之处。

第二十四届江西新闻奖二等奖
三十三年不变的坚守
—— 贵溪泗沥村党支部开展"党员主题活动日"纪实

宽敞的办公室、白色的墙、鲜红的党旗、整齐的桌椅、崭新的电教设备,这是贵溪市泗沥镇泗沥村党支部组织活动阵地呈现的新场景。

泗沥村辖 13 个自然村,20 个村小组,3013 人;现有党员 37 人,党小组 3 个。2015 年人均纯收入 12500 元。泗沥村党支部自 1984 年起,紧密结合农村工作实际,连续 33 年坚持每月开展一次"党员主题活动日"。尽管农村的生产生活方式,农民的思想观念、行为模式发生了巨大改变,但泗沥村坚持"党员活动日"、践行"两学一做",至今仍保持着旺盛的生命力。

泗沥村距离贵溪市区较近,党员对中央时事政治、政策走向与经济信息的敏感度较高。1984 年,村党支部针对党员的这种现实需求,在广泛征求党员意见的基础上,确定每月 3 日为"党员主题活动日",根据内容的不同,活动日又细分为党课教育"学习日"、中心任务"攻坚日"、民主决策"议事日"、志愿服务"奉献日"等 4 个方面的主题。

党课教育"学习日",主要是组织党员干部通过党课、党员干部现代远程教育平台、农家书屋等多种形式,为全村党员构建学习平台,学习党的理论和时事政治,增强党性修养。同时邀请党员致富能手、乡土人才讲解养殖种植、经营管理等方面的实践经验,引导党员争当创业致富模范。

中心任务"攻坚日",村党支部主要是对村里的基础设施建设和农村环境卫生整改等中心工作,以及涉及群众切身利益的重点工作,通过"党员主题活动日"开展中心任务攻坚,发挥好党员先锋模范作用。2008 年全村修通村组公路时,遇到资金紧缺的问题,党员干部带头集资,利用"党员活动日"上门做村民工作,筹资 21 万余元完成村内主干道路面硬化。在全村环境整治过程中,针对少数村组存在"一抓就见效,一松就反弹"的现象,村里成立党员卫生考评组,定期对村组尤其是党员家庭房前屋后卫生情况进行考评,并将结果公示,取得良好成效。

民主决策"议事日",村党支部坚持做到"重大事项党员先知道,重大问题党员先讨论,重大决策党员先行动"。在 2014 年底,该村进行园田规划,面临土地重新分配的问题,"出嫁女"是否能分田成为问题的焦点。"党员主题活动日"对此事展开讨论,最后决定实行"一人一份田"的办法,得到广大村民的理解和支持。

志愿服务"奉献日",村党支部组织党员开展扶贫济困、义务劳动等志愿活动。同时,制定了一系列党员关怀举措,在党员遇到特殊困难时,支部积极帮助解决;党员去世发放 600 元慰问金,支部组织召开追悼会,增强党员的归属感。对生活困难党员,每人每年发放 600 元生活补助。这些活动使支部显得更有"人情味",更具亲和力,更像个"大家庭"。

33 年来,泗沥村党支部先后经历了 9 次换届、7 位党支部书记,不管党支部班子成员如何更换,支部的"党员主题活动日"一直没有间断。每名党员都能自觉参加活动,做到无特殊情况不迟到、不早退。党员参加"党员主题活动日",已成为一种权利和荣誉。

针对当前部分基层党组织活动难开展的现象,泗沥村党支部在组织"党员主题活动日"过程中,没有单纯为学习抓学习,而是与时俱进不断丰富载体,把党员集中学习与现场教育结合起来,通过请进来、走出去等方式,增强党课的吸引力。33 年来,每逢遇到重大的形势变化,村党支部都深入分析研究、组织党员讨论。同时,村党支部坚持深入细致地谋划,在每月的"党员主题活动日"前,党支部都会提前征求意见,专门召开支委会讨论方案,精心策划组织,让每一次"党员主题活动日"都开得有成效,对党员有吸引力,使党员在潜移默化中把这一优良传统继承下去,并转化为自己的自觉行动。

"党员主题活动日",33 年不变的坚守,使每位党员密切了与单位党组织的联系,加深了感情,同时进一步促进了该村基层党组织的建设和发展。村党支部先后被上级有关部门授予"优秀村党支部"、"五好村党支部"、"五星级"党组织、"党员科普致富示范村"等称号。目前,全村建立了核桃生产基地、散养鸡场、无公害水稻种植等产业,从事运输、贩销经商,创办来料加工小微企业等 310 户,解决富余劳动力 1000 余人,每年人均增收 5000 元左右,村民过上了幸福生活。

鹰潭日报

作者:夏东华;编辑:邹志兵、毕美珍

有新闻价值的典型报道
——浅析《三十三年不变的坚守》

刘 燕

《三十三年不变的坚守》记录了贵溪泗沥村党支部从 1984 年以来 33 年坚持每月开展一次"党员主题活动日"的新闻故事。该篇报道选题具有重要意义、事件典型、重点突出,真实刻画了一群积极响应党的号召、坚守党的阵地的优秀党员形象,是一篇有新闻价值的通讯报道,对其他农村基层党组织开展"两学一做"和党员活动提供了有用的借鉴。

第一，选题具有新闻性和新闻价值。首先标题具有新闻性和悬念感，能吸引读者继续阅读下去。33 年，是一个漫长的日子，期间经历了国家发展变化的不同时期，但是每月都能坚守"党员主题活动日"，这种一如既往的坚持和对党忠诚的精神本身就具有新闻性，能引起人们的关注，唤醒人们的好奇心。也令人不禁想知道，在这么多年的风雨中，到底什么信念和制度使农村党支部的党员活动一直保持着旺盛的生命力？其次，作为典型报道还兼具重要的新闻价值。典型报道的价值就在于通过对典型人物、事件、问题、经验的剖析，教育人民，指导工作，发挥榜样的作用。该篇新闻稿对贵溪泗沥村的党员主题活动日的报道，虽然时效性弱一点，但是贴近基层，和广大农村群众的利益密切相关，具有显著性和重要性，具有较高的新闻价值。

第二，报道主题鲜明，思路清晰，客观真实地反映了农村党支部党员活动日开展的过程和积极效果。报道虽未直接以问题的形式来探寻贵溪泗沥村党员活动日为何保持旺盛的生命力，但全篇一步步带领读者解开这一秘密。原来贵溪泗沥村的党员主题活动根据内容的不同，又细分为党课教育"学习日"、中心任务"攻坚日"、民主决策"议事日"、志愿服务"奉献日"等 4 个方面的主题，在 33 年的坚守上，十分重视对党员学习日吸引力的培育，重视将优良传统的传承转化为党员的自觉行动。从活动内容到制度建设，从努力坚守到效果显现，该篇报道给其他农村党支部党员活动开展也提供了可行的借鉴思路。

第三，报道通过白描手法，选择典型事件，成功塑造了一个重视学习、纪律严明、保持先进带头作用、关心百姓、热爱家乡的农村基层党组织形象。泗沥村党员活动日这四个主题的具体内容都与党对农村的领导、农村经济发展、和谐农村的建设密不可分。为了使读者更了解党员活动日的积极作用，记者选择了泗沥村发展中面临的几个棘手问题，如修通村组公路、环境整治、"出嫁女"是否能分田等，进一步展示了党员活动日在农村建设中的具体功能和作为。这些真实可信的故事，也从侧面令人感受到泗沥村的人情味，看到他们建设美好家乡的希望和对家乡深切的爱。

第二十四届江西新闻奖二等奖
"农村就是最大的创客空间!"
——横峰岑阳打造返乡青年创客社群样板

"以前在校时,一心想着要好好读书,这样以后就可以跳出农门。可是从天津大学毕业后,我却选择了回乡当一个种甘蔗的创客,因为我相信,在创新驱动农业现代化的背景下,古老的农业蕴藏着巨大的创新与发展空间,甚至可以说,农村就是最大的创客空间!"4月11日早晨,横峰县岑阳镇铺前村,27岁的创客滕腾正在他的甘蔗基地里忙活。基地里覆盖着白色塑料薄膜的钢架大棚,鳞次栉比,如波涛起伏,在绿野田畴间展开斑斓画卷。

滕腾返乡后成立了岑山生态农业发展有限公司,在岑阳铺前村建起了240余个甘蔗大棚。过去远走跳农门,如今返乡当"创客",在横峰县岑阳镇,聚集着40多位像滕腾这样的返乡青年农业创客。眼下,这里正在打造返乡青年创客社群的样板。这些青年创客利用科技创新、互联网思维,将符合农村实际和市场需求的新技术、新思维链接到农村,打造着一个个农业创业项目,成为当地农村发展中最有生机、最重要的一股力量。

40多位青年返乡瞄准农业"新蓝海"

"为什么我们都要往城市挤呢?农村环境清新、生态美好,随着国家对农村投入的加大,农民收入的提高,只要我们手里有知识、有技术,在农村创业的机会是很多的!"燕辰种养专业合作社负责人吕海峰一语道出了众多回乡创业者的心声。

吕海峰将互联网思维用到了项目中,"采用的就是小米模式,从建立种植生产基地到产品研发再到建立物流平台,最后直接到达客户。"吕海峰十分喜欢"乡村创客"这一称呼。他说,不仅是推销农产品,而且更重要的是通过技术创新,不断优化改良培育品种。目前,燕辰种养专业合作社种植园的面积达1200余亩,不仅种植了近800亩葡萄、300亩砂糖橘,还种植了火龙果、草莓、樱桃等名贵水果,每亩可创收8000元左右,安置了300余名农村劳动力在家门口就业。

"牛耕田、人割禾,面朝黄土背朝天",这是34岁的罗明对父辈从事农作的记忆。目光敏锐的罗明,从事过广告、安防设备生意,积累了人生第一桶金。2015年,他回到姜家村,承包土地3000亩从事有机蔬菜、水稻、油菜、水果生产以及畜禽生产,创建了一个集观光农业、生态旅游于一体的现代化农业生态示范基地。与父辈从事的传统农业方式不同,他重视的是现代农业科技,注重果蔬绿色有机、生产标准化。他的公司创建了"牧山田园"品牌,"饱腹之外,能解乡愁",希望通过销售自己生产的有机食材,唤起人们儿时的记忆。

岑阳镇的朝堂村,群山连绵、清溪曲绕,这个生态优美的山村,以及岑阳不断壮大的现代农业图景,深深吸引了在广东做水果批发生意的李卫平和他的家人。2014年11月,他注册成立了清峰农业发展有限公司,计划在岑阳投资9000余万建设一个3550亩的马家柚现代农业种植基地,打造一个"马家柚王国"。经过两年的发展,目前基地已经初具规模,附近不少村民也纷纷参与到基地的建设和管理中,平均年收入有三五万元,在家门口实现了就业。

他们用知识、科技和理念为乡村链接"新模式"

吕海峰的燕辰葡萄园,采用组合钢架大棚保温、有机配方施肥及滴灌节水和管网喷药等高新农业技术,引种了巨峰、夏黑、美人指、黑玫瑰、巨玫瑰、黑妖姬等20多种优质葡萄品种,成功实现了多季挂果,并通过"农超对接"的方式,实现鲜果定点直销、品牌销售。

滕腾借助岳父从事深圳农产品市场甘蔗批发代理的优势,把基地种植的甘蔗引进了深圳各大商场、超市、卖场,并和当地几家西瓜、哈密瓜、蔬菜种植大户抱团联盟发展。

而李卫平的公司目前正在积极申请省级龙头企业和有机质量认证,他们着手建设一个马家柚包装和精深加工厂房,引进一套农产品质量追溯系统,让消费者通过水果上的二维码,全方位了解水果的生产—检验—流通等环节。

在大众创业、万众创新的浪潮中,岑阳这批"有知识、懂科技、会经营"的新生代职业农民从城市回到乡村,带回了农业经营发展的新理念、新模式,也正在悄悄推动农业发展方式转变。

该镇分管农业的干部何斌介绍说,创客们注重开拓市场,畅通销售渠道,以市场需求为农业发展导向,在创业前期做了大量的市场调研,准确摸清市场供求关系,以"农超对接"的方式,实现鲜果定点直销、品牌销售。并通过"农村e邮"、农村淘宝线上平台,拓宽销售渠道,彻底改变供量过足、销路单一、宣传不足等滞销因素,真正使土地里长出了"钱票子"!

如今,镇里的农业产业不断发展壮大,形成了目前以葡萄、樱桃、水蜜桃、砂糖橘、火龙果、马家柚为主的8000余亩休闲农业生态基地。其中,葡萄基地更是成为镇里的主打特色。葡萄文化旅游节、葡萄摄影比赛、"葡萄仙子"评选等活动丰富多彩,形成了独具当地特色的葡萄文化。

罗明表示,目前乡村创客项目的具体方向和商业价值主要在农村电商、生态旅游、生态农业和土特产等几方面。在他看来,乡村创客更多的社会价值是如何让乡村更美好。

搭载平台为创客们创新创业添加"新动力"

返乡创业,需要符合农村实际和市场需求的"好点子"。另一方面,有潜力成长为创客的一些大学生、村官和农村青年,却往往因为缺少政策和资本支持,而无法把"好点子"转换成带动农民增收致富的实践。

这是农村创客所面临的两难。何斌打了个比方说,在全民创业的潮流中,每个创客都是星星之火,"要成燎原之势,必须给这些青年创客添把柴,充分激发创客们创新创业的激情,为青年人才的成长提供更多、更好的平台!"

如何添好这把柴?

几年来,岑阳镇积极破解融资难题,帮助创客们申请小额担保贷款扶持创业,积极协助他们进行土地流转,解决了合作社的土地连片租赁难题,同时,整合农业综合开发和小农水项目,改善农业基础设施,争取利用连片开发产业化扶贫项目资金对创客们建钢架大棚等特色种植给予扶持。为帮助创客们拓展更广阔的发展空间,镇党委政府积极协助搭建电商平台,助推"互联网+农业"在当地协调发展。2015年在葡萄园建立了电商创业园,创业园就像一块磁石,短短不到一年就吸纳了10多名电商创客和农户。在这里,创客们不仅实现了农产品销售线上线下一体化的私人订制,还有了自己的特色农产品展示厅。

瞄准旅游+农业的富民新路,他们树立产村融合理念,打造了王家旅游新村,携手4家旅行社举办葡萄、樱桃等果蔬采摘节活动,吸引了市内外游客3万人次。今年横峰县启动"秀美乡村、幸福家园"创建活动,其中岑阳镇规划打造12个果蔬主题旅游新村,并积极创建4A级乡村旅游示范点,一幅创客天堂、幸福家园的美丽图景正在绘就。

"在这个创业社群,每个人都是一个创业个体,大家又都抱团发展,集体推广并珍惜品牌,形成个人和集体的良性循环。"横峰县农业部门负责人表示。

上饶日报

作者:陈华英;编辑:吴汉、缪临

《"农村就是最大的创客空间!"》评析

刘小丹

农业现代化是积极探索中国特色新型工业化、信息化、城镇化,乃至整体经济结构改革进程中的重要组成部分。有效挖掘被多数人忽视的农业本身的经济潜力,推动农业产品结构转型、产业功能拓展,特别是促进现代农业领域创业是化解传统农业困境的重要途径。该篇报道将横峰岑阳的一群青年创客作为探索和实践农业现代化的样板案例,分别从发展理念、现代技术、互联网思维、政策扶持和模块发展等几个角度,一方面很好地描述了一系列成功案例的发展轨迹,同时针对新农业创业中关于融资、土地、管理风险和规模效益等几个常见问题展示了横峰岑阳的应对策略与成效。

长期以来,城乡之间在经济收入、教育医疗、社会保障等各方面存在的巨大差别产生了一种"断裂"式的差距,催化出现代化进程中的一系列社会矛盾。迥异的生活环境势必会造成城乡民众截然不同的心态和价值观念。然而,随着生活水平的总体提高和社会价值观日渐多元化的趋势,一份关于 2001—2010 年的城乡幸福指数报告显示城乡之间的主观体验差异正在逐渐减小。曾经努力学习想要跳出农门,而今却选择返乡创业的大学生就是见证时代变迁的典型代表。正如报道开端提及的年轻创业者滕腾,这些曾经留恋城市的繁华与优越的莘莘学子,带着他们的技术、理念和胆识将现代化带进了农村角落。报道巧妙选择的多位个性化人物为整个案例发展介绍配上了生动的面容和真实的经验。

报道的第二与第三部分,四位创客代表展现了 40 多位瞄准农业新蓝海的返乡青年一个共同的理念:互联网思维。互联网思维的核心就是资源的重新优化配置。报道从产业链资源优化、产品质量优化和衍生价值优化等三方面介绍了年轻创客们的创业轨迹。相比于传统农业,四位新创客们尤其重视从研发、种植、销售、物流等整一条产业链中占据主动地位。电商平台也许为种植户们带来了新的掌控机遇,但是真正的工作和努力依然是线下的市场调研、渠道筛选和类似"农超对接"这样的合作接洽。除了在销售渠道中的资源优化,产品本身的优化是现代农业的优势特征。有机施肥、滴灌节水和管网喷药等高新农业技术不仅节约了人工成本,提高了产量和产品质量,更重要的是在这个过程中的一系列标准化生产和产出造就了可供他人学习和借鉴的可复制模式。第三类优化就在于对既有农业产业新经济潜能的发掘。关于这部分,报道主要例举了吕海峰的燕辰葡萄园:"……葡萄文化旅游节、葡萄摄影比赛、'葡萄仙子'评选等活动丰富多彩,形成了独具当地特色的葡萄文化。"

也许到目前为止,横峰岑阳创客成果介绍都不算是独门秘方的经验之谈,那么报道的最后一部分强调的就是帮助青年创客减免创业风险,树立创业大局意识和前瞻视角的重要参考。政策扶持听起来似乎很老生常谈,但是横峰岑阳的发展模式表明能够与地方政府合作,提高产业合作方式与规模是控制创业风险的有效手段。在现实中,现代农业发展的安全性、优质性、高效性、规模化、可持续性等并不尽如人意。农业农村污染严重,因为融资困难,经营主体缺乏积极性。制约现阶段现代农业发展的因素众多,如土地流转障碍造成的农地"小规模、分散化、细碎化"问题;农业科技创新和产业化组织竞争力弱;农业基础设施建设收益率低以及农村人口老龄化问题,等等。该报道并没有脱离现实地一厢情愿唱高调,而是将阻碍"乡村创客"入驻乡村的现实问题和横峰岑阳的显示情况紧密联系在了一起。全文逻辑清晰,文风生动,角度多元且专业,有效提炼出了个案中的样板价值。

第二十四届江西新闻奖二等奖

感受身边的供给侧结构性改革系列报道之：
"定制"风景多胜游
——感受身边的供给侧改革·游

本报记者　游　静

编者按

　　供给侧结构性改革正在赣鄱大地持续推进，这场从中央到地方层层深入实施的改革，给普通大众的生活带来了哪些变化？本报《经济新视线·聚焦供给侧改革》栏目，今起推出新一组系列报道，关注吃、穿、住、行、游、购、娱等与百姓生活息息相关的领域，通过百姓感受到的变化、讲述的身边故事，反映供给侧结构性改革在我省的推进情况和影响力，敬请关注。

　　跟着旅行团，往大城市走，游名胜古迹，这样的旅游方式正悄悄发生改变。随着"大众旅游时代"的到来，正在推进的旅游业供给侧结构性改革，为游客"定制"出越来越多的美景。

　　古筝悠悠，茶香袅袅，这不是在城市的茶楼，而是在古村老巷

　　4月3日晚上8时，婺源县思口镇延村的民宿"将军府"里灯影闪烁，这栋几百年前的徽派古宅，焕发出新的生机。南京游客李颖夫妇已经在这里住了3天，他们白天在乡间走走看看，晚上在老宅品茶聊天，行程安排自在悠闲。

　　"选择民宿，不仅能感受当地文化，而且能远离城市喧嚣、放松身心，享受一份内心的宁静，这是与住在普通的商务酒店完全不同的体验。"李颖告诉记者。随着生活条件改善、工作节奏加快，越来越多的人开始追求乡土气息的慢生活，于是，住宿费一晚七八百元，甚至上千元的以篁岭、西冲院、将军府、九思堂等为代表的精品民宿在婺源供不应求，有的房间甚至已经预约至几个月以后。

　　为不同游客"定制"的民宿，满足了游客多样化、个性化的需求。"民宿是一种创意产业，只有好的创意，才能吸引游客。"婺源县委书记张志坚告诉记者，"我们要'定制'各种特色的主题民宿，转变简单复制的粗放型推广方式，积极发展各种层次的民宿，形成高、中、低端民宿协调发展的格局。"

　　民宿游的兴起，是旅游业供给侧结构性改革的结果。目前，我省民宿游正摆脱单一流俗、千篇一律的同质化发展模式，主题相异的中高档民宿如雨后春笋般出现。站在大余县丫山风景区九成山舍别墅酒店的巨大落地窗前，游客可以尽收山下美景；在

新余市仰天岗国家森林公园西侧的彩色村，上世纪的旧房子按照意大利设计风格重新装修，增加 5D 电影院、CS 野战营地等娱乐项目，吸引年轻人结伴到来。

丝竹空灵，光影迷离，这不是城市大剧院的舞台，而是依山傍水的实景演出

3 月 11 日晚，国内首部行进式大型多媒体山水实景剧《寻梦龙虎山》迎来 2016 年首场演出，看完演出的广州市民李强告诉记者："作为游客，我们希望白天晚上都有景点可以看。刚刚看的实景演出很震撼，也让我更加了解龙虎山的文化。"4 月 6 日，5D 室内情景剧《大话龙虎山》在龙虎山景区进行测试演出，这是我省首部景区室内情景剧。龙虎山景区管委会宣传部部长童丽芳告诉记者："游客已经不满足于风光的欣赏，他们希望对龙虎山道教文化有更多了解，室内情景剧的推出正是满足了这个需求。"

一方面游客有强烈需求，另一方面，我省大多数景区晚上没景看。江西财经大学旅游与城市管理学院副教授曹国新告诉记者："游客入赣往往直奔景区，看完即走，如果不进行供给侧结构性改革，增加夜间旅游项目，无法延长游客的逗留时间，旅游强省建设也就无从谈起。"

必须为游客供给夜间旅游产品。如今，为游客"定制"的夜景多了起来：南昌市的《琴岛之夜》、上饶市的《印象上饶》、婺源县的《梦里老家》实景演出已经上演。三清山正在打造中国道教文化园演艺剧目《东方女神》，抚州市依托梦湖景区和汤显祖剧作《牡丹亭》打造大型旅游实景演出《寻梦·牡丹亭》，明月山、瑞金等地也在筹划相关演出。曹国新认为："供给侧结构性改革要更加重视加入文化元素。通过文化元素，让游客对一个地方产生地域了解、感情牵连和情感认同，真正打动游客、吸引游客。"

花团锦簇，游人如织，这不是城市的公园景象，而是全省旅游的满园春色

"油菜花海，到处都有。""赏樱花不必去日本！"今年，家门口的赏花游火了全省，占据了微信朋友圈。南昌市民汪倩几乎每周都和好友相约踏春赏花，她告诉记者："亲近大自然，呼吸新鲜空气，感受春天的气息，这就是我们乐于赏花的原因。""说走就走"的旅行，追求各异、情趣多样的个性化出游需求，为我省发展全域性旅游、个性化旅游等创造了条件。许多地区开始以花为媒，全面整合自然、人文资源，串起生态游。铜鼓县依托大塅镇浒村油菜花、三都镇西向村梨花、温泉镇凤山村桃花，串起周边天柱峰、汤里温泉、毛泽东化险福地等景区，推出精品旅游线路。

游客也不满足于地面旅游，游船、直升机、热气球等游览项目应运而生。在武宁县，游客可以坐着画舫，夜游西海湾，领略山水之城夜景；在万年，游客坐着游船，感受珠溪"风情夜万年"灯光景观；小型直升机在婺源篁岭上空盘桓；热气球在南昌凤凰沟"樱花海"升起，让游客从高空一饱眼福……

省旅游发展委员会主任丁晓群告诉记者："创新是旅游经济发展的灵魂。江西旅游要创新绿色旅游产品，推进供给侧结构性改革。"我省将顺应游客新需求、创造新供

给,增加绿色旅游产品,在巩固提升红色、古色、绿色传统品牌的基础上,重点在乡村旅游、中医药旅游、健康养生旅游、温泉旅游、水利旅游、林业旅游、体育旅游、研学旅游、房车露营旅游、文化旅游等领域推进"旅游+"创新,满足游客的不同旅游需求。

江西旅游,好戏在后头。

记者手记

旅游目的地由城市走向乡村,由景点景区变为全域旅游,由白天观景延展到白天晚上旅游不间歇……旅游业的供给侧结构性改革,看似遥不可及,其实就在我们身边。

一方面过度依赖"门票经济",一方面旅游产品同质化,解决这些问题的办法,就是推进供给侧结构性改革。旅游业供给侧结构性改革是推进旅游强省的坚强动力。实现旅游强省目标,旅游业必须尽快转型升级,更加注重旅游产品创新,更加优化服务。通过供给侧结构性改革,改变单一的"门票经济",延长产业链,真正实现从观光游向休闲度假游的转变。

感受身边的供给侧结构性改革系列报道之:
从"有其屋"到"优其屋"
——感受身边的供给侧改革·住
本报记者 郑荣林

从筒子楼到单元楼、从福利房到商品房……在实现居者"忧其屋"向"有其屋"转变之后,人们对于住房的愿望又有了更高层次的需求。而正在悄然推进的房地产供给侧结构性改革,正快速将老百姓带入"优其屋"的新阶段。

四季如春、冬暖夏凉的"科技住宅",从概念走向了生活,给人们带来前所未有的居住享受。

这段时间,曾震忙着装修新房。他的新房在南昌高新区的满庭春社区——我省第一个节能低碳示范社区。原来小区有节能环保的地下水源热泵系统,利用地下水的温差辅助调节室内温度,冬天室内可以保持18℃左右的舒适温度,在夏季则可保持室内26℃左右的凉爽。住户不仅无需安装空调,家里24小时还有生活热水供应。

3年前,南昌这类商品住宅还非常少,目前,以舒适、健康、绿色为关键词的节能住宅如雨后春笋般在市场上出现,绿色建筑逐渐从概念走进了市民的生活。

江西当代节能置业有限公司营销部负责人唐彦说,从简单居住到舒适居住、健康居住,如今老百姓的住房消费需求已经发生变化。3年前,公司第一个节能住宅小区开盘,当时很多人持怀疑、观望态度,而公司目前在售的两个节能住宅小区的销售越来越火,说明越来越多的消费者已经接受并认可了节能住宅。下一步,将把更先进的住宅新风、恒温、恒湿、恒氧系统等新产品引入南昌市场。

省住建厅建筑节能与科技处处长王融说,2013年以来,我省绿色建筑进入快速发展阶段,到去年底,全省已累计有111项工程取得绿色建筑评价标识。

拎包入住、即买即住的"成品住宅"渐成气候,让人们的居住更加绿色化、便捷化。

在南昌读书、工作了7年,吴瑞终于在这座城市扎下了根。4月22日,他正式签约,在南昌高新区艾溪湖畔的恒大帝景小区买下一套111平方米的房子。因为他买的是精装修房,明年6月份交房后,马上就可以搬进去住了,"按照交房标准,新房的厨房、卫生间用具一应俱全,甚至连灯具都配齐了。"吴瑞告诉记者。

江西省房地产协会秘书长李峰说,以前,多数商品房是以半成品毛坯房的形式交付,弊端也开始日益显现。一套90平方米的毛坯房,因装修产生的建筑垃圾高达2吨多,业主在装修上还要投入大量的时间和精力,成本很高,资源浪费和环境污染严重。人们对居住的绿色化、便利化需求是大势所趋,顺应这种变化的成品住宅,正成为房地产市场发展的新趋势。这既彰显了人们对生活品质的不断追求,也是我省房地产行业推进供给侧改革的生动实践。

"随着工作生活节奏的加快,越来越多的人更喜欢拎包入住的便利感。"恒大集团南昌公司营销总监戴志勇说。目前,该公司在全省在建、在售住宅项目有30余个,推出的基本上都是精装修房。相比"北上广"等一线城市,江西的精装修房占比还比较小,不过,目前越来越多的开发商趋向开发精装修房,这说明市场的接受度也越来越高。

养老地产、旅游地产等产业地产的出现,弱化了房子的住宅属性,代表着一种全新的生活理念。

温汤——明月山风景区脚下的一个小镇,四周青山环绕,远望郁郁葱葱,一口古井四季不绝喷涌着富硒温泉水,让这里成为国内知名的温泉康疗养生度假胜地。十多年前,陆续有南昌、上海等地的老年人在这里或买或租常居于此,目前,小镇的"汤仙"已有数千人之多。温汤的养老、旅游地产也蓬勃兴起,目前在售的楼盘就有十多个,尽管房价从10年前每平方米不足千元,上涨至目前的七八千元,但"汤仙"群体仍在不断增加。

远离喧嚣的都市,寻一片芳草茵茵、泉水潺潺的净土,或安度晚年,或周末休憩,成了越来越多人的选择。在我省靖安、武宁、婺源等地,近年来旅游地产如雨后春笋般出现。李峰告诉记者:"在满足了基本住房需求之后,老百姓对改善性住房有了更多美好的期待,住房消费的多样化、个性化、高端化需求与日俱增,也在倒逼着房地产行业加快供给侧结构性改革。"

记者手记

新技术、新业态、新模式的不断涌现，形成了当前房地产市场的"新供给"，正不断提升城市居民的居住品质。

库存再大的城市，依然有热销的楼盘；库存再小的城市，也有卖不出去的房子。现在老百姓对住房的需求不再仅仅停留在一套好房子、一个好地段、一种好户型的层面，而是需要享受包括高品质的建筑及配套设施和高品位的生活，即便捷的生活配套服务，有绿色环保的生活体验。今年，我省把去库存作为房地产市场调控的主旋律，路径就是推进供给侧结构性改革。房地产行业要从供给端刺激新需求、新市场，用高品质、高附加值、差异化的产品满足老百姓不断升级的居住需求，才能让人们生活变得更加美好。

感受身边的供给侧结构性改革系列报道之：
穿出时尚个性范儿
——感受身边的供给侧改革·穿
本报记者　黄继妍

蓬蓬袖、露肩设计、复古风……夏天来了，你是否打算为自己添置几件带有最新流行元素的新衣呢？随着生活品质的提高，人们对穿着的要求越来越高。悄然进行的服装业供给侧结构性改革，为人们"量身定制"各种精美服饰，让人们轻轻松松穿出时尚个性范儿。

"在商场买成品西服，直接按照身高套尺码，穿在身上总觉得哪里不舒服。个人定制西服要量十几项数据，不仅有身高、腰围，还有领围、臂围，细节处理上更到位，款式、面料还能随便选，当然更称心。"5月11日，南康一名机关工作人员张先生告诉记者，因为工作关系，他上班要穿正装，在所有西服中，只有在康意服饰定制的他最满意。因为是老顾客，张先生常常将在外面买的西服送到康意服饰，请师傅帮忙修改。

俗话说"看菜吃饭，量体裁衣"。以前裁缝拿着软尺给顾客量体裁衣的场景现在已经不多见了。在工业化生产中，以顾客为中心的量体裁衣变成了以成衣为中心的标准尺码，"撞衫"就成了常见的尴尬事情。康意敏锐地捕捉到市场需求，去年开拓高端个性化私人定制业务，很快就得到市场的认可，前来定制的个人和团体客户应接不暇。

"衣服穿在身上不光要合适，还要时尚，要有设计感。"省工信委纺织服装处处长杨金娥说，随着穿着习惯、生活方式的变化，服装品种越来越多，给人们的选择越来越多。

走进南昌绿冬丝科专卖店，琳琅满目的精美旗袍、丝巾、睡衣，让人爱不释手。市民梁红是店里的常客,最近又买了一条改良版旗袍,想要"换换心情"。她告诉记者:"这里的丝绸服装质量非常好,设计、款式时尚,一点不输苏杭丝绸,穿着非常舒服,性价比也高。"每到换季,梁红都要来看看,每回都有收获。

梁红并不知道,绿冬丝科早在7年前就将设计采购营销中心搬到了杭州。她身上穿的旗袍虽然是江西的品牌,但设计却来自"丝绸之府"杭州。绿冬丝科公司总经理丁永华认为,要满足消费者越来越挑剔的眼光,"大路货"是行不通了,必须不断提高产品质量,不断创新,走"专精特"的路子。为了在丝绸界有所作为,绿冬丝科不仅加强了服装设计,还涉足"互联网+""文化+"和"旅游+"。企业建设的"天虫网"计划7月上线,将成为桑蚕丝绸全产业链营销平台。同时,准备投资3.9亿元在庐山脚下建设集旅游、文化、购物为一体的绿冬丝绸文化园。

"深圳的服装品牌有3000多个,我省只有200多个,而且大多数服装企业依然走在贴牌加工的老路上,这与我省服装产能全国第六、营业收入全国第七的地位很不匹配。"杨金娥认为,贴牌加工只能赚取微薄的加工费,只有打造自主品牌才是出路。

新华瑞公司董事长晏淑萍在针织服装行业摸爬滚打了20多年,给众多世界服装品牌做过来样加工。在出口形势越来越严峻的情况下,晏淑萍涉足内销,和江西服装学院开展校企合作,打造自己的线上原创品牌,销量还不错。每年,江西服装学院都要为企业设计五六百套服装。她告诉记者:"我打造的内销品牌叫李沃德,专门做0至3岁婴童服装,面料环保,质量、舒适度都很好,不比国外品牌差。"

"加工能力强、创意设计水平低,是江西服装产业的突出问题。"江西服装学院院长陈万龙告诉记者,江西服装学院不仅培养企业设计师,也培养私人定制的个人设计师,一大批江服校友已成为业内翘楚。现在,校内建立了很多名师工作室,帮企业解决设计师不足、创意设计差等问题。但全省只有不到1%的服装企业与学院开展了合作。最近,学院正与共青城市政府合作,在当地设立服装设计研究院和服装设计工作室,为当地企业做创意设计。他希望通过政府和学校的共同努力,能引导省内服装企业提升品质,擦亮品牌,真正做大做强全省服装产业。

记者手记

服装产业是关系国计民生的支柱产业之一。和缺衣少穿的年代不同,现代人对着装需求大大提高。在不少服装企业库存积压、销售困难的同时,消费者大量海淘,很多高端消费都在国外发生,这就说明我们的供给侧出现了问题,这个问题在江西更为突出。要解决服装供给问题,首先要提升创意设计水平。企业在提升产品品质、改善功能的同时,更要有"设计+"的理念,要秉承开放态度,善于借助外脑,打造自主品牌,满足消费者日益增长的个性化需求。政府要加快搭建创意产业园,帮助中小企业提升设计水平,为创品牌提供扶持。其次,政府要树立全产业链发展的理念,通过扶持一些有意识、有能力、有基础的企业发展成龙头企业,带动面料、辅料等相关市场的繁荣,从而推动整个服装产业的发展。江西的服装企业只有将加工优势转化成为品牌优势,才有可能延续曾经创造过的辉煌。

江西日报

作者:任辛、桂榕、江仲俞、黄颖、夏剑阳、宋海峰、游静、郑荣林、黄继妍、林雍、刘佳惠子

系列报道的系列表达"艺术"

——《感受身边的供给侧结构性改革系列报道》评析

陈书泱

供给侧改革是聚集生产要素的供给及其有效利用的改革,它是在新经济形势下提振中国经济景气组合拳中的一个重要组成部分,旨在从根本上促进经济潜在增长率的提升。当供给侧改革在中央经济工作会议上作为中国经济改革"顶层设计"的重大政策举措提出后,从中央到地方的各级各类媒体都进行了宣传报道。综观这些宣传报道,有的是诠释式的,有的是解构式的,有的是图解式的,有的是例证式的。《江西日报》作为省级媒体,独辟蹊径,推出了供给侧改革有关的专题类系列报道,打了一组"好看、耐看"的组合拳,充分显现了其探究式、挖掘性和集约化的特点。

1. 匠心策划,准确定"体"

与表现不可预知的事件性新闻的连续报道形式相比,专题类系列报道虽然也讲究时效性,但不唯时效性,而以分析性、论证性、阐述性见长。正因如此,专题类系列报道特别强调策划,策划是专题类系列报道必需的、也是可能的。《江西日报》推出的供给侧改革有关的专题类系列报道的成功首先得益于全面周到的策划。从组成这个系列的各篇独立报道来看,报道组对策划做到了匠心独运,对体裁的确定、主题的认知,以及报道的篇目、各篇的选题、采访的目标、流程的分工、刊印的节奏等等,都堪称策划到位。

策划中关键的环节是确定体裁。专题类系列报道作为可预知的非事件性新闻报道形式,其鲜明的特点在于为受众提供同主题、广延展、全方位、多侧面、多频次的深度新闻信息。由于其形式多样、气势恢弘、内容深刻,具有很强的舆论导向作用,因而更适合在一定时期内对同一重大或重要题材的新闻事件作报道,尤其是对国家方针大计的宣传报道更有其独到的作用。所以,专题类系列报道为编辑记者所推崇,也为受众所欢迎,成为新闻媒体的主导体裁。这组系列报道推出供给侧改革有关新闻正是充分

考虑了系列报道的体裁特点,以容量较大、采访性强、事件典型、阐释深入的专题类形式加以表现。呈现在受众面前的这组系列报道主题集中鲜明,政治色彩明确,新闻事实典型,阐释系统深入。

2. 范式叙事,理性剖析

重大、主题、深度是专题类系列报道的关键词。尤其是政策诠释型、调查解构型和分析图解型等专题类系列报道,与意识形态和政治经济机制紧密结合,其叙事模式姑且可以称为"国家范式"。所谓"国家范式"就是将叙事的内容和方法列入国家利益和国家意志的表达范畴,报道本体成为国家政策方针体现的载体,从而直接决定舆论的国家导向的彰显。这组系列报道推出的供给侧改革正是国家在一个时期经济转型改革的重大举措,代表的是国家意志,要求有关新闻事实加以"解析",篇中所精心选取的人物、事件无不在理性地彰显供给侧改革的重要性和正确性,由此构成这组系列报道的重大而深刻的主题。

与"国家范式"叙事相匹配的则是共时性叙事模式。所谓共时性叙事模式就是展示新闻事实人或事的各个侧面,它与连续报道惯用的按照时间顺序进行叙述的历时性叙事模式不同。这组系列报道中显现出来的正是共时性叙事模式,篇中的新闻事实都在围绕主题,表现供给侧改革给人民群众的食、穿、住、行、游等生活各方面带来的变化;即便上述每一具体的独立篇章中也是分述式并列式地表现各新闻主题下的新闻事实的多元侧面,即以《游》篇为例,篇中依次描述了乡村民宿游、文化艺术游、自然实景游以及生态游、养生游、体育游、研学游等创新旅游类型。毋庸讳言,可以理直气壮地宣称,在中国新闻既是一种传播方式,也是一种宣传方式,它除了使人们了解当下发生的重大新闻事件外,也担负起教化宣传的功能。基于"国家范式"的共时性叙事模式则是达到最佳传播宣传效果的合适叙事模式。

3. 百姓视角,民生选题

供给侧改革是中国经济改革"顶层设计"的重大政策举措,同时它也是时代精神的表达,是社会经济生活需求的释放,更是人民群众生活态度的彰显,体现了人民群众对美好生活的最本能而又自然的追求。从新闻传播的规律而言,任何新闻报道都要选择合适的角度,尤其是体现国家意志的高大上的政策性新闻报道更需要选择恰当的表达角度。像表现供给侧改革主题的新闻报道从内容上看属于经济类报道的范畴,而经济类报道视角的切入尤为重要。经济类报道要为百姓所青睐,就要使其更加"三贴近",从百姓最关心的经济现象入手,真正通过百姓喜闻乐见的方式反映经济的本质。《江西日报》推出的这组供给侧改革有关的专题类系列报道,就报道的视角看,正是启用了百姓视角,将"政府视角""行业视角"和"百姓视角"自如地结合起来,上挂下联,捕捉到国家意志与百姓生活的"对接点"、供给侧改革与百姓利益的"共鸣点"、百姓对供给侧改革新闻青睐的"兴趣点",既接地气又不失政策高度。

在互联网经济环境下,经济生活与社会生活愈益结合,经济与民生息息相关。"民生性"是对经济类报道的重要要求,经济类报道要为民众喜闻乐见,就要关注民生,反映民意,如能从大处着眼、小处着手,从经济现象中找出民生选题,这样的经济类报道更具亲和力和受众市场。这组系列报道作为以经济类为内容的专题类系列报道,从人民群众的食、穿、住、行、游等生活各方面入手,并以此为选题,推出供给侧改革的重大新闻事实,开掘出本地经济新闻事件全局性的普遍意义,从"政府经济"的诠释延伸为"民生经济"的彰显,从而大大提升了报道的服务性和针对性。

4. 精致编排,巧串散珠

系列报道同主题、全方位、多侧面、多频次的特点使其克服了单篇报道的偶发色彩和势单力薄的不足,能在一定时期内形成强大的传播和宣传气势,既可以有"面"的广度又可以有"线"的深度,同时还可以将叙事和评论结合起来,达到事与理的相得益彰。系列报道的这一长处得益于其精致编排。构成系列报道的同主题、全方位、多侧面、多频次的报道篇目,其组成并不是杂乱无章的,而是经过精心编排的,其顺序形成、主次结合、题材安排和述评配置等都具有逻辑的依据,以至于形成整体的优势和轰动效应。《江西日报》推出的这组供给侧改革有关的专题类系列报道,注重宏观性结构设计,运用同类组合、相关组合的方式形成集约化和集束效应,使得报道叙事具有较强的节奏感,从而使得受众的注意力始终集中在报道本身。

专题类系列报道经常采用一种演绎加归纳的思维框架来组织聚拢新闻事件。具体而言,当一个具有典型意义的新闻热点事件出现时,专题类系列报道就会罗列现象,紧随其后援引诸多同类新闻事件作为类比,从新闻事实本身蕴藉的逻辑中归纳出一个明确的判断,再将此演绎契合到开头报道的事件中去,这样同质事件的互相佐证,更易提升报道主旨的明朗化。这组系列报道从各自独立篇目的微观性结构设计来看,采用了巧串散珠的方法,从分述新闻事实开始,有一个起点低但落处实的依托和由头,顺着叙事逻辑来观照新闻事实,最后水到渠成地将"分散"的新闻事实加以"聚焦",提出令人信服的结论,使报道的"引导"作用(即引导受众的思考和聚焦的作用)得到充分的发挥,由此使得结构安排相应地获得立体拓展,以"国家的声音和人民的声音"融而为一来终结全篇。

5. 活泼文风,"艺术"表达

长期以来,为数不少的经济类报道由于其表达方式的"惯性影响",在一定程度上陷入了程式化、术语化、数字化的重复、转述的表达惯性之中,存在"专精深"的弊端,尚未走出平淡、平常、平庸的窘境,往往是外行看不懂,内行不屑看,群众不愿看,致使其可读性、实用性都大打折扣。这组系列报道力避此类弊端,力求在文字表达、写作手法上通俗化,化繁为简,化长为短。篇中采用编前编者按、编后记者手记的方式,使文风生动活泼,便于灵活地表现思想和观念。同时做好大众"翻译","定制"经济、"私人定制"、"旅游＋"等专业术语的解读深入浅出,通俗易懂,甚至生动有趣,做到了将专业性、技术性内容"吃进去",以通俗性、大众化方式"吐出来",尽量避免公式化、概念化、抽象化的僵硬表达模式。此外,篇中注重增强语言的亲和度,说实话、说家常话、说亲热话,多使用质朴、亲切、直奔主题的群众语言,生动有趣的描述性语用风格也降低了"迷雾系数"(美国新闻界"艮宁公式"用语,意为词汇的抽象和艰涩程度),增强了新闻内容的可读性。

如果说经济类报道的选题连接受众的切身利益,其视角拓宽受众的思维空间,那么其表达方式就决定了其存在的生命力。为达到经济类报道通俗解读的目的,就要在专业受众和普通受众之间寻求一种相对的平衡,对专业问题进行大众化解读,只有让受众"读得明白",才能吸引其眼球。这就需要注重表达的"艺术"性,活泼文风,深入浅出,新鲜表达,讲究语言修辞,生动运用经济数据,使数据形象化,让数据活起来,以此改变经济类报道事实上存在的文字枯燥、数字罗列、术语连篇、生涩呆板的现象,从而提高经济类报道的感染力。

第二十四届江西新闻奖二等奖

南矶湿地保护区内项目"未批先建"

记者　万　菁

核心提示

2003 年至 2004 年,南昌市政府开展了"南矶山自然保护区综合科学考察暨申报晋升国家级自然保护区项目"。2008 年 1 月 14 日,国务院正式批准南矶山为国家级自然保护区。之后,南矶山自然保护区更名为"鄱阳湖南矶湿地国家级自然保护区"。

然而就在这一国家级自然保护区内,竟有公司未批先建,取土填岛,开发建设生态旅游观光园。

事实上,项目开工便引起了附近村民及过往游客的质疑:国家级自然保护区内,是谁允许相关公司就地取土、开挖建设的? 这样的工程是否合法?

国家级保护区内挖掘机取土建设

一辆辆大型卡车满载湿土,在托山岛一条笔直的水泥路上来回穿梭。记者跟随大卡车而行,发现湿土来源于附近的湿地,有三辆大型挖掘机在那取土。

日前,一些游客向记者反映,去年底至今,位于南昌市新建区南矶乡托山岛北端一座小岛上,出现了十多辆工程车开挖建设。

"由于施工方还未建出主体形状,我们一直不知道他们要建什么,只看到好多工程车在来回运土。"一位游客表示,工程车在国家级保护区内取土建设,不仅破坏了当地生态环境,对当地的候鸟生存也有一定影响。

据了解,鄱阳湖南矶湿地国家级自然保护区于 1997 年经省政府批建为省级自然保护区,并于 2008 年 1 月由国务院批准为国家级自然保护区,保护区管理机构是隶属于南昌市林业局的江西鄱阳湖南矶湿地国家级自然保护区管理局。保护区以赣江入湖口湿地生态系统作为主要保护对象。

据了解,整个保护区处于东亚—澳大利亚水鸟迁飞线路之中,是重要的水鸟越冬地和中继站,在候鸟保护上具有国际意义。曾在区内统计到 205 种鸟类,其中有白鹤及白头鹤等国家 I 级保护鸟类 4 种、国家 II 级保护鸟类 24 种、猛禽 15 种。水鸟有 89种,栖息高峰时有二十余万羽,有 16 种水鸟种群数量超过国际重要湿地的标准。

然而,在国家级的保护区内为什么会有公司开挖建设? 是否经过了审批? 究竟是谁允许这种行为的?

2月19日,新法制报记者来到位于南昌市新建区南矶乡托山岛北端一座小岛上,远远便能看到小岛中间有一栋红色砖瓦房,砖房一侧是十多辆工程车不停地来回运土,将砖房门前几百米处的泥土开挖运往砖房后侧。记者四处寻找,未发现任何工程公示牌和相关的保护性围挡。

在现场,记者观察到,一辆辆大型卡车满载湿土,在托山岛一条笔直的水泥路上来回穿梭。记者跟随大卡车而行,发现湿土来源于附近的湿地,有三辆大型挖掘机在那取土。卡车装满湿土之后,运往瓦房后的土堆附近。湿土堆放地有不少工人,一辆挖掘机正在作业。

工地上一工作人员表示,工地附近本没有路,为了施工方便,老板花数万元修建了水泥路直通岛上,施工都是就近取土,这种现象从春节前持续到现在。

该工作人员还表示,工程涉及范围超百亩,每天取土百余方。记者再问取土的用途,该工作人员称用于填岛。

旅游观光园"未批先建"

因在施工现场未见到公司负责人,记者随后来到南昌市新建区南矶乡了解情况。

南矶乡副乡长陈凡定告诉新法制报记者,施工单位为上海沪鹏投资管理有限公司(以下简称"沪鹏公司"),该公司是去年年底由当地县、乡招商引资过来的,开发建设的项目为"北头山旅游观光园"。

关于沪鹏公司开发土地的使用性质时,陈凡定表示,土地有10亩是建设用地,其中可能涉及集体用地、国家用地等。"我们已经联系了国土局去查那块地的土地性质。"同时,陈凡定还表示,当时招商引资时,他们承诺给沪鹏公司两个岛开发建设,其中一个小岛由别处村庄管理,已签订了协议,还有一个岛已经从别人手上承包过来,算是农业用地。

对于该区域属湿地保护区,是否允许公司开发建设的问题,陈凡定称,他们已向新建区领导汇报了此事,但至今还未收到相关回复。不过,据他了解,该项目未通过区国土部门审批。"目前沪鹏公司属于未批先建的情况,等手续合规合法了再做打算。"对于沪鹏公司仍在施工的情况,陈凡定称,会立即通知城管部门叫停。

随后,记者拨打了沪鹏公司负责人段德金的电话。关于公司是否获得了建设批准一事,段德金未直接回答,并称自己无义务回答记者的问题,随后挂断电话。

项目未签约也未办注册手续

新建区招商局工作人员称,沪鹏公司有意向在南矶山北端投资建设,并通过南矶乡政府以招商引资的形式将方案上报到局里,但局里目前还未收到任何部门的回函,该项目也未签约及办理注册手续。

就沪鹏公司在鄱阳湖南矶湿地国家级自然保护区未批先建一事，记者随后来到新建区招商局了解情况。该局一工作人员证实，南矶乡政府确有此项目，但并未签订立项合同，还处于洽谈阶段。

该工作人员告诉记者，沪鹏公司有意向在南矶山北端投资建设，并通过南矶乡政府以招商引资的形式将方案上报到局里，但局里目前还未收到任何部门的回函，该项目也未签约及办理注册手续。

《湿地保护管理规定》第三十一条明确规定：除法律法规有特别规定的以外，在湿地内禁止从事挖砂、取土、开矿；破坏野生动物栖息地、鱼类洄游通道，采挖野生植物或者猎捕野生动物；其他破坏湿地及其生态功能的活动。

此外，《江西省湿地保护条例》中也明确规定，禁止在重要湿地范围内从事下列活动：非法围（开）垦、填埋湿地，排放湿地水资源，或者修建阻水、排水设施；擅自采砂、采矿、挖塘、揭取草皮；擅自新建建筑物和构筑物；破坏重要湿地保护监测设施及场地以及其他破坏重要湿地的行为。

沪鹏公司在保护区内开发建设，所建用地是否经过国土部门批准？对此，南昌市国土资源局新建分局党组成员熊全友表示并不清楚此事，他们将通知工作人员，带上图纸，实地核查情况，"不管怎么样，我们首先会下停工通知单，要把这个土地的性质弄清楚。"

无执法权的尴尬

如果要开发利用，需通过国务院林业行政主管部门和自然保护区的行政主管部门批准才行，也就是说需得到国家林业局和环保部同时批准。

对于这种情况，鄱阳湖南矶湿地国家级自然保护区南山管理站相关负责人表示，并不知道该工程项目用途，已向上级进行了汇报，因为没有执法权，管理站对此也无可奈何，环保部对国家级自然保护区有监测。

该负责人还表示，工程所在地位于保护区缓冲区域，湿地生态系统很脆弱，在此区域内进行大规模施工，会严重破坏湿地环境，威胁候鸟栖息地。

《中华人民共和国自然保护区条例》规定，自然保护区可以分为核心区、缓冲区和实验区。在自然保护区的核心区和缓冲区内，不得建设任何生产设施。

对于新建区南矶乡托山岛北端一小岛上出现公司就地取土，破坏保护区内湿地环境的行为，江西省都昌候鸟自然保护区管理局局长李跃受访时说，正常情况下该公司是不能在保护区内进行开发建设的。

李跃认为，南矶山湿地国家级自然保护区的土地属国土资源，若当地乡政府要进行招商引资,须同当地保护区工作人员一同考察所用区域位于何处,是否在核心区域内或在保护区范围内。如果要开发利用,须通过国务院林业行政主管部门和自然保护区的行政主管批准才行,也就是说须得到国家林业局和环保部同时批准。

李跃告诉记者,候鸟是动态性的,所在区域十分广泛且存在诸多不确定性。"候鸟本身就需要安全隐蔽地,人类对候鸟有威胁因素,开发活动越强影响越大。"李跃补充道,如果该公司在此开发生态旅游项目,恐怕日后将吸引许多游客前往游玩,这势必对候鸟生存造成影响。并且,若人类在保护区内活动,也会影响生态环境。

《中华人民共和国自然保护区条例》第三十七条指出:自然保护区管理机构违反本条例规定,有下列行为之一的,由县级以上人民政府有关自然保护区行政主管部门责令限期改正;对直接责任人员,由其所在单位或者上级机关给予行政处分:(一)未经批准在自然保护区开展参观、旅游活动的;(二)开设与自然保护区保护方向不一致的参观、旅游项目的;(三)不按照批准的方案开展参观、旅游活动的。

新法制报

作者:万菁、戴平华;编辑:顾强、胡萍

评《南矶湿地保护区内项目"未批先建"》

陈洪标

这是一篇监督性的批评报道。内容不是重大或突发事件,更不是社会热点,要写出有影响力和监督效果很难。但通篇的现场感很强,思路很清晰,问题调查得很清楚,结构上层层深入,环环相扣,尤其理性的态度和结尾的处理很巧妙,体现了强烈的法治精神。

在南矶湿地国家级自然保护区内的一个项目,开工后便引起了附近村民及过往游客的质疑:是谁允许相关公司就地取土、开挖建设的?这样的工程是否合法?记者以此作为线索,展开调查。

在保护区内挖掘机取土建设的现场,记者采访了游客,游客们表示施工现场的工程车在国家级保护区内取土建设,不仅破坏了当地生态环境,对当地的候鸟生存也有一定影响。

为此,记者顺势用了一大段文字,介绍这个保护区的性质,是以赣江入湖口湿地生态系统作为主要保护对象。整个保护区处于东亚—澳大利亚水鸟迁飞线路之中,205种鸟类,其中有白鹤及白头鹤等国家Ⅰ级保护鸟类4种、国家Ⅱ级保护鸟类24种、猛禽15种,是重要的水鸟越冬地和中继站,在候鸟保护上具有国际意义,而且多达89种水鸟的数量已远远超过国际重要湿地的标准。由此来强调这个保护区的重要性。

接下来,记者通过对现场看到的十多辆工程车不停地来回运湿土填岛的情景进行了详细的描写,形成和湿地保护区的强烈冲突。

同时,记者按照调查的线索,四处寻找,未发现任何工程公示牌和相关的保护性围挡,只是从工地上一工作人员口中初步得知,在建工程涉及范围超百亩,每天从湿地取土百余方用于填岛。

为了查清是什么工程项目,记者来到南昌市新建区南矶乡,了解到施工单位为上海一家公司,由当地县、乡招商引资过来的,开发建设的项目为"北头山旅游观光园",但属于未批先建。而对于该区域属湿地保护区,是否允许公司开发建设的问题,乡里已向新建区领导汇报了此事,但至今还未收到相关回复。

通过不断的采访,招商局工作人员称,该项目未签约,还处于洽谈阶段,投资建设公司连注册手续都还没有办理。

而《中华人民共和国自然保护区条例》规定,在自然保护区的核心区和缓冲区内,不得建设任何生产设施。按照国家《湿地保护管理规定》规定:除法律法规有特别规定的以外,在湿地内禁止从事挖砂、取土、开矿;破坏野生动物栖息地、鱼类洄游通道,采挖野生植物或者猎捕野生动物;其他破坏湿地及其生态功能的活动。《江西省湿地保护条例》中也有相关的明确规定。而且如果要开发利用,需通过国务院林业行政主管部门国家林业局和自然保护区的行政主管部门环保部同时批准才行。

到此,问题已经水落石出,这个项目属于未批先建,事情已经很清楚了。

而这个项目对湿地保护区的危害性,记者通过国家级自然保护区管理站相关负责人表示,工程所在地位于保护区缓冲区域,湿地生态系统很脆弱,在此区域内进行大规模施工,会严重破坏湿地环境,威胁候鸟栖息地。

这篇调查报道难能可贵的地方,除了很清晰的思路,层层深入,环环相扣之外,就是记者笔下的理性态度,尤其最后对于这种明显的违规情况,处理却成了一件尴尬的事,因为没有执法权,管理站也无可奈何。

面对这种情况,记者没有丝毫个人情绪,而是引用了《中华人民共和国自然保护区条例》中对违反规定的责令限期改正和给予行政处分的条款,充分体现了依法行政的法治精神。

第二十四届江西新闻奖二等奖

南昌"网红"是怎样炼成的

记者起底南昌网络直播行业的"粉丝经济",网络直播"吸粉",经纪公司幕后助推

张思维 晨报记者 邓芳文、李亦凡图

"4月18日起,所有网络直播主播必须实名认证,未满18岁不能当直播……"看到手机里跳出来的这条消息,南昌网络主播界大V级别的阿郎不以为意,"该实名认证就实名认证,对我没什么影响。"

最近出炉的网络直播行业自律公约,预示着整个行业监管正趋严。而这个在互联网时代诞生的新兴行业,引起外界关注的同时,也吸引了大量普通人加入其中,成为行业的一份子。

近日,记者对南昌网络直播行业进行了大量调查,起底这个行业的商业逻辑,以及在这个虚拟平台扮演主播角色的从业者的多面生活。

做什么
在网络平台直播节目或者生活

坐在电脑旁椅子上的年轻男子剃着短短的平头,穿着一双白色运动鞋,手指拨弄着吉他琴弦。他的普通话带着南昌口音:"我其实不想接受采访,只要是问我负面的话题我就终止采访。"

记者面前的网络主播阿郎,是个土生土长的南昌人。去年9月1日进入网络直播这一行,如今已是国内一家弹幕式直播分享网站的签售主播。

虽然入行才不到1年时间,阿郎的粉丝量已达到了40万。40万是个什么概念?"这个粉丝数在南昌来说,应该也就只有他了。"一位行业内人士向记者透露。

校园采访、街头卖艺、室内表演,这是阿郎直播的三种主要形式。"我主要走的是'逗逼'路线。"阿郎说,网络主播一般分为游戏解说主播、娱乐主播(户外、秀场),他是以户外直播为主。

和阿郎不同,玛塔、苿光进入行业不久,对这个新兴行业尚充满好奇。

大三学生苿光在初入网络直播行业的人中算是佼佼者了,接触网络直播不到3个月就已经拥有6万粉丝,按照她的话说,"这已经很出色了。"

健身房,一个手机,4G网络,这就是苿光网络直播需要的一切——傍晚7点,她正在通过平台直播自己练习高温瑜珈。

练习高温瑜珈的她，汗珠一颗颗滴落。屏幕上跳出一个个问题，她都耐心地解答。"健身的你看起来很美丽。"一个弹幕跳出来。"谢谢你。"茱光礼貌地回答粉丝。

在南昌的网络主播中，混血主播并不多，玛塔就是其中一个。玛塔是艺名，她五官立体，颇有一番异域韵味，是个大美女。"又好玩儿，又能赚钱，为什么不做啊！"对于为什么会进入这个行业，玛塔直截了当地给出了理由。

怎么赚钱
利用粉丝送的虚拟礼物"变现"收入

作为网络直播平台的主播，并没有固定工资，而是依靠平台粉丝赠送的各种虚拟礼物来变现。粉丝购买的虚拟礼物则需要花费真金白银。

所以，"吸粉"是网络主播赚钱的手段；如何吸粉，是网络主播绞尽脑汁思考的问题。

刚开始做网络直播的时候，阿郎为了吸引粉丝观看直播，耗费了不少脑细胞，选择了许多让人意外的地点进行直播，这样大概持续了一个星期。由于节目有趣，独具创意，随之而来的就是不断"涨粉"。

"有时我也会顺带着客串一下游戏解说主播。"阿郎告诉记者，在拥有众多粉丝的情况下，还要不断推陈出新，而不是等到粉丝对节目有些腻味了再加入新的节目，那样容易失去很多粉丝。

在玛塔看来，很多网络主播都是在"拼胸""拼腿""拼颜值"，而整形能让自己变得更美更上镜，这样才能拥有更多粉丝。"我打过瘦脸针。"玛塔不假思索地说，"为了上镜好看，方便工作。"打瘦脸针几乎成为这个行业美女的普遍"动作"，但玛塔拒绝做进一步整容，"怕年纪大了有副作用。"

茱光的"吸粉"方式活泼可爱，彰显 95 后的行事风格。茱光隔三差五地就会在 QQ 群或者其他聊天平台与粉丝互动，拉近与粉丝之间的距离。

"如果不和粉丝互动是很容易掉粉的。"茱光会尽量选择固定的时间进行直播。她说："这是保持粉丝量的一个方法，如果直播时间都不固定，粉丝怎么知道你什么时候上线，又怎么能关注你呢？"

有何难处
网络直播平台抽成 20%～50%

网络主播，除了保持新鲜感，还要抵御各种诱惑，对于这一点，玛塔深有体会。

"这个社会机会还是很多的，当然诱惑也太多。"玛塔淡淡地说，她有一个朋友粉丝很多，一个月的收入大概 10 多万元，但是这不菲的收入主要来源于一些 VIP 级别粉丝的礼物。

"随着时间的推移,有些粉丝不再满足于屏幕前的你,于是提出见面的要求。"玛塔的这位朋友担心拒绝见面会陷入掉粉和收入大量流失的困境,便妥协了,但是考虑到自身安全,还是带上了自己的朋友与粉丝会面。

除了在学校上课,玛塔其他时间都在外面工作。在路上吃午饭对她来说已经司空见惯,因为白天她要赶到各个场地做模特工作,平常一般要忙到下午四五点才能回到住处。"很多网络主播的生活都是日夜颠倒的,晚上直播,白天睡觉,我的直播时间还算正常。"玛塔笑了笑。

"陪别人侃大山,有时唱歌,有人觉得唱得好听就会点歌,有些人会送你礼物。"玛塔说,即使有粉丝送虚拟礼物,变现后到手的金额都会有所减少。"所有的网络直播平台都会扣 20%～50%,每个平台都不同。"

网络直播还存在一个"公开的秘密",不少网络主播都依靠朋友和背后的公司来"刷粉"。"刚开始担心没有粉丝,就拜托朋友注册账号,朋友发个红包给你,其他的人就会好奇围观。"玛塔说,粉丝群体都存在攀比心理,于是各种礼物红包都来了,这样可以吸引一部分"散粉"。

"掉粉"是网络主播都会担心的问题。"有时有外地的活动,就不能在线上直播,会有许多粉丝来问。"玛塔说,维持新鲜感是网络直播比较困难的一个方面,但是做直播到一定程度,会有一定数量的"死粉",即使不做任何表演,只是单纯陪伴或者打游戏,一样收获不少。

对于阿郎来说,网络直播已成为他生活的一部分。"当你每天打开直播间,知道这个时候都有一两万人在等你的节目,这种感觉就会上升为责任感和使命感。"阿郎说,网络直播辛苦之处肯定是有的,但痛并快乐着。网络直播的竞争压力很大,为了使自己的节目保持一定的竞争力,阿郎不断地去全国各个地方直播,为的就是保持节目的新鲜感。

商业化
网红制造背后的经济逻辑

网络直播行业正在向市场输入大批的"网红"。和娱乐圈的造星模式不同,这些草根仅仅是通过网络平台来吸引粉丝。然而,和娱乐圈的造星模式相同的是,他们的背后也有经纪公司。

"网红经纪公司就是操盘手,主要做各类吸引眼球的策划,吸引粉丝从而达到变现的目的。"祝真是南昌一家网红制造公司的负责人,他的公司就培养了大批网红。

祝真认为,网红有很多粉丝,就算是网红转发的一张图片,都会有很大的关注度,利用他们的粉丝数量实现各种商业价值,自然就会有人找你洽谈相关的商业活动或者投放广告。毕竟商家找用户有点困难,但是如果找到相应的网红,就能接触到大量的用户。"这就好比媒体本来是做'零售',现在就相当于做'批发'了。"

记者了解到,网红制造公司除了帮助网红运营微博、公众号,还可以定制吉祥物卖给粉丝。

"比如我们的网红签了个名或者贴了一个头像在上面,这个商品就可以增值,我们的盈利来源于网红的增值。"祝真说。

前景如何
南昌网红经济才刚刚起步

"目前网红经济市场规模过千亿,长远来看,网红经济应该是下一个'风口'。"南昌市互联网行业协会秘书长李迦杰认为,"网红经济"的产业链已经比较庞大了。"目前至少有包括电商平台、视频直播平台、电子竞技等可能会受益于网红经济。"

南昌一家网络直播经纪公司的负责人吴先生认为,网络直播行业是朝阳产业,市场离饱和还有很长的时间。"很多主播也知道是在吃青春饭,作为公司的老板,想的是如何将这些粉丝的关注变现,产生附加值。"吴先生说,除了开设淘宝店,吸引粉丝刷公众号这类盈利模式,还可以间接性地在主播视频中植入广告。

"南昌城区拥有 300 万左右的人口,只要有一小部分的'铁杆粉丝'就可以创造很多的商业价值。"吴先生告诉记者,"'网红经济'在北上广这些发达城市已经发展得很好了,南昌这一块就比较落后,目前南昌的网络直播公司加起来也就 3 家,鲜有非常'资深'的公司。"

李迦杰告诉记者,今年"网红经济"这一概念很热,"网红经济"换句话说就是"粉丝经济"。

"南昌的'网红经济'才刚刚开始发展,与经济相对发达的一线城市相比较,是较为落后的。但这也正说明南昌'网红经济'有很大的发展空间。"李迦杰说。

江西晨报

作者:张思维;编辑:周悠然

评《南昌"网红"是怎样炼成的》
陈洪标

这篇报道抓住了有利的契合点,围绕大众普遍关注的热点和网红的形成状况,对网络直播行业的相关问题进行了大量调查,从而起底这个行业的商业逻辑,以及在这个虚拟平台扮演主播角色的从业者的多面生活。向大众提供了新兴行业有价值的最新信息和发展趋势,而报道的多角度全方位的采写形式,即通过普通从业者和大 V、经纪人、网红制造公司的现场采访和个人访谈,以及以粉丝角色参与网红的直播体验等形式,既有现场对话,也有静态描写和故事讲述,增加了报道的可信度和可读性,加深了读者对网络直播行业的认识和印象。

一、记者的新闻敏感抓住了有利的契合点

南昌市最近出炉了网络直播行业自律公约,记者马上意识到这预示着对这个行业监管正趋严。而现状是,这个新兴行业在越来越引起外界关注的同时,也吸引了大量普通人加入其中,成为行业的一份子。这个时机出击,起底这个行业的来龙去脉是最好不过的。

于是,报道按照这个行业的性质,采用了多角度分层次的主题性调查,分别从做什么内容、怎么赚钱、有何难处、商业化、前景如何等五个方面,对南昌网络直播行业进行了大量调查。

报道开篇以南昌网络主播界大 V 级别的阿郎看到手机里跳出来的一条消息:"4月 18 日起,所有网络直播主播必须实名认证,未满 18 岁不能当直播……"以此为切入点,直接吸引读者并把他们带入主题。

二、多角度全方位的层层调查,用个人访谈式的一个个故事起底了这个鲜为人知的行业面目

从"我其实不想接受采访,只要是问我负面的话题我就终止采访"的网络主播阿郎开始,虽然入行才不到 1 年时间,成为国内一家弹幕式直播分享网站的签售主播,粉丝量已达到了 40 万,已是南昌网络主播界大 V。

网红究竟是做什么的? 这位土生土长的南昌人,就是在网络平台直播节目,他直播的三种主要形式是校园采访、街头卖艺、室内表演,"我主要走的是'逗逼'路线。"

和阿郎不同,大三学生茱光通过平台直播的是自己练习高温瑜珈。她进入行业不久,对这个新兴行业尚充满好奇。不到 3 个月就已经拥有 6 万粉丝。健身房,一个手机,4G 网络,这就是她网络直播需要的一切,也是她生活的一部分。

而网红又是怎么赚钱? 就是利用粉丝送的虚拟礼物,通过网络平台"变现"成为自己的收入。"吸粉"就成为网络主播赚钱的手段。如何吸粉,是网络主播绞尽脑汁思考的问题。

有的通过不断推陈出新的节目,有的通过整形后的颜值,有的通过在 QQ 群或者

其他聊天平台与粉丝互动,拉近与粉丝之间的距离。

"掉粉"是网络主播都会担心的问题。网络直播不仅很辛苦,竞争压力也很大,另外,网络直播还存在一个"公开的秘密",不少网络主播都依靠朋友和背后的公司来"刷粉"。除此之外,网络主播还要抵御各种诱惑,"随着时间的推移,有些粉丝不再满足于屏幕前的你,于是提出见面的要求。"担心拒绝见面会陷入掉粉和收入大量流失的困境,这也是做主播的难处。

对普通主播而言,现实并不是很好。因为即使有粉丝送虚拟礼物,变现后到手的金额都会有所减少。"所有的网络直播平台都会扣 20%～50%,每个平台都不同。"

通过采访网红制造公司的负责人,了解到网络直播行业正在向市场输入大批的"网红"背后的商业操作。和娱乐圈的造星模式不同,这些草根仅仅是通过网络平台来吸引粉丝。然而,和娱乐圈的造星模式相同的是,他们的背后也有经纪公司。

"网红经纪公司就是操盘手,主要做各类吸引眼球的策划,吸引粉丝从而达到变现的目的。"除了帮助网红运营微博、公众号,还可以定制吉祥物卖给粉丝。

通过专业人士对网红经济市场的前景的专业性解读,深化了报道的主题。最后,记者分别通过南昌市互联网行业协会秘书长、网络直播经纪公司负责人等专业人士,对调查作一个概括归纳总结,即对网红经济市场的前景、网络直播行业做了研判。认为目前南昌网红经济规模过千亿,庞大的产业链已经成形,但才刚刚起步,长远来看,网红经济应该是下一个"风口","网红经济"就是"粉丝经济",有很大的发展空间。也正因为如此,对这个行业的监管需要跟上,促进其健康发展。这深化了报道的主题。

第二十四届江西新闻奖二等奖

用大数据"说话"维护"景德镇制造"

本报记者 官龙样

近年来,我市在做强陶瓷产业方面提出了要注重品牌塑造,加强陶瓷知识产权保护,维护景德镇陶瓷品牌,鼓励企业创造自有品牌、知名品牌等一系列具体举措。

但在我市的陶瓷艺术品市场,作品真伪难辨、优劣不明成为了困扰产业发展的瓶颈。面对市场乱象,景德镇检验检疫局致力于陶瓷艺术品检验鉴证及古陶瓷检验鉴定领域的科学研究和标准体系建设,告别以往主要依靠眼看手摸的传统鉴定方法,用大数据"说话",让科学来证明,让陶瓷艺术品的鉴定有标准可依。

陶瓷鉴定市场亟须规范

据了解,随着我国社会经济不断发展,艺术品收藏市场规模呈高速增长之势,正成为继证券和房地产之后的又一大投资热点。陶瓷艺术品因其历史悠久,富含文化底蕴,更是在各大收藏门类中广受关注。然而,无论是由来已久的古陶瓷收藏,还是方兴未艾的现代陶瓷艺术品收藏,都不得不尴尬地面对真伪难辨、优劣不明的难题。

业内人士指出,长期以来,陶瓷艺术品的真伪鉴定,主要依靠鉴定人眼看手摸。单凭经验的主观判断,无法保证科学性和稳定性,而且,国内艺术鉴证机构众多,各机构使用的手段、技术、标准也不尽相同,因而饱受争议。景德镇市检验检疫科学技术研究院常务副院长袁文瓒告诉记者:"造成这种混乱局面的原因在于'鉴定无标准可依'、'检验无规则可循'。"

以标准化塑造权威

景德镇是千年古镇,世界瓷都,面对纷繁复杂的市场乱象,如何扭转这一局面?如何以更加有效的手段维护"景德镇制造"?

"景德镇检验检疫局以国家陶瓷检测重点实验室技术实力为依托,充分发挥行业优势,通过构建'检证产学研'陶瓷检验检测公共服务平台,开展陶瓷艺术品检验鉴证及古陶瓷检验鉴定领域的科学研究,利用有效推进的标准化工作拨开困扰收藏市场的层层迷雾。"袁文瓒说。

打铁还需自身硬。自2011年以来,该局大力加强陶瓷艺术品检验实验室建设,先后引进能量色散X射线荧光光谱仪、体视显微镜、高温热膨胀仪等总价值400多万元的陶瓷艺术品、古陶瓷检测设备,新增陶瓷艺术品检验实验室面积 500 平方米;培养了一支涵盖陶瓷材料、陶瓷科技考古、古陶瓷鉴定等专业的高素质人才队伍。

此外,为更好实现资源整合共享,景德镇、唐山、淄博、醴陵、佛山五家质检系统内国家陶瓷检测重点实验室成立联盟,通过强强联合,加强各实验室在技术装备方面的协作,推动国家检测重点实验室在我国传统产业转型升级、战略性新兴产业发展中的技术保障作用,特别是发挥其在国际贸易中的技术引领优势和桥梁纽带作用。

袁文瓒告诉记者,实验室检测能力的提升,形成了强大的技术支撑。以此为基础,景德镇检验检疫局将把以标准化为引领的陶瓷艺术品检验鉴证及古陶瓷检验鉴定研究工作列为工作重点。

让数据辨别真假

从医学的角度讲,因为 DNA 的唯一性,它成为了区别一个人的重要信息。随着现代科技的进步,从陶瓷显微结构、化学组成、物理性能、烧成特性、三维图像五个方面,对古代陶瓷艺术品及现当代陶瓷艺术品进行相关特征数据的提取、采集、存储、查询,从而形成陶瓷艺术品唯一的 DNA 特征信息,这一特征信息就成为了陶瓷的"身份证"。

"通过对陶瓷艺术品进行数据存储,形成唯一的陶瓷艺术品 DNA 信息。今后如果要对它们进行鉴定,只需要提取 DNA 信息,调取中国陶瓷艺术品数据库中的数据进行对比,是真是假,立刻就能检验出来。"袁文瓒告诉记者。

近年来,由江西检验检疫局和中国艺术品鉴证备案中心管委会联合打造的中国陶瓷艺术品数据库以权威性和公信力赢得了业界和市场的一致认可。成绩背后,正是得益于景德镇检验检疫局历经数年打造的"以科技鉴定为基础、以经验鉴定为借鉴、以标准计量为依据、以认证认可为手段、以检验检测为依托、以信息化和大数据为平台"的标准体系的有力支撑。截至目前,中国陶瓷艺术品数据库采集陶瓷艺术品特征信息已突破 80 万条。

从第一个信息采集项目——明成化斗彩鸡缸杯,到国家陶瓷检测重点实验室(景德镇)发起并承办"现代艺术陶瓷防伪与检验鉴定技术"论坛、"中国陶瓷艺术品数据库"上线和"中国外销瓷数据库"上线,再到该局提出打造陶瓷艺术品检验鉴定评估标准体系,把传统的陶瓷艺术品检验鉴定提升到国家标准化管理高度。每一步,景德镇检验检疫局都付出了巨大努力,同时,陶瓷艺术品鉴证工作也迈上一个新台阶。2015年 10 月,景德镇市检验检疫科学技术研究院起草的《艺术品鉴证质量溯源认证规程(陶瓷类)》《艺术品鉴证质量溯源验证规程(陶瓷类)》等五项陶瓷类艺术品检验鉴证质量溯源标准顺利通过审定,2015 年 12 月 29 日对外发布,2016 年 6 月 1 日正式实施。

展望未来,如何进一步推进陶瓷艺术品鉴定工作? 袁文瓒告诉记者,在前期成果基础上,景德镇检验检疫局将把"六位一体"古陶瓷检验鉴定标准体系的规划建设工作提上日程,相关标准制定工作正在有序推进。

景德镇日报

作者:官龙样;编辑:张怡

从存在矛盾和冲突的两者之间,挖掘新闻亮点
——评《用大数据"说话"维护"景德镇制造"》
陈洪标

从存在矛盾和冲突的两者之间,寻找新闻的切入点,挖掘新闻的亮点。让一则陶瓷艺术品检验鉴证方面的科研消息,顿时变得鲜活无比,而且从全国市场和行业的角度,把报道做深做透。

灵动丰富的陶瓷艺术和生硬死板的数据,乍看是一对相互排斥的矛盾体,两者不可能有相互接近的可能,更不可能相辅相成。但是在记者描述下的现实总是很精彩,这种精彩被提取出来成为新闻的亮点。

报道一开始就展示出了陶瓷艺术产业发展中面临的现实冲突。景德镇是世界瓷都,陶瓷是景德镇的品牌,为了做强陶瓷产业,景德镇提出了要注重品牌塑造,采取了加强陶瓷知识产权保护,鼓励企业创造自有品牌、知名品牌等一系列具体举措。

而现实中相反的一面,是陶瓷艺术品市场作品真伪难辨、优劣不明,正在走向毁坏品牌的一端,不仅如此,这种冲突直接影响到了陶瓷产业的发展,成为了困扰产业发展的瓶颈。

如何来解决塑造品牌与毁坏品牌并存的现实矛盾,巧妙地化解由此产生的现实冲突?

记者先不急于亮出对策,而是从全国艺术品收藏市场的高度,指出了历史悠久的陶瓷艺术品一直以来都面临着和景德镇一样的问题,即面对真伪难辨、优劣不明的难题。之所以长期以来存在这个难题,原因在于陶瓷艺术品的真伪鉴定,主要依靠鉴定人眼看手摸,单凭经验的主观判断,又如何能确保鉴别的科学性呢? 其次,国内艺术鉴证机构众多,各机构使用的手段、技术、标准也不尽相同,因而饱受争议。

至此,记者才借专家之口抛出观点,要改变这种"鉴定无标准可依""检验无规则可循"的混乱局面,才是解决问题的根本。

于是,和盘托出景德镇检验检疫局这些年研究鉴定标准和科学体系的工作成绩。

以国家陶瓷检测重点实验室技术实力为依托,充分发挥行业优势,通过构建"检证产学研"陶瓷检验检测公共服务平台,开展陶瓷艺术品检验鉴证及古陶瓷检验鉴定领域的科学研究,还与唐山、淄博、醴陵、佛山5家质检系统内国家陶瓷检测重点实验室成立联盟,通过强强联合,建立了陶瓷艺术品检验鉴证及古陶瓷检验鉴定领域科学的标准体系,让陶瓷艺术品的鉴定有标准可依。同时对古代陶瓷艺术品及现当代陶瓷艺术品进行相关特征数据的提取、采集、存储、查询,从而形成陶瓷艺术品唯一的 DNA 特征信息,成为了陶瓷的"身份证"。

有了这套标准化的科学体系和已突破 80 万条陶瓷的 DNA 大数据,就意味着拥有了鉴定真伪的权威。面对纷繁复杂的市场乱象,扭转这一局面已经有了有效的科学手段,维护"景德镇制造"的品牌也不再成为难题。

这篇报道总体比较出彩,但唯一的遗憾,就是没有例举一个用大数据鉴定真伪的案例。另外,专业方面的内容过多,没有很好地转化成新闻语言,否则会更加完美。

第二十四届江西新闻奖二等奖

纪念红军长征胜利 80 周年"重走长征路"系列报道
长征出发地再踏新征程

本报记者　张武明

7 月 17 日上午,阳光照射在兴国县长冈乡长冈村。在修葺一新的房子里,钟发镇讲起了他 13 岁入伍、15 岁参加长征的故事。年已近百的老人,回想起当年还是"红小鬼"时的岁月,依然是清晰如昨:

渡过泸定桥时,因为桥太高、水太急,个头尚小的他几乎是闭着眼睛抓着铁链和桥板爬过去的。

在接到延安传来的关于西安事变的紧急电报时,敌机扔下的炸弹就在门口爆炸,从泥灰中爬出的他飞跑着把电报交到了正指挥作战的李先念手上。

……

一幕幕苦难而辉煌的场景,已经在钟发镇脑海中定格。他深知,几十年后还能与战友保持信件联系,自己是幸运的。"我们长冈乡有 300 多人参加了长征,活着回来的没有几个。"

在兴国这片红色故土上,大多数人了解长征是从这么一句话开始的:"万里长征路,里里兴国魂。"血战湘江、强渡大渡河、爬雪山、过草地……长征路上,先后有 12038 名兴国籍将士倒下。

兴国县革命烈士陵园内,前来缅怀先烈的人流络绎不绝。一眼望不到头的烈士名单,让人们心底不禁涌上一股莫名的震颤。每一个名字后面,寄托着儿子对父母怎样浓烈的思念? 他们倒下的时候,对妻儿有着怎样不舍的牵挂?

长征胜利之后 80 年的时光,给这份思念和牵挂照射出一个敞亮的前景。如今的兴国县,已经是一番全新模样。距离县城 15 公里的杰村乡含田村,村民在田野上建起了白莲和蔬菜基地,在山坡上栽上了油茶树,在屋顶上搭起了小型光伏发电站,产业扶贫的构想在这里变成了生动实践。加上同时实施的就业扶贫和社会保障兜底,按照目前的发展势头,全村 920 户村民今年就可以全部脱贫。

昔日的赣南苏区,这片红军长征的出发地,如今踏上了脱贫攻坚的新征途。

沿着兴国向南走,夏日的于都河因为汛期的到来,水流比平日湍急了些。于都中央红军长征出发地纪念园门口,一块巨石上"长征渡口"四个字在阳光的照耀下格外显眼。82 年前的 10 月 17 日至 20 日晚上,那是震惊世界的 4 个夜晚。按照战略转移计划,中央苏区、中革军委机关及其直属部队和第一、三、五、八、九军团共8.6万余人,分别从8个渡口渡过于都河,踏上漫漫长征路。

红军渡河的情景,在于都代代相传,百姓耳熟能详:为了不暴露目标,红军昼伏夜渡。于都百姓协助工兵,每天下午4时开始架设临时浮桥,晚上8时之前完成,红军夜渡于都河;第二天早上7时之前,大家又将浮桥拆除,将木板分散隐藏在河岸边,桥面不留任何痕迹。当时30万于都人民严密封锁消息,守住了这个"天大的秘密",让国民党的探子一无所获。

每次讲解这段历史,纪念园讲解员肖婷婷都要提及这样一些故事:为了帮助红军渡河,沿岸百姓拿出了家里的门板、木料,甚至有老人把自己的寿材都送到了红军手上;有位姓赵的老表听说红军要木料,就要拆瓜棚。当时南瓜还没有完全熟,红军战士这边正要劝阻,那边老表就把瓜藤扯断了,把搭瓜棚用的木料扛到了河边,还为红军战士煮了一担南瓜汤;为了给红军供应充足的口粮,当地群众四五个人守着一个土垄(当地用于给稻谷去壳的设备),日夜不停地加工粮食,保持"人停垄不停"……周恩来曾动情地说:"于都人民真好,苏区人民真亲。"

战争的痕迹虽已很难寻觅,但这些红色记忆,已经深深地烙进了于都大地。当年架设浮桥的各个渡口,红军大桥、长征大桥、渡江大桥依次长虹卧波,诉说着那段可歌可泣的历史。于都人民正高擎长征这面精神旗帜,在建设美好家园的新征途中奋勇开拓、砥砺前行。

于都县罗坳镇大桥移民新村的陈佛生,两年前搬进新房子时连连感慨:"苦了干部,甜了百姓。"之前,有些百姓不相信能够在半山腰上建成可容纳上百栋新房的新村,也不相信离开祖辈留下的"一亩三分地"还能谋生计,对是否要搬出危旧土坯房持观望态度。直到率先移民的村民以优惠的价格买了新房,实现了骑车到县城务工,能够就近入学看病,大家的疑虑才打消了,近百户村民陆续搬进了新房。村支书陈新宇说:"看到大家住得舒心,再苦再累我们都高兴。"

31岁的儿子刚刚添了个女儿,这让陈佛生高兴得合不拢嘴。他告诉记者,早几年有人给儿子介绍对象,有姑娘一看到深山里的土坯房,掉头就走。"现在儿子和儿媳在县里工业园区的电子厂上班,每个月都有固定收入,日子过得很好。"

最近几年搬进新房的,还有大桥移民新村以东近百公里的瑞金市叶坪乡华屋村上百户村民。因为17棵"烈士信念树"的故事,华屋村为世人所熟知。

长征前,华屋村有17名青壮年加入红军队伍。为表达必胜的革命信念,参军前夕,他们相邀来到村庄后山的蛤蟆岭上,每人栽下一棵象征万古长青的松树。大家约定:革命成功后,都要省亲故里,报效家乡;如果有人"光荣"了,活着的人不仅要为阵亡的兄弟孝亲敬老,还要照看好这些松树。

这一走，勇士们再无音信。但乡亲们坚信，17 名亲人一定会回来。为了寄托思念，乡亲们给 17 棵松树分别钉上小木牌，用红漆写上栽树者的名字，以当地最古老的方式，祝福远方的亲人一路平安、早日归来……

几十年时间里，华屋村留下的，不仅有深沉的悲壮和守望，还有经年累月的贫穷与落后。一直到前些年，全村还是清一色的土坯房。《国务院关于支持赣南等原中央苏区振兴发展的若干意见》出台实施后，华屋村的脱贫攻坚战全面提速。2013 年，村里启动房屋改造，短短一年多时间里，村民们就离开破旧的土坯房，搬进了"小洋楼"。

华崇祁是一名红军烈属。在他降临人世前一个多月，父亲华钦材、叔叔华钦梁踏上长征路，再也没能回来。从母亲的嘴里，华崇祁知道父亲和叔叔在蛤蟆岭上所栽的两棵松树。每年清明节，他都要到树下祭奠父亲和叔叔。

以前，华崇祁一家人住在三间半老房子里。到了过年，在外务工的儿女轮流回来，全家却不能团圆，因为家中实在挤不下。2015 年春节，全家首次在新房里过了个团圆年，吃饭时摆了整整三桌。看着儿孙齐聚一堂，华崇祁流下了幸福的泪水。

结束采访，联合采访团成员来到村口的广场上，写着"昔日破旧土坯房如今新屋亮堂堂 感谢党的政策好百姓心里喜洋洋"的大红对联依旧醒目。村里这几年发展农业特色产业和乡村旅游产业，不仅村容村貌发生了巨大变化，村民的口袋也逐渐"鼓"了起来。

富裕起来的华屋村，正大步迈向同步全面小康。

从胜利走向新的胜利

——写在扎西会议召开 81 周年之际

本报记者　陈斌华　实习生　刘智美

从四川泸州出发，一路翻山越岭。经过 4 个多小时的颠簸，联合采访团一行来到了位于云南省昭通市威信县的扎西会议旧址。

这是一座典型的赣北风格楼房，暗红而又斑驳的门柱上方，雕刻着各种花卉图案。大门两旁，镂空的门窗透露出一股端庄与典雅。岁月的痕迹，让白色的石灰外墙染上了一层暗黄。

这就是威信县扎西镇的江西会馆，距江西上千公里。如今，大门上方悬挂的牌匾，写的不是"江西会馆"，而是"中国工农红军总司令部路经驻地"几个红色大字。这一切，都源于 81 年前举世闻名的长征。

1935 年 1 月，遵义会议确定以毛泽东为代表的马克思主义正确路线在中共中央的领导地位。会后,红一方面军根据中央政治局的决定,开始向川北进军。这时,蒋介石为防止中央红军渡江入川同红四方面军会合,立即调集重兵,企图堵击红军于川江南岸地区。由于敌情的变化,红军改向川、滇、黔三省交界的扎西地区集中。当时的江西会馆,随之成为中央红军总司令部的驻地。

拾阶而上,推开红色木制大门,眼前为之一亮。宽敞的主厅中间,摆放着 6 张木桌和 6 条凳子。当年就是在这里,召开了中共中央政治局扩大会议,并与之前召开的政治局常委会议、政治局会议统称为扎西会议。

扎西会议讨论通过了《遵义会议决议》、决定中央常委分工、恢复中央对全国革命斗争的领导、确定中央红军新的战略方针、部署中央红军的精简缩编、作出成立中共川南特委及组建游击纵队的决定等。

作为遵义会议的继续和发展,扎西会议为实现长征中的战略转变,进行了切实的指导和部署。同时开启了党中央负总责的张闻天和红军实际最高领导毛泽东互相配合,领导全党全军的新格局。

会议进行的同时,红军在当地开展了扩红运动。现年 99 岁的老红军刘光荣当时还是个毛头小伙,他看到红军进入威信县城后,宁可睡在大街上,也不愿打扰群众。刘光荣深深地被这样一支爱民的军队打动,与威信 3000 余名青壮年一起加入了红军。

在娄山关,刘光荣所在的部队同敌人战斗了两天两夜。"当时打得很激烈啊。"刘光荣回忆,关键时刻,彭德怀大喊一声:"同志们冲啊!"队伍如潮水般冲了上去,瞬间就将敌人的防线冲垮。这一仗,刘光荣打死了 3 个敌人,还得到了彭德怀的表扬。

"部队一天都在行军,从白天走到黑夜。"刘光荣至今还记得很清楚,因为当时走的都是山路,脚起泡了也没时间处理,一段路走下来,血肉模糊。由于睡眠严重不足,走着走着都能睡着。他感慨道:"红军好苦哦。"

81 年时间,弹指一瞬。刘光荣也见证了威信从贫穷走向小康的历史转变。2016 年,威信县委、县政府立下军令状:到 2017 年底,让建档立卡的 5 个贫困乡镇、32 个贫困村、10529 户 38563 人全部脱贫,成为昭通市第一个脱贫摘帽县。

如今,放眼扎西镇荒田红军苗寨,一幢幢碧瓦粉墙、干净宜居的民房映入眼帘;沥青路、水泥路路路通达,圈内牛欢马叫、鸡鸭放歌;山间梨树、板栗树、核桃树果子挂满枝头,昔日满山荒凉、衣难遮体、食难果腹的日子一去不复返……

"当时想不到,能过上这么好的日子。"刘光荣脸上露出幸福的笑容。

将台堡:壮丽史诗的圆满句号

本报记者 宋 茜

提起红军长征大会师,很多人会想起会宁。事实上,还有一个地方也不容忽视,那就是宁夏回族自治区的将台堡。今年 7 月 18 日,红军长征胜利 80 周年之际,习近平总书记选择这里作为宁夏考察第一站,强调"缅怀先烈、不忘初心,走新的长征路"。

将台堡位于宁夏西吉县城东南 30 公里处的葫芦河东岸,为古代军事要冲。相传汉朝一位刘将军屯兵戍边时在此处点将出征,"将台堡"由此而得名。1936 年 10 月 10 日,红一方面军和红四方面军在会宁县城胜利会师;1936 年 10 月 22 日,红一方面军和红二方面军在将台堡会师。

将台堡为此在中国革命波澜壮阔的历史上,写下了浓墨重彩的一笔:成为中国工农红军二万五千里长征的最后一个会师地。

8 月 18 日,"重走长征路"省级党报联合采访团从会宁出发,抵达将台堡红军长征纪念园。拾阶而上,"中国工农红军长征将台堡会师纪念碑"巍峨矗立,碑的顶部是三尊红军头像,象征三大主力会师,碑身下部的 8 组浮雕记录了中国革命胜利。

纪念碑的后边,便是红军当年会师时的古堡。夕阳折射下,高高的城墙显示着它往日的雄姿。堡门建在正南方向,其上镶嵌着薄一波题写的"将台堡"三个大字。推开沉重的堡门,院子正中央摆放着一个巨大的日晷,1936 年 10 月 22 日在这里被铭记。

历史这样记载了红军会师的收官之作:正在北进途中的红二方面军指战员闻知中共中央西北局、红军总部和一、四方面军在会宁会师的消息后,心情十分激动,"与一、四方面军会师"成了当时行军战斗的动员令。

1936 年 10 月 10 日,红二方面军冒着胡宗南部队飞机的狂轰滥炸渡过渭河,到达通渭县境内。15 日,红二方面军先头部队与红四方面军会师,开始加入大会师行列。22 日,红二方面军与红一方面军在将台堡会师。贺龙站在土堡的高台上,向全军战士发表了会师感言。在随后规模盛大的联欢会上,这个西北的小村庄成了八角帽和红五星的海洋。

黄昏时分,记者登上古堡,但见贺龙向全军将士发表感言的高台,在风雨剥蚀中仍然完整地保存了下来,昔日的小榆树,在给养少、水分缺的高台上依然执着生长着。远处,连绵起伏的群山莽莽苍苍,依稀可见建于秦代的古长城。

"天高云淡,望断南飞雁。不到长城非好汉。"西吉县文化馆馆长刘成才朗诵着毛主席的《清平乐·六盘山》,向记者介绍当时的情形:"古长城通自六盘山。1935 年,毛主席登上六盘山时,以诗抒情,请南飞的大雁充当'鸿雁',寄去红一方面军即将胜利到达陕北的喜讯。当时,党中央期盼着几支队伍能够尽快发展壮大并早日与红一方面军会师,形成牢固的钢铁'长城'。一年后,会师的愿望终于在会宁和将台堡实现。"

研究红军长征途经西吉、会师将台堡这段历史多年,刘成才对于将台堡在长征中的历史地位有着自己的见解,"将台堡会师的意义与会宁同样重要,而且更具有标志性。"

将台堡的确成为了红军长征胜利的标志。1996 年,红军长征胜利 60 周年之际,中共中央办公厅发文,将 10 月 22 日定为"红一、二、四方面军胜利会师纪念日",即将台堡会师纪念日。

不忘初心,走好新的长征路。如今的将台堡已成为重温历史、缅怀革命先烈、发扬长征精神的全国重点爱国主义教育基地,各地游客慕名而来,形成了参观学习的热潮。刘成才说,"习近平总书记来到将台堡,向红军长征会师纪念碑敬献花篮并参观三军会师纪念馆。总书记的要求正成为激励大家传承长征精神、讲好长征故事的支柱和指引。这里的参观人数已由每年 1 万人增加至一个月 3 万人。"

纪念碑在风雨中矗立,庄严望去,仿佛能看到三大主力红军留下的印记。在这里,红军故事代代相传,长征精神永放光芒。

吴起:胜利山上迎胜利

本报记者 张玉珍

吴起地处陕甘交界,洛河源头,是北上宁夏、西出甘肃的咽喉重镇,因战国时魏国大将吴起曾在此镇守边关而得名。1935 年 10 月 19 日,突破重重封锁的中央红军,历经二万五千里长征,叩开了陕甘边根据地的北大门,在这里落脚。13 天后,他们从这里出发,树起了救亡图存的大旗,播撒下胜利的火种。

初秋时节访吴起,81 年前的非凡往事及其散发的精神之光,依然鲜活、耀眼。

驱车进入吴起县城,老远就能望见胜利山。依山而建的中央红军长征胜利纪念园,已成为吴起的地标。纪念园里象征二万五千里的 250 级台阶旁,镌刻着红军自江西出发以来的光辉历程。拾级而上,矗立于胜利山上的纪念碑在阳光下熠熠生辉。

陕北的山峁似馒头状,给人留下的印象是荒漠般苍凉。但胜利山却如南方的山峦一样墨绿如织,以少有的陡峭崎岖展示出它的雄伟。在胜利山上有一棵枝繁叶茂的杜梨树,树荫下,一座塑像映入眼帘:毛主席披着军衣,坐在凳子上,眺望前方。"这里就是著名的'切尾巴'战役指挥所旧址。"吴起中央红军长征胜利纪念馆讲解员郭瑞说。

原来,在 1935 年 10 月 19 日,中央红军刚到吴起镇,敌人的骑兵就追了过来。毛泽东、彭德怀等人连夜召开会议,研究分析敌情。毛泽东说,打退追敌,不要把敌人带进根据地。会后,彭德怀精心部署,精心指挥这一仗。

10 月 21 日凌晨 4 时半,毛泽东登上胜利山(当时称平台山),来到设在一棵杜梨树下的指挥所,召开战前动员会。随后,疲劳至极的毛泽东要休息,便叮嘱警卫员:枪声激烈时不要叫我,枪声零星响时再叫醒我。毛泽东运筹帷幄,稳操胜券,酣然入睡。

10 月 21 日早晨 7 时,战斗全面打响。中央红军采用分块切割、相机包围的战术,把敌人骑兵分别包围在二道川、胜利山,头道川的杨城子、圪坮梁、柳树梁、燕山梁一带。顷刻间，枪声、手榴弹爆炸声响成一片，火光闪闪，打得敌人晕头转向，纷纷落马溃逃。

经过两个多小时激战，中央红军大获全胜。至此，中央红军切断了长征途中一直甩不掉的"尾巴"，宣告了蒋介石围追堵截中央红军的阴谋破产。"这场战役的胜利，标志着中央红军长征的结束，也标志着中国革命由此踏上了新的征程。"郭瑞说。

战后，毛泽东欣然赋诗赠送彭德怀："山高路远坑深，大军纵横驰奔。谁敢横刀立马，唯我彭大将军！"彭德怀把最后一句改为"唯我英勇红军"。毛泽东获悉后赞叹："如此改诗，更显大将风度，唯我英勇红军，也必将无敌于天下。"

中央红军到达吴起，不仅让这座陕北小镇载入了史册，也在当地群众中留下一段段佳话。

据郭瑞介绍，刚到吴起时，谢觉哉生怕扰民，就露宿在一块荞麦地里。一位陕北老太太和孙女过洛河，不小心落入水中，正好被路过的徐特立看见，他不顾年高，跳入河中救出祖孙二人，然后悄无声息地离开。宿营在头道川倒水湾的红军，做饭烧裂了从村民张宪杰家借来的一口水缸，于是按照新缸价格赔了两块银元。感动不已的张宪杰把这口缸重新箍好，小心保存。这口缸，后来被村民亲切地称为"红军锅"。

军爱民、民拥军。中央红军在吴起境内前后不过13天，其间，老百姓为红军筹集了粮食9.8万斤，老乡们还为红军赶制棉衣棉鞋，收留伤病员，视红军为亲人。

81年的历史变迁，"长征落脚点"已换了新颜：如今的吴起县总人口达14.3万，已由当年的一个镇，发展成为延安市的经济强县，县域综合实力连续10届蝉联"陕西十强县"，连续3届跻身"全国百强县"。

巍巍山峦下，绿树掩映间，昔日的窑洞被一栋栋拔地而起的高楼代替，以往人烟稀少的村落也变得熙熙攘攘，吴起以新的现代气息，屹立在陕北黄土高原之上。

江西日报

作者：罗德斌、朱雪军、刘勇、张武明、张玉珍、魏星、杨静、宋茜、陈斌华、齐美煜、卞晔

新征程与长征历史叙写的交相辉映

——江西日报《纪念红军长征胜利80周年"重走长征路"》系列报道评析

杨佳昊　吴生华

从红军长征出发地江西兴国县，到宣告蒋介石围追堵截中央红军阴谋破产的长征胜利结束地陕西吴起镇，江西日报《纪念红军长征胜利80周年"重走长征路"》系列报

道,以宏大的视野,在长征胜利 80 周年纪念之际,写出了长征路上重要标志性地点八十载历史两端,社会主义建设新征程与长征历史交相辉映的恢宏叙事。这一系列报道能够斩获第二十四届江西新闻奖通讯、系列报道类二等奖,主要在于对重大题材的精耕细作,写出了历史的纵深感。

一、挖掘历史故事,观照新的征程

这一系列报道的立意主要在于"重走","重走"的意义不仅在于挖掘 80 年前那一段伟大的历史,更在于观照 80 年前那一大批英勇牺牲的革命战士,用生命换来的新中国的建设成就。这一系列报道的结构形态,都是先以长征故事的寻访和讲述,挖掘历史,再以人物或地点为结合点,转入长征标志性地点的新貌描述和发展叙写。系列报道的第一篇《长征出发地再踏新征程》,一开头就让老红军钟发镇为读者讲述了他在长征战火中的一幕幕难忘场景:"渡过泸定桥时,因为桥太高、水太急,个头尚小的他几乎是闭着眼睛抓着铁链和桥板爬过去的。在接到延安传来的关于西安事变的紧急电报时,敌机扔下的炸弹就在门口爆炸,从泥灰中爬出的他飞跑着把电报交到了正指挥作战的李先念手上。……"从钟发镇老人的讲述,到"万里长征路,里里兴国魂",长征路上 12038 名兴国籍将士倒下的历史背景挖掘,然后记者笔锋陡转,以一句"长征胜利之后 80 年的时光,给这份思念和牵挂照射出一个敞亮的前景",转入到了对"如今的兴国县,已经是一番全新模样"的叙写与描述。同样,关于"长征渡口"的于都县,记者对于万人帮助红军渡河的红色记忆的讲述和罗坳镇大桥移民新村的建成的描写;瑞金市叶坪乡华屋村 17 棵"烈士信念树"的故事和华屋村脱贫攻坚战的全面提速,无不将长征历史的故事与当今时代的发展结合到了一起,让历史交相辉映。

二、选择标志地点,展现长征全貌

通观这一系列的 4 篇代表作品,《长征出发地再踏新征程》《从胜利走向新的胜利——写在扎西会议召开 81 周年之际》《将台堡:壮丽史诗的圆满句号》《吴起:胜利山上迎胜利》,分别写的是长征的出发地江西兴国、通过了《遵义会议决议》,为实现长征战略转变进行了切实指导和部署的扎西会议所在地——云南省昭通市威信县、红一方面军和红二方面军胜利会师的宁夏回族自治区将台堡,长征的胜利结束地、地处陕甘交界的陕西吴起。这四个地点的选择,体现了这一系列报道策划的精心。以"长征出发地"江西兴国"再踏新征程"的报道开篇,既是"重走长征路"出发点的选择,也是作为江西媒体重要的地域视角。如果江西不是红军长征的出发地,那么这一组以"重走长征路"为主题的系列报道策划就逊色了不少。正因为江西是红军长征的出发地,立足江西本地,"重走长征路"的策划才有了一个重新出发的确切理由。而从兴国的起点,到吴起作为长征胜利结束地，再加上通过长征重要决议——《遵义会议决议》的扎西会议旧址和中国工农红军二万五千里长征最后一个会师地——将台堡，系列报道一定程度上展现了长征的全貌。

三、注重叙事、描述，人物、故事感人

在采访和写作手法上，《纪念红军长征胜利80周年"重走长征路"》系列报道注重人物和长征历史、当今时代社会发展的故事挖掘，叙事和描写并重，描写细致，叙事凝重，具有较强的感染力。特别是报道中采访到几位老红军人物，如《长征出发地再踏新征程》中写到的兴国县长冈乡长冈村13岁入伍、15岁参加长征，现已年届近百高龄的钟发镇，《从胜利走向新的胜利——写在扎西会议召开81周年之际》写到的在扎西扩红运动中参加红军、现年99岁的老红军刘光荣，给读者留下了非常深刻的印象。同时，展现当今时代的社会建设和发展，这一系列报道也注意到了以具体的人物经历来述说故事，如于都县罗坳镇大桥移民新村的陈佛生、瑞金市叶坪乡华屋村红军烈属华崇祁一家人等新的幸福生活，也比较的细致、生动。据统计，这一组系列报道中，包括纪念馆的讲解员等，采访到的具体人物就有7人。这些人物中，既有直接参与了长征历史的老红军，也有直接受益于当今社会建设发展的百姓群众。特别是记者借介绍的纪念馆讲解员、村民等之口，生动地讲述与还原了红军长征途中难忘的历史场景故事，如华屋村17棵"烈士信念树"的故事，将台堡会师时贺龙站在土堡的高台上向全军战士发表会师感言的历史场景，吴起镇"切尾巴之战"毛泽东运筹帷幄、稳操胜券的历史片段等等，结合历史旧址的描写，无不让读者感到历历在目，惊心动魄。

总体来说，《纪念红军长征胜利80周年"重走长征路"》系列报道从策划到采写都是2016年度纪念红军长征胜利80周年宣传活动中的成功力作。但瑕不掩瑜，囿于采访条件，这一系列报道除了江西本地的第一篇《长征出发地再踏新征程》，无论是长征历史故事的挖掘，还是当今社会发展的叙写，都较为扎实、形象之外，江西省外的几篇，对于当今社会新发展的观照过于概述，生动性欠缺了一些。

第二十四届江西新闻奖二等奖
鏖战洪魔保安澜
——我省防汛抗洪抢险救灾斗争取得关键性胜利纪实

这是一个严峻的考验：7 月以来，全省平均降雨量排历史记录第 12 位；从 7 月 3 日起，我省长江九江段、鄱阳湖全线超警戒水位。至今，长江九江站、鄱阳湖湖口站水位超警戒时间均达 29 天，星子站水位超警戒 31 天。

这是一次力量的凝聚：省、市、县三级均成立抗洪抢险联合指挥部，统一指挥协调军地联合抢险救援工作。全省累计投入抗洪抢险人力共 297 万人次，投入抗洪抢险机械设备 11073 台套。

这是一份满意的答卷：无一水库垮坝、无一人员伤亡、无一万亩以上圩堤溃决，最大限度减轻了洪涝灾害损失，实现了"确保人民群众生命安全、确保重要堤防和重要设施安全"的目标。

8 月 1 日，我省结束防汛Ⅳ级应急响应，防汛抗洪抢险救灾斗争取得关键性胜利！

领导重视，高位推动，确保防汛抗洪工作顺利开展

3 次降雨过程、2 次强降雨过程！7 月以来，我省降雨集中强度大，整个 7 月，全省平均降雨量 201 毫米，比多年均值（141 毫米）偏多 42％，排历史记录第 12 位。

本世纪最高水位、长时间水位超警戒！自 7 月 3 日开始，我省长江九江段、鄱阳湖全线超警戒水位，圩堤线长险情多，累计有 112 条堤防共发现 1086 处险情。

防汛抗洪形势异常严峻，各级领导高度重视，及时决策、靠前指挥。

党中央、国务院高度重视，习近平总书记、李克强总理、汪洋副总理先后作出重要指示批示，为我省做好防汛抗洪抢险救灾工作指明了目标方向、提供了根本遵循。国家防总先后两次紧急调运抢险物资支援，派出 3 个工作组深入我省防汛抗洪一线检查指导工作。

省委、省政府高度重视防汛抗洪工作，省委书记鹿心社召开专门会议作全面部署和紧急动员，代省长刘奇多次作指示批示，他们深入一线指导。省防总总指挥、副省长尹建业先后 7 次赴一线督导检查防汛工作，6 次组织防汛会商。

防汛抗洪期间，各地积极落实党政同责，党政主要领导切实把防汛抗洪作为头等大事来抓，亲自部署，有的坐镇指挥，有的深入一线，确保工作顺利有效开展。

超前部署,创新机制,保障各项工作兼具速度和质量

在没有硝烟的战场,冲锋号角早早吹响,这是一场有准备的战斗!

年初,我省按照党中央、国务院和国家防总的统一部署,立足防御1998年大洪水的标准,早动员、早部署,扎实做好备汛工作。自7月初,全省进入防汛抗洪关键时期,省防总多次下发紧急通知,先后20余次召开防汛会商会,研究部署防汛抗洪工作。

与时俱进、不断创新,我省在人员调配、督导机制、防汛技术等方面不断升级,使得创新成为制胜法宝。

7月初,各地采取层层动员、广泛遴选的办法,第一时间把参加过1998年抗洪的村组干部、退休水利技术人员、有防汛经验的群众动员组织起来。据不完全统计,南昌、九江、上饶等地共有9700余名"老水利""土专家"活跃在抗洪一线。

不再只是电话传音,不再是人海战术,防汛技术得到升级。我省充分利用新媒体平台,开通江西防汛抗旱微信公众号,发布新闻报道、避险抢险知识、防汛抗洪动态等信息。在实践基础上创新使用"抽槽筑黏土截水墙"抢险方法,成功处置堤身穿孔、穿洞险情34处;创新采用"多级管涌反滤导装置"等抢险技术,极大提高险情处置效率;省防总利用无人机航拍技术,用于防汛形势掌握、群众避险救灾决策等工作。

铁一般的纪律,确保防汛各项工作顺利完成。在省防总开展的圩堤"巡查通道"专项督导中,首次启动问责机制,共发现并纠正责任人不重视、组织不到位、进展缓慢、通道标准不高等各类问题80余起,针对违反防汛纪律行为的3名干部,分别移交当地监察部门予以问责。最终,督导中发现的问题均得到快速纠正,及时消除了防汛隐患。

联合有力量,万众一心、军民干群协同作战

洪水黄色预警、橙色预警、红色预警!防汛Ⅳ级、Ⅲ级、Ⅱ级应急响应!一方有难,八方支持,防汛抗洪抢险救灾斗争凝聚了各方的力量。

7月8日,我省启动防汛Ⅱ级应急响应。7个省防总成员单位派出精干人员,在省防总24小时集中办公,定期会商,调兵遣将,落实部署,工作合力得到明显增强。

全省启动防汛Ⅱ级应急响应后,省、市、县三级均成立抗洪抢险联合指挥部,统一指挥协调军地联合抢险救援工作。根据防汛形势,省防总先后两次向军委联指、东部战区申请调派第1集团军、31集团军和驻赣火箭军部队共计6000余人增援我省抗洪抢险;省军区与省防总同步启动防汛Ⅱ级应急响应,建立军、师、团和基层人武部四级24小时防汛值班,向同级防指派遣联络员;共投入1.3万余名兵力,按照最复杂情况和重兵救灾要求,分配兵力实施抢险救援。

万众一心,军民干群协同作战,全省累计投入抗洪抢险人力共297万人次,其中:

部队 28.04 万人次,机关干部 61.78 万人次,群众 208.89 万人次。投入抗洪抢险机械设备 11073 台套,物料 109 万立方米。

把工作做在平时,勇夺防汛抗洪最终胜利

"把工作做在平时"才是真英雄。

实践证明,水利工程是防御洪涝灾害的有力武器,持续推进水利建设、切实加强水利工程管理十分必要。近年来,我省水利建设投入持续加大,工程管理体制改革不断深化,尤其是经过 1998 年、2010 年两次大水后的两轮大规模水利建设,全省抵御洪涝灾害能力明显增强。尽管今年发生了新世纪以来最高洪水位,出现了 1000 多处险情,但大多为小险且致灾性小。

良好的日常管护也是防汛抗洪取得胜利的关键。都昌县新妙湖圩堤、南昌县城南联圩、新建区廿四联圩的平时堤防管理到位,防汛物料储备充足,险情隐患及早被发现被处置。省防总在南昌市设立省级储备物资仓库的同时,在重点圩堤、险工险段设置 16 个块石、卵石储备点,储备物资总价值达到 3680 万元,为抗洪抢险提供了可靠物资保证。

初步统计,仅 7 月份,全省防洪减灾效益就达 4.6 亿元,其中减淹耕地 48.97 万亩,避免粮食减收 32.26 万吨,减少受灾人口 46.06 万人,解救洪水围困群众 6.36 万人。

8 月 1 日,我省结束防汛Ⅳ级应急响应,标志着防汛抗洪抢险救灾斗争取得关键性胜利!

没有过多的赞誉,也来不及庆祝,新一轮的战斗已经开启。在坚持抓好防汛抗洪工作的同时,我省正迅速谋划和开展灾后水利建设工作,进一步夯实防汛减灾基础,为夺取防汛抗洪抢险救灾斗争的最终胜利而奋斗!

江西日报

作者:游静;编辑:夏剑阳、彭平

评通讯《鏖战洪魔保安澜》

陈洪标

通讯开篇从三个方面:这是一个严峻的考验、这是一次力量的凝聚、这是一份满意的答卷,概括提炼出了这次全省防汛抗洪抢险救灾斗争的关键性胜利成果,为整篇通讯确立了主题。

这看似是一篇事件通讯,实质上是工作通讯,是这次抗洪抢险救灾取得关键性胜利的工作和经验总结。关于这一点,从开头提炼的主题,多角度的观照,全面把握抗洪救灾事件的本质特征,由此可见一斑。

通讯的结构采用的是纵横结合式结构。将纵式和横式结合起来,既是对这次抗洪抢险救灾的总结,也是对历次抗洪抢险救灾以及日常相关工作的深度挖掘。

第一部分突出了"领导重视,高位推动,确保防汛抗洪工作顺利开展"主题。记者并没有按照时间的顺序来描述,而是直接用数据说明这次洪灾的严峻性,是本世纪最高水位、长时间水位超警戒!全省长江九江段、鄱阳湖全线超警戒水位,圩堤线长险情多,累计有 112 条堤防共发现 1086 处险情。

防汛抗洪形势异常严峻,各级领导高度重视,及时决策、靠前指挥。从党中央、国务院高度重视,习近平总书记、李克强总理、汪洋副总理先后作出重要指示批示,为我省做好防汛抗洪抢险救灾工作指明了目标方向、提供了根本遵循。国家防总先后两次紧急调运抢险物资支援,派出 3 个工作组深入我省防汛抗洪一线检查指导工作。省委、省政府高度重视防汛抗洪工作,省委书记、代省长深入一线指导。省防总总指挥、副省长尹建业先后 7 次赴一线督导检查防汛工作,6 次组织防汛会商。防汛抗洪期间,各地积极落实党政同责,党政主要领导切实把防汛抗洪作为头等大事来抓,亲自部署,有的坐镇指挥,有的深入一线,确保工作顺利有效开展。

第二部分突出"超前部署,创新机制,保障各项工作兼具速度和质量"。通过背景资料和相关数据,向读者展示了在这个没有硝烟的战场,防汛的冲锋号角早早吹响,为的就是要打一场有准备的抗洪救灾战斗。年初,按照党中央、国务院和国家防总的统一部署,早动员、早部署,扎实做好备汛工作。同时,创新机制,不再只是电话传音,不再是人海战术,而是依靠升级的各种防汛抗洪技术、无人机航拍技术,加上铁一般的纪律,确保防汛各项工作顺利完成。

第三部分以"联合有力量,万众一心,军民干群协同作战"为主要内容彰显整篇通讯的主题。洪水从黄色预警、橙色预警到红色预警!防汛应急响应也从Ⅳ级、Ⅲ级到

Ⅱ级！一方有难，八方支持，防汛抗洪抢险救灾斗争凝聚了各方的力量。省、市、县三级均成立抗洪抢险联合指挥部，统一指挥协调军地联合抢险救援工作。通过一组组具体的数据，还原了297万人次的军民干群协同作战，万众一心的宏大场面，最终确保无一水库垮坝、无一人员伤亡、无一万亩以上圩堤溃决，最大限度减轻了洪涝灾害损失，实现了"确保人民群众生命安全、确保重要堤防和重要设施安全"的目标。

最后，通过从水利工程建设和管理、良好的日常管护、增强抵御洪涝灾害能力等方面，提出这次防汛抗洪取得胜利的关键是把工作做在平时，只有"把工作做在平时"，才是真英雄，使主题得到了进一步的深化。

这篇通讯的不足之处，在于没有防汛抗洪现场的细节描写，更没有这次防汛抗洪中涌现的典型人物，从而使这篇通讯失去了现场感和生动性。

广 播 类

第二十四届江西新闻奖一等奖

广播短消息

向阳圩溃口成功封堵

经过 2600 多名参战人员 46 个小时连续奋战,向阳圩溃口今天(6 月 24 日)中午 12 点 04 分成功封堵。江西台记者刘崇智、彭世翔报道:

(溃口作业现场声)

6 月 20 号 19 时 20 分,向阳圩堤身出现一处宽约 100 米的溃口,圩堤内 4 个行政村、10 个自然村被淹。22 号堵口战役打响后,当地组织 2000 多人,累计投送填料超过 9000 方。

今天中午 12 点 04 分,随着两台大型推土机将最后一铲土推入溃口处,向阳圩溃口成功实现封堵!

(合龙现场欢呼声)

上饶市代市长颜赣辉当即向省防总汇报:

(出录音)"非常顺利,现在顺利合龙了,我们县里也在积极做好灾民的善后救济工作。"(止)

在大型推土机上连续工作了四十多个小时的武警战士杨金顶:

(出录音)"四十多个小时没睡觉吗?——基本上没睡觉。""看到两边合龙的感觉?——心里很舒服。"(止)

带着锦旗,上饶市和鄱阳县领导跨过合龙的向阳圩,向 600 多名决战的武警指战员表达感谢:

(出录音)"真不愧是一支铁军,特别能吃苦,特别能战斗,再次感谢!"(止)

武警水电指挥部司令员岳曦现场表示:

(出录音)"争取用两到三天时间,把大堤恢复起来,力争在下雨以前,把主要任务给完成好。"(止)

江西广播电视台

主创人员:刘崇智、彭世翔

现场是最好的新闻

——广播短消息《向阳圩溃口成功封堵》评析

李海宏

作为一则广播短消息,《向阳圩溃口成功封堵》只有 1 分 20 秒的时间,文字也只有 460 个左右,没有电视生动的画面,然而这则短消息却以六处同期声的出现,尤其是四处不同新闻人物录音的出现,成功地将新闻现场"展示"给了听众,让听众置身封堵现场,"触摸"到了现场,感受到了现场,这是该短消息最重要的成功之处。

第一处同期声是现场的作业声,嘈杂的现场、指挥的哨声、"快快快"……可见现场的紧张。第二处同期声是向阳圩溃口成功实现封堵后现场长达 3 秒钟的欢呼声,可见成功封堵后的喜悦如身临其境。第三处是上饶市代市长颜赣辉向省防总汇报的录音:"非常顺利,现在顺利合龙了,我们县里也在积极做好灾民的善后救济工作。"既让听众体会到了政府工作人员对溃口成功封堵的关注和喜悦,也了解到了下一步的工作重点:"做好灾民的善后救济工作。"第四处同期声是在大型推土机上连续工作了四十多个小时的武警战士杨金顶的录音:"四十多个小时没睡觉吗? ——基本上没睡觉。""看到两边合龙的感觉? ——心里很舒服。"武警官兵的辛苦一目了然,让人心疼! 然而战士底气十足、透露着喜悦的"很舒服",让听众一下子就感受到了战士为了人民的安危即使四十多个小时没有睡觉,也心甘情愿的一腔情怀! 不由得对战士们肃然起敬,由衷地感激! 第五处同期声是上饶市和鄱阳县领导跨过合龙的向阳圩,向 600 多名决战的武警指战员表达感谢:"真不愧是一支铁军,特别能吃苦,特别能战斗,再次感谢!"领导对武警指战员的感激之情在两个拉长调强调的"特别"评价中,溢于言表! 第六处同期声是武警水电指挥部司令员岳曦现场的表态——"争取用两到三天时间,把大堤恢复起来,力争在下雨以前,把主要任务给完成好。"武警官兵不仅仅是封堵溃口,后续还依然有计划地安排把大堤恢复,其负责任的态度一目了然! 整篇消息,约四分之一是同期声,封堵现场如在眼前,同期声的运用极大地弥补了广播消息缺少画面的缺憾,有声有色地展示了封堵现场。

除了同期声的运用外,数字的运用也很充分地展示了封堵现场。导语中,"2600多名参战人员 46 个小时连续奋战",将参与封堵现场的人数、时间直观、明了地告诉了听众,弥补了广播不能像电视一样展示大场面的缺憾;"向阳圩堤身出现一处宽约 100米的溃口,圩堤内 4 个行政村、10 个自然村被淹。22 号堵口战役打响后,当地组织2000 多人,累计投送填料超过 9000 方","100 米"是溃口的宽度,也暗示了封堵的难度;"4个行政村、10个自然村"直观地告诉了听众被淹的面积和大约受灾人数,比多少平方公里更直观;"2000人"是参与封堵任务的人数,"9000方"告诉了听众整个封堵的工作量,"6月20号19时20分、(6月24日)中午12点04分"两个时间点,"40多个小时"告诉了大家封堵的时间,也说明了封堵的难度。这些数字都直观生动地展示了封堵现场,迅速而直观地将新闻现场"展示"给了听众。

看似只有1分20秒的广播短消息,因为六处同期声的运用和大量数字的使用,使得溃口封堵现场鲜活地呈现在了听众面前,弥补了广播消息缺乏画面的不足,不愧为一则有声有画的活新闻!

第二十四届江西新闻奖一等奖

广播短消息

总理妙解"孚能" 寄语新经济

8月22号上午,赴江西考察的国务院总理李克强,首站便来到孚能科技(赣州)有限公司考察。请听报道:

【出录音:(总理)你们的续航里程最长有多少?……压混……】

走进生产车间,李克强边走边看,仔细询问企业生产经营情况。当了解到企业生产线全部向国内装备企业定制时,给予充分肯定,

【出录音:不仅开发锂电池,你也要开发锂电池专用设备的制造工艺,我们制造的需求还是相当大的。】

孚能科技生产的新能源汽车动力电池,较好地解决了长续航里程瓶颈,订单量保持每年50%~100%的增速,这是老区以创新驱动振兴发展的生动样本。李克强说,政府要给企业创造良好环境。

【出录音:刚才我们这位企业家就说,他也不是没有找过别的地方。他到这里来(创业),很重要的就是(政府)创造了一个好的营商环境。】

走出生产车间,李克强被闻讯赶来的职工围拢着。他说,孚者信也,寄语新经济。

【出录音:叫"孚能",首先是信,信字当头,要让市场相信你们,我们产品要做得有质量、高品质。先自信,然后让他信。】

【2016年8月23日赣州广播电视台《赣州新闻联播》播出】

赣州广播电视台

主创人员:刘照龙、周亮、曾海勇、何华英

短小而真实 简洁而深刻
——广播短消息《总理妙解"孚能" 寄语新经济》评析
李 贞

广播短消息作为广播的一种主要宣传形式,具有题材单一、结构稳定、篇幅短小、内容新颖、主题突出、文字简洁等特征。《总理妙解"孚能"寄语新经济》虽然只有短短的1分09秒,但传递了重要讯息,新闻价值很高。

一、短小而真实

真实是新闻的生命,同样也是广播短消息的生命。8 月 22 号上午,赴江西考察的国务院总理李克强,首站便来到孚能科技(赣州)有限公司考察。作品所涉及的人物、事件、时间、地点,所引用的资料都准确无误。为了增强真实性,节目有三分之一内容是李克强总理的录音,让听众最直接了解总理在考察时说了些什么,而不是在记者或主持人的转述中间接获取,更加真实可信。

二、简洁而深刻

好的短消息应该把主题思想精练准确地表达出来。这则短消息的新闻价值不仅体现在题材"大"、内容"新"上,还在于提炼出了有深度有价值的主题。

《总理妙解"孚能" 寄语新经济》节奏明快,在短小的篇幅中蕴含着深刻的主题,总理的每一句话都蕴含着深意。

比如,"不仅开发锂电池,你也要开发锂电池专用设备的制造工艺,我们制造的需求还是相当大的。"总理给公司指出了明确的发展方向。又如,"刚才我们这位企业家就说,他也不是没有找过别的地方。他到这里来(创业),很重要的就是(政府)创造了一个好的营商环境。"创造一个好的营商环境才能吸引人才,而人才是公司发展的关键,总理的话句句有深度,有力度。

这则短消息的深意还体现在李克强总理对公司产品名称的解释中,他说:"叫'孚能',首先是信,信字当头,要让市场相信你们,我们产品要做得有质量、高品质。先自信,然后让他信。"总理对民族品牌提出了很高要求,寄予厚望。以小见大,整条消息在简短中蕴含着很高的新闻价值。

当然,这则短消息也存在一些值得完善的地方。其一,采访同期声音质不够好,清晰度有待提升。其二,记者的普通话不够标准,方言比较明显。其三,尽管消息非常简短,但结构一般由导语、主体和结尾三个部分组成。这则短消息的结尾部分给听众仓促、草率之感。应该顺势而为,紧扣事实,作一个点睛式结尾,进一步深化主题。

第二十四届江西新闻奖二等奖

广播短消息

"信用新余"发威,三干部因失信未能提拔

干部选拔任用,要过"信用关"。昨天,新余市委组织部发布消息,3名干部因有失信记录,未能列为选拔任用对象。

作为全省唯一试点,今年4月,新余市单位及个人信用信息查询平台——"信用新余"正式上线,累计收集全市690个机关事业单位27752名公职人员,包括履职、奖励处分、违反各项规定在内的数据94691组,并初步完成信用等级报告。

新余市社会信用体系建设工作领导小组副组长郭力根表示,诚信记录已成为新余市干部考核、任用聘用和奖惩的重要依据。

【出录音:"就是一句话,把你的诚信、你的信用作为一个考察的重要依据,你要提拔,首先看下你的信用档案。"录音止】

在不久前的换届工作中,"信用新余"为各级组织部门、人大和政协累计提供了1089名干部的信用等级报告,为其他部门评先评优提供了186名干部的信用报告,其中,3名干部因为有不诚信记录,未能列入选拔任用对象,公职人员诚实守信的观念更强了。

新余市委书记刘捷认为,建立公职人员信用体系对整个社会治理体系意义深远。在此基础上,新余市还将逐步启动社会自然人的信用信息征集工作。

【出录音:"再过两年,这整个的成绩就能全部出来,我相信这个对于我们整个社会的公平正义会是个极大的促进。"录音止】

新余广播电视台

主创人员:陈影、丁锐、雷晨、李昂

一篇有力度的短新闻佳作

——评广播短消息《"信用新余"发威,三干部因失信未能提拔》

韩 梅

广播短消息《"信用新余"发威,三干部因失信未能提拔》是一篇短新闻佳作。具体来说,这篇广播短新闻有如下几个特点:

首先,问题抓得准。争创全省改革创新先行先试示范区,新余在信用建设领域的探索可圈可点。2013年,为破解政银企信息不对称难题,新余企业信用与金融服务一体化平台应运而生,为全市小微企业建立了一份"信用档案",成为全省率先启动企业信用建设的地区市。有1100家企业完成信用等级评定,其中790家企业评级结果得到较好应用。据企业主反映,在银行发放贷款时,企业评级结果会作为申贷必要条件并参考采纳,企业信用平台的运用让守信者更有安全感。《新余日报》等媒体对新余的信用建设做过大量的报道,这些报道主要集中于经济建设领域。2015年1月,新余市还正式全面启动全市社会信用体系建设工作,制定了科学规范的工作标准,主要有机关事业单位和公职人员两大采集标准,这一标准被用来作为干部提拔任用的重要依据。主创人员正是将目光聚焦到了"信用档案"与干部提拔任用的关系上,抓住了一个社会高度关注的敏感热点。这一热点不仅关系到我党的干部选拔任用制度,更关系到人民群众对党的感情,对党的认同。习近平曾一针见血地指出:如果不坚决纠正不良风气,任其发展下去,就会像一座无形的墙把我们党和人民群众隔开,我们党就会失去根基、失去血脉、失去力量,就有可能发生毛泽东同志所形象比喻的"霸王别姬"。而将"信用档案"作为干部提拔任用的硬指标,在客观上使得腐败高发的干部任用区域多了一道保险锁。

其次,这篇短新闻的导语简洁明快,干净利落。"干部选拔任用,要过'信用关'。昨天,新余市委组织部发布消息,三名干部因有失信记录,未能列为选拔任用对象。"44个字的导语十分抓人,开门见山"干部选拔任用,要过'信用关'",简洁到删掉一个字就不成句子了,但是,核心观点通过这11个字完整清晰表述出来了。接下来11个字清晰描述了新余市闻所未闻的事情"三名干部因有失信记录,未能列为选拔任用对象"。看来,前面说的并非是虚张声势,这次是动真格的了,已经有三名干部因为有失信记录,官场生涯终止了。这样一篇内容涉及广泛的新闻报道,能以如此简洁又抓人的方式开篇,可见主创人员视角之敏锐,如锋利的钢针迅速扎入,带来极强的新闻冲击力。

第三,采访录音剪得精。不到一分钟的短新闻用了两段录音,第一段是"就是一句话,把你的诚信、你的信用作为一个考察的重要依据,你要提拔,首先看下你的信用档案"。这句话是新余市社会信用体系建设工作领导小组副组长郭力根的采访录音,这段录音言简意赅,一语中的,说得再明白不过了。另外一段录音是"再过两年,这整个的成绩就能全部出来,我相信这个对于我们整个社会的公平正义会是个极大的促进"。也是一句话,将信用档案的意义直白又深刻地表达出来,这是新余市委书记刘捷的录音,将之放在结尾,意味深长,令人深思。

第四,短而深刻。"选材得当,文约事丰"向来被认为是短消息取胜的法宝。这篇短消息,文字虽短,但文中所言之事却是一件关系重大的大事情,从小的角度入手,真切扎实,于小篇幅中呈现极具新闻价值的内容,小中见大,层层深入,使得这篇短新闻富有层次和内涵,令人回味反思,概括而言,可谓"短新闻、大境界"。

很多人认为"消息没分量,难当重任,少有不朽之作"。所以,许多广播电台比较热衷于抓热点透视,策划系列报道,搞长通讯、大特写,在消息上下的功夫不够。对于重大题材、重大典型的报道,总觉得写消息不过瘾,没深度。可以说,对短消息的认识,还远没有完全到位。在如今信息爆炸的时代,人们都自觉不自觉地感到社会前进的脚步越来越快。不断加快生活节奏的人们又面临着大量信息的需要,因而听众迫切要求新闻简单明了,短些,再短些。事实上,广播短消息的采写制作是考量记者文字能力、判断能力、提炼观点的能力以及整体驾驭能力的重要标准,"短消息"做得好更加难能可贵。

第二十四届江西新闻奖一等奖

广播长消息

地铁工地突发塌陷　多方联动保交通

今天凌晨4点,南昌地铁2号线八一广场站在建工地突发路面塌陷,导致南昌全城交通拥堵。详细情况请听记者严田发回的报道《地铁工地突发塌陷 多方联动保交通》。

"你被堵了吗?"这句话成了今天南昌车主的见面问候语。凌晨4点,位于八一大道中段的地铁2号线八一广场站在建工地,突然发生路面塌陷,所幸没有人员伤亡,但塌陷面积十分巨大。(出现场录音)

"从现场来看,整个塌陷区域呈现出数字6的形状,下部面积会更大一些。单边长度大约10多米,深度也非常深。刚刚我靠到旁边看了一下,深度大约有5—8米。"(录音止)

塌陷区域占据了八一大道四分之三路面,严重影响交通。出于安全考虑,交警对八一大道塌陷路段实行全封闭管制,禁止人车通行。周六的早高峰忙碌依旧,八一大道的交通中断让整个南昌主城区的道路出行陷入瘫痪。听众不断通过电话、微博、微信向我们反映新增加的堵车路段,"北京西路走不动了""洪都大道也堵死了""坛子口立交已经变成停车场了"……伴随大范围堵车而来的还有交警手台中不停通报的交通事故。既要为路面修复腾出作业空间,又要确保城区交通有序。经过江西交通广播的联系与沟通,地铁、交警、公交、市政共同行动,多方联动保障交通。上午7点05分,交警对八一大道周边主要路口信号灯全部进行手动控制,临时调整道路通行方向,利用微循环加快放行效率。南昌西湖交警大队六中队中队长吴鹏飞介绍:(出录音)

"八一大道由北向南方向实行往中山路分流,北京东路由东向西方向所有车辆一律右转,不允许进入中山路,目前是施行这种减流的分流预案。"(录音止)

八一大道的交通中断,不仅迫使私家车辆绕道行驶,公交出行也严重受阻。为将影响降到最低,南昌公交临时调整途经八一大道的所有班线。上午8点,南昌公交集团运调处处长助理吴俊通过江西交通广播向广大市民权威发布出行提示:(出录音)

"途经八一大道的主要线路,像2路、22路、10路、88路等由北往南方向从百货大楼临时改走中山路,经羊子巷、孺子路,再从电信大道拐回八一大道。"(录音止)

大家关心八一大道的交通何时恢复,更关心地铁工地塌陷的原因究竟是什么。南昌地铁一方面配合市政工作人员加紧修复路面,恢复交通,另一方面派出专家组对塌陷区域仔细检测,排查事故原因。上午8点25分,南昌轨道交通集团新闻发言人张百龙在接受江西交通广播记者采访时,独家发布事故原因为长期降雨导致站内涌水涌沙,让广大市民心中的大石头落了地。(出录音)

"近期南昌雨量比较多,造成地下水位比较高,因此导致2号线八一广场站在施工过程中出现了涌水涌沙的现象。目前,地铁公司正在采取积极的措施,尽快恢复交通,力争将对市民的影响降到最低。"(录音止)

截至上午10点,塌陷路段开始进行砂石回填,八一广场周边路段拥堵情况基本消除,全城交通恢复正常。从凌晨4点突发塌陷到上午10点恢复交通,媒体、地铁、交警、公交、市政快速反应,在短短的6小时中,共同用行动演绎了"团结就是力量",获得了广大市民的认可。

江西广播电视台

主创人员:严田、邱乐群、熊婧云

广播长消息
《地铁工地突发塌陷　多方联动保交通》评析
倪琦珺

这篇长消息是一则3分40秒左右的突发性新闻报道,报道突发性事件的新闻要求记者或通讯员采写的稿件以最快的速度发回编辑部并播出,尽量缩短事件发生的时间同播出的时间差。在这一点上本条消息做得相对较好。听完全篇报道,我有几点粗浅的体会。

一、报道重视民众的知情权,及时告知事件相关信息

由于突发事件突然发生,公众无法预知,所以往往会引发公众的恐慌以及对信息的大量渴求,同时突发事件往往与民众个体切身利益相关,影响力大,大众传媒必须尽最大可能把尽量多的信息准确及时地传递给民众,保障公众的知情权。在此,公众知道得越多,政府获得的支持度就越大。例如:

"经过江西交通广播的联系与沟通,地铁、交警、公交、市政共同行动,多方联动保障交通。"

新闻媒体联合各部门,进行采访和连线,分别采访了南昌西湖交警大队六中队中队长吴鹏飞、南昌公交集团运调处处长助理吴俊、南昌轨道交通集团新闻发言人张百龙,三人从交通疏导、公交临时走向和事故原因等方面作了介绍,第一时间发布大量及时准确的新闻报道,最大限度地满足了公众的知情权。

二、新闻要素完整,记者现场报道,表达简洁清晰,形象具体

新闻报道有五个要素,我们称为 5 个"W",大家都很熟悉,什么时间、什么地点、什么事情、什么人和什么原因。既然是要素就应该每篇新闻不能缺少,不能因为是突发新闻,求快而丢失要素。本条消息在一开始就交代了时间、地点、事件等:

> "凌晨 4 点,位于八一大道中段的地铁 2 号线八一广场站在建工地,突然发生路面塌陷,所幸没有人员伤亡,但塌陷面积十分巨大。"

紧接着记者第一段现场报道录音中就对现场情况做了简洁清晰的描述,解释了"塌陷面积十分巨大",塌陷的形状、长度、深度等交代得很清楚,在介绍形状时,做了一个非常好的描述,"整个塌陷区域呈现出数字 6 的形状",形象具体,即使看不到画面,也让听众能够理解清楚。

> "从现场来看,整个塌陷区域呈现出数字 6 的形状,下部面积会更大一些。单边长度大约 10 多米,深度也非常深。刚刚我靠到旁边看了一下,深度大约有 5—8 米。"

一件事情发生后,记者赶到现场,往往会听到各种反映,众说纷纭,很难甄别真伪,如果刻意要追究造成事件的原因,就有可能犯道听途说的毛病,使报道失误。发稿迅速的突发性新闻,一般都缺少"原因"这一要素,这是因为一件事情突然发生以后,短时间很难对事件的原因做出科学的结论。这制约着新闻的"快"。本条消息中特别采访了南昌轨道交通集团新闻发言人张百龙,独家发布事故原因为长期降雨导致站内涌水涌沙,让广大市民心中的大石头落了地。

> "近期南昌雨量比较多,造成地下水位比较高,因此导致 2 号线八一广场站在施工过程中出现了涌水涌沙的现象。目前,地铁公司正在采取积极的措施,尽快恢复交通,力争将对市民的影响降到最低。"

三、新闻措辞巧妙,新闻配音风格稳定人心

本条消息报道的其实是一次突发的路面塌陷,按我们的理解,这是个重大的事故,会有人伤亡吗?造成多大损失呢?记者在搞清楚现场没有人员伤亡的情况下,在报道最开头,就用了轻松的风格:

> "'你被堵了吗?'这句话成了今天南昌车主的见面问候语。"

这样一句话,一下就奠定了整篇报道的基调,也稳定了市民恐慌的心。消息中还有几处也有这样的表达效果。另外,主持人配音方面也区别于传统的新闻配音,没有那么严肃,但不失得体,又自然温和。

第二十四届江西新闻奖二等奖

长消息

省长刘奇现场教育干部：生态环境是最大的民生

11月29日，省长刘奇在鹰潭市调研时再次强调：生态环境是最大的民生，要像保护眼睛、保护生命一样来保护环境，不断增进民生福祉和社会和谐。江西台记者章强报道。

在考察了鹰潭高新技术产业开发区后，省长刘奇专程来到鹰潭市垃圾填埋场，了解这家被中央环保督察组点名的垃圾填埋场外排渗滤液污染环境的情况。

（出录音）"当地人员：这里面确实存在一些问题，2008年新的渗滤液污水处理的标准又提高了，所以，一开始我们这块就碰到了问题。"

省长："那个时候就没重视，标准变了，你们也无所谓？"（录音止）

对于垃圾填埋场明知未达标还违规排污的行为，刘奇当即责问有关人员的态度，责令立行立改，并教育当地的干部。

（出录音）"要快，按照中央环保督察组提出的要求和标准必须整改到位，这个是一项严肃的工作。我们不能讲只是被查到了才举一反三。生态环境是最大的民生，也是我们全面小康的难点和关键点，要像保护眼睛、保护生命一样来保护环境。"（录音止）

本月初，媒体曝光了彭泽县矶山工业园区环境污染严重的问题，省长刘奇旋即到园区现场督查。在常宇化工有限公司，刘奇径直走到排污沟旁。

（出录音）"你看这设备都锈迹斑斑哦。搞化工几句话，你知道吗？沟见底，轴见光，设备见本色。"（录音止）

曾经就读于浙江大学化工系高分子化工专业，并在化工企业任职多年的刘奇，对于企业的种种不合规现象，刘奇直指了问题所在，在看到企业混乱的现场管理时，刘奇连连摇头。

（出录音）"你看你这个现场管理，哪像是（一家企业），哎呦，你自己看看这个环境怎么样？"（录音止）

刘奇现场告诫当地干部和企业负责人：良好生态环境是最公平的公共产品，是最普惠的民生福祉。没有污染的产业，只有落后的企业。要切实把绿色理念落实到经济发展中。

（出录音）"创业很不容易，对环保要有要求，千万不要有侥幸，要有社会责任感，走到哪里都要安全环保。"（录音止）

江西广播电视台

主创人员：章强、刘崇智

评广播长消息
《省长刘奇现场教育干部：生态环境是最大的民生》

于 舸

　　这则长消息主要介绍了江西省长刘奇 11 月 29 日在鹰潭市垃圾填埋场和一处工业园区调研时发现的环境污染问题，并对干部进行现场教育的情况。短短的一则新闻将省长话语的录音与现场详细情况、背景介绍等内容相结合，又用朴实的语言描述了省长调研时的真实情况，丰富的表现形式在予人画面感的同时也用浅显的话语突出了当前鹰潭市工业园区和垃圾填埋场亟待整改的生态环境问题。

　　从整体看，全篇稿子长度适中，虽然节目时长约两分半，但层次分明、重点突出，让人一目了然：直接说明了鹰潭市垃圾填埋场、彭泽县矶山工业园区等地存在的严重环境污染问题，有助于听众把握新闻的主题内容。另一方面，干净而简洁的文字又能够引人入胜，便于听众理解消息内容。

　　导语简洁说明省长此次调研所做的事，指出了"生态环境是最大的民生"，渲染出了通篇稿子严肃的氛围。全文先说月末时省长调研垃圾填埋场时的情况，并选择了省长对当地干部进行教育和责令整改要求的录音，既突出了当前领导部门对于生态环境问题的重视程度，又与新闻标题相对应；后又详细介绍了月初时省长调研彭泽县矶山工业园区的详细情况，在段末，也即全文的最后播放了省长对于当地干部的一番告诫的录音，升华了全文主旨。

　　金无足赤，人无完人。节目也存在着一些需要改善的问题。如，11 月 29 日省长在垃圾填埋场调研的那段与在彭泽县矶山工业园区督查的那段在衔接方面出现了问题，没有使用恰当的过渡句，从而出现了内容突兀、连接不顺的问题。这其实采用了倒叙手法：后文刘省长月初督查彭泽县矶山工业园区时发现环境问题，29 日他去另一个调研时再次强调了环保的重要性。若能改善过渡的问题，倒叙的手法会使用得更好。

　　播音整体不错，有很多优点。播音的整体风格偏向评论，口腔状态很紧、重音突出，便于听众抓住重点。但基调的把握略显不足，尤其第一、二段正文的播报语调略高，与同期声结合还不够协调。不过，播音员对文章的处理非常细致，对内容有较深的理解，语气适合新闻内容，在停连方面做得非常到位。

　　除此之外，节目的播出非常有价值，从领导层面对于环境的重视折射出目前生态环境问题的重要性，也有利于提高群众对于环保的重视度。

第二十四届江西新闻奖一等奖

广播长消息

"硅衬底高光效氮化镓基蓝色发光二极管"项目
荣获国家技术发明奖一等奖

今天(8号)上午,在北京举行的国家科学技术奖励大会上,南昌自创"硅衬底高光效氮化镓基蓝色发光二极管项目"因开创全球 LED 芯片第三条技术路线,而荣获 2015 年度国家技术发明唯一的一等奖,我省科技创新实现重大突破。请听报道:

(压混,大会颁奖现场音响)

欢快的音乐和热烈的掌声中,"硅衬底高光效氮化镓基蓝色发光二极管项目"研发团队带头人、南昌大学教授江风益,从习近平总书记手中接过红彤彤印有金色国徽的国家技术发明一等奖荣誉证书。

(出录音):"我很激动,很兴奋,感谢党和政府对我们科技工作者的关怀和厚爱,科技创新、造福社会、造福人类是科技工作者的天职,应尽的责任。"

LED 被称为第四代光源,具有节能、环保、安全、寿命长、光束集中、维护简便等特点,广泛应用于各种指示、显示、装饰、背光源、普通照明等领域。

此前,全球半导体照明的蓝光 LED 芯片制备技术由日本的蓝宝石衬底和美国的碳化硅衬底技术二分天下。而中国大量的 LED 生产企业因为缺少核心专利技术和品牌,只能在低端产品市场和代工中徘徊,制造出近 80% 的产品,却只占有 30% 的市场份额。国家半导体照明工程产业联盟秘书长吴玲:

(出录音)"中国是传统照明生产制造大国,但是我们在技术上和国际上的确是有差距的。"

到 2020 年,全球 LED 照明市场将达到 1000 亿美元的规模。如此庞大的新型市场,中国不能拱手相让。2003 年江风益团队毅然将研发路线转到了具有多重优势的硅衬底氮化镓基蓝色发光二极管技术上。江风益:

(出录音):"我们不能说老是跟人家,老是用人家的技术,我就决定走一条从根本上不同于国外的技术路线,选择了硅上做氮化镓。"

硅衬底上制备氮化镓,美国人在 30 年前就做了,却劳而无功。而江风益研发团队历经坎坷 19 年、3000 多次实验,巧妙解决了硅和氮化镓两种半导体热涨差异、硅研磨皲裂等 LED 产业发展中的世界性难题,开辟出 LED 照明"硅基发光,中国创造"的第三条路线。这项核心技术已经申请国内外专利 330 多项,其中授权国际专利 47 项,并在 LED 外延生长、芯片制造、封装及应用等领域快速布局，一举打破了国外垄断技术的封锁。"中国芯"，令国人骄傲、世界震动。南昌大学国家硅衬底 LED 工程技术研究中心副主任刘军林：

（出录音）："这是一个区别于美国和日本的专利技术，那么就意味着我们这个 LED 产业具有一个原创性的技术，可以保证我们国家，这个 LED 产业在战略上是安全的。"

"创"不止步，"新"无止境。获得国家技术发明奖一等奖在江风益研发团队看来，并不是终点，而是一个新的起点。他们正在攻坚克难占领黄光、绿光 LED 技术的制高点，在不久的将来用自主创造的"中国芯"照亮世界！

（出录音：做研究不是为了获奖，我们会继续努力，不断把 LED 的技术做到水平更高，成本更低，要加大对黄光这一技术的研发力度，一旦这个技术突破以后，整个 LED 照明就不要荧光粉了，就是下一代半导体照明技术了。）

南昌广播电视台

主创人员：刘欣、刘捷、尤佳倬、康玉锋

《"硅衬底高光效氮化镓基蓝色发光二极管"项目荣获国家技术发明奖一等奖》评析

倪琦珺

消息好写，但写好难，写出有分量的好消息更难。这不仅需要新闻记者善于捕捉新闻，更需要记者通过新闻去发现、挖掘其内在的深刻意义，并通过精心提炼来提升稿件的新闻价值。《"硅衬底高光效氮化镓基蓝色发光二极管"项目荣获国家技术发明奖一等奖》是一篇 4 分钟的长消息。作品介绍了在北京举行的国家科学技术奖励大会上，南昌自创"硅衬底高光效氮化镓基蓝色发光二极管项目"因开创全球 LED 芯片第三条技术路线，而荣获 2015 年度国家技术发明唯一的一等奖的新闻事件。这个稿件不仅有新闻性，还具有唯一性和典型性。听完全篇报道，我有以下几点粗浅体会：

一、在主题选择上，体现了鲜明的科技创新的时代特征，具有典型性

一个节目、一部片子如果没有鲜明的时代特征，没有独特的报道视角，而是千篇一律，千人一面，那么这部作品也就失去了它自身的价值。科技创新是当前热门题材，《"硅衬底高光效氮化镓基蓝色发光二极管"项目荣获国家技术发明奖一等奖》这篇作品在选题上把握住了时代特征，报道从"硅衬底高光效氮化镓基蓝色发光二极管项目"

研发团队带头人、南昌大学教授江风益,在国家科学技术奖励大会上获奖开始展开新闻消息:

> "硅衬底高光效氮化镓基蓝色发光二极管项目"研发团队带头人、南昌大学教授江风益,从习近平总书记手中接过红彤彤印有金色国徽的国家技术发明一等奖荣誉证书。

> (出录音):"我很激动,很兴奋,感谢党和政府对我们科技工作者的关怀和厚爱,科技创新、造福社会、造福人类是科技工作者的天职,应尽的责任。"

本条广播长消息同时也很好地介绍了科技工作者的责任是科技创新、造福社会、造福人类。并且介绍了 LED 是第四代光源、全球及国内这项技术的现状、"硅衬底高光效氮化镓基蓝色发光二极管"项目带来的影响等。

南昌大学国家硅衬底 LED 工程技术研究中心副主任刘军林:

> (出录音):"这是一个区别于美国和日本的专利技术,那么就意味着我们这个 LED 产业具有一个原创性的技术,可以保证我们国家,这个 LED 产业在战略上是安全的。"

二、在报道角度上,注重独特性和深度性

角度,就是人们观察事物的位置和方法,从不同的角度观察,就会得出不同的结论。新闻角度是指"记者在新闻采访和写作中认识和表现新闻事实的着眼点和侧重点"。是记者站在不同位置,从不同的侧面,从一事物同他事物之间的联系,进行分析、比较,去报道新闻事实本身所包含的个性特点和思想意义。

作品《"硅衬底高光效氮化镓基蓝色发光二极管"项目荣获国家技术发明奖一等奖》在报道角度上没有单单站在获奖的层面,从颁奖开始直接点题:

> "今天(8 号)上午,在北京举行的国家科学技术奖励大会上,南昌自创'硅衬底高光效氮化镓基蓝色发光二极管项目'因开创全球 LED 芯片第三条技术路线,而荣获 2015 年度国家技术发明唯一的一等奖,我省科技创新实现重大突破。"

但作品没有仅仅停留在颁奖大会上,而是纵观国内外现状,又从我国实际出发,讲述了此项目研究的重大意义。

> "硅衬底上制备氮化镓,美国人在 30 年前就做了,却劳而无功。而江风益研发团队历经坎坷 19 年、3000 多次实验,巧妙解决了硅和氮化镓两种半导体热涨差异、硅研磨龟裂等 LED 产业发展中的世界性难题,开辟出 LED 照明'硅基发光,中国创造'的第三条路线。这项核心技术已经申请国内外专利 330 多项,其中授权国际专利 47 项,并在 LED 外延生长、芯片制造、封装及应用等领域快速布局,一举打破了国外垄断技术的封锁。'中国芯',令国人骄傲、世界震动。"

三、在表现力度上,把握适度

作品所表述的内容很容易表现得大而空,但本篇作品没有停留在国家领导人颁奖层面,也没有过多地赞誉获奖团队,而是站在整个科技创新和国家层面表达事实。

主持人播音风格沉着稳定,同期声运用恰当得体,没有废话套话,收听全篇,让人对新闻消息记忆深刻。

第二十四届江西新闻奖一等奖

新闻特写

汤显祖《牡丹亭》惊艳唱响莎士比亚故乡

4月26号下午,抚州市文化交流考察团来到莎士比亚的故乡进行交流演出。这一天,中英共同纪念汤显祖和莎士比亚两位大文豪逝世400周年,汤翁故里的《牡丹亭》在万里之遥的莎翁故乡上演,两国文化巨人跨越数百年后"邂逅",擦出了闪耀的火花。请听本台记者饶茵采写的新闻特写《汤显祖〈牡丹亭〉惊艳唱响莎士比亚故乡》。

【现场:"原来姹紫嫣红开遍,似这般都付与断井颓垣……"】

26号下午,在英国剧作家莎士比亚的故乡埃文河畔斯特拉特福的上空,袅袅传来中国明代戏剧家汤显祖创作的《牡丹亭》唱腔,引来不少英国观众驻足欣赏。舞台上的杜丽娘幽幽婉婉站定,柳梦梅风流倜傥,演绎出一个"生可以死,死可以生"的凄婉爱情故事,才子佳人水袖曼舞,精彩的演出打动了英国观众的心。

【出压混录音:"服饰很令人深刻,很有色彩,是一个令人深刻的一部剧。"】

虽然不懂汉语,但是,演员们扎实的表演功底和优美的唱腔让现场观众突破语言的障碍,感受到了汤翁的戏曲之美。他们的一举手、一投足、一颦一笑的动作表演和丰富生动的表情,引起了现场观众的强烈反响。

【出压混录音:"这是我第一次看这样的表演,很高兴能看到传统文化能这样保存下来,没有去过中国,但是我很想去看看。"】

油彩的妆容、曼舞的水袖、绮丽的唱腔,让当地群众穿越时空的阻隔,跨越语言的障碍,感受到中国戏曲的独特魅力,更让他们对中国文化产生浓厚的兴趣。利兹大学教授史帝夫·安塞文告诉记者,他对中国文化很感兴趣,他感觉这次演出的演员服饰很美,他也很喜欢戏曲的唱腔。

【出压混录音:"旋律、还有这个剧情都非常的引人入胜,即便是我不懂中文,我也能深深感受到这个剧情背后的力道。"】

演出结束后,很多英国观众上前与演员们合影留念。能得到观众们的认可和赞美,让此次参与戏曲表演的演员们十分开心和骄傲。他们感到,此次能到英国演出,机会难得,更觉得身负重任。杜丽娘演员吴岚:

【出录音:"我们不仅仅是代表我们江西,代表抚州,更是代表我们中华人民共和国,把我们优秀的临川文化带到英国,给英国的观众朋友们。"】

抚州广播电视台

主创人员:饶茵、谢慧星、徐剑、杜惠娟

成功得益于"体裁本位"综合叙事

——广播新闻特写《汤显祖〈牡丹亭〉惊艳唱响莎士比亚故乡》评析

陈书泱

　　400 年前在中国古老的乡间戏台上演绎着一出"生可以死,死可以生"的凄婉爱情故事,400 年后在英国埃文河畔斯特拉特福的舞台上上演了同样的一幕,世界戏剧史上两大巨擘汤显祖和莎士比亚在此神交"邂逅"。这就是广播新闻特写《汤显祖〈牡丹亭〉惊艳唱响莎士比亚故乡》记录的瞬间场景"镜头"。这则广播新闻特写时长近 3 分钟,讲述了江西省抚州市文化交流考察团在中英共同纪念汤显祖和莎士比亚两位戏剧文学巨匠逝世 400 周年的日子里,来到万里之遥的莎士比亚的故乡进行交流演出,上演汤显祖代表剧目《牡丹亭》的"故事"。综观这则广播新闻特写,其成功得益于"体裁本位"综合叙事:依据广播新闻特写体裁赋予的质的规定性,组合相关元素,结构全篇,多元表达。

　　1. 精心选题

　　汤显祖和莎士比亚是 400 年前同时代出现的东西两大戏剧文学巨匠,自从 20 世纪初日本著名戏曲史家青木正儿在他自称续王国维《宋元戏曲史》的《中国近世戏曲史》中,首次在国际视野中将汤显祖与莎士比亚相提并论后,世界戏剧史的研究就出现了将两位戏剧文学巨匠比较研究的热潮。莎士比亚一生著有剧作 37 部,汤显祖则有"临川四梦",无论对人是"世界的美"的吟诵,还是对"情至"之大旗的高擎,他们的鸿篇巨制都在东西方引领了涌向近现代的思想变革大潮,同时展现了极为丰富广阔的戏剧人生。2016 年是他们逝世 400 周年,中英两国共同纪念这两位戏剧文学巨匠,成为两国文化交流中的重要活动。国家主席习近平在 2015 年 10 月访问英国时,在伦敦金融城市政厅发表题为《共倡开放包容共促和平发展》的重要演讲中,提议中英两国共同纪念莎士比亚与汤显祖逝世 400 周年,"以此推动两国人民交流、加深相互理解"。《汤显祖〈牡丹亭〉惊艳唱响莎士比亚故乡》这则广播新闻特写精心选取了这一重要而典型的题材,并以汤显祖故乡人的角色远赴莎士比亚故乡采制新闻报道,将地域性视角和国际性视角完美地结合了起来。这一重要而典型题材的精心选取反映了节目组编导敏锐的选题意识,与汤显祖异地为官的地域举行的纪念活动的新闻报道相比,虽然彼处也有有关新闻报道的选题策划,但视角单一仅局限于本土性纪念活动,两相对比高下立判,本篇节目组编导的选题意识明显高出一筹。

2.准确定"体"

这里的"体"是体裁的"体",《汤显祖〈牡丹亭〉惊艳唱响莎士比亚故乡》这一新闻题材选用了广播新闻特写的适用体裁来加以表现,这同样也显现了节目组编导善于判定体裁的匠心。广播新闻特写属于广播新闻长消息的范畴,也可视之为广播新闻专题。顾名思义,广播新闻特写借鉴于影视特写镜头本义,对新闻事件作局部性、片段式和细节化的再现和放大,截取新闻事实的横断面,抓住富有典型意义的空间和时间,并对其进行较为细腻的形象化描述。《汤显祖〈牡丹亭〉惊艳唱响莎士比亚故乡》这则广播新闻特写就是如此,它截取了《牡丹亭》在英国剧作家莎士比亚的故乡埃文河畔斯特拉特福舞台上演的特定场景,注重捕捉典型情节,通过异国观众和演职人员的系列化的采访问答,再现了演出的精彩场面。全篇具有强烈的现场感,用生动的细节和鲜活的采访问答来再现新闻现场,使听众身临其境,对报道聚焦的新闻事实感同身受。至于对这一新闻事实的来龙去脉、背景材料等过程性、全貌性等全时态内容篇中一概不涉及,凸显了这一新闻事件的高潮部分,这就很好地体现了广播新闻特写的特定性"体裁本位"。

3.音响叙事

广播新闻特写的"特"鲜明地体现在其叙事方式上,即运用音响叙事。广播新闻特写作为广播新闻消息的一种体裁类型,鲜明地打上了"广播"的烙印,运用有声语言和实况音响,真实立体地再现新闻事实和新闻场景。这既是广播有别于其他媒体的报道手段,也是现代广播理念与实践的要求。音响是最能体现广播特征、彰显广播优势的要素,当今广播新闻报道的各种体裁都离不开音响,都在充分运用音响说话,可以说音响无禁区,凡消息皆可带音响,所谓"无音响不广播"。《汤显祖〈牡丹亭〉惊艳唱响莎士比亚故乡》这则广播新闻特写的编导深谙这一点,整个特写通篇都在用音响叙事,突出了"以声达意、以声传情"的魅力。篇中有新闻播讲语、戏曲唱腔语、采访问答语等,前者和后者交替出现,讲述了整个新闻事件。篇中的音响不再是叙事的"辅料",而是叙事的"主料",成为这则广播新闻特写的独立叙事元素。由此可以得到一个启示:广播新闻消息的编导记者要树立用音响叙事的意识,能否用音响自如地叙事应该成为检验当代广播新闻消息编导记者是否合格的标志。在媒体竞争日趋激烈的今天,广播媒体必须充分发挥用音响叙事的独特优势,把音响作为广播新闻消息的要素来对待,赋予音响与文字同等重要甚至更加重要的地位,否则就会出现与其他媒体同质化的倾向,而同质化的结果就是被边缘化。事实上,目前相当数量的广播新闻消息运用音响远未到位,没有凸显音响对新闻叙事的主导作用,为音响而音响的情况并不少见。有些还是以文字为主,点缀性地加少许音响;有些虽然称之为录音报道,其实与文字报道并无太大区别;有些不区分主、客体音响的功用,随意出进,突起突落,节奏不当。凡此种种,都表现为音响与文字两张皮,没有融为一体,这些因素都会影响广播新闻消息的品位。

4. 紧凑布局

广播新闻特写作为广播新闻消息的一个类型,与广播短消息一样,其篇幅同样有严格的时间限制,要在短时间内把"事"说清楚,就要紧凑布局。与对新闻事件作局部性、片段式和细节化的再现和放大的体裁属性相因应,广播新闻特写在结构安排上特别讲究简洁紧凑,不枝不蔓,单线突进。《汤显祖〈牡丹亭〉惊艳唱响莎士比亚故乡》这则广播新闻特写运用多种手法做到了这一点。一是一"篇""一事",这则广播新闻特写通篇只截取了《汤显祖〈牡丹亭〉惊艳唱响莎士比亚故乡》这则新闻的关键环节和高潮部分,舍弃了其前前后后的情节,线索单一,主题集中,重点突出;二是导语精炼,直接切入主导情节,突出听众最关心的新闻要素,侧重强调"何时""何事";三是采访问答与记者的白描式叙述相间而现,共同表述新闻事实,且让情融于事,理充而不溢,省略抒情与议论;四是叙事连贯,事"尽"(演出结束)述停,戛然而止,毫不拖泥带水。

总之,这则广播新闻特写把握住其"新"(新闻时效)字的属性,努力在"闻"(新闻事实)字上挖潜力,在"特"(音响叙事)字上下工夫,在"写"(特定场景)字上做文章,以少胜多,通过典型情节和关键场景的刻画,展示了整个新闻事件。当然,如果说这则广播新闻特写有所不足的话,主要是整个叙事显得"平"了些,缺乏起伏。此外,在对《汤显祖〈牡丹亭〉惊艳唱响莎士比亚故乡》新闻事实的表述中,"唱响"的剧种为何,缺乏交代,以至于新闻事实的交代有所缺漏。

第二十四届江西新闻奖一等奖

广播长消息

习近平赴井冈山看望干部群众 向老区和全国人民拜年

（报头）在农历新春佳节来临之际,2月2号,习近平总书记来到井冈山,看望慰问广大干部群众,向全国各族人民致以新春祝福。请听报道:

去年"两会"期间,总书记参加江西代表团审议,代表们向他发出邀请,这次总书记应约而至,首站就是井冈山。

2号一早,井冈山上雪花飞舞,习近平来到革命烈士陵园,沿着109级台阶拾级而上,向革命烈士敬献花篮。在开国元勋、牺牲烈士照片墙和烈士英名录前,习近平认真听取讲解。他说,要让广大党员干部知道现在的幸福生活来之不易,多接受红色基因教育。

（出录音）习近平:"看看这个很有必要,这是成千上万革命先烈抛头颅洒热血（的地方）。"（录音止）

在八角楼革命旧址,习近平和全国道德模范龚全珍、毛秉华以及革命烈士后代等围炉而坐,向几位老人家致以新春祝福。他说,伟大的理想信念要有扎实的理论基础,井冈山道路是马克思主义中国化的经典之作,从这里革命才走向成功。

（出录音）习近平:"行程万里,不忘初心。弘扬井冈山精神,希望你们继续做出贡献。"（录音止）

连日的雨夹雪,使井冈山的冬季道路变得十分湿滑。习近平乘车沿着山路辗转来到黄洋界脚下的茅坪乡神山村。小村家家户户都贴上了春联,一派喜庆气氛。红军烈士后代左秀发一家正在准备年货。总书记来到他家门口,拿起木槌,同村民一起打糍粑。在贫困户张成德家,总书记进厨房、看卧室,还察看了羊圈、娃娃鱼池、水冲厕所。临别时,张成德老伴拉着总书记的手深表感谢。

（出录音）张成德老伴:"感谢习总书记,您可是国家的当家人啊,您当得这么好!"习近平:"我们是人民的勤务员。"（录音止）

总书记来到村里的消息迅速传开,村民们聚集到村口,齐声向总书记问好。

（出录音）村民:"您是我们的好领导,那么远到我们这个穷山沟里来,这是我们穷山沟里的福气,这是我们中国人民的福气。您啊不错,好书记啊!"（录音止）

在村口,总书记叮嘱当地的干部群众,要共同努力,争取早日脱贫。

（出录音）习近平:"老区在全国建小康的征程中,要同步前进,一个也不能少,都要

共同迈入小康社会。"村民:"好,我们有信心。"(录音止)

临行前,总书记和村民一一热情握手,并向大家拜年。

(出录音)习近平:"(这次)到井冈山来是瞻仰革命圣地,也是来看望苏区人民,衷心祝愿我们井冈山人民、老区人民、神山村群众,生活越来越幸福! 我们老人们过得越来越安心,孩子们好好成长! 猴年春节愉快,猴年吉祥!"(录音止)

吉安广播电视台

主创人员:彭小安、郭春贺、岳绪敏、王重锴

抓抢重大新闻　发挥广播特色

——广播长消息《习近平赴井冈山看望干部群众 向老区和全国人民拜年》评析

杨佳昊　吴生华

重大时政新闻一般都是中央级媒体的报道领域,对于地方媒体来讲,能够遇到总书记来到当地看望干部群众的新闻,实属机遇难得,而抢抓的难度更大。2016 年 2 月 2 日,习近平总书记来到井冈山,看望慰问广大干部群众之际,吉安广播电视台的记者就充分发挥了本土优势和广播媒体特色,把《习近平赴井冈山看望干部群众 向老区和全国人民拜年》这一录音新闻做得有声有色,以生动的音响记录还原了鲜活的场景,成功斩获了第二十四届江西新闻奖广播长消息的一等奖。

一、发扬拼抢精神,抢抓重大新闻

2015 年全国"两会"期间,习近平总书记参加江西代表团审议,代表们向他发出邀请,2016 年新春佳节来临之际,总书记应约而至,这对于井冈山革命老区的干部群众来说,无疑是一条重大新闻。然而,中央领导同志的活动,作为重大时政新闻,对于吉安广播电视台这样一家市级媒体,能否抓住却是极大的挑战。但从最终采访录音的成品来看,记者在现场所采访到的音响十分的清晰、洪亮,可以想象记者采录音响时离新闻现场十分接近,没有一种拼抢好新闻的精神,是难以达到这样的录音效果的。而报道的编辑和制作也十分的精良,主播的导语播音、记者的口述解说和现场的录音使用,相互配合,相得益彰。尤其是现场音响的运用,引人入胜。

二、注重全程实录,张扬音响特色

声音是广播媒体的唯一手段,因此,广播报道的成功就是要充分地开挖音响的特色,在新闻现场,广播记者要牢牢拿好手中的录音话筒,充分用好手中的录音设备。而

注重全程实录,张扬音响特色,就是这一录音新闻的成功之处。在这一报道中,总书记与村民的交谈声自然、朴实而又十分的生动。在井冈山革命烈士陵园,在开国元勋、牺牲烈士照片墙和烈士英名录前,记者采录下了总书记深情的话语:"看看这个很有必要,这是成千上万革命先烈抛头颅洒热血(的地方)。"在八角楼革命旧址,记者记录下了总书记殷切的期望:"行程万里,不忘初心。弘扬井冈山精神,希望你们继续做出贡献。"在贫困户张成德家,记者采录到了总书记和张成德老伴的生动对话。总书记在各个场景的有感而发,乡亲们的热情兴奋与衷心感激,因为真实的记录而凸显出强烈的现场感,拉近了报道与听众的距离,也让新闻报道变得更加立体而富有人情味。

三、生动描写场景,增强现场实感

广播媒体由于受单一传播手段所限,除了现场音响之外,展示场景只能依靠与音响相结合的文字描写。这一报道的解说词着重描写了三大现场,第一大现场是烈士陵园敬献花篮:"2号一早,井冈山上雪花飞舞,习近平来到革命烈士陵园,沿着109级台阶拾级而上,向革命烈士敬献花篮。在开国元勋、牺牲烈士照片墙和烈士英名录前,习近平认真听取讲解";第二大现场是八角楼旧址话家常:"在八角楼革命旧址,习近平和全国道德模范龚全珍、毛秉华以及革命烈士后代等围炉而坐,向几位老人家致以新春祝福";第三大现场是总书记拜年神山村:"连日的雨夹雪,使井冈山的冬季道路变得十分湿滑。习近平乘车沿着山路辗转来到黄洋界脚下的茅坪乡神山村。小村家家户户都贴上了春联,一派喜庆气氛。红军烈士后代左秀发一家正在准备年货。总书记来到他家门口,拿起木槌,同村民一起打糍粑。在贫困户张成德家,总书记进厨房、看卧室,还察看了羊圈、娃娃鱼池、水冲厕所。临别时,张成德老伴拉着总书记的手深表感谢。"这三大现场描写鲜活生动,细致入微,尤其重视细节抓取,细节到处凸显还原到位,比如"2号一早""雪花飞舞""109级台阶""习近平认真听取讲解""围炉而坐""家家户户都贴上了春联""红军烈士后代左秀发一家正在准备年货""总书记拿起木槌,同村民一起打糍粑""总书记进厨房、看卧室,还察看了羊圈、娃娃鱼池、水冲厕所""张成德老伴拉着总书记的手"等等,这些细节描写让这一广播消息尤显生动,有如画面感的呈现,大大增强了报道的现场实感。

第二十四届江西新闻奖一等奖

系列(连续)报道

南昌供水管网破裂,老城区用水告急

南昌市停水事件连线报道

第一次连线(2016年8月6日22:00)

主持人:从今天晚上开始,南昌的部分老城区开始停水,目前已经过去了几个小时,还没有恢复供水,南昌的相关管理部门也没有进行正式的回应。具体情况,我们来连线江西台记者刘世平。世平,目前停水的情况是怎样的?

连线记者:今天晚上8点多,南昌市最大的水厂——青云水厂因外力破坏导致停产。南昌市区遭遇停水的区域涉及东湖区、青云谱区、青山湖区、西湖区等多个地区。200万余市民用水受到影响。从今天晚上8点多开始,很多南昌市民回家后发现,莫名其妙停水了,打南昌市政公用热线电话96166,想咨询下情况,却一直处于占线状态。南昌市政公用集团96166客服中心负责人接受采访时表示,因事发突然,客服值班人员是按正常时间安排的,当时有3名客服人员接听电话。这位负责人说,从停水开始,96166客服中心接听电话1480个。但监控设备显示,未拨进96166,而在排队等候的电话有5000到6000个。事实上,这不是市民第一次反映96166热线难拨通。南昌市民王先生说,在冬天发生冰冻的时候,家里自来水管被冻住了,96166也是一直打不通。南昌市政公用集团96166客服中心目前集公交、供水、燃气、停管4个单位的客服于一体,工作人员有限,正常时间白天7人值班,一旦遇到突发情况,热线电话此起彼伏,根本无法及时回应。

主持人:那么,目前哪些地方还处在停水的状态?具体原因是什么?这样的情况会持续到什么时候?

连线记者:南昌水业的相关负责人表示,停水原因是因为内部产权供电线路因外力破坏导致停产。具体位置是位于水厂路与桃花路交界处的地下电缆被施工单位施工时挖断。而且,挖断供水电缆后,施工单位并未告知供水部门具体情况,造成了青云水厂长时间停产。但是,对于停水的原因,南昌市西湖区人民政府有另外一种说法,导致市区大面积停水的原因并不是西湖区市政部门施工导致,而是一个月前破损电缆未能及时修复,导致在启动备用电缆的时候,造成机组故障,直至停水。相关负责人表示,水厂路二期道路综合改造工程是由市朝阳洲地区基础设施建设领导小组批准,由西湖区具体负责实施的改造工程,施工单位江西中慧城乡建设开发公司,施工前进行

173

了摸排,并未发现有电力电缆的情况,故在施工中意外导致青云水厂备用电缆绝缘体有一点破损。发现电缆破损后,中慧公司立即停止施工。同时立即与青云水厂联系。中慧公司还请强电人员到现场检测该电缆,最终认定该破损电缆为无电、无规划、无台账、无业主的电缆。按照供电部门在未找到业主情况下,不予修复的惯例,破损电缆一直未得到及时修复。

主持人:那么,这样的情况会持续到什么时候?

连线记者:目前,南昌青云水厂已经进行了多次排查和试送电,但故障仍未得到根本排除。最后,技术人员采取高压设备依次退出带电状态的方法,最终查找出故障点为避雷器柜。经过抢修,水厂将立即恢复一、二期供水,确保明天的早高峰供水。

主持人:好的,感谢世平的介绍,相关情况我们将持续关注。

第二次连线(2016 年 8 月 7 日 11:30)

主持人:我是主持人长江。现在我们来关注一下南昌市大面积停水的情况。截至2016 年的 8 月 7 号上午 9 点 30 分,在经过南昌水业全力排查以后,发现位于水厂路与桃花路交界处的地下电缆被施工单位施工时挖断,而且施工单位并未告知具体的情况,而造成青云水厂长时间停产。目前南昌供电公司已主动和水厂联系,派出专业抢修人员到水厂帮助排除设备故障,已展开全力抢修,力争在最短的时间恢复供水。

今天白天南昌市城区继续大面积的停水,停水时间为上午的 8 点到下午 18 点。据了解,青云水厂暂时停止治水后,南昌市城区水压出现明显下降,大部分地区会出现无水,二楼以上居民已经基本上无水,居民用户和单位用水将受到一定影响,其中受影响最为严重的区域为:青云谱区、西湖区、青山湖区,东湖区由于靠近下正街水厂,受其影响相对较小。由于这次大面积的停水影响很大,现在我们来连线我台记者柯一航在现场了解的一些情况。

主持人:喂,柯一航。

连线记者:哎,你好主持人。

主持人:你好。现在南昌大面积停水的情况呢现在我们已经了解了一些,但有些详细的情况您在现场能给我们介绍一下吗?

连线记者:我现在是在这个叫水厂路和桃花路的交接的地方,也是在这个朝阳大桥的下面,道路施工的现场,我大概是在这个位置。

主持人:现在我们前面在直播的过程中呢有各种各样的传闻,有的说是供电公司维修电路,有的说是水厂内部电缆出现问题,但你现在看到的具体真实的情况是什么样的呢?

连线记者:据这边人介绍,应该是有人在这边施工,然后把这个一个地下电缆给挖断了,应该是昨天晚上就挖断了,然后他们水业公司的人一直在检修,因为这个在水下面,很难检修,所以一直到今天早上才发现。

主持人:刚才我在微信上也看了一些图片,好像觉得工程量还是比较大的,那据你了解的情况呢,这次维修,当地的施工人员介绍要多长时间,预计什么时候能供水,下午的18点以前能供水吗?

连线记者:这个情况,我正好这边有一个他们这里的负责人,我叫他介绍一下。

主持人:嗯,好的。

负责人:喂!

主持人:哎,你好!抢修一般这种情况下会维持多久呢?

负责人:从我们目前这个抢修情况来看呢,我们准备采取一个临时措施,就是尽快地恢复水厂生产,目前我们请求供电部门支持一下,就是帮我们铺设一条临时供电电缆,越过我们目前受损的电缆部位,尽快地恢复供电,然后那个水厂赶快恢复供水。

主持人:请问您是水厂的负责人吗?

负责人:对。

主持人:那你现在预计18点以前能供水吗?能恢复供水吗?

负责人:从我们这个方案来看应该说是8点之前应该是能够恢复供水的。

主持人:晚上8点以前是吧?

负责人:对。我们预计在下午3点钟,尽快地把这个线路铺设完整,通电供水。

主持人:那好,现在影响面比较大,希望你们能早日恢复供水,你们辛苦了!谢谢你们!

负责人:好。

主持人:刚才我们呢基本上了解了一些青云水厂停水的一些具体的情况,我们今天报的是要到下午的18点也就是6点,现在估计可能要到晚上的8点以前能恢复供水,大家再坚持一会儿!

第三次连线(2016年8月7日17:30)

主持人:昨天晚上,南昌城区出现大面积停水,涉及东湖区、西湖区、青云谱区、何红谷滩新区。经过供水、供电等部门抢修,今天已经全面恢复了供水。下面我们来连线江西台记者刘世平,请他来介绍相关的情况。从昨天晚上到今天早上,停水的情况是怎样的?

连线记者:昨天晚上,经过南昌水业集团公司技术人员初步检查,发现青云水厂送水泵房一交进线柜突然发生失电故障,一、二期停止供水。该水厂立即启用备用线——朝阳线供电,同时增开其他水厂的送水泵组,分担青云水厂供水板块的供水压力。经过20多个小时的抢修,目前已经全面恢复了供水,南昌老城区的市民在熬了20多个小时之后,终于用上了水。

主持人：关于这次停水有很多说法，有说是水厂的责任，有说是供电的责任，那么，到底是什么原因导致这次南昌大面积的停水？

连线记者：青云水厂是南昌市最大的水厂，规模在全国也能排在前10位，总供水能力为60万立方米/日，分三期建设，每期20万立方米/日。青云水厂对于南昌市城市供水非常重要，供水范围涵盖了昌南地区（老城区）的市民约100万人。事实上，青云水厂此前曾发生2次因电力原因导致的停水事件。2006年元宵节晚上，青云水厂因跳闸导致停电20多分钟，南昌市区3层以上的住户大部分无法正常用水。2010年12月27日晚，受停电影响，青云水厂供水机组无法正常运行，导致城区大部分地方水压降低，无法给高层用户供水。

主持人：这次停水事件涉及面广，影响非常大，特别是在目前责任认定中，南昌市西湖区委区政府和南昌水业集团双方还有争议。那么，南昌将会从哪个角度来调查和处理这一事件？

连线记者：《南昌市城市道路管理条例》明确规定，新建、改建、扩建或者大修城市道路，城市道路主管部门应当在开工两个月前发布公告并书面通知有关管线单位，有关管线单位应当在接到通知之日起三十日内，将管线数设计划报城市道路主管部门，由城市道路主管部门统筹安排实施。同时，严格限制占用和挖掘城市道路。新建、改建、扩建的城市道路交付使用后五年内、大修的城市道路竣工后三年内，不得挖掘；确需挖掘的，应当报经市人民政府批准。随着南昌城市框架的快速拉大，南昌市市政管网改造工程平均每月达三四十次——埋给水管道、排水管道、燃气管道、电力电缆、电信电缆等等。结果有市民反映：同一条道路同一路段出现多次"挖了填、填了挖"现象。如此高频率的施工对城市管道安全造成了潜在隐患，同时也对市民的生产生活乃至生命都构成了影响和威胁。南昌每年都会发生数十起因野蛮施工造成的燃气、供水、电力等地下管线破损事故。有规定为何还是出现"疯狂挖"？目前南昌市安监局、南昌市监察局就此事故已经开始进行调查，目前调查还在进行中，事故责任还未划分。对此，江西省党风廉政建设研究中心副主任曾明认为，从纪律监督角度来看，此次是监察部门首先介入，包括检察院和安监部门的介入，估计会从失职、渎职角度来调查和处理这一事件。南昌市检察院工作人员告诉记者，"南昌城区大面积停水事件属于重大民生事件，我们主要是调查涉事政府部门、国企相关人员是否涉嫌渎职行为。"该事件由该院反渎职侵权局负责调查。

主持人：好的，感谢世平的介绍，相关情况我们将持续关注。

第四次连线（2016年8月30日17:30）

主持人：这个月的6号晚上，位于南昌老城区的青云水厂，因为线路出现故障导致停产，造成南昌140多万人用水紧张，直到第二天的下午3点多才恢复供水。大面积停水给南昌企业生产和群众生活带来严重影响。此前,南昌市对这起事件进行了调查,结果如何? 南昌哪些部门将对这起事件负责? 下面我们来连线本台记者刘世平,请他来给我们介绍相关的情况。世平,南昌是从什么时候开始对这次停水事件开始调查的?

连线记者:停水事件发生后,这个月11号,南昌市就成立了由市安监局牵头,市检察院、市总工会、市国资委、西湖区安监局、西湖区公安分局参加的"8·6"南昌市老城区大面积停水一般事故调查组。对事故责任展开调查。经过半个多月的仔细调查,今天南昌市公布了调查结果。

主持人:这起事件调查组是怎样定性的?

连线记者:事故调查组认定:这起事故是一般生产安全责任事故。由于青云水厂正常工作的供电线路发生设施设备故障,备用线路又在市政施工中挖伤没有及时维修到位,导致两根电力电缆同时停电,无法保证取水泵房的用电造成。事故的发生充分暴露出相关企业员工责任心不强、野蛮施工,安全管理人员安全意识淡薄、管理缺失等问题,对发现的安全隐患没有进行细致的排查整改,而是放任隐患长期存在。在面对突发情况时,应对措施不力、处置不当,导致全市大范围长时间用水不便。

主持人:那调查结果怎样? 哪些部门、哪些人将对此次事件负责?

连线记者:30号下午,南昌市安监局就本月南昌市老城区出现大面积停水事件发布处理结果。两家南昌的企业和9名相关人员受到了处理。依据《中华人民共和国安全生产法》和《安全生产领域违法违纪行为政纪处分暂行规定》等相关法律法规,对这起事故责任单位洪城水业集团和江西中慧城乡建设开发公司分别依法给予了经济处罚,并对9名相关责任人员作出了开除、撤职以及由监察部门实施纪律处分等严厉的责任追究措施。

主持人:好的,感谢世平的介绍。

江西广播电视台

主创人员:刘世平、罗春瑜、卢洁华、李悦

"用水告急"报道背后呈现出的记者良苦用心

——评南昌停水事件连线报道《南昌供水管网破裂,老城区用水告急》

金重建

水和电可谓现代社会人们生活的必需品。尤其是水,一旦因缺失而造成水危机、水荒,后果不堪设想。2016年,南昌青云水厂这个供水规模全国也能排在前十位、供水范围覆盖江西昌南地区(老城区)市民约100万人的大水厂,却由于供水电缆被人为破损、供水管网破裂未得到及时修复,造成了多个地方大面积停水、140万市民用水受到影响。从8月6日晚8点开始停水,直到第二天下午3点多开始恢复供水,主持人几次连线在现场奔波的记者,回答了受众所关心的问题。不仅如此,在事发20多天后,再次将停水事件调查结果公之于众:这是一起安全责任事故,相关事故责任单位和责任人受到了相应的处罚。

这次南昌停水事件引发主持人四次连线现场记者报道,表现出以下特点:

一是把握受众的心理脉搏,紧紧扣住人们对事件进展的关注度。如在事件发生后人们打不进相关部门的客服热线电话,连线记者告诉受众:不是无客服人员值班,而是打电话者众,接电话者少。这起到了相关部门沟通公众的桥梁作用。记者又就停水状态、停水原因和停水持续时间询问相关负责人,相关负责人的回答,有助于受众了解事件发生的实情,也给受众应对停水有了一定时间跨度的心理准备。特别是第二次连线,记者实地采访修复破损管网的负责人,使受众对问题的解决有了期盼。可以说,这四次连线,次次关系事件的进展,次次都在接近恢复供水的那一刻,不论事前受众有多少疑云,连线都想受众所想,帮助他们不断解开层层疑云,尽到了媒体应尽的责任。

二是后续报道深化了意义,对杜绝此类事件发生起到警示作用。第三次和第四次连线在对事件定性报道的同时,也提出了城市道路建设缺乏统一规划的问题。一方面,这起事件是相关人员责任心不强、野蛮施工、安全意识淡薄、管理缺失造成;另一方面,在城市道路改造、建设过程中,由于给排水管道、燃气管道、电力电缆、电信电缆等各管一段,缺乏整体规划,道路"挖了填、填了挖"的现象反复出现,既浪费大量的人力、资金、物资,又造成了人们生活和出行的不便。其实,类似的停水、停电事件在全国其他地区也时有发生。因此,这几次连线报道给了受众以许多联想,许多值得回味和思索的东西。其中对推行水、电、燃气、电力、电信等的管网综合治理,就有了比以往更迫切的需求。

三是主持人和记者配合紧密,语气、节奏符合内容形式的要求。在和主持人对话中,记者语气沉着,介绍的情况较为详尽。两位主持人态度热情,提的问题都是听众想听的,如停水故障原因是什么?有何解决的措施?有哪些停水区块?目前检修到哪一步?何时能恢复供水?对相关责任人员如何处罚?等等。

第二十四届江西新闻奖二等奖

系列报道

胜利从这里出发

（出栏目曲"纪念红军长征胜利80周年特别报道——胜利从这里出发"）

今年是红军长征胜利80周年,本台记者走进长征出发地,记录长征故事,擦亮历史记忆,弘扬长征精神,报道苏区振兴发展的新成就新面貌。从今天开始推出《纪念红军长征胜利80周年特别报道——胜利从这里出发》,今天请听第一篇报道《夜渡于都河,踏上长征路》,江西台记者柯一航、李先、杨丽,赣州台记者李兴满采制。

（现场口播）各位听众,我现在来到了于都河的长征渡口处,这里竖立着一块巨石,上面刻着杨成武将军题写的"长征渡口"几个大字,旁边的于都河河水静静地流淌,无声地诉说着一段波澜壮阔的历史,当年我们红军将士就是从这里开始了他们的二万五千里长征。

（出红军渡于都河历史音响）为了摆脱国民党军队的包围追击,1934年10月,中央红军各部队在于都河以北地区集结。从17号开始到20号,中央红军主力及中央、军委机关共8.6万余人,通过于都城东门等10个渡口,陆续渡河。当时的于都河宽600多米,水流湍急,河面没有一座桥。于都中央红军长征出发纪念馆副馆长张小平向我们回溯了那个争分夺秒的渡河时刻。

（录音）"当时,于都县境内的船只全部汇集在于都河上,800多条船只,每天下午5点钟开始架设浮桥,红军利用晚上通宵达旦地通过于都河,第二天早晨6点半之前,就要把浮桥拆掉,往两岸靠,避免暴露目标。"

危难关头,于都人民倾其所有,支援即将远行的红军。为了架设浮桥,老百姓拆下了自家床板、门板。张小平:

（录音）"说到一个曾大爷,看到还缺木材,就把自己百年之后的一副寿材搬到工地上,工兵营的就不愿意收,怕会损坏,这曾大爷急了,他说,你们红军连命都舍得,我一副棺材板算得了什么。"

当年8万多红军从于都集结出发,后勤保障是个很大的问题。于都人民勒紧裤腰带,纷纷送粮、送衣、送鞋,宁可苦自己,也要让红军有得吃有得穿。

（出录音）"红军走,每个人要带走四天的口粮,那么,86000多人从于都渡河的话,就要带走30多万斤粮食,根据1933年人口统计是34万人口,等于我们于都县全年的口粮就基本上捐给红军啦,所以留下一些粗粮自己过冬。"

于都百姓的无私奉献让当时的中共军委副主席周恩来发出感慨:"于都人民真好,

苏区人民真亲。"

（出渔船行驶的声音，压混）82 年过去了，岁月变迁，于都河水已不复当年的喧嚣，河上建起了长征大桥、红军大桥、渡江大桥等现代化大桥，连通起县城两岸。站在长征渡口望去，两岸绿树成荫，风景秀丽，人们在这里徜徉漫步，生活安宁幸福。长征史专家董保存：

（出录音）"共产党闹革命的初心，不就是真正为了劳苦大众服务吗？不就是真正为了劳苦大众解放吗？只要我们真心实意地为老百姓服务，那么我们的军民关系也好，干群关系也好，一定会像当年一样。"

（出栏目曲"纪念红军长征胜利 80 周年特别报道——胜利从这里出发"）

距离于都县城 60 多公里，有一个面积 5 万多亩、最高海拔 1300 多米的江南第二大高山牧场——屏山牧场。20 年前，红军后人叶彩义辞去公职，放牧高山青草间。如今，这里奶牛养殖、奶业生产以及旅游业融合发展，其中高山青草奶是江西第二大奶业品牌，在其带动下，当地最穷的黄沙村变成了最富村。请听报道《绿色屏山红军情》，江西台记者万芳、柯一航，赣州台记者李兴满采制。

（出实景演出压混，出《十送红军》的现场音乐）

每周六晚，在屏山旅游区，都会有这样一场以红军长征为主题的实景演出。与当下很多景区盛行的声光电大投入不同，这出晚会的道具全部就地取材，演员则是牧场员工和附近百姓。他们对红军亲人的朴素情感，让演出更加真实感人。策划这台晚会的，就是于都屏山牧场的创办人叶彩义。

（出录音）"我爷爷有三兄弟，两个兄弟当了红军。他们牺牲在长征路上，我们就把于都红军长征第一渡，包括我们村里 6 位后生参加了长征放到了晚会，就会产生一种永远的记忆，对后人是很大的一种正能量。"（止）

叶彩义生长在屏山，从小挖冬笋、捡香菇、采药材的经历在他脑海里留下了美好的记忆。14 岁那年，他爬到屏山山顶，第一次看见大片的草地。那惊鸿一瞥，为他后来的人生埋下了伏笔。

（出录音）"就产生了儿时的梦想一样，这个将来应该有价值，可以开发。就带着这个梦伴随着我的一生。"（止）

1996 年 7 月，担任于都县物资局副局长的叶彩义放弃了公职。他凑足了 12 万资金，买来 23 头肉奶兼用型架子牛，创建屏山牧场。2001 年，牧场进行股份制改造，成立奶业公司。随着奶业的发展，牧场内建起了仿欧式别墅、游泳池、生态停车场、会议中心等各种服务设施，屏山慢慢形成了一个旅游度假区。

（出录音）

"当时没想到会变成这种旅游产业？"

"第一年没有这样构想，第三年就构想了。做到二十年，有这个规模，现在奶业和旅游业相互作用。"

"村子多少人一起养奶牛？"

"现在有三四百人。周边这两个村有六七千人。我们黄沙村大概3000多人口，三四百户人家，小车有160多辆。原来是全县最穷的村，现在公认最富的村。"

"都是靠奶牛？"

"大部分是靠在牧场务工，还有为我们产奶提供奶业收入。我们一年产值接近一个亿，提供奶款给这个村的是将近4000万。"（止）

屏山是绿色的，也是红色的。1934年，红军大部队长征后，陈毅、项英率部留守赣南打游击，行军中把发报机、银锭等一些珍贵物品埋在了山里。在屏山牧场创办时，就曾发现刺刀、手榴弹等遗物。作为一名老兵，叶彩义对红军精神的传承格外看重，这也是他创业道路上不畏艰辛的力量之源。为此，他专门在景区树立起6位红军的雕塑，供后人参观瞻仰。

（出录音）

"您觉得他们也是您的精神动力？"

"实际上这也是我们办好牧场的一种延续，我们在还愿。他希望我们家乡好。让人民过上幸福生活。"（止）

（出栏目曲"纪念红军长征胜利80周年特别报道——胜利从这里出发"）

82年前的这个季节，瑞金叶坪乡华屋村充满离愁别绪，17位后生参加红军后踏上长征路。临行前，他们亲手种上17棵松树，这一走，他们没再回来。请听报道《青松作证：红军烈士村的蝶变》，江西台记者万芳、杨丽采制。

（出现场讲解声压混）"华屋是典型的客家特色，全部以'华'为姓，围屋而居。华屋人有个习俗，人百年之后要在墓地两侧种上松树或者柏树，代表永垂不朽或子孙绵延。"

绿树参天、白鹤成群、屋瓦敞亮，走进华屋村，一派秋日的舒适与安逸。全村地势最高的小山坡，建成了"红军纪念亭"。松树沿着路两边依次生长，树径之粗已经超出了一个成年人的环抱。当年村里的17位年轻人种树后再也没能回来。烈士华钦材的遗腹子华崇祈今年也83岁了，夫妇俩激动地向记者说起这段历史。

（出录音）"好像看到这17棵树就像看到17位红军。17个烈士我家2个！我爸爸是黄沙区的宣传部长，我叔叔是黄沙区的区主任，爸爸参军一个多月后我才出生。"

"你爸爸那时候多大年纪啊？"

"我爸爸二十多岁。很快就被杀掉了。"（止）

在苏区时期，华屋村只有43户、100多人，生活都很艰苦，但是支持红军的热情很高涨。村里至今保存着几十间当年的土坯房作为历史的见证。华屋村党支部书记黄日生：

（出录音）"你看这一条洞子下去就 4 户人家在里面住，平均每户两间房子，底下厨房、住房，楼上就放点杂物。住得很拥挤。现在我们把这个空出来后修整了一下，做个乡村旅游。"（止）

在苏区振兴的政策扶持下，华屋村将 91 户、237 间土坯房改造成全新的两层楼房，发展了 120 个农家旅馆。现在全村有大棚蔬菜近 300 亩，村口还种上了火龙果、百香果等，采摘、垂钓、食宿一条龙的乡村旅游红红火火地办起来了。华屋农家乐老板华丕湘：

（出录音）"我自己做厨师做了三十多年，有这个条件，就来搞这个农家乐。以前这（里）很苦，新农村改建以后，这里是红军村，很多人来看那个村史馆，上面还有烈士树。现在我希望这个旅游事业能够再搞好一点。"（止）

如今，华屋村的发展围绕实现"三个梦"而展开。它们是：宜居梦、致富梦，还有健康梦。华屋村支书黄日生：

（出录音）"请了丫山的原班人马来帮忙我们打造（乡村旅游）。你看我们山上新开的游步道，来的客人可以到山上去散步。对面可以看到另外一个旅游点就是原始森林，还有一个候鸟区，成千上万的白鹤，晚上就看得到白茫茫的一片。"（止）

江西广播电视台

主创人员：万芳、李先、柯一航、彭金明、郦梅、李兴满

不忘初心　继往开来

——评系列报道《胜利从这里出发》

金重建

江西于都河是 80 年前红军开始二万五千里长征的渡口。江西台记者万芳、李先、柯一航、彭金明、郦梅和赣州台记者李兴满共同采制的系列报道《胜利从这里出发》，开篇《夜渡于都河，踏上长征路》就将人们带入当年于都人民支援红军的动人情景：为帮助红军过于都河并开始长途跋涉，这里的人民从捐床板、木板到捐出全年的口粮。80 年后这里人民的生活怎么样了？有没有值得推广的好经验？《绿色屏山红军情》《青松作证：红军烈士村的蝶变》，抓住红军后人叶彩义 20 年前辞去公职放牧高山青草间，使当地最穷的黄沙村变成了最富村，瑞金叶坪乡华屋村 17 位烈士的后人改造土坯房、发展农家旅馆、种植大棚蔬菜和水果，办起采摘、垂钓、食宿一条龙的乡村旅游的两个典型，告诉人们：路要靠人走出来的，传承红军情，不能光凭动嘴皮子，只有脚踏实地、落

在实处,才能让老百姓从心底里感谢共产党的好领导,真正产生"获得感"。

从系列报道的收听效果看,有以下三点值得肯定:

一是主题有一定现实意义。开篇记录的是当年的军民情谊,说明共产党和老百姓本是一家人。中篇和末篇报道了红军后代发扬开拓、创业精神,以实际行动报答先烈,完成他们未竟的事业。如担任过县物资局副局长的叶彩义,爷爷的三兄弟中两个是红军,20年前登屏山看见大片草地让他产生一个梦想,辞去公职凑足12万元,买来23头肉奶兼用型架子牛,建牧场,成立奶业公司,又建旅游度假区。从有梦想到有构想,再到落实梦想和构想,这中间肯定有许多艰难困苦。同样,乡村旅游在华屋村的兴起,既是宜居梦、致富梦、健康梦的开始,也将要走很长的路。正如王岐山所说"一个行动胜过一打纲领",全国357个革命老区县中,有2985万的贫困人口,占全国贫困人口的1/3。要想确保7000多万人2020年全部如期脱贫,必须每年减贫1200万人,每月减贫100万人,任务的艰巨可不是玩的数字游戏那么简单。"登高望远"又"脚踏实地",或许就是黄沙村、华屋村由穷致富的寓意所在。

二是细节选取和被采访人物有说服力。如开篇中于都中央红军长征出发纪念馆副馆长张小平,在被采访时举出曾大爷当年献出自己的百年寿材做红军渡河桥板,并说"你们红军连命都舍得,我一副棺材板算得了什么",就很能体现军民亲密无间和百姓的无私奉献精神。中篇说的红军后代叶彩义,从小就有过挖冬笋、捡香菇、采药材的经历,他从创建牧场开始,对传承红军精神不是停留在嘴边而总是用行动来证明。他将黄沙村三四百人、周边村六七千人聚在一起,创建江西奶业第二大品牌——高山青草奶,靠奶业收入富了大家。中篇中叶彩义在景区专门树立起6位红军的雕塑,供后人参观瞻仰和末篇中农家乐里的红军村及其村史馆的建立,都说明这里的百姓对红军将士的景仰已经铭刻在心,并且希望代代相传,将红军情、红军精神不断在革命建设实践中发扬光大。报道选用的几位被采访人物嗓音洪亮、口齿清晰,而中篇叶彩义的事迹通过他现身说法,很有说服力。

三是开场和结尾新颖简洁。开篇的《十送红军》音乐旋律加上记者的现场介绍,中篇播音员的开场白,由远到近,由地理位置的展示到由穷变富村的推介,末篇在华屋村讲解声中引出被采访人的历史回顾,都让人欲罢不能,想探究它的原委及现今发生了些什么变化的心情油然而生。尤其是中篇中记者对度假旅游区晚会的开场描述,突出了道具就地取材、演员也都是牧场员工和附近百姓这一地方特色,增添了报道的可听性。这篇报道的结尾,用叶彩义对6位红军战士雕塑意义的阐释:"我们在还愿。他希望我们家乡好,让人民过上幸福生活。"简洁而有意味。

第二十七届中国新闻奖三等奖

第二十四届江西新闻奖一等奖

评论

最美校园评选的背后

——莫让功利心玷污了孩子

【出栏目开始曲】

片头:一次最美校园的评选(其实活动的初衷是好的)

一群怨气冲天的家长(我孩子还这么小,这不是瞎搞嘛)

一场草草收场的闹剧(知道投票结束了,真的是太好了)

本期的《明月焦点》,我们共同关注:最美校园评选的背后——莫让功利心玷污了孩子。

随着微信的兴起,"网络投票"成为许多活动和比赛中必不可少的一个环节。在微信朋友圈里,人们经常能看到各种各样的拉票。有调查显示超过80%的人都曾在朋友圈拉过票,近七成人士对微信拉票表示反感。然而比起反感的拉票,更让人感到无奈的还有强制投票,事情还要从高安市"最美校园评选活动"说起。

2016年11月10日,高安市委宣传部、高安市教育局联合开展"我心中的最美校园"评选活动,活动对象为高安城乡范围内所有的中小学校。活动内容很简单,就是让市民通过"高品高安"官方微信对各参选学校进行投票和点赞,哪个学校的票数多、点赞数多、评论多,哪个学校就能当选"最美校园"。

一些学校为了所谓的"名次"不择手段,不仅专门动员家长投票,而且还将"投票"变成了学生每天的"作业"来检查。小学生家长王华:【出录音】"专门开了一次家长会。我一开始还以为是为了孩子的成绩而开家长会,结果发现开会就是为了投票。班主任规定每个家长每天要投50票,还要截图当作业来检查。我孩子还这么小。这不是瞎搞吗?"【止】

高三学生家长陈长玉对于学校强制投票的行为也感到非常愤怒:【出录音】"我孩子马上就要高考了,每天回来的第一件事情就是说妈妈、妈妈,快来给我投票。如果投一天还好。最烦人的是每天都要投。孩子在这个关键时期不忙学习,天天忙投票。我都觉得好烦!"【止】

对于强制家长投票的行为,很多老师也感到无奈。某学校老师彭彬说:【出录音】"你以为我想投票啊?这是学校下达的任务。不投如何办呢?任务一级压一级。领导要求我们投,我们也只能要求家长投了。"【止】

一名要求匿名的校长告诉记者,投票是为了学校的名誉。这名校长说:【出录音】

"我们不要求得第一,但是也不能输人太多,否则,面子上挂不住。"【止】

据了解,本次比赛的投票平台"高品高安"政务微信,一时间也变得炙手可热。粉丝数由原来的2万人迅速上升至7万人。投票使得该公众号连续两周摘得全省微信公众号排名的冠军。其点赞数更是高达4.4万,创全省纪录。"高品高安"政务微信的工作人员告诉记者:【出录音】"其实活动的初衷是好的。就是一些学校太功利,让投票变了味。"【止】

"为人师表人应赞,争名夺利傲骨丢。难辨是非千芽困,无木成材万事休。"这是退休老教师李响写的一首打油诗。为了帮外孙女和当老师的女儿完成任务,他还特意将自己的老人机换成了智能手机。李响当老师四十多年从没遇到过这样的事。他认为,这样的投票不仅增加了老师和家长的额外负担,而且不利于良好校风学风的形成:【出录音】"这是一种急功近利的表现。难道学校真以为拉的票多,就真的会美起来?教育质量就会好起来?"【止】

(片花)高安市最美校园的评选为何没有达到初衷?有哪些值得思考之处?欢迎继续收听本期的《明月焦点》,我们共同关注:最美校园评选的背后——莫让功利心玷污了孩子。

由于投票引发的民怨太深,最终高安市最美校园评选活动被高安市纪委、宣传部等相关部门叫停,活动最后演变成了一场闹剧而草草地收场。对于最美校园评选活动的提前结束,龙潭中心小学教师邓莉显得十分的高兴:【出录音】"知道投票结束了,真的是太好了。本来我们还在想,让我们乡镇小学投票哪能比得过城里哦?现在好了。不用投了。"【止】

时下,投票、拉票等行为在日常生活中并不鲜见。有人调侃朋友圈已经变成了拉票圈。诚然,如果只是把投票当成一种业余生活的调剂本无可厚非。然而,当学校以作业之名强制个人投票,不仅分散了老师的工作精力、加重了学生的负担,而且严重影响了正常的教学秩序,招至家长的埋怨,让原本单纯的活动增添更多功利性元素。此风不可长。退休老教师李响:【出录音】"学校应该沉下心来,多想想如何提高教学质量,而不是搞这种网络投票活动,给自己脸上贴金。"【止】

学校本应是教书育人的一方净土。相关部门在组织类似评选时,更要坚持"不唯票、只唯实"的原则,全面客观地开展先进典型的培养和树立。一些学校领导更应心怀敬畏、手握戒尺,不能为了所谓的面子而滥用管理权力,让功利心玷污了纯洁的孩子。

听众朋友,今天的《明月焦点》就播送到这里,我是海燕,代表节目主创刘建锋、冯正,编辑杨婷,感谢您的收听,下次节目再会!

宜春广播电视台

主创人员:刘建锋、冯正、杨婷、赖婵

《最美校园评选的背后》广播评论作品评析

李新祥　赵唯一

这是一则广播评论作品,新闻事件中的某地政府发起"最美校园"评选投票这样一项活动,当地学校纷纷强制性要求学生家长每天投票,而该作品则从这一事件出发,评论了当下社会中微信朋友圈里面的乱投票现象。

微信在近几年内迅速发展成为当下社会中的主要通讯交流方式,因而很多社交活动也都是在微信的基础上发起和进行的,而事件中的投票就是例子之一。这个作品很全面地展现了整个事情的过程,片头的三句话简洁了当地交代了事情的矛盾点:好的初衷和错的方式,而主题也很明确:莫让功利心玷污了孩子。作品表现得比较丰满,在以下几点上做得很好:

1. 时长上。广播评论由于媒介的容量有限,所以不可能花太久的时间来详尽地叙述整个事件,而《最美校园评选的背后》这个广播评论能很好地抓住重要表现点,前因后果用简练的语言说清楚,更多的篇幅留给当事人群体和评论,既不会让节目显得拖沓冗长,还很好地提升了节目的内涵。

2. 整个评论立足全局,根据客观实际发展变化和社会信息需求趋势,时刻关注事件的后续影响,形成明确的报道思想和取舍标准,很有教育意义。

3. 这则广播评论很好地抓住了当下社会的热点,微信朋友圈乱投票的现象肯定也是许多人头疼的问题,作为社会普遍关注的社会问题,该评论具有一定的新闻价值和可讨论性。

4. 该评论主题能很好地满足不同年龄段的听众,因为涉及的群体有老师,有家长,有学生,因此可以听到不同群体的发声。

5. 这则广播评论中,听觉符号的有序组合真实可信,音响典型现场感强,熟练驾驭录音技术而不失真,没有移花接木、刻意操作、导演摆布的情况发生。

6. 选题与新闻事件发展同步或几乎同步,整个评论展现的是边观察边访问边报道边录音的过程,熟练的现场采访技巧和精湛的录音技术为节目加分不少。

不过基于广播节目的劣势,听众的注意力还是会被分散,所以在评论部分还是应当多深刻一些,评论的视角可以再尝试独特一点,给听众耳目一新的感觉,音频的处理也可以再精细一些。

评论类的节目最看重的就是立意是否深刻,在做这类节目的时候一定要把握这个准则,严选热点事件,斟酌题目的设定,把控整个节目的流程和结构,合理安排次重点。《最美校园评选的背后》这个广播节目在以上所说的几点中都把握得还算不错,是个较优秀的评论节目。

第二十四届江西新闻奖一等奖

评论

养老院为何成了虐养所

昨天(11月25日),有听众向《新闻广角》栏目记者投诉,在位于南昌市迎宾北大道的和飞养老山庄,80多位老年人在未被告知的情况下被停电停水,一日三餐只能吃面条,每天挨冻受寒而投诉无门,这种情况已经持续了近半个月。这处养老山庄到底是什么机构所办,为何弃老人于不顾?老年人又该如何维权?请听江西台记者马丽采写的新闻广角:《养老院为何成了虐养所》。

11月的早晨,寒风刺骨。在南昌市和飞养老山庄祥和楼,记者见到了今年88岁高龄的大爷邹中平,他蜷缩在座椅上无精打采。记者握住他的手时,他手上的寒气直透记者的手心。邹中平老人去年7月入住和飞养老院,交了8万块钱养老金。11号,这里突然停电,没有热水,一日三餐只能吃面条,没有子女的他无处可去。

【出录音】"搞不清楚现在为什么要停电,现在对我们来说,钱就是生命,命就是钱,养老金就这么多,不还给我们,等于就是要了我们半条生命。"

在祥和楼二楼,85岁老人黄逢春和他因病致残的老伴在房间里愁眉不展。老人的儿女都在外地,到了晚上,漆黑一片,他们只能靠手电筒微弱的灯光照明,房间里放了五六桶矿泉水。

【出录音】"哪有澡洗啊,喝点水都够呛,水也是儿子他们买来的,所以这个问题好着急。"

73岁老人邹堂女和老伴在南昌没有房产,今年年初刚来到这里,一次性交了20多万养老费,现在只想拿回属于自己的血汗钱。记者见到老人时,她正准备拿着碗筷去食堂打面条充饥。

【出录音】"我们这些留下来的人没有去处,有一点办法的人都走了。"

在养老院的食堂,记者看到,一名厨师正在一片漆黑的厨房里做饭,由于没有电,排气扇不能正常工作,他们只能做一些不产生油烟的面条。食堂勤杂工杨马皮:

【出录音】"用自己的手机、手电筒,这个手电筒晚上我就带回家去充电,我还有5个月工资没有结。"

据了解,这家和飞养老院是由南昌市和飞实业发展有限公司所办,公司2014年1月在青云谱区注册成立,2012年与某单位的房地产管理分局签订了租赁协议,将青云谱区迎宾北大道998号的18栋房屋改造成和飞度假山庄,向老年客户销售养老服务、投资返利等产品。在以养老服务为主的祥和楼,原本有 82 位老人,现在只剩下 12 位没有去处的孤寡老人。由于发不出工资,和飞养老院食堂目前也只剩下 4 名员工。

入住之初,这些老人们都与和飞公司签订了养老山庄《居住权证》,缴纳了养老服务费,有的老人还以预付款的形式办理了会员卡,该公司为此吸纳资金 9000 多万元。但从今年上半年开始,和飞养老院就不再履行合约。记者拨打和飞养老院院长刘勇的电话,一直处于无人接听的状态。老人子女邹女士:

【出录音】"老人是投了钱在这里的,当时是按照折扣比较低一点,八点五折,九折、七折,有些老人,一辈子心血,心想我的退休工资不够,从折扣里补贴一点。"

这家名为"养老"的机构,为何成了老人谈之辛酸的虐老之地?知情人士透露,和飞养老院院长刘勇租用的这处房产,当时并没有房产证,每年交 400 万元租金,已经连续交了 3 年,由于近期装修改造后的新楼要办理消防证,没有房产证的他无法办理,因此新楼老年客户一直迟迟不能入住。

今年 2 月,和飞实业公司资金链断裂,出现经营危机,投资者未能如期收到利息和本金,发生群体上访事件。9 月,和飞养老院院长刘勇以某单位房地产管理分局违约导致其遭受损失为由,向南昌市中级人民法院申请立案,要求偿还其前期投入资金约 3500 万元。老人黄逢春:

【出录音】"你们打官司,有什么事情可以打官司,跟我们有什么(关系),我们住在这里,每个月交房钱,食堂的伙食费月月交,这个跟我们有什么关系,非得我们走了你才能解决问题啊!主要矛盾不在于我们老年人。"

在采访中,记者遇到从外地赶来接老人的李女士。她表示,持续断电、餐餐吃面这种方式太过残忍,想通过法律途径要把交付的押金要回来。

【出录音】"我们是想先接走,但是官司我们要打,不在这住了,我们先把人接走,这样下去很危险的,我觉得老人都会死掉。"

省老龄办社会福利处一位姓邝的主任科员告诉记者,由于没有房产证,和飞养老院当初对外营业就不合法。

【出录音】"据我所知,这家养老院没有获得养老机构设立许可,南昌市已经多次给他们发停业整改的通知书了。"

据了解,今年 10 月 17 号,青云谱公安分局经侦大队以涉嫌非法吸收公众存款罪对和飞实业相关人员立案调查。董事长刘勇和总经理刘孟被刑事拘留。之后,对刘勇采取了取保候审、限制离境的强制措施,对刘孟采取了网上通缉追逃的强制措施。

面对老人处境,青云谱区岱山街道曾两次分别借款 10 万元给和飞实业发展有限公司,用于发放 2、3 月份员工工资,支付宽带及部分水电费。区民政局还派遣社工,与街道社区干部一道上门,舒缓入住老人情绪,并对入住老人进行劝离工作。邹女士的叔叔今年已经 88 岁高龄,她对这样的处理并不领情。

【出录音】"现在还有将近 6 万块钱,就叫你走,你要有个说法,老人才能安心走,这些都是弱势群体,七八十岁,九十多岁的都有。"

转眼已是寒冬,老人们每天在黑暗中摸索,在寒冷中颤抖。邹女士说,希望有关部门和涉事单位能给老人们一个合理的解释和妥善的安置。

【出录音】"你应该保证人家生活安全,最起码的生活基本要求,要有电有水。现在已经是寒冬了,你看,老人冷不过了,捡了些树枝在这里,如果出了事这里发火了怎么办,都没有一个人来管。你双方不能这样对待老人。"

和飞养老机构通过投资返利、低价打折的方式吸引老年客户,吸纳公众存款,侵害老人利益,反映了当前养老机构存在的一些值得重视的隐患和问题。民办养老机构用地多为租赁的土地,没有土地证、产权证,也就无法取得消防证,导致养老院办起来了,却依然是证件不全的经营状态。

随着养老产业的市场化,无证经营或证件不全必然带来各种隐患。如何规范民办养老机构?南昌市社科院社会所副所长戴庆峰认为,目前民办养老机构的准入,要建立标准化的企业、人员准入机制和硬性评估机制来健全养老机构准入制度。

【出录音】"不管这种机构具有市场性质还是具有社会公益性质,它基本的一些规定还是要符合的,比如法律的规定,安全的规定,这是基本的底线不能逾越,最关键的是要做好基本的兜底工程,对这一块应该有个积极的梳理和合理的引导。"

业内人士认为,对一些民办养老机构存在的问题,基层职能部门应主动引导,持续监督,事前指导和事后监管都不能缺位。省老龄办事业发展处处长肖守渊表示,兴办养老机构要带着尊重老人的心态去做,对老人负责,对于准入后的养老机构,相关政府部门还要给予定期的监管,并利用养老资质评估、以奖代罚等方法来加强监管。

【出录音】"对资金情况要进行监管,同时对它的服务内容要及时监管。我们有关责任部门要及时进行查处,工商系统、司法部门要为受骗老人提供帮助。"

各位听众,随着老龄社会的到来,养老已经是个民生大问题。从这起老人投诉事件中,我们需要反思的是,企业办养老,风险谁来承担甚至兜底?老人权益受到侵害时,谁来为他们找到一条快速维权路?老年人是弱势群体,有关主管部门,如何加强对养老机构资质和条件的监管,防止此类事件的再次发生,别让无良的"养老院"伤了老人的心。

江西广播电视台

主创人员:马丽、程敏、刘乐明

针砭养老问题　引发社会关注

——广播评论《养老院为何成了虐养所》评析

李　贞

20世纪末中国开始进入老龄化社会,且老龄化呈现出加速发展的态势,"老有所养"已成为改善民生的重要内容。政府和社会都在积极支持探索、创新多元化的城市养老模式,解决在创新养老模式中所遇到的各种问题,为更好满足老龄人口的需求做出切实可行的行动。家庭养老、机构养老和社区居家养老是我国三种基本的养老模式。机构养老是指由专门的养老机构(包括福利院、养老院、托老所、老年公寓、临终关怀医院等等)将老人集中起来,进行全方位的照顾。作为我国重要的养老模式之一,机构养老能否让老年人得到基本的生活和健康保障?能否满足老年人的各方面需求?这些都是人们普遍关心的话题。江西台《新闻广角》的广播评论节目《养老院为何成了虐养所》针砭机构养老问题,揭露南昌市"和飞养老山庄"的不负责任行为,批评社会不良现象,担负起了媒体的重要社会责任。

一、选材典型,具有社会意义

广播评论包括两方面内容,一是新闻报道,二是新闻评论。新闻的功能是反映社会舆论,评论的功能是引导社会舆论。新闻事件是评论的基础,所选取的题材必须具有典型性,应该是广大受众关心和关注的新闻事件。《养老院为何成了虐养所》聚焦的就是和老百姓切身利益密切相关的典型的新闻事件。有听众向《新闻广角》栏目记者投诉,在位于南昌市迎宾北大道的和飞养老山庄,80多位老年人在未被告知的情况下被停电停水,一日三餐只能吃面条,每天挨冻受寒而投诉无门,这种情况已经持续了近半个月。这处养老山庄到底是什么机构所办,为何弃老人于不顾?老年人又该如何维权?只有全面掌握新闻事实,才能透过新闻现象寻找问题的本质。记者深入"和飞养老山庄",到老人们的住所、食堂等地进行充分采访,了解老人们的真实生存状况和心理状态,掌握第一手资料,还找到知情人士和专业人士了解问题的症结。

二、评论尖锐,具有启示意义

节目在全面掌握新闻事实的基础上,由表及里,由点到面,层层推进,寻找问题的本质,解答群众的疑问。和飞养老机构通过投资返利、低价打折的方式吸引老年客户,吸纳公众存款,侵害老人利益,反映了当前养老机构存在的一些值得重视的隐患和问题。民办养老机构用地多为租赁的土地，没有土地证、产权证，也就无法取得消防证，导致养老院办起来了，却依然是证件不全的经营状态。

本作品以敏锐的视角、翔实的案例，在解剖个例中发现现象。业内人士认为，对一些民办养老机构存在的问题，基层职能部门应主动引导，持续监督，事前指导和事后监管都不能缺位。

作品并不拘囿于一家养老机构虐待老人的真相揭露，而是深入事件背后，对问题进行反思，并呼吁全社会关注。"随着老龄社会的到来，养老已经是个民生大问题。这起老人投诉事件中，我们需要反思的是，企业办养老，风险谁来承担甚至兜底？老人权益受到侵害时，谁来为他们找到一条快速维权路？"这样的结尾尖锐有力，富有启示意义。

此外，作品中丰富的采访录音的运用，不仅证明了新闻的真实性，而且增添了论据的说服力。如果记者能以第一人称的方式作现场所见所闻的介绍，会让听众有一种身临其境的画面感，将增强作品的可听性和感染力。

第二十四届江西新闻奖一等奖

专题

一山多治终结，旅游兴市见效

听众朋友，庐山设市后的第一个国庆长假，终结了"一山多治"的庐山景区迎来了旅游旺季。江西旅游规划研究院的互联网大数据显示，国庆期间，庐山再次成为省内外游客最喜爱的旅游目的地。庐山管理体制改革为什么能够迈出最为关键的一步？深刻影响到我省旅游产业发展的体制藩篱为什么能够被全面打破？请听江西旅游广播记者曾学优、熊飞云发来的报道：《一山多治终结，旅游兴市见效》。

庐山三叠泉景区曾因分属庐山管理局和星子县管辖而重复收费，长期被游客诟病。然而，国庆长假第三天，记者在这里看到观景台上游人如织。上海的李先生带着定居在美国的亲戚来到这里，领略了一番"飞流直下三千尺"的壮观：

【出录音1：我们从上海来，我们也觉得这里非常漂亮，下次我们还会来，带很多朋友一起来。（小孩）我们是纽约来的，在美国去中国，我觉得这个地方好漂亮，也好好玩。】

庐山脚下的秀峰景区，因属原来的星子县管辖，一直以来鲜为人知。庐山设市后，加大了宣传力度，很快就见到成效，吸引了大量的省外游客。来自杭州西子湖畔的范辰仪说：

【出录音2：特别漂亮。怎么说呢，就是来之前的时候有过很多设想，但是来了之后发现我之前的想象力还是太匮乏了，一路那种光影斑驳，洒下来特别漂亮。】

秀峰景区负责运营的副经理郭强告诉记者，庐山市成立仅两三个月之后，秀峰景区的游客数量就已经比去年翻了一番：

【出录音3：在七八月份的时候，就是每天平均接待量都在1500人左右。周末可以达到三四千人，比去年翻了一番左右。】

之所以变化会来得这么快，庐山市委书记杨健分析认为，由于区划调整将从根本上解决庐山旅游发展的利益之争。因此，管理体制理顺所带来的效果显现肯定会提前来到：

【出录音4：这一重大举措在庐山发展史上具有里程碑意义，使得庐山的旅游资源和优势得到叠加，旅游发展的潜力更加巨大，旅游服务管理更加高效，将为庐山的旅游带来前所未有的发展机遇。】

片花：从30多年来无数次的争论，到如今的区划调整，庐山管理体制不顺，究竟给庐山旅游甚至江西旅游业的发展带来哪些切肤之痛？请继续收听行走天下专题报道：一山多治终结，旅游兴市见效。

三叠泉瀑布是庐山最负盛名的景区之一，然而它的一、二叠归庐山风景名胜区管理局，第三叠归山下的庐山区海会镇管辖；全面负责330平方公里庐山风景名胜区保护、规划和建设的庐山风景名胜区管理局，却只能管理着庐山46平方公里的核心景区，也就是山上的牯岭镇，而牯岭镇在行政区划上却又归属于山下的庐山区……这就是庐山设市前"一山多治、多头管理"体制带来的混乱状态。30多年来，庐山管理体制不顺，导致庐山旅游发展各自为政，庐山旅游资源无法统一规划开发，严重制约着庐山旅游业的发展。原星子县旅游局局长陈敏说：

【出录音5：纠结于行政区划的管理和实际的管理一种矛盾，哪个地方划给我管。那么呢？它划给它管，它不是一级政府的话，它很多东西管不到位，老百姓不愿意。】

2015年，庐山在江西的旅游"龙头"地位首次旁落，被后起之秀的三清山超越。官方数据显示，2015年庐山风景名胜区管理局的财政总收入4.31亿元，而三清山风景区管委会财政总收入是4.61亿元，三清山比庐山的财政收入还多出3000万元。在省内让出了头把交椅，在全国的影响就更是一落千丈了，省委常委、省委秘书长朱虹分析说：

【出录音6：原因在哪里？就是我们现在的影响力，包括我们的旅游人次、旅游收入，在全国名川大山当中的排序靠后了。】

国家旅游局副局长王晓峰则认为，庐山出现的这种状况表明，多头管理已经成为江西旅游经济发展的拦路虎：

【出录音7：这些问题现在确实形成了障碍，成了阻碍旅游经济发展的问题了，有些东西在过去不明显，慢慢随着发展变得更加突出了，矛盾变得更加尖锐了，这些都是建设旅游强省中必须要去解决、要去改革的问题！】

自上个世纪80年代中后期起，中共江西省委、省政府和社会各界就意识到了"一山多治"管理存在的极大弊端，特别是1987年安徽省撤销徽州地区设立黄山市后，我省关于庐山设市的讨论和动议就没断过，并渐渐成为社会共识。然而，庐山市到底怎么来设？却成了一个30多年都解决不了的难题。

2000年，九江市曾经提出以庐山山南环庐山公路为界限设立庐山市，环庐山公路以内都划归庐山市管辖。但是，这个方案遭到了星子县的强烈反对。因为它把星子县的白鹿、温泉等沿庐山旅游资源丰富的乡镇都划出了星子县，被星子县认为是山上庐山风景名胜区管理局单方面提出的方案。星子县到省里反映意见后，庐山设市方案又进行了调整，变成了合并庐山、星子县，设立庐山市。但是，这样一来，庐山风景名胜区管理局又不愿意了。庐山风景名胜区管理局一位不愿透露名字的退休干部说：

【出录音8:其实我们一直都希望解决庐山的管理体制问题,但那个时候大家不认可这个合并的方案。是担心星子县旅游业还没发展起来,旅游资源又不够丰富,拖累了山上的发展,也影响了大家的共同利益。】

其实,2000年那次设市努力中,省政府还曾计划在九江县黄老门乡设立庐山市,但经山上、山下一闹后,庐山设市也就没了下文。江西师范大学非物质文化遗产中心主任王健一针见血地指出,庐山管理体制之所以长期以来理顺不了,最关键的因素就是各方利益平衡不了:

【出录音9:这个问题就像一个魔咒,解决不了。庐山是一山六治,这么多年都没有解决,主要就是利益,利益方平衡不了。】

片花:庐山管理体制改革为什么能够顺利启动?它的解决又为我省经济发展带来什么样的影响?请继续收听行走天下专题报道:一山多治终结,旅游兴市见效。

长期以来难以解决的老大难问题,为什么能够在今年得以顺利推动呢?最关键的是面对进入深水区的攻坚克难,省委、省政府显示出了强烈的改革意识,省委常委、省委秘书长朱虹说:

【出录音10:这次书记说,要想改革,就是要有劲头,你不然的话,不可能把江西的工作推向前进啊!】

国家旅游局副局长王晓峰则分析认为,这次庐山设市能够快速推进,更是江西省实施"旅游强省"战略的需要:

【出录音11:省委、省政府提出要建设旅游强省,其中有一个非常重要的举措就是改革。旅游也面临着需要大的一次改革,也就是涉及像类似(庐山)这样的体制、机制方面的一些改革。】

当然,守着黄金资源,却挖不到金子的庐山相关各方,无论是政府层面、旅游投资者,还是在庐山上从事旅游业的市民,在经历了30多年的纠结之后,都深刻认识到了"多头管理"体制所带来的弊端,也有了比较强烈的改革意愿。庐山管理局党政办、局办副主任袁勇认为庐山设市将会带来1+1大于2的效果:

【出录音12:庐山成功设市,它所带来的是山上山下景区景点可以串珠成链,串点成线,打造出精品的旅游线路,山、湖、城可以通过有效的联动,从而不断地丰富旅游的业态,完善旅游的产品,达到1+1大于2的效果。】

而在原来的星子县投资建设了"中华百姓园"景区的老板李宇更是对庐山管理体制改革有一种紧迫感:

【出录音13:跟你讲实话,再不统起来,我都要准备撤走了。原来我们到这里投资,主要也是听说庐山要设市统一管理,就主要看中这块旅游资源。】

在牯岭镇上经营着一家餐馆的庐山市民徐先生说:

【出录音 14：宣传搞好了，景点收费少了，来庐山玩的人会越来越多啊，我当然也好过了。我支持（庐山）改革。】

总结庐山管理体制改革能够顺利推进的经验，江西省社会科学院经济所所长麻智辉认为，进入深水区的改革，肯定都是难啃的骨头，而且都是涉及各方面切身利益的问题。要解决这些问题，必须要有啃硬骨头的精神：

【出录音 15：深化改革，肯定是要啃硬骨头，没有创新性的思维，没有高层领导的参与，是很难推动的。我省旅游资源的多头管理，通过政府引导，统一管理，找准利益共同点，才能够实现多方共赢，把多头管理给治好。这对于其他领域的深化改革来说，都是很好的启示。】

江西广播电视台

主创人员：曾学优、熊飞云、周俊杰、虹雨

角度·形式·主题：作为新闻专题的三个要素
——广播新闻专题《一山多治终结，旅游兴市见效》评析

张忠仁

广播新闻专题《一山多治终结，旅游兴市见效》以江西庐山景区结束"一山多治"单独设立市级区划后，在当年第一个国庆长假期间旅游效益整体提升现象为新闻关注角度，并从庐山设市带动旅游产业发展现象中，以提炼出两个问题的形式结构新闻。庐山管理体制改革为什么能够迈出最为关键的一步？深刻影响江西省旅游产业发展的体制藩篱为什么能够被全面打破？这两个问题的提出，也恰恰是本篇广播新闻报道试图挖掘的更深层主题：任何经济产业的发展，任何市场化的行为，最大的推动力就是对资源的整合共享。从《一山多治终结，旅游兴市见效》这篇广播新闻专题报道看，编辑记者们对角度、形式做了较好的逻辑处理，报道本身也达到了新闻专题解释深刻主题的意义。

在新闻专题报道中，角度、形式、主题三个要素不是孤立存在的，而是具备互相关联影响的。因为专题报道的节目形态，是以记者或编导人员对现实社会中具有新闻价值意义的人物、事件、问题、现象等，进行深入系统地调查、分析、描述、评述、反思，并将其产生、发展、结果、影响等过程加以记录，通过记者这种流程性记录揭示深刻的主题意义。《一山多治终结，旅游兴市见效》作为广播新闻专题，具备上述节目形态特点，并且在角度、形式上有所创新。

其一，新闻角度紧扣现实原则的定位。广播作为大众媒介之一，其新闻传播意图

的完成,依然要以向广大听众传播新闻现象对当下的影响来实现。新闻是反映现实生活中的人、事、物的节目,在近年的"娱乐消费"影响下,人们对现实的很多问题常常习以为常地忽略,而广播节目的现实原则视角就是利用听众习以为常的习惯,提出现实问题让听众获得感受性认同。广播新闻专题《一山多治终结,旅游兴市见效》选择了庐山景区"国庆黄金周旅游"题材,并从中发现"庐山设市"积极影响的新闻角度,进而提出体制改革的深层问题,体现了新闻专题的优势特点。

其二,"拟态真实"的结构方法与呈现手段。广播和电视媒介一样,对现实的表现手段是通过"截取和重组"完成的,是通过一个物理时间段呈现一个事件的过程。在呈现一个新闻事件过程中,记者通过相对客观的调查、寻访事件经过等来龙去脉,这是对真实的一个截取过程,再以所掌握的情况素材重组,形成一条完整的新闻。广播新闻专题《一山多治终结,旅游兴市见效》采用了"夹叙夹议"式的结构方法,整篇新闻专题逻辑思路严谨清晰,很像一篇案例得当、分析详实、最后推导出结语的论文。从这篇广播报道本身来看,记者做了较为详实的前期采访,并且依据报道的思路和进程,将采访所得配合截取和重组,只用必要的采访录音,被访者的只言片语与解说稿有机结合,构成因果逻辑或进一步节目进程的推动力。比如,开篇关于庐山三叠泉景区热闹的景象时,连续密集地用了四段采访录音,这种略显紧迫感的密集采访设计,因为所述内容的正面性,反而因此留给观众一种积极的听觉感受。《一山多治终结,旅游兴市见效》的这种处理结构方法,完全是根据采访目的来确定内容重点并适当地加以截取,既没有断章取义,又充分表达清楚了被采访者的意图。

第二十四届江西新闻奖二等奖

专题

赣南老表的电商情缘

——《乡村纵横》栏目头

【丽莎】听农民声,说农民事,帮农民忙!听众朋友大家好,欢迎收听《乡村纵横》节目,我是主持人丽莎!

【白杨】大家好,我是主持人白杨!

【丽莎】今天的《乡村纵横》节目我们来给大家说说赣南老表的电商情缘!

——插花1

【白杨】哎,丽莎!这几天呀,我翻看微信朋友圈,发现朋友圈里被一封信件刷屏了!

【丽莎】是呀,这封信可不是普通的信,这是国务院总理李克强给瑞金市黄柏乡坳背岗万亩脐橙基地果农邓主平的回信!

【白杨】嗯,那李克强总理为什么会给果农邓主平写信呢?

【丽莎】这还得从8月22号这天说起,当天,李克强总理专程来到瑞金市黄柏乡坳背岗万亩脐橙基地考察,称赞赣南脐橙产业发展得好。瑞金市黄柏乡坳背岗万亩脐橙基地果农邓大庆向我们回忆说:

【出录音:总理鼓励我们,要加大跟电商的合作。总理还说,不单是要完善果园里面的基础设施,他还说要把光纤通到每个村,方便我们在网上销售脐橙,把我们的赣南脐橙的知名度扩展到世界各地去。】

【白杨】听众朋友,因为李克强总理的点赞,2016年当地脐橙早早地就被订购一空。怀着丰收的喜悦之情,11月26号,基地的果农们委托邓主平给总理写信,汇报丰收的喜悦,并随信寄出了两箱脐橙请总理品尝品尝。

【丽莎】可能大家都没想到,12月3号,总理就给乡亲们回了信,还寄来了"购买"两箱脐橙的200块钱。12月5号,省委办公厅的工作人员把总理的回信和脐橙的钱带了过来。

【出现场音:省委办公厅人员:受省委领导的委托,专程过来把总理的信和200块钱送到你手上。邓主平:总理还给我们钱呢,谢谢!谢谢总理!】

【白杨】听众朋友,李克强总理在回信中说,"邓主平同志,来信和乡亲们托你寄的橙子都收到了,得知今年脐橙又丰收了,你们积极扩大网上销售平台,不仅把脐橙销往国内各地,还远销欧盟等国际市场,实现了量增价优,我由衷地为你们感到高兴。脐橙深受消费者青睐,靠的是过硬品质和良好信誉,你们要像爱护自己的眼睛一样爱护它,把金黄的脐橙变成致富法宝。"

【丽莎】李克强总理在信中还提到,"近年来,随着农业与'互联网＋'融合发展,农产品进一步打开了销路,农业综合竞争力和抗风险能力得到不断提高。你和乡亲们通过辛勤探索,不仅为革命老区脱贫致富创造了新鲜经验,也为发展品质农业提供了有益启示。希望你们结合实际不断开拓创新,努力带动更多的乡亲尽快脱贫,早日走上现代农业发展和小康之路。信和橙子的钱一并转寄给你,祝乡亲们日子越过越好!"

【白杨】家有致富果,心有小康梦。近年来,瑞金市黄柏乡坳背岗万亩无公害脐橙基地带动700多户、3000多人脱贫致富,基地内的所有贫困群众有望于2017年实现全面脱贫。邓主平告诉我们:

【出录音:总理对我们以前的成绩做出了肯定,也对今后这个发展指明了方向,我们有信心有决心把脐橙基地经营好、管理好,留住了这个脐橙,就留住了钱,留住了致富路。】

【丽莎】收到总理的回信,瑞金市委书记许锐也深受鼓舞:

【出录音:我们这里的群众脱贫最重要的还是靠发展产业来脱贫,现在我们老百姓种脐橙,收入水平比原来大大地增加了,所以我们脱贫攻坚的步伐也是非常快,我们现在有决心提前脱贫摘帽,在明年就实现脱贫摘帽的目标。】

【丽莎】可以说有了总理的关心和点赞,有了各级党委政府大力支持,我们赣南老表脱贫致富的信心是越来越足了!

——插花2

【白杨】欢迎您继续收听《乡村纵横》,丽莎,以前我们说"互联网＋""电商"这些字眼的时候,都觉得是新鲜事物,但是,随着互联网的普及,不论年龄大小、文化程度高低,广大的农民朋友都是勇于触碰新鲜的事物呢!

【丽莎】是啊,这不,瑞金市壬田镇凤岗村就有一位86岁的老奶奶廖秀英腌制咸鸭蛋。自从赶上时髦搭上"电商"快车以后,廖奶奶的咸鸭蛋可是俏销四方,老人也因此成为了一名"网红"。连廖奶奶的孙媳妇曾美玉也开始给廖奶奶"打工",帮助她打理网上的生意。

【出录音:(记者)去年什么时候开始在网上卖?(曾)去年5月份。(记者)你怎么会想到网上卖呢?(曾)当时没有想到卖咸鸭蛋,就是他们过来的时候,我拿出自己家的咸鸭蛋给他们尝,他说这个蛋很好吃,他说从出生到现在没有一口气吃完一个咸鸭蛋的,就那一次把一个咸鸭蛋都吃完了。他说看一下能不能放到网上去卖,就这样把蛋放网上去卖的,也是邮政帮我们推广,做起了这个电商的。】

【白杨】听众朋友,廖奶奶咸鸭蛋2015年4月份在电商平台销售,2015年12月正式注册成立"廖奶奶咸鸭蛋专业合作社",注册资金 40 万元。原来,廖奶奶咸鸭蛋主要通过淘宝网销售,每天能卖 100 个左右。2015 年,瑞金市推行"电子商务进农村"战略,各类电商服务站如雨后春笋般地出现在农村。当时"农村 e 邮"到凤岗村寻找试点,经过考察之后,很快便决定合作,帮助廖奶奶的网店发展壮大起来。

【丽莎】没错。现在,"廖奶奶咸鸭蛋专业合作社"平均每天都能卖 1000 多个咸鸭蛋,除了销售的增长,利润也在翻倍,原来传统销售渠道 1 块多一个的"廖奶奶咸鸭蛋"成为全国知名的绿色品牌以后,一个可以卖到 4 块钱。廖奶奶的孙媳妇曾美玉告诉我们:

【出录音:现在销量的话日均差不多都有 1000 多个,最好的时候都有 4000 到 5000 个。听说我们廖奶奶咸鸭蛋很好,好多人找我们合作,就是他们有平台,我们有蛋源嘛。】

【白杨】丽莎,你知道吗,在网络上,很多人买咸鸭蛋就是冲着"廖奶奶"的这个牌子来的。由于早年家庭贫困,从 16 岁起,廖奶奶就开始腌制、售卖咸鸭蛋,应该说有些历史啦!几十年来,练就了一手土法腌制咸鸭蛋的好手艺。

【丽莎】是的,廖秀英奶奶告诉我们,她腌制的咸鸭蛋,注重精选当地放养土鸭产下的鸭蛋,清洗以后裹上拌有盐巴的黄泥和草木灰,封缸腌足 40 天。这种古法腌制的鸭蛋咸度适中,不仅味道鲜美,还具有细、嫩、松、沙、油等特点。

【出录音:放盐、放酒,放点糖。几多蛋放几多盐,要称一下子,咸鸭蛋好吃就有人来买。】

【白杨】哎呀,听了廖奶奶的介绍真的是快流口水了!由于销量好,"廖奶奶咸鸭蛋"经常出现断货现象。当地政府因势利导,组建了"廖奶奶咸鸭蛋合作社",采取"合作社＋电商＋贫困户"的产业化经营模式,让周边贫困户加入进来,鼓励周边农户养鸭致富。瑞金市壬田镇副镇长钟久滢告诉我们:

【出录音:市里面和镇里面出台了蛋鸭产业的发展意见,我们免费为贫困户发放鸭苗,全镇今年的目标是养 5 万羽。这个合作社刚成立的时候 23 户贫困户,现在有 32 户贫困户。它保证合作社社员每个蛋有五毛钱以上的利润。】

【丽莎】白杨,你知道吗?在"廖奶奶"咸鸭蛋品牌效应带动下,今年以来,瑞金市壬田镇就卖出咸鸭蛋 200 万个,月纯利润 18 万元。对于自己多年摸索出来的腌制咸鸭蛋的秘诀,廖奶奶从不吝啬传授给别人。她告诫大家,卖蛋就要卖"良心蛋""信用蛋"!

【白杨】是啊,致富不忘乡亲,廖奶奶说,"自己富不算富,要带动村民一同脱贫致富才算富!"

【丽莎】听众朋友,通过"电商＋合作社＋贫困户"产业化经营模式,不但推动了产业发展,而且带动了贫困户脱贫致富。2016 年 10 月,廖秀英老人在北京召开的"全国脱贫攻坚奖表彰大会"上还获得了"奋进奖"!

——插花3

【丽莎】听众朋友,我们江西是革命老区,也是扶贫开发的重点区域。近年来,我省大力推进精准扶贫、精准脱贫,扶贫开发事业取得显著成效,而赣州作为江西脱贫攻坚的主战场,在推进网络扶贫方面可是作了有益的探索!

【白杨】是的,在脱贫攻坚方面,咱们赣州市可以说是勇于创新、抢抓机遇,积极推进网络与扶贫的深度融合,搭上了信息化的"高速列车",创出了网络扶贫的"赣州经验"。就在11月29号,"全国网络扶贫工作现场推进会"在我们赣州市宁都县召开。

【丽莎】我们了解到,目前,仅宁都县注册的网店就达到了1000多家,提供就业岗位2000多个,去年实现网络销售额32.6亿元,贫困发生率由原来的23.2%下降到了10.3%。宁都县委副书记刘云波告诉我们,实施网络扶贫行动,宁都县打出了一整套"组合拳"。

【出录音:出台一个《"互联网+"扶贫行动方案》,培养一批电商带头人,建好用好电商创业孵化园,培育一个村,打造电商扶贫产业链,通过大力推动网络与扶贫融合发展,形成了网络扶贫的"宁都模式"。】

【白杨】听众朋友,网络扶贫的"宁都模式"只是赣州实施网络扶贫行动的一个缩影。赣州市有932个省级贫困村,贫困人口70.24万。为解决"扶持谁""怎么扶"的问题,我市建立市、县、乡、村精准扶贫信息平台,将所有贫困县、贫困村、贫困户以及扶贫工作队和扶贫干部情况全部录入精准扶贫信息管理系统,用大数据推动扶贫精准化,利用网络为贫困户脱贫实施精准帮助。

【丽莎】说得没错,在宁都县有一位贫困户曾道秀患有肾病,每隔一段时间都要到宁都县城复诊开药,前不久,医院告诉她要转到赣州治疗,让这个贫困的家庭更是雪上加霜。然而,让曾道秀欣慰的是,社区医疗服务站最近开通了远程会诊系统,通过远程会诊系统,赣州市人民医院的医生很快确诊了病情,制定了治疗方案,这为曾道秀省去了去赣州的一大笔开支。

【出录音:有了远程医疗之后,在家门口就可以得到市里专家的治疗,既省钱又方便。】

【白杨】听众朋友,为了让贫困地区的群众在互联网共建共享中有更多获得感,我市在推进网络扶贫方面进行了一系列有益的探索,为贫困群众生产生活及提供优质的文化教育资源提供"定制式套餐"。

【丽莎】现在,我们赣州有96%的行政村已经开通了宽带,电子商务进农村实现了全覆盖,"农家书屋+电商"模式受到中宣部和文化部的充分肯定。今年前三季度,全市农村电子商务交易额近120亿元,带动了包括贫困群众在内的接近20多万人创业

就业。省委常委、市委书记李炳军说:

【出录音:我们将扎实推进网络覆盖、农村电商、网络扶智、信息服务和网络公益等五大工程,增强贫困地区的"造血功能",改善贫困群众的生产生活,为三年脱贫摘帽、五年同步小康注入强劲的动力。】

【白杨】一分耕耘,一分收获!听众朋友,我们相信,在"互联网+"的推动下,赣南老表与电商结缘,腰包一定会越来越鼓,脱贫致富奔小康的步伐也会越来越稳健!

【丽莎】好的,听众朋友,感谢您收听我们今天的《乡村纵横》节目,我们下期节目再会!

【2016年12月7日《乡村纵横》播出】

赣州广播电视台

主创人员:刘照龙、曾海勇、白小龙、阙丽莎

《赣南老表的电商情缘》作品评析

苗笑雨

本部作品为广播专题类型,出自一档被称为《乡村纵横》的节目。对于广播专题类型的节目,制作的技术难度并不大,但是要把节目做好难度却是很大的。原因很简单,受制于媒介特性,广播完全凭借声音传播,与电视节目借助视觉画面传播相比,具有先天的弱势。视觉画面是二维展开式的,可以同时调动形象画面、文字、动画、动态视频、声音等多种传播方式,信息载量大。而对于广播来说,只能调动一维的线性声音传播方式,信息载量明显不足。而从受众层面来说,声音接受由于是线性传播稍纵即逝,也大大影响了受众的注意阈限。

所以,广播往往更侧重于资讯类播报,每一条信息相对短小,受众更容易捕捉。这也就是为什么城市交通台发展得比较好,生活服务类资讯更容易成为广播内容的主体。或者,广播依赖于声音更加偏感性的媒介特质,在情感诉求性比较强的节目(诸如广播剧、音乐节目、情感话题节目等)中发挥优势。相比之下,广播专题类节目就显得比较尴尬。专题节目往往信息量比较大,而相对时长比较长,对受众的注意阈限要求比较高,增加了这类节目对受众的吸引难度。这意味着,要做好广播专题,就要在节目的内容选择、广播稿撰写、播报方式、音乐设置等技术细节设置上多下功夫。

本档节目题为《乡村纵横》,这说明是一档服务于乡村的广播节目。节目的栏目头有四句话:"听农民声,说农民事,解农民忧,帮农民忙。"这无疑反映了这档节目的宗旨——立足农民,反映农民,服务农民。如何才能更好地体现这个宗旨呢?

我国是个传统的农业大国,有着数量广大的农民阶层。近些年随着城镇化步伐的不断加速,确实有一批又一批的农民离开土地,进入城市。但毕竟还是有数以几亿计的农民依然依靠土地生活。这其中,本作品所反映的赣南地区——有着悠久光荣历史的老区,大量的农民还是过着靠天吃饭靠地生存的日子。我国农业现代化的进程还需要很大的完善空间,单纯依靠土地生活的农民日子并不富裕,甚至在很多地区还没有脱困。何谓服务于农民?就是要在目前的经济基础上,以农民为根本,想农民之所想,努力引领农民脱贫致富。

就赣南老区自身条件来说,多山区缺乏大规模机械化农作的土地条件,交通不太便利,信息比较落后。这就需要以政府的能力,引入外来资源与先进技术,提升拓展思维理念,从而引导当地农民改变落后的思维方式、生产方式。在这种情况下,互联网无疑成为改变农民状况的关键技术。

本部作品的内容核心恰恰是要把互联网电子商务这种在农民中刚刚起步、相对还比较新鲜的事物介绍给农民兄弟。而且,并不止于泛泛的介绍,而是要把当地政府如何通过互联网技术来实现精准扶贫、改善现有农业模式、提高农民生活便利等的努力,系统全面地介绍给农民兄弟。从而形成具有示范效应的带头表率作用,引领更多的农民了解、掌握、使用互联网生产模式,在政府引导下逐步实现脱贫致富的发展方向。

这样的专题内容确实是农民所需要的,也能为农民带来实用信息。只是,这样的专题内容往往都相对比较专业,政策性和技术性都比较强,尤其又是用广播的呈现方式,会增加农民的收听难度,这就需要在内容呈现上寻求更加具有收听特征的内容表达方式。声音媒介自身偏感性的特质比较适合讲故事,用一种娓娓道来的方式,让受众在收听故事的潜移默化中接收到该有的信息。

本作品不失时机地借助内容素材,讲了三个生动的真实故事:种脐橙的农民与李克强总理的故事;传奇咸鸭蛋老奶奶的故事;得病农民在家门口就可以看病的故事。在三个故事中,前两个故事紧紧围绕本期节目的内容核心——农民与电子商务来讲述。同时,这两个事件的故事性都非常强。在第一个故事中,李克强总理居然会给一个普通农民回信,并随信附上 200 元"买橙钱";而在第二个故事中,八十多岁的老奶奶成了"网红"。这些极富有戏剧性又富有传奇性的故事情节会极大吸引听众的注意力,从而借由故事把需要传达的信息传递给农民听众们。

节目不但用戏剧性的故事来传递内容,同时在主持人播报上也尽量形成接农民地气的主持效果。主持人采用男女双主持形式,男声比较老成慈祥,女声比较中性亲切。与城市电台动不动就追求细嫩嗲气的年轻化主持风格不同,对农民听众的广播节目还应该以稳重为主。从这一点上本节目的主持风格掌控还是中规中矩的。因为农民听众在认识媒体上,还是更多倾向于一个相对权威的传播载体,所以主持风格不宜太过年轻化与戏谑化,稳重中透着亲切是比较适宜的。同时,男女主持之间形成了一种类似聊天唠家常似的交流状态,很好地拉近主持人与听众之间的距离。农民听众们也就在这娓娓道来的聊天对话中,在戏剧化的故事讲述中,潜移默化地学习到很多新的知识信息、新的思想观念。

当然,这部作品还是存在一些不足。比如,在故事讲述中,同期声使用略显少了一些;内容播报过程中,书面语还是显得多了些,口语化不足。

第二十四届江西新闻奖二等奖

专题

井冈深处访脱贫

"老区在全国建小康的征程中，要同步前进，一个也不能少。"这是习近平总书记今年春节前夕视察井冈山时对当地干部的嘱托。年初井冈山市就立下"军令状"：年底要在全省率先实现脱贫。距离2016年结束还剩不到半个月时间，井冈山市脱贫攻坚的承诺能否兑现？老区群众的生活有了怎样的变化？记者进行了调查走访。请听江西台记者邹淑芳、刘乐明采写的新闻专题：《井冈深处访脱贫》。

巍巍井冈，苍山莽莽。沿着蜿蜒盘旋的山路，记者乘车来到海拔800多米的茅坪乡神山村。蒙蒙细雨过后，村里显得更加干净整洁，平整的水泥路直通各家各户，37栋危旧土坯房加固改造后白墙青瓦红窗，"客家"风情浓郁。正在村里走访贫困户的茅坪乡党委书记刘晓泉迎了上来，高兴地对记者说，农历小年习总书记到村里视察后，给村里带来了人气和财气。今年以来，神山村共接待游客近十万人次，人均增收2100元，占全村人口一半的贫困户年底脱贫不是问题：(出录音)"现在我们不是单单停留在脱贫的问题，我们是怎么向着小康迈进。围绕着旅游扶贫这块，我们通过把基础设施完善，把环境整好。特别是总书记到这里视察之后，来的人多了，我们通过开展农家乐，实现了山区变景区。"(录音止)

邀请习总书记品尝过"米果"的贫困户彭夏英见到记者来，热情地招呼记者坐下。她说，靠着开办的农家乐，今年的日子可大不一样了：

(出录音)"我女儿在这里开农家乐，我是帮忙。她也赚了钱，她拿了几万块钱给我。还有游客到这里来，我们可以搞点土特产去卖，又增加了很多收入。

"今年你的收入变化这么大，那你还算不算贫困户？"

"现在可以脱贫了，我们不算贫困户了。"(录音止)

事实上，脱贫已不是井冈山市少数人的"幸运"，而是有计划、有步骤、有重点的精准实施。记者来到更偏远的柏露乡楠木坪村。60岁的孤寡老人、低保户王庚茂指着远处的毛竹林和杨梅、黄桃基地告诉记者，有了这些产业分红的钱，收入更加有保障。(出录音)

"毛竹搞点，一年三千。杨梅基地分红的钱，一年七百五。低保十月份是两百一，九月份以前是一百一。还有个烈属子女，这里三百块钱(每个月)。"

根据贫困发生率必须降到2%以下的贫困县退出标准，井冈山市是否能脱贫，还要接受国家第三方机构的权威评估。在当年朱德总司令挑粮经过的大陇镇瑶背村，镇党委书记刘济光坚定地告诉记者，他们严格执行了脱贫的四条刚性标准。（出录音）

"一个是他的收入有没有达到人均3146；第二个，他们的住房能不能够得到保障；第三个，贫困户有没有因贫让子女在家辍学的；第四个，在健康方面，有没有保障。我们自评了都能达到脱贫标准。我们是有信心脱贫的。"（录音止）

信心源自于真抓实干。围绕率先脱贫目标，井冈山市制订路线图和时间表，市委书记亲自挂帅，层层签订责任状，动力一级一级传导到每位党员干部。

在井冈山市的各个乡村，记者看到，所有贫困户家门口都挂有帮扶信息卡。卡上清楚地写明贫困户的家庭情况、致贫原因、帮扶干部的姓名和联系电话等内容，接受社会各界监督。其中，红卡户代表基本没有劳动能力的特困人员。井冈山市委常委、农工部部长巫太明：（出录音）"把他分为红卡户、蓝卡户、黄卡户。按照村里最穷、乡镇平衡、四级把关、群众公认的原则来进行识别，在全国走得比较早。"

对贫困户进行精准识别后，各乡镇场分类施策，将资源和资金加速向贫困村和贫困户聚集，确保贫困户吃穿两不愁，住房、教育、医疗三方面有保障。

井冈山市70%以上的贫困户都是因病致贫、因病返贫。为啃下脱贫中的这块"硬骨头"，井冈山市在推出政策保险、商业保险等四条保障线的基础上，今年在全省率先推出重大疾病险，对需要常年关照的贫困户，每年给予15000块钱的护理费。厦坪镇菖蒲村红卡贫困户尹爱栋的妻子2014年患肺癌，通过各种保险报销，治病的费用问题全都解决。（出录音）

"一年是花了多少钱？——今年花了十三万。"

"听说你报了十四万多？——他们给了我们一万五车费、务工费。"

"那要是没有国家的这种帮助的话？——病看不起啊。像我们老百姓哪有那么多钱去看病啊。"（录音止）

对完全丧失劳动力的贫困户，政府兜底保障；对劳动力缺乏的贫困户，政府引导其加入合作社获得分红；对有能力的贫困户，扶贫干部则千方百计找产业将他们扶起来。拿山乡草莓产业扶贫基地负责人甘忠给记者讲起了当地干部拒绝"给钱"扶贫的事。（出录音）

"我跟他们说，你不要跟我说扶贫，我给你们支部三万块钱，你们去分给贫困户。但是，他们不要钱。他们就叫可持续性扶贫工作。"

"后来怎么转变了呢？——后来他们整天来跟我做工作。被他们感动了，他们对扶贫上心得好像他自家人一样的。"（录音止）

为了引导贫困户加入到草莓产业中来，村干部带头示范，并组织技术人员教贫困户草莓种植技术，为有条件的贫困户免费提供草莓种植大棚和种苗。现在，拿山乡

58%的贫困户通过种植草莓以及土地和劳务入股的方式,获得稳定可观的收入。拿山乡党委书记王笛:

(出录音)"我们这个基地产业选得准。当年投产,当年收益。这个草莓基地从去年开始到今年才两年时间,但是老百姓从中看到了收益,看到了信心。"(录音止)

扶贫措施要"实",考核同样也要"实"。在贫困户家里,记者看到,墙壁上都贴着2015年和2016年的各项收入进账表,贫困户有没有达到脱贫标准,一目了然。大陇镇党委书记刘济光指着贫困户宁竹英家的收入表告诉记者:

(出录音)"这个收入情况经过了几级的核对。你看,这个是村主任核对了,这个村书记也核对了,这个第一书记也核对了,我们的镇长也核对了。他能不能脱贫,全部很清楚。"

"签了字就要负责任啦?……全部负责任。有虚假的话这上面的人都要承担责任。我们就用这个方法来把基础工作做实。"(录音止)

精准扶贫,不仅要在项目上扶得准,更要在志气上扶得起。东上乡红卡贫困户刘富华腿有残疾,三十多岁了还和妻子小孩借住在深山里的亲戚家。就在这个月,他搬进政府帮建的爱心公寓。虽然家里只有床和桌椅几样简单的家具,但他对未来的生活信心十足。他说,依托楼下配套的一个鸡窝、一片菜地和一亩井冈蜜柚果园,全家可以挣得一份稳定的收入,加上自己在合作社里打工养蜜蜂,生活不用愁。(出录音)

"你觉得你自己还会再穷下去吗?……不会吧。"

"接下来靠谁呢?……接下来肯定靠自己。政府已经给你起了这个头,要靠自己的能力。"(录音止)

66岁的茅坪乡神山村贫困户左秀发不但从村里的产业项目上领到分红,还把游客吸引到家里来打糍粑。他惦记着早一天把"贫困户"的牌子给摘了:(出录音)

"我应该可以脱贫了,什么时候把那个牌子下掉。我现在基本可以了,党和政府给我很多的关怀。"(录音止)

贫困户摆脱了"等靠要"的落后观念,精神面貌为之一振。拿山乡副乡长刘南先看在眼里热在心头。(出录音)

"志气,你就是不能完全靠政府,要把他自身脱贫的动力燃烧起来了。懒人还有照顾,那就肯定不行。"(录音止)

脱贫攻坚,倾注着每一位扶贫干部的心血。走村入户,村民时不时地会跟记者身边的帮扶干部打招呼、聊家常。对此,井冈山市优秀帮扶干部、市新型农村合作医疗管理局局长刘家余坦诚地说,不到群众中去,怎能扶好贫?(出录音)"压力很大。我这几家贫困户今年全部要脱贫。我经常会去走,白天找不到,晚上我就去找。"(录音止)

事实上,许多干部在扶贫中也找到自身的价值。井冈山市大井林场副场长何桂强是今年省委书记鹿心社考察扶贫时电话"抽查"的帮扶干部,因为对扶贫工作的情况心中有数,措施具体,得到书记的肯定。他说:(出录音)

"开始做工作,那是工作需要,有任务一样。但是后来我就感觉,不用心,你就做不好,别人也不领情。"

精准扶贫,扶起了人心,也扶出了党群、干群关系的新局面。采访中,贫困户对记者说得最多的话就是感谢。在东上乡爱心公寓点,深山移民红卡户廖万森激动地说:(出录音)"没有想到政府给我这么多好处,永远要记住党和政府对我的照顾。"(录音止)

革命烈士李筱甫的孙子、现年60岁的茅坪乡坝上村村民李祖芳今年被省委党校特聘为教师。他每年都要为来井冈山培训的全国青少年讲上百场党课,特别是讲爷爷为红军理财,把家产献给革命的故事。他说,井冈山上长眠着48000多名革命烈士,贫困户的日子好起来,这是对烈士的最好告慰:(出录音)"现在这个地方搞得很好,我很高兴啊。也不枉我爷爷他们,(跟随)毛泽东在这里打天下。"(录音止)

井冈山市委常委、农工部部长巫太明:(出录音)"全山一盘棋,大家拧成一股绳,我们今年可以作为贫困县摘帽的。"(录音止)

井冈深处访脱贫,从一项项措施,一个个数字,一户户变化,我们看到了井冈山贫困群众脱贫的信心,也看到了井冈山扶贫干部扎实的作风、全身心的投入以及为群众谋利益的真情付出。记者深刻感受到,有了这样的精神状态和责任感,"一个都不能少"的脱贫,就只是时间问题,党和政府决不能让老区群众在全面建成小康社会进程中掉队的承诺也一定会兑现。回望井冈山上入口处宏伟而又鲜红的党旗雕刻,习近平总书记的殷殷嘱托似乎又在耳畔回响:(出录音)"老区在全国建小康的征程中,要同步前进,一个也不能少,都要共同迈入小康社会。"(录音止)

江西广播电视台

主创人员:邹淑芳、刘乐明、刘崇智

《井冈深处访脱贫》评析

苗笑雨

"老区在全国建小康的征程中,要同步前进,一个也不能少。"这是习近平总书记在考察慰问井冈山老区时候发表的演说,是总书记心系老区的殷殷写照。作为新中国革命发源地,中国工农红军的最早期根据地,新中国革命胜利的有力基石,在超越半个多世纪的岁月荏苒中,在中国已经高居GDP总量世界第二的灿烂功绩中,井冈山却还在为实现全面脱贫努力,这是我们的惭愧。井冈山脱贫,不只是一个关于中国西南部欠发达地区经济改善的事情,同时也代表着中国革命的传统在不同时期如何继承延续发展,在思想文化脉络与意识形态上如何体现的问题。所以,关于井冈山老区人民的脱贫奔小康,有着多维的现实与长远意义。

憧憬与希望总归是美好的,问题的具体落实解决则需要一个系统的建设过程。作为一篇广播专题稿,《井岗深处访脱贫》这部作品其实需要体现几个方面的功能,包括现实状况的考察总结、党和政府的政策宣导、未来愿景的引导与畅想。这也决定了本部作品整体的布局谋篇。《井岗深处访脱贫》,实实在在交代了这篇广播稿的工作重点——老区人民目前生活如何?是否脱贫?脱贫的程度怎么样?是依靠什么来脱贫的?这个过程中党和政府扮演了什么角色?未来会怎么样?这是一篇采访稿,但绝不能限于简单的现实现象碰触,需要更全面更广泛更深入更系统地讲述有关井冈山老区脱贫的故事。所以,从整体结构把握上,应该是层层深入的结构方式。本部作品在这一点上显然处理得比较好。

这个作品以习总书记在井冈山的讲话引起,既深刻生动,又高屋建瓴。如同习总书记那句脍炙人口的经典名句一样:"人民的美好生活,就是我们的改革目标。"这是用感性的语言对中国发展道路最好的诠释,井冈山作为有着悠久历史的革命老区,这块土地上人民的脱贫奔小康,是中国改革发展的一面镜子。广播稿用习总书记讲话作为开篇,具有深远的政治意义。

接下来,如何证明井冈山老区的脱贫,要拿生动的案例来说话。作品进入到现实生活中普普通通的当地农民的采访段落,他们对于自身的生活境况是最有发言权的。通过他们的现身说法,让广大的听众了解到,井冈山老区的脱贫工作已经实实在在地在基层中间开花结果。

有了具有说服力的个案,可以第一时间生动地展示脱贫成果,但这是远远不够的。作为担负着党和政府政策宣导的广播专题作品,要有表有里,有点有面,全面介绍当地的扶贫工作。让广大听众尤其是农民听众切实理解认识扶贫这一系统工程。首先,政府制定的脱贫指标是什么?其次,实施脱贫计划的核心技术理念是什么?最后,围绕这些所采取的具体手段是什么?为此,当地政府在收入、住房、子女入学与医疗四个方面提出非常具体的指标。这是一根红线,达标与不达标一目了然。而指导扶贫工作的核心理念就是"精准扶贫",这意味着贫困户是经过严格筛选的,困难状况的统计是严谨到户一级的,而每个贫困户又是具体落实到政府干部头上的,就像承包制一样。而且这些干部并不是仅限于最基层干部,而是多级干部联动。这样才能保证贫困户的调查统计具体详实,每一个贫困户又有专人负责,工作到位。在脱贫技术手段方面,既有因地制宜的农业技术指导与农家乐经济模式转型引导,也有合作社这样新型经济组织结构的创造,从而系统全面地解决当地脱贫问题。

按照工作介绍来说,到目前为止,井冈山当地脱贫工作的总体介绍其实已经完成了。但这部作品不想单纯停留在介绍层面,而是在精神引导层面再下功夫。毕竟脱贫工作绝不只是一种技术工作,这关系到人心向背的问题。而就专题广播稿而言,需要在人文关怀上为听众描述一个希望幸福的愿景,而这其中人心与情感力量是必不可少的。

为此,在采访中,专门就政府干部在脱贫工作中的心得做了采访。这些基层干部并没有什么华丽豪迈的辞藻,却用质朴的言语讲出了令人感动的话:"不用心,你就做不好,别人也不领情。"是呀,这是工作,是用心的工作,这是与贫困百姓的心连心,是苦乐共担的同理心,是干群共建的人心。希望往往是心灵上的。物质固然重要,但没有了精神的物质并不能给人带来幸福。贫穷固然要被解决,但大家团结一心共同努力才是走向美好未来最坚实的基础。广播稿也是在收尾的部分,用切实的感受为大家描绘出一幅美丽的未来画卷。

从作品的一些不足来说。

首先,从结构上来说,虽然作品较好地考虑到作品内容的多层次性,但在结构的清晰完整方面处理得不太好。需要更加明确每个部分的任务。同时,作品层次发展在由浅入深由表及里的发展脉络中,深与里缺乏更为细致的思考。这样造成的结果就是,目前的结构完整度还是可以的,但结构内部并不太顺畅,每个部分之间并没有清晰的递进关系,而内容上也产生了一些不必要的重复。

其次,作为广播类节目,语言过于密实,音乐元素缺乏。这是一篇专题类广播稿,讲的又是比较带有专业性的内容,过于密实的语言很快就会造成听众的疲倦,信息接受也会有应接不暇之感。如果较好地使用音乐元素,例如像插花、配乐等等,既可以缓解语言密度大形成的僵化,也让听众在收听过程中更加适应更加放松。

最后,同期采访的容量略显不足。太多的解说词又偏书面性与论述性,情感色彩明显被冲淡了。如果多加一些同期,真实的人讲述真实的经历与故事,会更加感人。

2015—2016 年度中国广播影视大奖

第二十四届江西新闻奖二等奖

七只鸭子的"官司"

（出鸭子叫声,压混）

七月,临川区大岗镇成片的稻田渐渐变成了金黄色。

一大早,上门村的养牛大户魏华忙着在自家水沟边扎起了一圈鸭栏,他要把自家的 30 多只鸭子牢牢地"圈养起来",再也不让它们跑到田里去"祸害"庄稼了。

前不久,老魏为了 7 只鸭子将邻居告上了法庭。这件事在十里八村传得沸沸扬扬,让魏华成了个"名人"。

【出片花】

（音乐）

多年邻居,为 7 只鸭子争吵不休。

（出录音）"我鸭子到他田里,被他打死了。过了一个多月,人家都不愿谈了嘛。我咽不下这口气。"（止）

小小的纠纷,竟然闹上了法庭?

（出录音）"毕竟你还要考虑到人情啊,一告两方关系僵了,以后你还要不要来往,还要不要见面?"

"不就几只鸭子的事情,赔点钱不就了事。有点浪费司法资源的感觉。"

孰是孰非,法定是非。

（出录音）"我不是为了这场官司要赢多少钱,就要把道理搞清来。我原来认为,法放在那里,最好不要去用。现在不同了,法就在手中。"

《爱问》:《七只鸭子的"官司"》,欢迎收听。（音乐）

事情还要从今年春天说起。

那天中午,从集市上卖完牛奶回家的魏华还没进门,就听见老伴在"怒吼"。原来家里的鸭子被邻居老张活活打死了。老魏火急火燎地赶到了田里。一看,肺都气炸了。

（出录音）"我养了 16 只鸭子,就被他打死了 7 只。那些鸭子它吃草籽,不会去田里,我知道的。他也是(狠心),打死太多了嘛,打死一只、两只、三只我也不会说。"（止）

当即两家人就在田间"开了火",吵得不可开交,还叫了来村干部现场评理。驻村干部夏庆华:

（出录音）"当时有一个村主任,一个村会计,我也在场。田里面确实有鸭子到过的

痕迹。那个田主说:我告诉过你两三次了,你再把鸭子放出来(到田里)我就把你鸭子打死,他自己也说你打死算了。"(止)

当地农村有个不成文的"规矩":家禽家畜下田打死勿论!之前,两家为鸭子下田的事也发生过几次争执,甚至还达成了一个"打死随便"的口头保证。

可真到了眼睁睁地看到自己辛辛苦苦养的这么多鸭子被活活打死后,老魏还是接受不了。他想不通,对方犯了错,为什么还这么理直气壮?

(出录音)"我弟弟说,我们干脆以牙还牙。我说不行不行。我不能打架,打也打不赢。打得赢也不能打架啊。"(止)

镇派出所出面调解,让老张赔100块钱给老魏,拎两只死鸭子回去。另外,派出所再出100块钱买两只死鸭子,减少老魏的损失。双方还是互不服气,又吵到了镇政府。

(出录音)"我气不下去。我一定要你承认错误!你不承认错误,这样不行的,是吧?我还要养鸭啊,还要养牛啊。"(止)

魏华担心,今天自家的7只鸭子被"无辜"打死,明天说不准那十多头牛也要"遭殃"。

双方调解多次仍没有结果。

等了一个多月,魏华坐不住了。5月28号,他在镇上卖完牛奶,搭上班车,来到70公里开外的临川区人民法院北站法庭提起诉讼。

(出录音)"一个多月,他都不配合,人家都不愿谈了嘛。我咽不下这口气,我要试一试,有没有这个法。然后我起诉啦,找到那个什么民事法庭。"(止)

老魏先花了100块钱请律师写了个诉状。

(出录音)"律师给我写材料,他说要两三千块钱。我说几只鸭子我也赔不到两三百元,那算了我不告这个状了。那就拿一百。"(止)

拿着诉状,按照律师的指点,魏华第一次走进了抚州临川区北站法庭。

(出录音)"才拿了50块钱起诉。原来以为打官司要好多钱,我做了思想准备。要好多钱我也要尝试一下,老百姓打官司是不是难。"(止)

北站法庭法官李军收下了魏华的诉状。他告诉老魏,过几天就会到镇上去了解情况。

(出录音)"他就拿着诉状到我们法庭来。我一看,这几百块钱的事情。这么小的(案子)确实很少。原告方就是要讨个说法。"(止)

北站法庭每年受理案件近200起,有的案子要多次开庭,加上社会综合治理的任务,法庭人手十分紧缺。为了7只鸭子的官司,法官李军执意两次下到大岗镇,同一团队的代理审判员余红征、书记员小黄,起初都不理解。

(出录音)"这个案子反正在我进法院这么几年,是我接触的最小的一个案子,有点浪费司法资源的感觉。"

"不就几只鸭子的事情,赔点钱不就了事。因为我们这个一出动,一下去就跑好几趟,而且又那么远。"(止)

每只土鸭,市价大约100块钱。为了被打死的7只鸭子,邻里打起了官司,还要法庭相见,多次参与调解的大岗镇司法所所长车福龙也有些不理解。

(出录音)"毕竟你还要考虑到人情啊。一告两方关系僵了,那么以后你还要不要来往?还要不要见面?我的观点就是说,小事还是下面处理,没有必要去上面。"(止)

可法官李军却不这样看。

(出录音)"老百姓这么小的事情他会来法院都是经过深思熟虑的。对这类案子,我们也非常的慎重。"(止)

按照程序,李法官一行把传票送到被告家。

(出录音)"当时被告他本人在南昌市打工,家里只有他老婆。我们就把开庭传票、诉状都送达给被告的家属。她说因几百块钱的事情还闹到法院去啊?我说,人家要起诉你也正常啊,这是符合法律规定的。"(止)

就因为打死了几只鸭子,自己竟被告上了法庭?邻居老张做梦也没想到这辈子会成为被告。他急匆匆从南昌赶回了大岗镇,找到了李法官,说也准备请个律师好好打一打这场官司。但李法官制止了他的冲动。(出录音)

"我说你聘请一个律师可能又要花一两千块钱。这件事争议很小,你也不要太急躁。过些天我就到你镇里来一趟,把乡镇的副书记、政法干部、村委会的干部、派出所的干部都叫到一起,就在乡政府双方坐在那里谈。"(止)

在北站法庭的组织下,6月21号,魏华和老张面对面坐在了大岗镇政府的一间会议室里,接受司法调解。法官李军:

(出录音)"一开始吵得不可开交,拍桌子。我就把一方拉开,单独做工作,跟他讲理讲法。"(止)

整整一个上午,法官、派出所警官和镇村干部齐上阵,对照法律条款,结合乡村民俗,耐心跟原被告双方讲理讲法。(出录音)

"被告,首先你确实打死鸭子是事实,造成了人家的损失应该要赔偿。他也说到农作物啊也受了一点损失,花点人工去把秧苗扶正来就可以。然后他提到,打死了鸭子你还有残值啊,按市场上去卖也能卖50块钱一只……"(压混)

临近下午1点,老魏和老张终于达成了一致意见。法官李军宣布,老张最终赔偿老魏150块钱,魏华撤诉。

从请律师写诉状、到上法庭提请诉讼,老魏这次总共花费了150块钱。其实最终魏华一毛钱都没多得,但他对这个结果非常满意。

（出录音）"这场官司我不是为了要赢多少钱,就要道理搞清来。是非一定有的嘛。我原来就是认为,这个法放在那里,人在这里,最好不要去用。现在不同了,法就在手中。"（止）

在法官李军看来,这场看似"微不足道"的"小案子"却有着"耐人寻味"的"大意义":

（出录音）"老百姓这么小的事情懂得用法律来保护自己,相信法律,这应该是法治的进步。"（止）

（出鸭子声压混）

昨天上午,法官李军来到大岗镇对魏华进行了案件回访。老魏告诉李法官,那场"官司"之后,邻居老张一直在外出打工。偶尔回家,他们碰面也会打声招呼。尽管两家的芥蒂还没有完全消除,但相信随着时间过去,慢慢都会理解的。

（出录音）"记者:你以后碰到事还会选择打官司么?"

"魏华:如果是很受冤屈的话,我会用法律,还会照这样,沿着法律的路去找到自己的答案。"（止）

听着老魏的话,当了快 20 年法官的李军陷入了沉思:

（出录音）"人人信法,依法治国,这个社会才会健全。法治社会在进步,需要一代又一代的人去努力。作为基层法官我们看到了这种希望:国家在进步,法治社会最终会实现。"（止）

江西广播电视台

主创人员:何灵、万芳、王南生

用"好声音"讲述"好故事"
——评广播专题《七只鸭子的"官司"》

朱 怡

专题节目往往予人以主题先行之感,道理讲得多了节目可听度就低了。尤其在新媒体时代,受众地位提升,对媒体节目本身也提出了更高要求。在这种情况下,节目的呈现形式就显得格外重要。故事化叙事手法的运用,给广播专题节目带来了新的变化,也为这种节目形态带来了新的生机。

广播专题《七只鸭子的"官司"》调动一切手段实现了新闻的故事化处理,使节目本身趣味盎然、极具可听性。

一、关注重大题材,将主题融于故事化表述

《七只鸭子的"官司"》表面上讲的是农村邻里之间的财务纠纷,实则指向农村法治建设的重要性。作品立意高远,选题具有较大现实意义。以往此类节目,常见的是采访专家侃侃而谈或者满屏字幕介绍相关条文,虽有普法初衷但节目播出效果往往差强人意。广播专题《七只鸭子的"官司"》胜在以小见大,用"好声音"讲述"好故事",把大道理隐在小故事里。

(出录音)"记者:你以后碰到事还会选择打官司么?"

"魏华:如果是很受冤屈的话,我会用法律,还会照这样,沿着法律的路去找到自己的答案。"(止)

听着老魏的话,当了快 20 年法官的李军陷入了沉思:

(出录音)"人人信法,依法治国,这个社会才会健全。法治社会在进步,需要一代又一代的人去努力。作为基层法官我们看到了这种希望:国家在进步,法治社会最终会实现。"(止)

新农村建设为什么需要法治?法治对于一般农民究竟有什么用处?这些都是三言两语无法说清的大道理。通过"七只鸭子"引发了什么纠纷,当事人为什么一定要打"官司",打官司有什么用处?故事前前后后的讲述,既从农村实际出发,又落地于农村实际,法治的作用渗透于故事的每一个起承转合。

二、情感表达平实,将基调融于叙事过程

爱听故事是人类天性,抓住这一共性对于媒体工作者而言尤为重要。传统的广播专题节目往往着重借鉴文学手法,情景交融、衬托对比、托物言志,情感张力较大。《七只鸭子的"官司"》则采用类似纪实风格故事讲述,强调真实质朴的情感表达。

(出录音)"我气不下去。我一定要你承认错误!你不承认错误,这样不行的,是吧?我还要养鸭啊,还要养牛啊。"(止)

(出录音)"一个多月,他都不配合,人家都不愿谈了嘛。我咽不下这口气,我要试一试,有没有这个法。然后我起诉啦,找到那个什么民事法庭。"(止)

(出录音)"这场官司我不是为了要赢多少钱,就要道理搞清来。是非一定有的嘛。我原来就是认为,这个法放在那里,人在这里,最好不要去用。现在不同了,法就在手中。"(止)

几段人物原声,栩栩如生地刻画出一位语言朴实的乡间老汉形象。在协商无用、心里有气出不得的局面下,老汉没有选择亲友建议的"以牙还牙"式民间逻辑来处理纠纷,他说:"不行不行。我不能打架,打也打不赢。打得赢也不能打架啊。"可见,言语背

后站着鲜明的人物形象,道理背面隐含着浓郁的民间智慧,从而成就了该作品平实的乡土基调,可谓"接地气"的优质媒体作品。

三、广播特色鲜明,将声音手法融于叙事蒙太奇

在广播的媒体特性中,声音元素是最为重要的。作为一档广播节目,《七只鸭子的"官司"》擅于发挥声音魅力,尤其将叙事蒙太奇的技法运用于声音组接,从而成就了一个声音好故事。

1.音响先入,设置典型故事情境

作品一开始,首先进入耳朵的是一群鸭子嘎嘎嘎的混音,让观众马上形成一个鲜明的听觉形象:大片大片的田野,嘎嘎走过的鸭群。继而是人声起,"七月,临川区大岗镇成片的稻田渐渐变成了金黄色。一大早,上门村的养牛大户魏华忙着在自家水沟边,扎起了一圈鸭栏。"就像一部电影的开场,"从前有座山,山里有个庙,庙里有个老和尚"般的娓娓道来,迅速将听众带入一个典型的农村背景故事情境。

2.音响介入,实现故事场景转换

在常规电影中,镜头是它的最小单位,然后是场景以及段落,继而形成结构。这一套电影化的故事讲述逻辑在声音作品中体现得最为充分的应属广播剧了,其他类型的声音作品则相对较少。在专题作品《七只鸭子的"官司"》中,既有对官司缘起的回顾,又需要切回现在时空对官司的最新发展做出交代,实际上已经具备时间转换、场景组接的必要性。

在法官李军看来,这场看似"微不足道"的"小案子"却有着"耐人寻味"的"大意义":

(出录音)"老百姓这么小的事情懂得用法律来保护自己,相信法律,这应该是法治的进步。"(止)

(出鸭子声压混)

昨天上午,法官李军来到大岗镇对魏华进行了案件回访。

这里的音响元素"鸭子声压混"明显起了承上启下的组接功能,将故事时空从上一场的官司最终结果过渡到下一场的法官回访。

3.声音多元,提升故事表现魅力

对于广播作品而言,所有的素材取之于多种多样的声音元素。电影电视讲究"画外音",而广播讲究"音外画",即可以通过音响构筑画面,形成多样化的作品欣赏感受。多种声音元素的使用,使得这个故事讲述清晰,具备极强感染力。

广播专题作品《七只鸭子的"官司"》中,音乐的使用非常节制,只见于片花头尾。这种处理主动舍弃了音乐饱满的煽情能力,与作品追求平实基调的选择不无关系。

音响的使用也比较谨慎,比如鸭子的声效只出现了两次:一次在片头,用于建立听觉环境;一次用于片中,实现音响转场效果。

整部作品基本上都是以丰富的人声串联而成,片中出现的人声主要是"上门村的养牛大户魏华"和"北站法庭法官李军"以及解说声。在新闻故事化处理的技巧上,"魏华"作为故事主角提供了讲述主视点。"我气不下去。我一定要你承认错误!"第一人称的使用使得故事展开真实可信,故事结局有理有据。录音之外的人声基本属于故事解说,交代了必要的事件要素。

正如方毅华教授所言,广播节目好首先在于面相好,也就是专题节目要素完整,有特点有亮点;其次传播有力量,力量来自于节目中感人的故事、新鲜的表达等等。[①] 当"好故事"遇到"好声音",用"好声音"讲述"好故事",足以成就《七只鸭子的"官司"》这么一部面相好、有力量的优秀广播作品。

---

① 方毅华:《广播专题类节目评析》,中国广播电视学刊,2015年第5期。

第二十四届江西新闻奖一等奖

新闻访谈

鉴古知今话海昏

【节目总版头】：西汉大墓华丽开启，神秘的面纱被层层揭开，海昏侯考古成果惊世亮相，是中国历史的宝藏，是人类文化的遗产。FM105.4 江西交通广播特邀"海昏侯文化传播第一人"黎隆武先生，探幽历史、论道古今，嘉宾访谈特别节目《鉴古知今话海昏》。

主持人蔡静：这里是 FM105.4 江西交通广播，欢迎大家收听今天的特别直播节目《鉴古知今话海昏》，我是主持人蔡静。近期，大家津津乐道的一个词非"海昏侯"莫属，以"海昏侯"为关键词的百度搜索量达到了 391 万次；10 天内有 58 家单位或个人扎堆抢注"海昏侯"的商标；海昏侯的系列文创产品在 2016 江西艺博会上成为民众争相购买的艺术品之一；反映海昏侯的各类文学作品、考古文献多达十几种；南昌汉代海昏侯国考古成果展览到目前已经有三次了。海昏侯考古的成果为什么会给世界带来惊艳？传奇的历史故事背后折射出怎样的时代环境？又是什么引起了海昏侯的文化热？这种文化现象对当今社会又将产生怎样的影响？今天，我们的特别节目请到了江西省委宣传部副部长、海昏侯文化宣传"第一人"黎隆武先生做客我们的直播室，共话海昏侯。

【播放片花——嘉宾介绍】：黎隆武，江西省委宣传部副部长、新晋畅销书作家，出生于江西武宁，大学中文系毕业。热爱文学，痴迷历史，尤对前汉武帝家族研读有心得和独到见解；笔耕不辍，敏于思索，作品在各类媒体发布，颇具传播力，往往于历史不经意处寻见真谛。黎隆武处女作《千古悲摧帝王侯——海昏侯刘贺的前世今生》，国内首部关于海昏侯刘贺的历史纪实文学作品，发行首月便创下十万册销量，被业内评价为"海昏侯原创第一书"。有请特别嘉宾黎隆武。

主持人蔡静：好，掌声有请我们今天的特别嘉宾黎隆武，黎部长欢迎您！

嘉宾黎隆武：江西交通广播的听友们大家好！

主持人蔡静：黎部长您好！上周，《惊世大发现——南昌汉代海昏侯国考古成果展》在江西省博物馆正式开展，展期是 3 年，有 922 件文物作为常设展览亮相公众的视野，这也是海昏侯墓主人身份揭秘之后展品最多、展期最长的一次考古成果展。我们看到，就是全国各地的游客都纷至沓来，要一睹海昏侯墓出土文物的风采。在展馆大厅内我看到有一处展示海昏侯相关文学作品和考古文献的书馆，初步算了一下，海昏侯的相关书籍有十几种，黎部长您创作的这本《千古悲摧帝王侯——海昏侯刘贺的前世今生》作为畅销书被放在了书馆的正中间。我们知道呢,在今年3月2日首都博物馆召开的海昏侯考古新闻发布会上,官方首次揭开墓主人的神秘面纱,而您的这本关于第一代海昏侯刘贺的著作也同时启封,一下子就引发了海昏侯的文化热现象,之后,各类关于海昏侯的文学作品、历史研究、考古文献都层出不穷。我觉得您的这本书发行时间选得特别好,应景,特别能够回应社会的关注。

嘉宾黎隆武:关于这个事,业内有一种看法,就是世界范围之内,一个重大的历史事件出来以后很快图书就会跟进,那么在中国重大事情跟进的问题上,这一次也是一种创新。很多专家没有想到,江西的这个考古事件它会同步推出它的图书作品。江西在3月2号的这次考古《五色炫耀》的成果展,同一天上午同步推出这部十万字的著作,也充分地体现了江西的一种文化的自觉与自信。现在实践证明,这个点的选择是很好的,现在讲叫"站上互联网的风口"。这种策划对于这本书的传播,乃至对于海昏侯遗址开发和保护的传播,都起到了很好的作用。

主持人蔡静:其实真的是吊足大家的胃口,而且宣传节奏循序渐进,有步骤、有节奏,打造了这种独特的公众考古模式,也使得我们这次考古更贴近我们老百姓,更贴近大众,更接地气。那么,历时五年,经过考古工作者的辛苦发掘,沉睡了两千多年的海昏侯国遗址能够重现天日,它也是我国迄今为止发现的文物保存最好、墓主及主墓结构最完整、墓园区及城池区布局最清晰、出土文物数量最丰富的大遗址,同时也揭秘了墓主人,西汉历史上特殊的一个人物,他就是第一代海昏侯刘贺。

【播放片花——海昏侯】关键词:海昏侯。西汉所封爵位,共有4代承袭,一直延续到东汉。"海昏"其义,古汉语中的"海"就是指"湖",这里说的是鄱阳湖,而"昏"字本义为黄昏,古人指太阳落到了西方。因此,"海昏"就是指"鄱阳湖的西面"。第一代海昏侯为故昌邑王、汉废帝刘贺。

主持人蔡静:好,刚才通过一个小片花我们了解了一下海昏侯。海昏侯国的考古发掘成为了"2015全国考古十大新发现",江西省考古研究所所长徐长青就表示,它是当今中国考古学与文物保护学成功合作的范例。

【出采访录音——徐长青】这次考古发掘最重大的一个特点就是考古学与文物保护学在第一时间内最及时地进行了合作,使得文物保护能够最及时地提取信息,文物能够得到最大限度的保护,是当今中国考古学与文物保护学成功合作的典范,代表当今中国考古学的前沿,代表中国考古学发展的方向。考古学家摒弃了很多陈旧的观念,第一时间把绝大多数能够让别人接受的资料奉献出来,这个对推动整个考古研究是有帮助的。

主持人蔡静:是,我们这次江西对海昏侯考古和以往"上穷碧落下黄泉,动手动脚找东西"的传统考古模式有所不同,它是在考古的同时就在进行文物保护,而且采用

"理念先行、预案先行、高科技手段"的发掘模式,是考古工作的一大创新。

嘉宾黎隆武:这一次创新,实际上刚刚徐长青同志他讲的考古、文物发掘、保护(进行了)一种很好的结合。我觉得我更关注的是另外一种创新,你看到的我们正在进行的展览是第三次展览,你要知道,海昏侯墓以及海昏侯国遗址的发掘还正在进行中,边发掘、边展陈,边发掘、边保护、边研究,这个是中国考古史上非常大的一个创新。这种文物展的推出,就让人家感觉到一种江西的速度、江西的风貌、江西的开放姿态、江西的一种自信。就是我有充分的信心,在做好文物发掘保护的同时,我第一时间要顺应民众的期待,满足公众的知情,所以展出的效果就非常非常的好,确实引起了轰动。

主持人蔡静:是,而且我觉得也契合我们互联网时代的一个精神:分享。

嘉宾黎隆武:对,这次对海昏侯墓的这种关注,应该说自媒体、互联网起到了非常大的作用,朋友圈每天都在传,网上每天都有新的爆料,传统媒体它根据各自的角度做了很多浓墨重彩的深度的挖掘,所以这形成一种立体的传播。

主持人蔡静:对,而且有专家的、有老百姓的,观点各自的交锋,看得特别精彩。

嘉宾黎隆武:越来越多的人参与进来,我觉得这个是海昏侯墓的考古它的创新的特色之一。

主持人蔡静:对,这次考古高度吸引着咱们的眼球,还有一个重要原因就是我们的这次宣传推广,运用了现代传播的理念和手段。媒体全程直播公布考古进展,博物馆阶段性地公开展示考古结果,文化学者及时地出版海昏侯相关的文学作品和历史作品、考古研究作品,让公众第一时间获得相关信息,而作为省委宣传部的副部长,黎部长,我觉得您是更有感受了。

嘉宾黎隆武:对,这种宣传,这种推进,这种度的把握,后面确实是需要一个精心的策划的。那么这次的宣传是立体式的,而且充分地运用了新媒体,就让"海昏侯"这三个字成为了地球上一个著名的 logo,让刘贺就成为了个"网红",让海昏侯墓考古就成为了一个明星项目。所以这样的话才有了"六大考古新发现"、"十大考古新发现",包括"考古资产保护金尊奖",都让海昏侯刘贺的墓给拿到了,所以南昌人很自信。

主持人蔡静:对,没错,中华文化是民族凝聚力与创造力的重要源泉,由海昏侯墓葬发掘所带来的一系列考古手段的创新、宣传方式的创新、文化传播的创新,进一步增强了我们的文化自觉和文化自信。收音机前的各位听众、各位微友们,我们的微信公众平台也在和大家进行互动,大家有什么问题呢可以向我们的黎部长提问。你最关注海昏侯什么?最想问黎部长什么?他都会一一作答。

嘉宾黎隆武:我表个态,欢迎大家提问。

主持人蔡静:关于这本书呢,如果大家还想了解很多的海昏侯相关的信息,你也可以关注黎部长的微信公众号"隆武话海昏"。

【播放小版头】扑朔迷离的历史人物,丰富传奇的精彩故事,一场由海昏侯考古引发的文化热现象。FM105.4江西交通广播特邀江西省委宣传部副部长黎隆武先生做客直播室,梳理历史文化脉络,探讨构建文化自信。嘉宾访谈《鉴古知今话海昏》特别节目,正在直播。

主持人蔡静:欢迎大家继续收听我们正在直播的节目《鉴古知今话海昏》,我是主持人蔡静。今天做客我们节目的是江西省委宣传部副部长、《海昏侯刘贺的前世今生》的作者黎隆武。黎部长,欢迎!海昏侯墓葬的发掘目前还在进行当中,到现在为止已经出土了一万多件珍贵文物,真实客观地反映了汉代物质生活、文化,每一件文物背后都有着它的故事。在江西省博物馆正在进行的《惊世大发现——南昌汉代海昏侯国考古成果展》当中,展示了大量的马蹄金、金饼、金板等等,我发现,在这些展品前聚集的人是最多的,我们来听一段记者的采访录音。

【出采访录音——参观者】哈尔滨来的,出土这么多文物,历代都没有这么多。非常精美,感到好高兴啊!好震惊啊!马蹄金和金饼,哎呀太多了!是他身份的象征嘛!

主持人蔡静:在参观的时候,我也听到了不少朋友都在问啊,这个金饼多少重量啊?价值多少啊?我们来听听江西考古研究所所长徐长青的介绍。

【出采访录音——徐长青】这个墓里出土了478件,250克黄金一个。据经济学家研究,一块相当于汉代一家三口人一年的口粮钱。丝绸之路开通之后,罗马帝国大量黄金涌入长安、涌入大汉帝国,据说每年有5吨左右的黄金要涌入。

主持人蔡静:黎部长,你看,大家都动心的了,都看着那金饼、金板、马蹄金等等。其实我觉得从一个侧面来讲,西汉真的是一个多金王朝。

嘉宾黎隆武:实际上这次文物考古,一万多件文物里面,有很多是创造了中国考古的记录的中国"第一""之最"。但是,就像你讲的,老百姓最关心的、或者说吸引他眼球的还是那些金光闪闪的东西。刚刚长青先生讲的478枚金器、115公斤,重量、数量之多是创造了纪录。一次出土48枚马蹄金这个也是没有过的。出土那个麟趾金25枚,就是武帝做了一个梦,梦见祥瑞麒麟,叫人按照麒麟的脚趾头做了一批金器,这个汉书里面有记载,但是实物验证又是在刘贺的墓里第一次找到了。刘贺墓里面出土的20块金板,那个金板大概800、900克一块,有专家认为那是海昏侯国的黄金储备,那么这也是历史上第一次出土。此外还有200万枚五铢钱,这个都是创纪录的。

主持人蔡静:确实,有观众在说,这个金器它的含金量多少啊,然后我们知道它都是高纯度的,基本上都是在97%到99%之间,而且通过测算西汉当时的黄金储备量相当于我们现在的四分之一多。黎部长,我想问一下,多金之国它折射出当时那个时代它的一个财富价值观是什么样的?

嘉宾黎隆武:这个汉代呢,史料里面记载武帝一朝黄金储备很多,因为武帝对有功之臣的赏赐是很慷慨的,汉书里面记载,对有功之臣的赏赐达到 20 多万斤。

主持人蔡静:重金之下,必有勇夫。

嘉宾黎隆武:对,然后他多金也是和汉代盛世的国家财力是相匹配的。史料记载,后来在汉武帝之后的皇帝,就没有这么多的底气像武帝那样慷慨了。武帝那一朝对外用兵征战连年,54 年的皇帝打了很多仗,那是要花钱的。而且汉书里还有记载,汉武帝对自己的身后事,在陕西那边的茂陵,整个汉武一朝 50 多年国家财力的三分之一,他用于修建茂陵,带进去了很多奇珍异宝,所以国家的财力是耗费得特别的大。所以,我们今天能够在刘贺的墓里头看到这么多金器,可以感受当年的国力之强盛。

主持人蔡静:在这个馆里我们也见到了不少年轻人,他们在参观完了这么多的文物之后呢,他们自己也有自己的一些想法,我们来听听采访录音,我们来听一下。

【出采访录音——单同学】我一直很关注海昏侯的展览,我觉得真的是考古界的壮举。另外我们也可以多学习一下,我本来就是学跟画画、练字有关的,所以我这次主要是来看看他的印章和书信这方面的展览。真的是受益匪浅,我觉得真的要加深自己的功底了,这些财富是不可以计量的。

主持人蔡静:这位年轻的学生和之前的参观者关注的点不太一样,她觉得墓葬里出土的这些文字书信有着不可计量的财富,这也代表了现代年轻人的一种财富价值观。

嘉宾黎隆武:我非常高兴她能够关注到墓里面文化的遗存部分。比如说她关注那些书法作品,那么刘贺墓里面的书法作品有隶书,有他写给当朝皇帝汉宣帝刘询的奏章的底本,还有他的夫人侯夫人写给皇太后、上官皇太后奏章的底册,两人的字还不一样,刘贺的字很粗壮,都是隶书,但是侯夫人的字很娟秀,我猜测这应该是刘贺和他的夫人两个人分别写的。

主持人蔡静:刚刚我们也是在说墓中的各种文物,我想问问黎部长,您比较关注大墓里出土的哪一件文物?

嘉宾黎隆武:应该说这个墓里头的奇珍异宝特别的多,但是我最关注的是那些有文字记载的东西,比如说木牍、竹简,五千多枚竹简。现在初步识读的翻译出来的有汉代的《论语》《礼记》《易经》《孝经》《医书》等等,还有一些养生方面的典籍。那么这些两千多年前珍贵的文化典籍在刘贺墓里面出土,如果你联想到,汉武帝"独尊儒术",他之前呢,秦始皇"焚书坑儒",是损毁了很多我们珍贵的典籍的。如果这些典籍,有当年秦始皇没有焚毁的,民间收藏下来的,在武帝那边重新发掘出来,那个对我们国家的文化研究史是多有价值啊,是巨大的宝藏。而且这里头还有一个孔子的屏风,那个像实际上是一个衣镜,衣镜赋赋文里有孔子的生平简介,他弟子的生平简介,甚至有一个南昌人,谁呢,叫澹台灭明。我的书里面写了这个人,就是孔子七十二门徒之一。澹台灭明这个人因为与南昌的联系太紧密了,他是孔子派他来南方传学,为什么派他过来呢,就是孔子七十二门徒长得漂亮的多,澹台灭明是个奇葩,长得很丑。孔子是圣人,他看得心里就添堵,又不好说,就把他派到(南方),你到那个南方相对比较偏僻的地方去传学,澹台灭明就很听话,就来到了南昌这一带。他就一传学特别认真,就门生越来越多,居然有三百多人追随他,孔子才七十二门徒,你澹台灭明居然搞出了三百多门徒,所以这个传学的事就传到了孔子的耳朵里面去,他就心生感慨,因为澹台灭明字子羽,他就说我"以貌取人,失之子羽"。所以你看这个"以貌取人"怎么来的,就和我们南昌有关系,这个人在他那边是不喜欢的,到了南昌这边儒风大胜,说明我们南昌我们江西自古以来爱读书、出圣贤。

主持人蔡静:其实在海昏侯墓的棺椁结构当中,您也说到了有很多车马库啊、乐器库啊等等一些,你前面也说了"事死如事生,事亡如事存",您书中说了,他刚刚到江西做海昏侯的时候就已经开始操办建造自己的陵墓了,那你觉得从这种角度来看,古人的生死观您怎么看?

嘉宾黎隆武:古人和我们今天人很多方面是有不同的,比如你讲到"事死如事生",就是你活着什么样子你死了以后也什么样子,这就带来一个问题,厚葬成风。比如像刘贺,那么多金玉宝贝他都会把它带到坟墓里面去,当然不是每一个人都这么做,但是绝大部分人会这么做,这也就造成了汉墓历史上的"十室九空"。大家知道汉代的墓都是这样的,每一个里面都有奇珍异宝,都有财富,所以就导致了对汉墓的盗挖就特别厉害,所以刘贺墓能够保存下来,这是一个奇迹。

主持人蔡静:其实我们纵观历史,可以看出古今生死观、价值观的一种传承和变化。孔子说"未知生,焉知死",道出了儒家对生死问题的基本态度,在人活着的时候,最重要的就是弄清如何活着的道理。而汉代人相信死后将进入另一个世界生活,所以"事死如事生"。毛泽东他认为人生的意义"不在寿命之长短,而在成功之多寡",人民利益是他判断生死价值的最高标准。而我们现代人也传承了这样的辩证唯物主义的生死观,更加注重活着的时候个人价值的体现。好,欢迎大家继续收听我们的特别直播访谈节目,微信公众平台、收音机前的听众朋友们可以发表您对海昏侯的印象,您最关注海昏侯什么,您最想问黎部长的问题是什么?

【播放小版头】考古西汉文明,穿越历史烽烟,FM105.4江西交通广播特邀《海昏侯刘贺的前世今生》作者黎隆武先生做客直播室,揭秘千古悲摧帝王侯,嘉宾访谈《鉴古知今话海昏》特别节目,精彩继续。

主持人蔡静:欢迎大家继续收听,这里是FM105.4江西交通广播。好,我们来看一下微友们给我们的留言,网友表示说最关注竹简的发掘,跟黎部长说得一样。他说,如果有生之年能够看到《论语》拾遗的部分《齐论语》万分有幸。

嘉宾黎隆武：对，这部《论语》引起了尤其是业界的高度关注。这部《论语》很有可能是失传了 1800 多年的《齐论语》，因为在前期的识读过程中发现了《齐论语》标志性的篇章《知道》。假如说，是那部《齐论语》的话，那可能真的是对我们国家《论语》的研究史基本上是要重新研究，失传 1800 年的《齐论语》，跟我们今天看到的是有很多不同的。说明这位听友他是关注得很专业，确实也是很符合我们国家当前文化的这种发展。

主持人蔡静：刘贺呢当了 27 天的皇帝，迅速当上皇帝，27 天之后又被迫废帝，他之所以能当皇帝，后来又当不了皇帝，主要是因为大将军霍光。那么霍光是个怎样的人物，他在刘贺的人生命运当中起到了什么样的作用呢？

【播放片花——霍光】关键词：霍光，西汉权臣、政治家，麒麟阁十一功臣之首，大司马霍去病同父异母的弟弟。历经汉武帝、汉昭帝、汉宣帝三朝，官至大司马大将军。期间曾主持废立皇帝，执掌汉室最高权力近 20 年。

嘉宾黎隆武：霍光首先是个历史人物，对这个人呢我有三点评价。第一，总体上他还是个忠臣，因为他没有篡位，他的忠诚源于武帝对他有恩。第二，这个人也是个能臣，为什么麒麟阁十一功臣之首呢，就说明朝廷对他也是认账的，这个人对国家是作出了重大贡献。第三，他本质上应该还是个权臣，在他的辅政期间，天下大事悉决于光，乃至连废立皇帝的事情他也敢干，敢干还能干成，所以在西汉特殊的政治构架之下，这个权臣的手腕也是很厉害的。但对霍光这个人呢，我觉得有深入研究之必要，就比如说我现在写的第二本书《隐形天子——霍光的前世今生》，这本书已经完稿了，正在出版社做最后的校订，所以把他的前世今生写出来，就让跟刘贺有紧密关联的这个人，以及这个人所处的武帝、昭帝、宣帝，包括刘贺废帝，四朝前后将近百年的历史，因为刘贺墓的发现，跟我们南昌紧密地联系起来，增加南昌历史文化底蕴的厚度和深度。我想这个东西结成姊妹篇，对更好传播海昏侯文化它会有帮助。

主持人蔡静：我觉得从霍光的人生，我们再来反观原来的这种政治生态，您觉得当时的政治生态是什么样的？对我们当今有什么借鉴作用呢？

嘉宾黎隆武：西汉一朝的政治生态，确实是比较特别。比如说那个年代外戚发挥了很大作用，实际上霍光他也是外戚，比如说他同父异母的哥哥霍去病，又是卫青的外甥，卫皇后的一脉，所以外戚在国家的政治生活中，经常是地位、作用、影响特别的大。而且外戚也不停地更换，随着皇帝他所宠幸某个女人，这个女人的娘家人、兄弟辈就迅速地得势。所以，外戚专权是西汉一朝很明显的，这种政治就直接造成了皇权和外戚权会有斗争。比如霍光后来和汉宣帝，实际上矛盾也是挺尖锐的，以至于霍光死了以后，宣帝竟然把霍光的全族都给杀了，这就是国家的一种非正常的政治生态。那跟我们今天说"依法治国""四个全面"是不可同日而语的，我们今天体现的是一种法治的理念、科学执政的理念,跟当年的那一种在最高权力上不受制约的,那种比较任性,有权任性,那个是不一样的。所以我经常会萌生一种想法,假如那一帮人穿越到现在,受到一番教育之后再穿越回去,那是很好玩的事情,绝对是历史要重新写过。

主持人蔡静:是,这对我们当下的为政为人,产生了一些理性的警醒。权力影响着利益,权力本身就是一种利益,是利益就要分享,当我们的利益分配深及这样的层次后,一种现代的政治文明就注入了执政理念和逻辑。

嘉宾黎隆武:我写这本书的很重要的一个部分就是,我的书最后有专门的一个篇章来写我对这段历史的思考,跟刘贺的对话。我们从刘贺以及他所处的西汉那个年代,那个历史人物身上有哪些教训,我们今天的人应该引以为鉴的。比如说有权不可任性,在最高权力位置上忘乎所以;年轻不可任性,十八九岁当了皇帝,27天处理了1000多件国家大事,那个对国家也是很不负责任的,所以27天就被废了;有颜值不要任性,这个就针对我们当下来的,刘贺我说他是个"高富帅"吧,高,有记载身高一米八,富可敌国,墓里头这么多财物,帅呢,他基因很好,武帝还有李夫人倾国倾城,这个就很任性,有颜值任性也是走向失败;然后呢,有功劳不要任性,霍光你是麒麟阁十一功臣之首,但是任性的后果是,你死了以后,家族的败亡;有靠山不要任性,霍光的家人仗着霍光的势,也是为所欲为,所以霍光死了以后就靠不住了;最后有冤屈不要任性,刘贺他人生的下半段吸取了教训,不再像当帝王的时候那样任性,在人生的下半场十四年,他能够隐忍,能够夹起尾巴做人,去丰富自己的内涵,提升自己的品位,读书,所以才有了后来逆袭为侯,做侯四年尽管英年早逝,但是还是相对比较体面地离开人世。给我们今天还是很有启示的。

主持人蔡静:对,这本书真的是和历史的一种深度对话,同时这本书也在反观历史,激励我们现代要朝着什么样的政治文明路径行走。任何一种制度模式和社会运行规则都与国家民族的文化传统、社会结构与价值观念是有关的。习近平总书记开创性地构建了以"政治规矩、利益共享、传统一脉、合作共赢"为四大要素的新政治观,这也是一代领导人的鲜明标志和评价尺度。好的,江西交通广播《鉴古知今话海昏》特别访谈节目正在播出,欢迎大家继续收听。

【播放小版头】扑朔迷离的历史人物,丰富传奇的精彩故事,一场由海昏侯考古引发的文化热现象。FM105.4江西交通广播特邀江西省委宣传部副部长黎隆武先生做客直播室,梳理历史文化脉络,探讨构建文化自信,嘉宾访谈《鉴古知今话海昏》特别节目,正在直播。

主持人蔡静:这里是FM105.4江西交通广播特别访谈《鉴古知今话海昏》,我是主持人蔡静,今天我们的嘉宾是江西省委宣传部副部长、《海昏侯刘贺的前世今生》作者黎隆武。黎部长,您好!《惊世大发现——南昌海昏侯考古成果》已经在省博物馆正式开展了,922 件文物作为常设展览,展期是 3 年。对于这个,江西考古研究所所长徐长青也表示说,这次考古的重大成果带来了文化热,而这种现象对社会的影响是积极而又深远的。

【出采访录音——徐长青】:从考古现象去认知江西古代文化的精华,传统文化自身有其非常优越的一方面,尤其在江西,江西考古学揭示了非常多的文化成果。世界上最早的陶器两万年前就出土在江西,江西的陶瓷文化一脉相承。还有青铜文化,3500 年的瑞昌铜矿是世界上最早的铜矿遗址,江西的贵金属在中国占据半壁江山。这些都是考古学者理顺出来的。我们要不断地充实丰富公众的文化修养、提高文化水平、提高文化认知,最核心的就是增强文化自信。

主持人蔡静:作为海昏侯畅销书的作者,作为江西省委宣传部的副部长,黎隆武先生一直都在不遗余力地进学校、到基层、走海内外开讲座,黎部长现在讲了 70 多场了吧?

嘉宾黎隆武:对,我梳理了一下,加上你这一场就是 74 场。

主持人蔡静:密度还是非常大,我觉得真的是你有一种很强的责任感传播海昏侯文化,在传播过程当中您觉得,在宣传下一步有什么样的规划,能够让我们江西海昏侯文化走向更广阔的层面?

嘉宾黎隆武:对海昏侯的发掘,可能我现在有比较特殊的感情在里头,就是这个海昏侯国遗址的保护和发掘,显著地提升了南昌的文化底蕴。第二,基本上改变了江西的旅游格局,一下就跻身到和世界的文化地标能够对话的高度,所以这种显著的改变对南昌的发展是很重要的。第三,给江西增加了很亮丽的新名片,江西风景独好,独好还看今朝。

主持人蔡静:其实海昏侯考古,我觉得不仅带来了旅游热,还有文化热,其实它的一些文创产品的研发也都很热,就在"十一"的艺术江西的博览会上,海昏侯的文创产品也是成了大家争相购买的产品之一,其实这个创意产业市场也是前景广阔。

嘉宾黎隆武:随着这个考古热以及文学的传播,它直接带动的是围绕着海昏侯这个主题的文创产品,它的创作和生产。你提到的南昌的艺博会,我在艺博会上也做了一场讲座,对这些商家这种市场的眼光和相关的设计创作,我心里头真的是点赞的,跟进得很及时。

主持人蔡静:也是很应景,而且形式还多样,和老百姓很贴近。

嘉宾黎隆武:这个和南昌的文化旅游会相互促进、相互影响,然后也成了推荐海昏侯名片的另外一种方式,这个跟老百姓日常生活连得很紧。

主持人蔡静:对,他每天会用得到,书签啊,笔啊,钥匙扣啊,前景真的很广阔,也带动文化产业的发展。黎部长,在整个的过程当中,你也是从发掘然后到出书到宣传,作为省委宣传部的副部长，在宣传方面下一步有什么更好的规划？

嘉宾黎隆武：我们现在要通过多种方式来讲海昏侯的故事、宣传推荐海昏侯的文化，除了继续推出文学作品、更多的精品，同时推出更多的文创产品，同时还要运用各种媒介，在各个平台上来讲海昏侯的故事。那我今天也非常高兴地告诉听友们，最近刚刚和上影集团达成了一个初步的协议，由他们来投拍海昏侯的院线电影，大电影它是根据《千古悲摧帝王侯——海昏侯刘贺的前世今生》来予以改编。海昏侯的故事不仅要对江西讲，还要对全国讲，将来还要对全世界讲、向全球讲，这个需要更多的人来参与。媒体人在这一份责任里面就更加的特殊，所以他参与进来对扩大海昏侯的影响功不可没。就像你们今天做这期访谈，我觉得体现了媒体人的一种责任，因为江西交通广播是覆盖江西最广的交通频率，你们参与进来，会带动那些坐在车上听广播的人，抽个时间去看看这个展览，去感受下海昏侯的文化，感受完了去跟他的亲戚朋友、同学去讲，这就成了海昏侯宣传员，然后就越来越多的民众加入传播的行列里来。

主持人蔡静：谢谢黎部长，也给我们提出了更高的要求，咱们媒体人用我们独有的话语体系来怎么来传播海昏侯，用我们的好声音、用我们的好画面来传播。那么，节目也接近尾声，我想最后也请黎部长展望一下海昏侯究竟会给我们江西、给南昌未来带来一幅怎样的图景？

嘉宾黎隆武：实际上随着省委、省政府对这一块工作的高度重视，不仅成立了副厅级的遗址管理局，专门做海昏侯文化保护与发掘、利用、研究等等，而且海昏侯遗址的发掘与保护已经列入了我们省里的十三五规划，已经明确提出一些建设国家的考古遗址公园、5A级景区、世界文化遗产，我作为生活在这里的一个江西人，我心里头非常的自豪，非常的期待。

主持人蔡静：非常激动人心，我们共同期待。历史深处的厚重是对过去历史、当今社会的启迪，具有现实意义。那么我想通过对历史的解读，让我们的文物遗产活起来，从而我们可以更好地以史为鉴，而大力弘扬优秀的传统文化，让考古成果更好地惠及广大群众，这是我们当今正在做的一件事儿。优秀的中华传统文化是我们树立文化自信的出发点，它与今天亿万人民群众正在共同创造的先进文化，共同构成了文化自信的主体。只有做好传统文化在现代社会的创造性转化和创新性发展，中华文化才会更有活力，更有生命力，更有影响力。海昏侯作为让南昌成为国际大都市的引爆点，让我们江西新增了一张不可多得的风景独好的新名片，也增强了江西人的文化自信。在这里我们共同祝愿南昌、祝愿江西，明天更好！

嘉宾黎隆武：我也祝愿江西交通广播越办越好！

主持人蔡静：谢谢黎部长！我也祝愿黎部长的第二部书《霍光的前世今生》能够再次荣登畅销书排行榜，祝愿关于海昏侯的大电影能够尽快地在院线上映、能够大卖！

好的,感谢各位正在收音机前收听我们节目、在网上收听我们节目的朋友们,感谢你们! 本期特别访谈节目就到这里。

【节目总版头】西汉大墓华丽开启,神秘的面纱被层层揭开,海昏侯考古成果惊世亮相,是中国历史的宝藏,是人类文化的遗产。FM105.4 江西交通广播特邀"海昏侯文化传播第一人"黎隆武先生,探幽历史、论道古今,嘉宾访谈特别节目《鉴古知今话海昏》。

江西广播电视台

主创人员:黄志兴、温燕霞、蔡静、蓝蔚

匠心独到,魅力无穷

——广播新闻访谈节目《鉴古知今话海昏》赏析

张雨雁

文化专题节目《鉴古知今话海昏》详细报道江西鄱阳湖的重大考古发现,揭开西汉大墓的神秘面纱,亮相海昏侯考古的惊世成果。节目特邀"海昏侯文化传播第一人"黎隆武先生,探幽历史、论道古今,以直播访谈形式策划推出嘉宾特别节目《鉴古知今话海昏》,也是一种创新。节目播出以后产生重大反响,听众好评如潮,也被业界高度推崇,获得了政府嘉奖,进一步彰显了传统媒体的采编功力,体现了传统媒体在主流文化传播领域的主阵地意识。分析节目架构,品味节目特色,感觉有以下一些特点:

一、选题新奇,意义重大

长期以来关于考古发现题材往往都笼罩着一层神秘的面纱,这次的直播节目以反映正在进行的重大考古发现——南昌海昏侯刘贺墓的考古发现为主题,内容新奇,扣人心弦,极大地满足了人们的好奇心。西汉海昏侯刘贺大墓的考古发现,之所以引起人们的广泛关注,在于其史料价值非常重大,堪称中国历史的宝藏,人类文化的遗产。从考古现象去认知江西古代文化的精华,其选题角度非常新奇,诚如节目中的专家所言,传统文化自身有其非常优越的一方面,尤其在江西,江西考古学揭示了非常多的文化成果:堪称世界上最早的两万年前的陶器所折射出的陶瓷文化,3500 年的瑞昌铜矿所代表的青铜文化。这些"家珍"的展现足够让人自豪。而今又有了汉文化的新发现,并以此为内容做成特别节目,可以不断地充实丰富公众的文化修养、提高文化水平、提高文化认知,最核心的就是增强文化自信。

二、策划精心，引人入胜

访谈类节目易做，也难做。简单做做，很方便，但要做出好作品来，却非常难。节目组采用直播方式，邀请海昏侯的研究专家、省委宣传部副部长、新晋畅销书作家黎隆武做客直播室畅谈构建文化自信，访谈嘉宾选择极具权威性，谈话内容广征博引，融会贯通，知识性强。聊的虽是古代的事情，讲的却是现代人都听得懂的道理，用生动的有影响力的事实反映的却是文化自信：江西风景独好，独好还看今朝。谈话立意鲜明，借古喻今，鉴古知今，历史性强。通过生动的事实向听众们解读历史，让文物遗产活起来，从而使人们更好地以史为鉴，大力弘扬优秀的传统文化，让考古成果更好地惠及广大群众，这是我们当今正在做的一件事。优秀的中华传统文化是我们树立文化自信的出发点，它与今天亿万人民群众正在共同创造的先进文化，共同构成了文化自信的主体。

三、访谈得法，功力非凡

访谈节目嘉宾固然重要，访者的引导也是非常重要的。在这期节目中，担任访者的主持人蔡静的语言功夫了得，不但语音亲切，语速流畅，表达准确，更重要的是访问议题设计循序渐进，引人入胜，引导嘉宾打开话匣，摆事实讲道理，从考古发现，说道海昏侯的人物的现代价值意义，文化价值、旅游价值、现实意义，所谈话题有广度，有深度，更有高度。看似漫谈，实则逻辑严谨，语言规范，用词用语非常到位，可以说一步步深入，一步步升华。这种效果没有超强的语言能力、采访能力、概括提炼能力是达不到的。在访谈中，主持人技巧娴熟，与嘉宾对话深入浅出，与听众互动恰到好处，充分体现了高超的主持艺术。听这样的节目，恰如看高手过招，非常过瘾，极大地满足了观众的知情欲望。真有听君一席言，胜读十年书之感。

四、制作精致，可听性强

广播节目是一种听觉艺术，说到底就是要悦耳、要好听。如何充分发挥这种媒体的艺术效果，也考验着创作者的编创能力。一档好的广播节目，除了有好内容、好嘉宾、好主持以外，还要有好形式、好结构、好节奏。直播节目这种形式，即时效果好，交流感强，互动性强。但要想让长篇访谈节目不枯燥，还要有好的结构和节奏。长篇的访谈节目容易显得冗长而单调，但《鉴古知今话海昏》节目听下来让人感觉娓娓道来，不觉得冗长，反而觉得是知识性、艺术性、理论性扑面而来，充满着生机活力，让人大开眼界，这要得益于节目制作的匠心。为了避免单调，节目精心制作了小片头、背景介绍、同期声采访、听众反馈等内容，并在恰当的时候进行穿插，既调整了节奏，又极大地丰富了听觉效果,让人仿佛置身一场高雅的史学论坛,又觉得就在身边,亲切而自然。

总之,在全媒体时代,能欣赏到如此魅力的广播专题节目实属难得。它的成功契合了互联网时代的节目采制精神,体现了媒介融合的魅力,真可谓匠心独到,魅力无穷,能获得大奖实属实至名归。

2015—2016 年度中国广播影视大奖

第二十四届江西新闻奖二等奖

雄关漫道从头越　不忘初心新长征

——纪念红军长征胜利 80 周年大型联合直播

（2016-10-22　10：00—12：00　将台堡）

【直播片头 1′12″】

（音效）跋山涉水，征服无数天险；枪林弹雨，留下血色苍茫。80 年前的今天，红军在将台堡胜利大会师——气贯长虹的英雄壮举，铸就了万里长征的不朽传奇：

（老红军）"我们要把长征精神传承下来，不要忘记初心，咱们要继续前进，把我们国家建设得更好；坚定不移地跟着共产党走；走过去就是胜利。"

这是彪炳千古的壮丽史诗，这是昭示未来的永恒动力。今天，我们以红色的名义，传承长征精神，踏上新的长征：

（习近平）"缅怀先烈、不忘初心，我们要走新的长征路，长征永远在路上，现在是新的长征——'两个一百年'的新长征。"

纪念红军长征胜利 80 周年，全国 15 家省级电台大型联合直播《雄关漫道从头越，不忘初心新长征》！

【第一单元垫乐】

高明：各位听众、各位观众、各位网友，您现在正在收听收看的是纪念红军长征胜利 80 周年·全国 15 省区市电台大型联合直播——《雄关漫道从头越，不忘初心新长征》。我是宁夏台主持人高明。

凌洁：大家好，我是江西台主持人凌洁。

霖涵：我是贵州台主持人霖涵。

张楠：我是陕西台主持人张楠。

逢韬：我是四川台主持人逢韬。

小惠：我是宁夏台主持人小惠。我们现在正在宁夏回族自治区固原市西吉县的将台堡为您进行现场直播。

高明：是的。今天是红军长征胜利纪念日。80 年前的今天，也就是 1936 年的 10 月 22 号，红一、红二方面军 11500 多人在这里胜利会师。这是继当年 10 月 9 号红一、红四方面军在甘肃会宁会师之后，红军主力部队的最后一次会师，标志着长征的胜利结束。

凌洁：嗯。从 1934 年 10 月 16 号中央红军夜渡于都河、踏上长征路开始，到 1936

年 10 月 22 号红军主力在将台堡大会师——红军将士们历时两年,纵横 15 个省份,以钢铁般的意志,征服了重重天险、突破了层层封锁,实现了从东南至西北的战略大转移。

霖涵:可以说,长征是人类历史上一次无与伦比的伟大远征。从湘江血战的九死一生,到遵义会议的峰回路转;从飞夺泸定桥的奋不顾身,到六盘山下的红旗漫卷——长征犹如一条萦绕于山河间的红飘带,锻造着共产党人坚忍不拔的精神意志,书写下中华民族的不朽传奇。

张楠:是的。我手上有这样一组数据,跟大家分享一下。大家知道,我们通常所说的二万五千里长征,主要指的是中央红军、也就是红一方面军的行军里程,再加上红二方面军行军的 2 万里、红四方面军的 1 万里、红二十五军的 1 万里,全军累总行程达 65000 多里,每天平均行军 74 里。这就相当于现在的我们每天跑 1.76 个半程马拉松、0.88 个全程马拉松。

逢韬:嗯,这种类比很形象啊,我也不妨再来补充补充。红军长征出发前约 20 万人,结束时不到 6 万人,牺牲了大约 15 万人。这相当于长征每行进 1 公里,就有 3~4 名红军战士献出宝贵的生命;平均每走 1 天,就有约 200 人献出生命。

小惠:平均年龄只有 22 岁的红军队伍,在漫漫征途中,冲破了数十万敌人的围追堵截,与敌人进行了 600 多次战斗,几乎每天都有一场遭遇战,但始终打不倒、压不垮。而面对极其恶劣的自然环境,他们用顽强的意志征服人类生存极限,先后跨越近百条江河,征服 40 多座高山险峰,其中海拔 4000 米以上的雪山就有 20 多座。红军长征,不仅创造了可歌可泣的人间奇迹,而且谱写了豪情万丈的精神史诗。

高明:是的。今天,我们在将台堡举行大型联合直播,就是为了隆重纪念红军长征胜利 80 周年,让我们共同向领导红军创造这一历史伟业的老一辈革命家,向在长征中浴血奋战、壮烈牺牲的红军先烈,向当年支援红军长征的各族人民特别是各革命根据地人民,向所有健在的红军老战士,致以最崇高的敬意!

小惠:嗯,稍后,除了我们在将台堡现场的 6 位主持人之外,我们还将连线 15 家电台在各个直播点的主持人、记者,和大家一起共同回望长征、缅怀先烈,聆听英雄壮歌、感受红色脉搏。

第一单元:《光辉胜利:英雄史诗丰碑颂》(高明、凌洁、张楠)

【第一单元片花 31″】

铭记、缅怀、最忆是长征……纪念红军长征胜利 80 周年·全国 15 家省级电台大型联合直播,马上邀您进入第一单元:《光辉胜利:英雄史诗丰碑颂》!

【第一单元垫乐】

高明:您正在收听的是纪念红军长征胜利 80 周年·全国 15 省区市省级电台大型

联合直播《雄关漫道从头越，不忘初心新长征》。我是宁夏台主持人高明。

凌洁：我是江西台主持人凌洁。我们现在是在宁夏将台堡为大家现场直播。

张楠：我是陕西台主持人张楠。在这里提醒大家，我们的节目正通过全国15家省级电台同步播出，大家在收听节目的过程中也可以打开我们的官方微信平台或移动客户端，观看视频直播页面，参与互动留言。

高明：嗯，我们现在所在的将台堡，位于西吉县城南30公里处，相传为宋代驻兵的堡垒，在1920年海原大地震中遭到损毁，之后在原址上缩小面积重建；也有传说，这里曾是宋将穆桂英的点将台。1936年的10月22号，红一、红二方面军的会师，就发生在这里。

凌洁：我知道，这是继1935年10月19号红一方面军到达陕北吴起镇，1936年10月9号红一、红四方面军在甘肃会宁会师之后，红军长征史上最后一次会师，实现了红军三大主力部队的胜利会合，从而结束了伟大的长征，所以，10月22号这个日子，也被中共中央定为"红一、二、四方面军胜利会师纪念日"，即将台堡会师纪念日。

高明：没错。今年7月18号，习近平总书记到宁夏回族自治区考察时，就从北京直飞固原，驱车70多公里来到了将台堡，向红军长征会师纪念碑敬献了花篮并参观了会师纪念馆。

张楠：此时此刻，红色西吉的将台堡红军会师地，漫山的秋色胜景无不涌动着红色的浪漫和激情。十月的西吉寒意渐浓，花草树木在秋风中摇曳，和习总书记来将台堡那天一样，此时天空也飘起了细雨，但是附近前来的群众围满现场，让气氛更为浓厚。望着一片期待的面孔，我们仿佛感受到当年万里跋涉，在雪山草地间经历过生死的红军队伍相会时的那种激动！

凌洁：今天是将台堡会师纪念日，西吉县委县政府在这里也举行了简朴而庄重的纪念仪式。包括我们15省直播组在内的干部群众代表为会师纪念碑敬献了花篮。现场还举行了《中国工农红军长征胜利80周年》特种邮票首发仪式以及《红色之旅》集邮巡展等活动。来自西吉县各单位和周边乡镇的1000多名干部群众在现场共同参加。今天的西吉气温比较低，但现场井然有序，大家脸上溢满肃穆敬仰之情。

高明：我们的直播地点就设在将台堡纪念碑前的东侧广场（室外直播点）/将台堡红军会师纪念馆前厅（室内直播点），从我们的直播席（回头）/抬头，就能看到巍然仁立的"中国工农红军长征将台堡会师纪念碑"。高22.8米的"中国工农红军长征将台堡会师纪念碑"建成于1996年，巨大的花岗岩纪念碑从古堡边上拔地而起，高耸雄伟。纪念碑正面雕有3尊红军头像，象征着三大主力会师，纪念碑背面是中共西吉县委、县政府撰写的碑文。碑身下部由代表中国革命胜利的8组浮雕组成。

张楠：而在我们身后，是一段穿越了历史的土城墙，一片片青苔在它身上留下了时间的印记,一丛丛树木为它遮挡着风雨,城墙中间是一座四角方亭,一棵老榆树粗壮的枝干从方亭的青砖地基下穿墙而出,置身于此,每一块砖瓦仿佛都在诉说着那一段并没有远去的历史,而今天,鲜红的旗帜再一次插满城头,我们将在这一片红色中重温那段历史!

凌洁:此时此刻,宁夏新闻广播的记者师杰正在将台堡红军会师纪念馆(将台堡纪念碑前)。今年的 7 月 18 号,习近平总书记参观了这里,并与当地的干部群众亲切交谈,现在,记者师杰也采访到了当天在现场为总书记介绍情况的固原市委常委、西吉县委书记马志宏。我们马上来连线师杰,听听他的介绍:

【01 宁夏台——连线录音　2′01″】

好的主持人。听众朋友,我现在所站的位置,就是习总书记在将台堡考察时所处的位置。当天习总书记从北京直飞固原,从六盘山机场一下飞机,就驱车 1 个多小时来到这里,冒雨向长征会师纪念碑敬献花篮,并参观了红军会师纪念馆。当天陪同习总书记参观的固原市委常委、西吉县委书记马志宏对当时情况历历在目。

【出录音】总书记关心的主要有三点,他最关心西海固地区特别是西吉、革命老区、贫困地区、民族地区的经济社会发展、人民生活水平改善,在实现中国梦的过程中,干部群众思想变化和思想状态、精神状态。第二个方面总书记特别关心我们这个地方到 2020 年能不能实现脱贫摘帽,与全国、全区同步全面建成小康社会,所以他在和当地群众交流的过程当中,关心群众的收入问题、生产问题、产业发展问题、贫困问题,群众的生活问题我觉得始终是总书记牵挂的一个方面。第三个总书记提出,怎么样颂扬长征精神、挖掘长征精神的内涵,走好我们这一代人新的长征路。【录音止】

我们知道西吉也是宁夏脱贫攻坚任务最重的地区,总书记指出要弘扬长征精神,走好新长征路,我们的长征路是什么?

【出录音】我们的长征路就是坚决打赢脱贫攻坚战,通过精准扶贫、产业扶贫、两个带头人工程等等方面的实施,激发全县落实党的一系列政策、具体措施,力争实现自治区提出的三年集中扶贫攻坚、两年巩固提高、力争提前脱贫的目标。【录音止】

高明:好的,感谢记者发回的报道。我看到微信互动平台上已经开始有留言了,微信网友"NICK"说:我是宁夏的听众,长征胜利 80 周年的直播在我的家乡直播,80 年前红军在我的家乡会师,长征胜利结束了。今天,在我的家乡做直播,心里特别激动。祝福伟大祖国、祝福可爱家乡。

张楠:这是咱们本地的听众,非常热情,我看到这一条也很感动,网友"灯灯照"说:我是一名支教大学生,到了岗位之后让我逐渐觉得,要改变落后地区的教育,要靠一批接一批的大学生,希望大家能继续发扬长征精神!支教这条路我会继续走下去,我想,这就是我的新长征路吧!

凌洁：今年是红军长征胜利80周年，今天又是红军长征最后胜利会师的纪念日，我们所在的将台堡，是长征胜利会师的地方。而长征的起点，江西于都，自然也少不了纪念、庆祝的红色元素和气息。此刻，咱们江西台记者李先就在于都。我看看，我们的导播已经示意，李先的电话已经联通，李先，你好，请你来介绍一下你所在的位置，还有现场的情况——

（直连 李先，1357602××××）

各位好，我现在的位置是在江西省于都县城东门外东门渡口处，我的正对面就是中央红军长征第一渡纪念碑。我面前的这座纪念碑高为10.18米，寓意着当时中央机关、红军总部及毛泽东、朱德、周恩来等领导同志在1934年10月18号傍晚在这里渡河长征之意。这座碑身为双帆造型，取自中央红军由此扬帆出征之意，现在是全国爱国主义教育示范基地。

今天的纪念碑广场上纪念庆祝活动是丰富多彩，在广场东侧中央红军长征出发纪念馆里，迎来一波波的外地游客前来瞻仰和缅怀；在纪念碑下，由当地80多位红军后代、合唱爱好者们组成的长征源合唱团深情唱响《长征组歌——告别、大会》等歌曲，现场不少市民驻足聆听；广场的前方空地上，《中国工农红军长征胜利80周年》纪念邮票的首发仪式正在进行中。在广场西侧，正举办一场群众性的大型邮展。现场展出的78框邮票，题材聚焦"伟大祖国""长征胜利"等重大纪念活动，都是红色题材的邮票。

在邮展现场，主办方实地展示了今天首次发行的《中国工农红军长征胜利八十周年》纪念邮票。这组邮票的首枚是"长征出发地"，方寸邮票上勾画出了82年前，红军在这里深夜渡过于都河，踏上二万五千里长征的场景。不少于都市民正在排队购买这组邮票。我来问问他们。（采访市民：10秒）

今年是红军长征胜利80周年，长征出发地于都开展了一系列重大的纪念、庆祝活动，我们请于都县委宣传部部长李仲涛给我们介绍一下。（部长：20秒）

凌洁：好的，感谢李先的报道。80年前的于都河水，曾扬起壮行的涛声；80年后的将台堡，依然回荡着胜利的欢呼。在终点遥望起点，让人有一种穿越长征历史，红军精神如一的豪迈之情。就像我们的微信网友"燕燕的小白"发来的信息所说，红军不怕远征难、万水千山只等闲，如果早生八十年、定随红军去作战。

高明：再来看一条留言，网友大江，看来他是一名学生，他说，我们军训的时候，我认为那才是最苦的，可是今天，我觉得那真的只是一点皮毛，我今年才上高一，我想，我会好好学习，不忘初心。

张楠：是的，不忘初心，与君共勉。其实，一提到"长征"，我想很多人的脑海里也一定会浮现出延安宝塔的画面。此刻，在延安，正在举办纪念红军长征胜利80周年主题展览，我们的记者姜悦就正在延安革命纪念馆采访，下面，我们就请她来介绍一下现场的情况——

【02 陕西台－延安革命纪念馆连线 1′37″】

好的……我这边的情况就是这样。

张楠:好,感谢记者从延安纪念馆发回的报道。在我们的微信平台上,也有一位来自革命老区的听众桩桩说,从小就听着长辈们讲的革命先烈的故事。那句顺口溜记得最清楚:"苦不苦,想想红军两万五,累不累,看看革命老前辈。"

高明:是啊,咱们的革命老前辈从于都出发到今天,到我们直播的点位——宁夏将台堡历经千辛万苦。长征途经的 15 个省区市在今天都有不同形式的纪念活动。此时此刻,在福建古田正在举行一场别具一格的纪念活动。

凌洁:感谢大家的积极参与,那在今天(22 日)上午,福建古田会议纪念馆正举行一场"红色记忆在古田"的特色支部活动。我们马上连线正在现场的福建新闻广播记者刘学。刘学你好,你现在的位置是在哪里,现场的活动情况如何呢?赶紧来给我们介绍一下。

【直连 福建台 刘学】

我此刻就是在龙岩古田会议纪念馆给大家发来现场报道。今年是红军长征胜利80 周年,今天在这里我们正在举行一场特别的活动。将我们福建新闻广播记者十年前踏遍全国,采访了近百位老红军,留下的弥足珍贵的红军声音资料无偿捐赠给福建龙岩古田会议纪念馆。我们现在进行的就是将这宝贵的、堪称孤版的音响资料捐赠的仪式。今年我们把这些声音资料重新策划制作推出了百集系列报道《永不消逝的红军声音》,用口述历史的形式把老红军的声音再次生动展现,在我们台播出后,在社会上取得了良好的舆论反响。在微信上,我们刊发后,评论热词包括:太伟大啦!让我们传承红军精神等。

今年我也参与其中重新编辑了几篇,红军当年的经历现在听来确实非常震撼。比如:著名的福建的老红军杨成武,亲率一个连紧随 22 名勇士,边打边铺桥板,飞夺泸定桥。随后杀入泸定城,歼敌大半,夺占全城。

以后这些声音资料将存放在……

龙岩古田被称为"红色圣地"。1929 年 12 月 28 日至 29 日,红四军党的第九次代表大会在这里召开。代表们聆听毛泽东阐述建党、建军思想,一致通过了毛泽东主持起草的《中国共产党红军第四军第九次代表大会决议案》,就是《古田会议决议》,确立了中国共产党对军队的绝对领导。著名的《星星之火可以燎原》也是毛泽东在这里写的。从此,思想建党、政治建军这一根本原则,指引着中国革命不断从胜利走向新的胜利。在长征中,正是中央红军坚决贯彻执行古田会议精神,以无比坚毅的革命精神,取得了伟大胜利。2014 年全军政治工作会议在古田召开,习近平发表重要讲话。古田今年还被评为"我最向往的党史纪念地",红古田有着绿山水,这里动车、高速、机场都很方便,我此刻在福建龙岩古田,欢迎全国的听众来践学旅游。

【收听频点提示 1′35″】

第二单元:《峥嵘岁月:理想信念高于天》(逢韬、小惠)

【直播片头 1′12″】

【第二单元片花 30″】

五岭逶迤、乌蒙磅礴、万水千山……纪念红军长征胜利 80 周年·全国 15 省区市电台大型联合直播,接下来您即将收听到的是第二单元:《峥嵘岁月:理想信念高于天》!

【第二单元垫乐】

逢韬:各位听众、各位观众、各位网友,您现在正在收听收看的是纪念红军长征胜利 80 周年·全国 15 省区市电台大型联合直播——《雄关漫道从头越,不忘初心新长征》。我是四川台主持人逢韬。

小惠:我是宁夏台主持人小惠。我们的节目正通过宁夏、陕西、四川、贵州、江西、甘肃、福建、广东、广西、云南,河南、青海、重庆、湖北、湖南等全国 15 家省级新闻广播频率进行同步联合直播。同时,15 省区市电台微信公众号、移动客户端、网台也正在同步视频直播。您只需打开手机,发送关键词"长征"到参与直播的 15 家省级新闻广播的官方微信平台,就可进入视频直播页面,参与互动留言。

逢韬:当然,也欢迎您参与我们的互动问答。在这一单元的直播节目中,我们想问问大家的是,我们经常说的二万五千里长征,到底是怎么计算出来的呢?那些期待着重走长征路的小伙伴,如何走出相同的二万五千里呢?

小惠:唉,如果刚才有认真听我们的节目的话,这个问题的答案其实之前就提到过了哦。欢迎您通过我们的微信公众平台,参与互动。

逢韬:好的。言归正传,其实从江西于都到宁夏将台堡,长征就像是地球上的一条红飘带,这条红飘带将我们十五个省区市连在了一起。今天,在红军长征胜利 80 周年纪念日之际,我们将一同用声音去追寻先烈们的足迹,探寻信仰的力量。

小惠:"苦不苦,想想红军两万五",这是人们耳熟能详的一句名言。红军二万五千里长征到底有多苦?可能今天的不少年轻人无法体会。

逢韬:是啊。长征途中,英雄的红军,血战湘江,四渡赤水,巧渡金沙江,强渡大渡河,飞夺泸定桥,鏖战独树镇,勇克包座,转战乌蒙山,击退上百万穷凶极恶的追兵阻敌,征服空气稀薄的冰山雪岭,穿越渺无人烟的沼泽草地,纵横十五省,长驱二万五千里。

小惠：是。但是，共产党员和红军官兵并没有被死亡和困难所吓倒，而是以压倒一切困难的英雄气概，挑战生命极限，坚持走到胜利。

逢韬：没错。是什么力量让他们明知路途遥远，却万死不辞，前仆后继，经受了难以想象的饥饿、严寒、伤痛等生存极限的考验，终于奔向最后的胜利？是坚定的信念和壮丽的理想。我想，心中有了理想的高峰，每个脚印都会成为希望的路标。

小惠：说得真好，我再跟大家分享一个半截皮带的长征故事：红四方面军战士周广才，13 岁参加长征，三过草地。他们班原有 14 人，到第三次过草地时只剩 7 人。进入草地后，干粮、野菜、枪袋都吃完了，开始吃皮腰带。7 个人的皮带吃掉了 6 根，当吃到第七根皮带的扣眼时，战士们得知，即将走出草地。为了纪念这段岁月，大家一致决定，忍饥挨饿把这半根皮带保留下来……

逢韬：半截皮带流过时间的长河，依旧有着那坚实的力量与内涵。而对于 101 岁的老红军王道金来说，长征中最难忘的一段经历就是翻越夹金山。这座雪山被当地老百姓称作神山，因为除了神仙，连飞鸟都过不去。但就是凭着两身单衣、两双布袜、一双草鞋、一根木棍，还有宝贵的几枚辣椒，王道金翻过了夹金山。

小惠："爬雪山，过草地"，一直是红军二万五千里长征悲壮历程的代名词。刚才我们跟大家分享的这两小段故事，就是其中的典型。

逢韬：是的。而且这两个故事都是发生在四川境内。说到这儿，小惠，我来考考你，你知道中国工农红军长征纪念碑的总碑在哪里吗？

小惠：这你还真难不倒我，这个纪念碑就是在四川省阿坝州松潘县的川主寺镇。对吧？

逢韬：没错。是在松潘红军长征纪念碑碑园内的元宝山顶上。那里距离咱们所熟知的黄龙风景区只有 40 公里，距离"童话世界"九寨沟也只有 88 公里。下面，我们就跟随四川台记者苏琳，一起去那里了解一下。

【03 四川台——长征纪念碑　2′51″】

【好的主持人，我现在所在的位置就是松潘县川主寺镇的长征纪念碑碑园，红军长征纪念碑就建在山顶上，红军长征纪念总碑被誉为"中华第一金碑"。在苍山翠柏的掩映下，纪念碑格外肃穆，赤红的大理石题字碑庄严矗立，由邓小平同志题写的、镌刻在大理石题字碑上的九个金色大字——"红军长征纪念碑碑园"熠熠生辉。碑后镌刻的390 字碑记述了红军长征的丰功伟业和纪念碑的历史意义。

红军长征纪念碑高 41.3 米，重 10 吨，建在海拔 3100 米的元宝山顶上。从山下登到山顶，需要跨越 609 级台阶，象征红军长征所经过的 609 次战役。这在各类红军长征纪念碑中，无论是整体规模还是所在的海拔高度，这座纪念碑都要数第一。加上亚金铜贴面的碑体，在阳光的照耀下，金光闪闪，璀璨夺目。

纪念碑碑座为汉白玉,寓意红军翻雪山的艰难经历;碑身为亚金铜贴面的三角立柱体,象征三大红军主力;碑顶一位红军战士双手高举,高举成一个英文字母"V"字,一手持花,一手持枪,寓意红军长征的胜利。

在这个元宝山的半山腰,是用红色花岗石雕刻成的九组大型的群雕,主题分别是开路先锋、勇往直前、团结北上、山间小憩、草地情深、征途葬礼、前赴后继、回顾思考、英灵汇聚。那么,为什么会将长征纪念碑的总碑修建在这里呢?我想请我身边的这位来揭晓答案。

××,红军长征纪念碑为什么修建在咱们四川松潘县川主寺镇的元宝山上呢?

1985年,中央为纪念红军的长征伟绩,弘扬"长征精神",决定在四川雪山草地修建一座纪念碑,并指出不是长征路上某个具体事件的纪念碑,而是个"总碑",具有象征意义。当时选址定在阿坝州,因为1935年5月至1936年8月,红一、二、四方面军都曾从这里翻越过长征中最艰难的雪山,跨越过最艰苦的草地,举行过重要的会议,进行过激烈的战斗,留下了许多革命遗址。好的,谢谢您。主持人,我这边的情况就是这样。】

小惠:好的,谢谢记者从现场发回的报道。俗话说,来而不往非礼也。这回,我也考考你,在长征途中召开了一次重要的会议,它是我党历史上一个生死攸关的转折点,中国共产党第一次独立自主地运用马列主义基本原理解决自己的路线、方针和政策的会议,那么,这个会议是什么?

逢韬:你说的这个会议咱们大家伙儿都知道,它是1935年1月15号至17号,中共中央在遵义召开的政治局扩大会议,也就是著名的"遵义会议"。遵义会议结束了王明"左"倾机会主义路线在党中央的统治,确立了以毛泽东为代表的新的中央正确领导,把党的路线转到了马克思列宁主义的轨道上来。

小惠:可是,遵义会议的会址——这栋被载入史册的会议小楼,却花费了整整四年时间才被找到。这背后有什么样的故事?下面,咱们一起跟随贵州台记者李盼盼去揭秘。

【04贵州台——遵义会议　2′42″】

15省区市的听众、网友大家好。我现在就在遵义市红花岗区老城红旗路(原子尹路)80号遵义市遵义会议会址的门前。今天与往常一样有很多游客来会址参观,刚才我问了几位游客,有我们本省的,也有来自北京、上海、广州、四川等地的游客,现在他们纷纷拿出手机在门口拍照。要特别告诉大家,我身后大门正上方的黑漆长匾上写着金光闪闪的六个字"遵义会议会址"。这六个字是毛泽东同志在1964年亲笔题写的,同时也是他一生中为中国革命旧址留下的唯一一幅墨宝。

可是,就是这么著名的一座小楼,一开始,纪念馆的牌子就挂错了。遵义市文史专家黄先荣:【出录音:遵义会议是在秘密的情况下召开的,就是那20个参加会议的人知道,所以当时就误认为是总政部。因为1935年,红军长征在遵义做的很多活动,都是在总政治部办的,进进出出的人很多。当时市委经过讨论,就把筹备委员会的牌子挂在了总政治部了。】

就这样,1951年,一块写着"遵义会议纪念堂"的牌子被挂在了位于遵义老城区杨柳街天主教堂的总政治部门前。直到1954年,中国革命博物馆通知遵义市委,正式寻找遵义会议纪念地。当遵义市委把位于杨柳街天主教堂的"遵义会议纪念堂"地址报上去时,时任中央办公厅主任的杨尚昆根据回忆,推翻了会议召开地在天主教堂总政治部的结论,黄先荣:【出录音:因为杨尚昆是自始至终参加了遵义会议。他回忆,不是在天主教堂,是在一个军阀的家庭,所以大家才考虑找军阀。】

之后,遵义市委展开了对遵义会议会址的第二轮寻找,1954年10月,杨尚昆电告贵州省委:"遵义会议是在黔军阀柏辉章的房子里召开的。"这样,遵义会址的寻找终于画上句号。

现在我手上有一份数据,刚刚过去的"十一"黄金周,贵州全省共接待境内外游客3000.9万人次,实现旅游总收入196.57亿元。而遵义市共接待游客就达549.2万人次,实现旅游综合收入38.3亿元。抬头再看看这六个金光闪闪的大字"遵义会议会址",它已经成为遵义红色旅游的一个标志,并且以遵义会议会址为标志的红色旅游正拉动着贵州经济的发展。主持人。

逢韬:好,感谢记者的报道。小惠,咱们今天在将台堡纪念红军长征胜利80周年,我这里还有一道题想考考你,你知道中央红军长征路上的最后一场战役是什么吗?

小惠:这个你可算问对人了,直播之前,我刚刚详细了解了这方面的资料。1935年10月19号,中央红军到达陕北吴起镇,这时,国民党部队也尾随而至。为了彻底切断这条一路尾随的"尾巴",中央红军在吴起镇布下"口袋阵",一举歼灭了尾追的敌人。"切尾巴战役"是中央红军长征路上的最后一战,也是进入陕北根据地的第一个大胜仗。

逢韬:你说得还真没错,下面,我们就跟随陕西台记者刘康、张卓琳,来了解一下这场红军长征途中的最后一场战役。

【05陕西台——切尾巴战役 1′53″】

1935年10月,中央红军进入陕西之际,国民党的几路兵马在陕甘交界的河莲湾集结,妄图歼灭红军。10月19日,中央红军刚到吴起镇,敌人就追了上来。吴起县党史办原主任蔺治忠:【出录音】19号晚上形势相当危急,毛主席主持召开了军事会议,毛主席说我们疲劳敌人也疲劳,吴起是山区不利于敌人骑兵作战,我们只能给根据地带进利,不能带进害,所以这一仗必须要打胜。【录音完】

根据会议精神,中央红军计划采用"口袋战术"全歼尾随之敌。中央红军在地方游击队的配合下,关起门来打狗。经过激烈的战斗,最终消灭了国民党军一个团,击垮三个多团,俘虏敌人 700 多人,缴获了一批轻重武器和战马。

在战斗打响前的几个小时,毛主席连夜爬上了这座山顶,来到当时的前沿指挥所,就在这棵杜梨树下又召开了一次战前动员会,对战役进行了进一步的部署。吴起县党史办原主任蔺治忠:【出录音】毛主席开完战前动员会以后,他十分疲劳,已经两天两夜没有合眼了,他就给警卫员陈昌奉说他要休息一下,当时他就睡在这棵杜梨树下,当时说战斗打得激烈,枪声密集时不要叫醒我,战斗结束时把我叫醒来。毛主席是运筹帷幄,他有这样十分的把握。【录音完】

逢韬:切尾巴战役,使得中央红军彻底切断了长征途中一直甩不掉的"尾巴",也宣告了国民党围追堵截中央红军阴谋的破产。

小惠:是啊,可是每一场战役都是咱们的红军战士一次生与死的考验。在革命老区河南新县,有这样一位老红军,他三过草地、三进三出国民党营地,孤身一人西征寻找部队的英雄故事仍旧广为流传。接下来我们跟随河南台记者陈松,去听一听这位老红军的故事。

【06 河南台——老红军罗明榜   3′15″】

【出录音压混】1910 年,罗明榜出生在新县一个偏僻小山村的贫苦农民家中。为了生计,不到 9 岁的罗明榜就被迫到地主家放牛。从小经历了衣不蔽体、食不果腹的苦难生活。

【出罗明榜录音】"我小时候在家里可怜到什么程度呢?一年到头没见过盐,没有盐吃。这个地方有盐卖没有呢?有盐卖,没钱买。想挣一分钱,到哪去挣钱呢?我 6月伏天打赤脚挑桃子卖,石子晒成火焰焰,烫脚啊。冬天,脚露在外面,没鞋穿。都是这样啊!所以,我们革命革得彻底,就是因为自己过的苦日子,不革命就没有出路。"

1929 年 5 月的一天,在新县白沙关举行了批斗地主恶霸的公审大会,罗明榜在现场见到了共产党人董必武,并第一次听到了关于红军、关于共产主义理想的豪迈宣言。19 岁的罗明榜激动不已,他下定决心要参加红军。1930 年夏天,不满 20 岁的罗明榜和家乡的 44 个年轻人一起参加了红军。

1934 年 10 月,红四方面军主力 2 万余人撤离鄂豫皖根据地,罗明榜跟随部队向西转移,开始了艰苦卓绝的长征。期间,他经历了三过草地、爬雪山,大小战役几百场,身上五次中弹七处负伤。在甘肃古浪的一次战役中,罗明榜所在的部队遭遇了伏击,他和七八个战友冲出重围后却失去了联系。罗明榜孤身一人,朝着延安的方向走去。途中,他三次被国民党抓壮丁,都成功逃脱,最终凭着坚定的革命信念和理想成功到达延安。

1995年8月，当时已经86岁高龄的罗明榜以口述的方式完成了自己的回忆录。在回忆录中，罗明榜饱含深情地说道："人总是要死的，我们这些老红军也要离开人世。但我相信：红军的精神是不死的，红军在长期革命斗争中形成的许许多多光荣传统，会像井岗山、大别山、宝塔山、太行山、沂蒙山一样，永远矗立在人民心中，鼓舞人民在中国共产党领导下，开拓更宏伟的事业，谱写更壮丽的篇章。"

小惠：罗老说得特别好，红军的精神是不死的。这样的精神能够在新的时代，创造新的奇迹。

逄韬：长征精神时至今日还是感染着我们一代又一代的人。红军不怕远征难，经过二万五千里长征，最终到达陕北，让人欢欣鼓舞。不过这期间，红军战士们确实历经了千难万险。

小惠：是的，从红军长征出发地走出的红军战士，相当一部分人在战斗中牺牲，从长征出发到现在已经有82个春秋，绝大多数也已离开人世。所幸的是，作为当年红军长征的亲历者，江西还有几位老红军依然健在。记者采访这些老红军时，他们的话语有些模糊不清，但与他们谈起昔日的戎马生涯、光辉岁月时，他们的语调和手势都显现出不同以往的激动与神采。跟随江西台记者万芳，我们一起来认识一下这位百岁老红军。

【07 江西台——老红军。成品　3′16″】

曾广昌，现年102岁，江西兴国人，17岁入伍，随红军主力从于都出发，走完二万五千里长征。历任红一军团二师四团卫生队队员、红28军3团卫生队长、120师359旅718团医生，建国后任军委公安121疗养院院长、济南第6野战医院副院长等职。1955年被授予中校军衔，1959年晋升上校军衔。1955年荣获三级八一勋章、三级独立自由勋章、三级解放勋章。多次受到过党和国家领导人接见。现住被称为"红军院"的江西省吉安军分区干休所。

记者：曾老，您好！您长征的时候是从瑞金、于都出发的，您还能记得当时出发的情景吗？

曾广昌：当时的情景还是很好的，思想也没有什么波动，反正是跟着走，也不知道是长征，到了四川的时候才知道是长征。

记者：您当时为什么要参加红军？

曾广昌：军队里很好，打仗怕什么呢，这是第一个。第二个，地方政府要动员，我们兴国县是模范县啊，我有三兄弟，两个，我哥哥一个和我，两个当了红军，我弟弟还小，没来参军。

记者：您亲身经历的红军长征，最艰苦的时候是什么样？

曾广昌：长征时候我们没有医院，我在四团卫生队当卫生员，检查部队卫生。发生疾病,那时候有病很可怜,又没有医药,又不能住院,每天部队行进,后面一些伤病员慢慢地跟着走,重病就牺牲了。因为没有药治,条件艰苦,小病也变成重病了,有的自己好了,有的没有好,有的没有好(曾老开始哭泣),就牺牲了。啊!!!(录音止)

记者:长征胜利80周年了,您最大的感受和体会是什么?

(出录音)"只要有党的正确领导,我们不仅能在革命战争年代创造奇迹,也一定能在新时期的经济建设中更有作为,创造更大的辉煌。"

记者:好的,谢谢曾老。另外据我们了解,目前依然健在、居住在江西、当年从红军长征地参加长征的百岁老红军,仅有曾广昌、王承登、吴清昌等少数几人。他们是长征的亲历者,在此,我们向他们致敬,祝他们晚年幸福安康!

逢韬:有关长征的故事真的是说也说不完,所谓"雁过留痕",翻阅史料我们总能发现,在长征途经的这15个省市区,每个地方都有叫"长征"或者"红军"的地名。

小惠:这是老百姓在用自己的方式传递那段难忘的记忆,咱们前方的青海台记者也刚刚到达了一个叫"红军沟"的地方,这红军沟这里究竟有什么故事呢?我们马上连线他。段涛,你好——

【08青海台——红军沟　1′48″】

段涛:直播现场的各位主持人好!我是青海台主持人段涛。我现在所在的位置是青海省果洛藏族自治州班玛县县城以南40公里,我身边有一条山沟叫子木达沟。现在,这里更加广为人知的名字是:红军沟。虽然时间已经过去了整整80年,但沟口南侧石壁上写下的"北上响应全国抗日反蒋斗争"的标语依然清晰可见。红军沟,有一条从山顶穿过林子的山路,藏语叫"阿合勒芒",意思是"部队走过的路"。

1936年7月,红四方面军、红二方面军共计3万多人,进入班玛县进行筹粮休整,短短的20多天,为班玛播下了革命的火种,留下了藏汉一家的兄弟情怀。

(音响起:藏族儿童齐诵歌谣。压低混播)

大家现在听到的是我身边几位戴着红领巾的藏族小学生齐诵一首在当地流传已久的歌谣,意思是:"红军走了,村寨空了;村寨空了心不焦,心焦的是红军走了。"表达的是当地群众对红军的一片深情和思念。今天,一个又一个脍炙人口的红军长征的故事在这里口口相传。

(音响起:藏族儿童齐诵歌谣。渐隐)

小惠:好的,感谢段涛的报道,让我们感受到了来自青海百姓对于红军精神的传承。

逢韬:嗯,下面来看一下互动平台。刚才我们说到的互动话题,问的是:二万五千里长征,到底是怎么计算出来的呢?那些期待着重走长征路的小伙伴,如何走出相同的二万五千里呢?

小惠:现在,我们要来揭晓答案了。我看到一些有意思的讨论,微信网友"小草2010"说,二万五千里,是不是从地图上测量的?微信网友"天涯共此时"说,我也好想参加重走长征路的活动,去感受一下那样的岁月。

逢韬:那我们先来揭晓答案,红军长征"二万五千里"的里程,当然不是从地图上测量的,"二万五千里"指的是中央红军的行程。1935年10月19日,中国工农红军陕甘支队到达陕北吴起镇。当天,时任直属队党总支书记的萧锋在日记里写道,毛泽东对他讲,红军长征"根据红一军团团部汇总,最多的走了二万五千里"。此后,中共中央在正式文件中开始使用"二万五千里"长征的提法。

小惠:嗯。在硝烟岁月过去的80年之后,很多小伙伴期待重走长征路,体验英雄情怀,但现在重走长征路的人,在大的行军路线上或许能与当年红军基本一致,但却难以到达红军各部队经过的每一个具体地点。红军走过的万水千山未必能一一复原、一一再走一遍,但是,我们相信,红色情怀永在,长征精神永存。

逢韬:接下来我们继续来看网友的其他互动留言。

网友"仙女姐儿"说:在这个阳光明媚的周六,和妈妈一起听着长征的故事,感受着心里的震撼与感动,今天的美好生活来之不易,我们要铭记革命先烈,且行且珍惜。

网友"本该如此"说:我的家乡因干旱而出名,家乡因为苦学的学子出名,更重要的是家乡因为会师而出名。我是甘肃会宁人,诚心祝福家乡日新月异,蒸蒸日上!

网友"小伟"说:长征胜利靠三宝:党的领导高于天、战士勇猛无阻拦、主席指挥似神仙。

【收听频点提示1′35″】

第三单元:《精神火种:红色基因代代传》(霖涵、凌洁)

【直播片头1′12″】

【第三单元片花24″】

理想的火种、信仰的种子、事业薪火相传、红色血脉永续……纪念红军长征胜利80周年·全国15省区市电台大型联合直播,接下来是第三单元:《精神火种:红色基因代代传》!

【第三单元垫乐】

霖涵:各位听众、各位观众、各位网友,您现在正在收听收看的是纪念红军长征胜利80周年,全国15家省区市电台大型联合直播——《雄关漫道从头越,不忘初心新长征》!我是贵州台主持人霖涵。

凌洁:我是江西台主持人凌洁。此时此刻,我们的节目正通过全国15省区市电台同步播出,大家在收听节目的过程中也可以打开我们的官方微信平台或移动客户端,观看视频直播页面,参与互动留言。

霖涵:当然,也欢迎您参与我们的互动问答。在这一单元的直播节目中,我们想问问大家的是,在当年那种物资不足的情况下,红军战士们是如何顺利通过雪山的呢?

凌洁:好。在大家回答这个问题之前,霖涵,我也有个问题要考考你,今天我们的直播主题是纪念红军长征胜利80周年,可是,你知道"长征"这两个字的来历吗?

霖涵:这可难不倒我。且听我一一道来:最早,中央红军从江西于都出发之后,曾经分阶段使用了"突围""转移""西征"和"北进"这些提法。4个月后,1935年2月,转战遵义时,红军总政治部发布的《告工农劳苦群众书》,第一次明确提出了"长征"这个称谓;而到了1935年5月20号,红军来到了四川冕宁,就要进入彝族聚居区,那时,朱德总司令发布了一个《中国工农红军布告》,这里头写着"红军万里长征,所向势如破竹,今已来到川西,尊重夷人风俗",这里首次有了"万里长征"的提法。

凌洁:功课做得不错,给个满分。

【09 歌曲——《情深谊长》】渐入

出歌曲《情深谊长》

霖涵:我们现在听到的,就是"红军万里长征,所向势如破竹"所到达的四川冕宁地区的民歌。

凌洁:冕宁在大凉山地区,那里的彝族同胞可以说个个能歌善舞,留下了一首又一首动人的传唱歌曲。

霖涵:而且不仅是好听,每一首动人歌曲的背后,都有一段动人的故事,像咱们现在听到的这首《情深谊长》,就是在讲述81年前,发生在凉山彝海边上的故事。

歌曲渐弱

【10 录音剪辑 26"】

战士:"报告首长,由于按照您的锦囊妙计。'打不还口、骂不还手,缴枪也不动手',所以被彝人扒光了衣服,给红军丢了脸,请求处分。"

毛泽东:"不但不给你们处分,我还要给你们记功啊!因为你们给彝族同胞上演了一出赤诚相见的好戏啊,将来说不定还要写进书里去啊!"

霖涵:刚才我们听到的录音剪辑是电视剧《长征》中的片段,红军的先遣部队进入彝族聚居区之后,关系一度紧张,最前面的侦察员身上的粮食被抢走,连衣服都被扒得精光,也坚决不还手不动武。最终,红军的行为感动了彝族同胞,彝族果基家族首领小叶丹提出要用彝族最隆重的仪式结盟。这就产生了长征途中著名的民族团结的佳话"彝海结盟"。

凌洁:这绝对是一段传奇历史。彝海结盟已经过去80年了,汉族和彝族的情谊源远流长。直播前,四川台记者刁辰超采访到了彝海结盟主人公——小叶丹的孙子沈建国和刘伯承元帅之子刘蒙,来听听他发回的报道。

【11 四川台——彝海结盟 2′26″】

在凉山州彝族自治州州府所在地西昌市中心,高高耸立着一座四五层楼高的雕塑。塑像内容正是 81 年前彝海结盟的两位主人公:刘伯承和小叶丹。

1935 年 5 月,中央红军进入四川境内后,为了摆脱国民党军队的围追堵截,红军选择从泸沽以北经冕宁县城,穿越彝族聚居地,前往大渡河。承担着开路任务的红军先遣支队司令员刘伯承此时需要思考的是,如何才能让部队快速、安全地通过彝区。在先遣队临行前,毛泽东曾向刘伯承提出,先遣队的任务不是去打仗的,而是去宣传党的民族政策,用和平办法借道彝区。刘伯承元帅儿子刘蒙:

【他的部队去了以后,绝对不能开枪,绝对不能跟彝族人产生矛盾。当时到了彝区,从大桥镇再过去的一个小地方,那儿的桥坏了,所以大部队准备从那儿通过,肯定要修复那个桥。当时我们的工兵营部队去了以后,就被彝族的边民给抓了,抓了以后,当然他们有枪,完全可以还击,他们没有还击,枪被抢了,衣服被扒光了。这个事情当时给彝族人制造了一个很好的印象,因为打不还手、骂不还口,而且有枪不打,这都是非常感人的事。你要是硬打矛盾肯定就来了。】

红军坚持骂不还口,打不还手,而且决不向彝族同胞开枪,渐渐地让彝族同胞感觉到了红军的纪律严明。从最初的敌对、猜疑到逐渐的认同、信任。1935 年 5 月 22 日,刘伯承与彝族果基家支头人小叶丹在彝海边歃血为盟,结为兄弟。小叶丹孙子沈建国:【相当于中国工农红军的第一支少数民族武装就建立了。红军走以后,国民党又回来追讨我爷爷护送红军的罪责,要让他交出这面红旗。但是我爷爷说他们俩已经是兄弟了,不能出尔反尔,所以他就不交。国民党来了罚金银珠宝什么的都可以,后来他感觉自己的生命有危险,就给我奶奶说人在旗在。所以我奶奶深信我爷爷说的话,国民党三番五次讨缴这面红旗的时候,都东躲西藏,后面实在不行,她就想到了把穿在身上的裙子打开,把红旗放在里面再缝上。所以,这面红旗才得以保存,现在这面红旗保存在中国革命军事博物馆。】

凌洁:好的,谢谢记者从现场发回的报道。其实,在长征途经的 15 个省中,除了四川的彝海结盟,还有很多民族和睦的传奇故事。

霖涵:的确,比如在云南,那里可称得上是红军实现转折走向胜利的一片热土和一块福地,资料显示:红军在云南境内打的都是胜仗,筹粮筹款丰厚,扩大红军四五千人,后来巧渡金沙江也没有多大的伤亡。

凌洁:那这应该说就源自中央红军与云南各族人民的特有缘分。

霖涵:是的,红军在云南期间,他们敢于献身、英勇斗争的革命精神和爱民、为民的实际行动,也感染和教育了云南人民,各地先后有数千优秀儿女参加了红军。

凌洁:1935年,被誉为"战略奇兵"的中国工农红军第一方面军第九军团长征经过会泽,就谱写了梨园扩红的红色史诗。我们来听听云南台记者李浩然的采访报道:

【12 云南台——梨园扩红 1′47″】

(成品)"红军长征过会泽一共7天,行程115公里……"

(压混)1935年5月1日,红九军团渡过牛栏江,进入会泽者海坝子。在者海,红军将士秋毫无犯,不仅消除了当地群众对红军的疑虑,还开仓放粮7万多斤。会泽县委党校教师杨礼荣:"红军在者海的外围居住,只派了少部分人来到镇上进行宣传,老百姓推了豆花、做了包谷饭给他们吃,他们都不吃,自己出高价买面条吃。当天就有80人参加了红军,第二天红军离开的时候,老百姓送了10多里路。"

红军的一言一行让穷苦群众认识到红军才是自己的军队。5月2日,红军攻克会泽县城,随后,1500多名会泽儿女踊跃参军投身革命,这是红九军团扩红史上空前的一次,也是红军发展史上一次有重大意义的壮举。会泽革命历史纪念馆馆员林莉:"红九军队是一直在主力军队背后的队伍,经常是掩护中央红军的主力。在进入会泽之前,红军强渡乌江的时候,目的是让他们断后,到了会泽的时候兵力有2600人。但是靠着罗炳辉将军的指挥,在会泽短短几天,就扩充了1500名红军战士。而且在会泽筹集到了10万银元和一大批枪支弹药,这让队伍在人力、物力、财力上有很大的提升。

在水城梨园扩红整编后,红九军团西出小江继续北上,进入四川与红三军团汇合,受到了中央军委的表扬,当时的中共中央总书记张闻天说,红九军团在极端险恶和艰巨的环境中,转变了危境,走向胜利的同时还壮大了自己,在红军史上写下了光荣的一页。

霖涵:嗯,梨园扩红,真是一段佳话。我们刚刚回顾了彝海结盟的故事,你看这些都是红军精神在沿途落地生根的好故事。

凌洁:这样的故事在红军二万五千里长征的路途中,真的是太多了,在广西桂北,油茶是当地最常见的待客之道,但是在兴安县漠川乡的山坳坳里,村民盛桂英家里有一碗油茶等了80多年,只为一个人。

霖涵:说到这80年的等待,那不用说,我猜肯定又是一个跟红军相关的传奇故事。

凌洁:故事的主人公是当地村民盛桂英一家人,而他们以一碗油茶等待着的人,也终于到来。来听广西台记者刘晓宇、徐志翔的报道。

【13 广西台——一碗油茶 1′45″】

1934年,当湘江战役后卫阻击战打到兴安县漠川乡王家村附近时,红三十四师100团团长韩伟被桂军子弹打中,被盛桂英的外公王本生发现了。

(出录音)就把他背到老家,我外公家里面有一个地窖,就把红军爷爷藏在地窖里给他疗伤。(录音止)

一碗滚烫的油茶,一个热腾腾的红薯,让身负重伤的韩伟感受到了人民群众对红军的支持。在王本生一家的悉心照料下,韩伟的身体也逐渐好了起来。

(出录音)那个红军走的时候还留下四颗子弹,留给我外公的。他留下话,我要是活着,有机会来看你、报答你。那四颗子弹我外公一直把它藏起来,像宝物一样把它包起来,红军找到这个地方才能有些证物给他看。我外公病了以后就交给他的儿子,他的儿子就是我的舅舅,我舅舅有病又交给他的儿子,就是王本生的孙子。(录音止)

四颗子弹,祖孙三辈整整守了80年,不是为了等待红军回来道谢,而是为了曾经的那句"我会回来"的誓言。子弹虽在,但红军却永远都没有回来,直到2013年,韩伟的儿子韩晶晶带着一家人找到了盛桂英的家中。从此两家人亲如一家,谱写着新一辈人的革命情谊。盛桂英告诉记者,山里人淳朴,只要对他们好的人他们都会热心地对待,油茶一代代煮下去,而油茶中的故事也在这一碗浓香中从未消散。

霖涵:一碗暖心的油茶故事,听得我都好想去尝一尝这渗透着红色情谊的油茶。

凌洁:是的,伴随着红军的行进,红色基因也是遍撒中国大地。接下来我们要把目光投向金沙江畔。81年前,红军长征经过云南,在皎平渡巧渡金沙江,写下了一段传奇战史;81年后,奔腾汹涌的金沙江畔,一群来自湖北的水利人在这里踏上了新时代的万里征程。来听湖北之声记者李浩然的报道:

【14 湖北台——金沙江畔 2′10″】

云南禄劝,皎平渡镇的皎平村,红军长征"巧渡金沙江"的渡口就在这里。81年前,37名船工在惊涛中奋力摇桨,用7条小船,连续九昼夜,将3万多中央红军安全渡过金沙江,取得了战略转移中具有决定意义的胜利。

皎平渡村的村支书叫毛洪银,他的师傅就是当年渡红军的老船工。十几年前,老毛当上村支书的时候,不少村民都还在为温饱发愁。而今天,在皎平渡下游约33公里,一座大型水电站正在建设当中,皎平渡的村民们也即将搬迁,迎来新的生活。

【出录音】现在这个地方马上面临着搬迁了,我们都是移民啦。乌东德电站马上要蓄水了,这个桥要淹,纪念碑也要搬……

老毛口中的乌东德水电站,是目前我国已经核准建设的第三大水电站、世界已建和在建的第七大水电站。它位于金沙江畔,由中国葛洲坝集团三峡建设公司主要承建。葛洲坝乌东德施工局副局长吴海涛介绍说这里绝大部分的水利人都来自湖北:

【出录音】这个就是大坝的主坝子,坝肩部分,以后那个混泥土大坝就从这个底下把它浇起来,浇到我们站的这个高层,我们站的这个高层是988,大坝最低目前好像是挖到717,落差270多米……

"金沙水拍云崖暖",当年,毛泽东主席的诗句写出了红军万里长征的艰难。今天,奋战在金山江畔的湖北水利人也正如长征一般,用智慧、勇气,坚忍不拔的决心,排除万难的信念,团结一致的果敢,向着标杆工程、丰碑工程的目标努力奋斗!

【出录音】就像红军一样,就是一个过程,不积跬步无以至千里。我想就是我们万里长征,走到这一步的话应该是取得成果的时候。你要带着有家国情怀,在这个地方奉献自己,你才能够去成就这样一项伟大的工程。

霖涵:感谢记者带来的水利工作者们振奋人心的发言,这也是新时期长征精神的宣言。

凌洁:你说到新时期的长征宣言,其实我觉得这在我们年轻一代人身上,体现得更加明显,在甘肃,为了纪念红军长征80周年,从小学生到大学生,都开展了很多红色活动,有关详情,我们来听听甘肃台记者朱娜的报道。

霖涵:好的,我们看到,朱娜的电话目前已经拨通,朱娜,你好!请给我们介绍一下相关情况:

(直连)甘肃记者朱娜(2分钟)

【主要内容:在红军长征胜利80周年之际,全省各地都在举办极具特色的纪念活动。因为在甘肃这片热土上有太多红军长征留下的足迹,不论是甘肃会宁还是甘肃哈达铺,不管是会师塔还是纪念馆,都一一记录下长征在这条征途上,年轻的共产党人以对国家、对民族的责任担当。在长征这条牺牲之路、转折之路、锻造之路上,有太多的故事需要让我们的下一代去了解、去学习、去传承。

在今年的10月甘肃省宕昌县哈达铺红军长征纪念馆完成重新布展并对公众开放,迎来了一批又一批前来参观的中小学生。在红军会师之地会宁,红色传统教育也与中学师生开展了教学互动活动,甘肃省高校师生暑期红色之旅集中示范活动也在长征路甘肃段开展了,踏寻革命先烈的足迹,践行当代大学生的风采活动。除了在纪念地的活动,甘肃的很多学校也都开展了纪念活动,比如西北师范大学的《忆长征 感受红色声音之旅——纪念红军长征胜利80周年经典课文诵读会》,除了大学,各小学也开展了《小学生纪念红军长征胜利80周年作文》等。都是不同层面的红色图片之旅、声音之旅和红色文化之旅。可以说红色的脉搏在神州大地跳动。80年过去,仍然如此强劲。

在我跟随采访红军长征胜利80周年系列活动中,有一位90后的年轻学生,他是第一次亲自体验重走长征路的活动。他以前只是在书中,包括英国历史学博士李爱德和马普安合著的《两个人的长征》的文字中知道长征,在参与过亲自用脚去丈量其中一段路程的过程中,感触非常深刻,他说那个时代他不曾经历,但是他真的觉得,长征是一个奇迹!但我想说,这二万五千里仅仅是奇迹的第一次展现。为什么这一远征能超越人心,让不同国度和不同年纪的人听到精神的召唤?我想,我们每个人都要用行动做出回答,走好我们这代人的长征路。】

霖涵:好的,感谢记者朱娜的现场报道。

凌洁:我们再来看一下微信互动平台。网友"画手小闹"分享心得说:我是一名研究生,同时也是一名学生党员,听着直播,我也觉得热血沸腾。

霖涵:网友"芳芳"也说:身为红军的后代,满怀激动与感佩!你们的节目很有意义!谢谢你们!致以红军后代的敬礼!

凌洁:红军长征胜利 80 周年了,红军不怕牺牲、前赴后继的精神将激励着 80 后、90 后继续前行!

霖涵:是的,今天在贵州,一群年轻的 80、90 后也组织了一次快闪活动,他们的主题很特别,是"红色诗歌快闪",年轻人正用他们自己的方式,来纪念漫漫长征路,我们马上连线贵州台记者黄小胜。你好黄小胜,请介绍一下具体情况好吗?

(直连)黄小胜(时长 1′30″)

霖涵:好的,感谢记者的分享。

凌洁:目前,我们的微信平台上也有了很多互动留言,我们刚才抛出了互动问题:长征时有著名的"翻雪山",在当年那种物资不足的情况下,红军战士们是如何顺利通过雪山的呢?现在大家都在踊跃地发言,来给大家分享一下。

霖涵:微信网友"粉色天使 1212"回答说,过雪山需要大棉袄,需要多喝热水,更需要坚忍不拔的意志。微信网友"故乡的天高云淡"说,可以想象过雪山那时候艰难的环境,但正是这样的苦难,铸就了红军的光荣与梦想。

凌洁:大家都很积极,那现在我们就来跟大家说说,红军战士们是如何顺利通过雪山的。

霖涵:1935 年 6 月初,红一方面军由四川宝兴县过夹金山,红军从云南入四川时是酷暑的夏日,很多人只穿了一件单衣,在这样的情况下,忽然进入高原奇寒的雪山,困难之大可想而知。

凌洁:为了应对酷寒,红军战士们也是各出奇招,最常用的方法是各个连队用些瓶子装白酒,每人再分配一两个辣椒,用于上山时压寒。

霖涵:方法虽好,不过当时当地人民总数不到百家,哪来那么多酒呢?结果战士们只有在上山前,烧些辣椒开水,每人吃一碗后再上雪山。

凌洁:另外,爬雪山也是有要领的,翻山前要做很多准备工作,要把衣服松开以便于呼吸,走路要慢但绝对不能停,爬到山顶后,红军的下山方法是坐下来往下滑,更加节省体力。

霖涵:过雪山时,饮水也是一个大问题,因为无法把雪化开。战士们不得不刨开地表的冰雪取下面的雪解渴,这次顺利翻过雪山。

凌洁:真的是非常的艰辛,这位微信网友"sunny day"表示,为红军战士们点赞。

霖涵:这位网友"小小流沙河"更加幽默,他说,我想我已经 get 到了重点,以后去爬雪山之前是不是也要喝一点辣椒水。

凌洁:其实也不用那么麻烦,您去吃一顿火锅,也能顺利爬过雪山了。

霖涵:我们再来看看其他网友的留言。

网友"三秦流浪"说:宝塔山上红旗展,延河岸边忙生产;艰苦奋斗不忘本,延安精神永流传;缅怀先烈莫等闲,继往开来谱新篇;老区经济奔小康,今日陕北赛天堂!

网友"资金花海"说:长征万里血染成,红军精神传永恒;后辈应知先烈志,叩心不愧五星红;雪山草地埋忠骨,长歌高颂赞英烈!

网友"使命如山"说:长征胜利七十周年的时候,我还在部队排练长征组歌。又一个十年过去了,我也从部队转业了。但是长征精神始终在我的血液里沸腾!

第四单元:《沧桑巨变:红色沃土展新颜》(高明、张楠)

【直播片头 1′12″】

【第四单元片花 28″】

追寻红色足迹、叩问红色脉搏……纪念红军长征胜利 80 周年·全国 15 省区市电台大型联合直播,马上邀您聆听第四单元:《沧桑巨变:红色沃土展新颜》!

【第四单元垫乐】

高明:各位听众、各位观众、各位网友,您现在正在收听收看的是纪念红军长征胜利 80 周年,全国 15 家省区市电台大型联合直播——《雄关漫道从头越,不忘初心新长征》! 我是宁夏台主持人高明。

张楠:我是陕西台主持人张楠。在我们直播的过程中,全国 15 家省区市新闻广播也会同步推送视频直播,全国各地的听众朋友们,不管您在哪儿,都可以打开手机,发送关键词"长征"到参与直播的 15 家省级新闻广播的官方微信平台,观看视频直播页面,参与互动留言。高明啊,其实刚刚我们跟随全国各地的记者,重温了那段红色的光辉岁月,真的是激荡人心,就像开始我们聊到的,真的有一种想重走长征路的冲动。

高明:的确是这样,80 年前,红军们走过的地方,不仅是给老百姓们留下了宝贵的精神财富,更是为他们留下了脱贫奔康的基因。比如我们宁夏中南部地区,这里属民族地区、革命老区和国家级集中连片特困区,这里千百年来"喊叫水"的苦涩历史,令全社会广泛关注。今年 10 月 8 号上午,宁夏最大的民生工程——中南部城乡饮水安全工程正式通水,安全洁净的泾河水穿山越岭汇聚到了固原市中庄水库,西海固百万群众期盼了四十年的"饮水梦"终于实现。

张楠:接下来,我们要跟随宁夏台记者张小霞的脚步,去到西海固,听一听那里老百姓的生活。

【15 宁夏台——泾河甘泉　1′38″】

【出现场压混】10月8号早上，宁夏固原市中庄水库鞭炮齐鸣，一片欢腾，自治区党委书记李建华启动通水按钮，宁夏中南部城乡饮水安全工程正式通水，只见清凉的泾河水从管道倾泻而出，流进百万群众的家中，现场的老百姓个个心里乐开了花。

【出现场＋录音】群众1:通水了，哈哈哈，这后半辈子把这个幸福享上了。群众2:以前水是硬的，现在喝的是软的、好喝有味道甜的，以前没喝过这样的水，现在喝到了，我特别的高兴。【录音止】

2012年，这项民心工程开工建设，水源工程秦家沟水库、龙潭水库分别于2012年、2014年建成，12条输水隧洞于2015年5月全部贯通，今年6月10号固原市中庄水库正式下闸蓄水，7月31号正式向固原市区供水。在通水现场，记者见到了一早赶来的原州区开城镇黑刺沟村村民赵继章。他告诉记者，他一定要来见证这一历史性时刻，因为这个工程，他们已经"盼"了好多年。【出录音】:那肯定有改善，我们那里大部分是旱地，靠天吃饭，就是雨水广了打得好，最多打200来斤。很期待，通水后，我们原州区受益的人多得很，那肯定受益大。

高明:西海固老百姓的饮水梦实现了，生活也会越来越红火。张楠，你发现没有，长征精神真的如同火种一样，扎根在哪里，就能改变哪里，红色基因深植华夏大地，在不同的历史时期都能燃烧出改革与创新的火焰。

张楠:是的，就比如在湖南桑植县的刘家坪，村民刘菊英和姐妹们，就坚持把红色旅游和脱贫产业有机结合了起来，村民们纷纷搞农家乐、承包农业生态园。

高明:是的，记者的采访中我们了解到，刘菊英的家庭在两年前还都是一家一户扛着锄头去种地，一年到头也就解决一个温饱。如今，刘菊英和村民的地交给了农业开发公司打理，他们则在公司上班，施肥、剪枝，做得都是平日里常干的活儿，每月还能领工钱。

张楠:嗯，一起跟随湖南台记者蒋岚，去瞅瞅他们的新生活吧。

【16 湖南台——桑植　53″】

刘家坪乡山多地少，贫困户接近20%，为了让村民尽快致富，在国家武陵山片区区域发展与扶贫攻坚政策的支持下，当地通过土地流转让农民抱团发展。看到有了靠谱的政策，刘家坪乡6个村1100多户村民与农业开发公司签订了土地流转协议，其中217户是建档立卡的贫困户。湖南省军区驻桑植扶贫工作队队长吴正平:（出录音:我们把老板也一起带上，让老百姓与老板接触，建立一种良好的信任互动关系。）两年间，湖南桑植县整合了3.15亿元资金，投入到农业产业上，目前，已改造农网300多公里，解决近万人的安全饮水问题，共帮扶1680户5378名贫困人口脱贫。

高明:搞合作社、土地流转，我发现革命老区人民真的是很有生活智慧和创业点子的,见证过红军不屈意志和无畏精神的红色土地,在全面建成小康社会、决战脱贫攻坚的新征程中,也能焕发出新的生机。

张楠:可不是吗,之前,我们在跟大家回顾万里长征的峥嵘岁月的时候,我们给大家讲起过中央红军到吴起镇后打了一场漂亮的战役——"切尾巴"战役。如今,老区人民在长征精神的指引下,在延安市的吴起县又打响了另一场"切尾巴"战役,高明,你想知道是什么战役吗?

高明:当然想啊!

张楠:好,下面由陕西台记者张昕、张卓琳来给我们揭晓答案吧,一起来听报道:

【17 陕西台——脱贫攻坚 2′19″】

【出吴起说书人的同期声压衬】弹起三弦说一段,说的是一九三五年,中央红军到陕甘,来到吴起县那是十月天。【录音渐弱】

吴起县位于延安西北部,是典型的黄土高原丘陵沟壑区,经过多年的退耕还林,曾经满天黄土、满目疮痍的吴起县城如今已是郁郁苍苍。沿着"切尾巴战役"主战场往南边走去,是地处陕甘两省交界处的白豹镇。白豹镇李桥村村民张殿元这两天心情不错,作为精准扶贫的巩固对象,他把家里30多亩荒山年初种上了苹果树,眼下到了拉枝修剪和秋季施肥的时候了,他不用花一分钱就能把果园的活儿干完。张殿元:【出录音】苗子、肥、地膜,都是政府投资的,包括打机井、压管子,这一切都是政府投资,我们就没出钱,老百姓没出钱,你就是出力,种好栽好,技术有他们指导。【录音完】

白豹镇是石油出产区,前些年能源市场景气的时候,老百姓依靠石油的劳务增收、征占地的补偿,日子还算过得不错,然而从长远来看,却没有一项主导产业来支撑。近几年,随着能源市场不景气,白豹镇就盯上了这片生态良好、光照充足的山山茆茆,发展苹果产业。为了确保老百姓愿意种植,镇政府首先修路、打机井、铺设供水管道,把旱地变为水浇地,由县上统一采购、免费提供苹果苗木、肥料和技术指导。吴起县白豹镇镇长梁学杰:【出录音】重点就倾向这些贫困户,要让他们摘掉贫困帽子,5年以后,能有可观的收入,发展苹果是县上每亩补助1200元,分5年补,第一年补400,以后四年各补200块钱。【录音完】

除此之外,对于没有固定收入的兜底户,当地政府还引导产业扶持资金注入大型养殖场、专业合作社,通过入股分红、保本盈利的办法增加收入。截至目前,吴起县发展了8.5万亩苹果,以种养殖和林下经济为主的合作社达到149个。吴起人正通过自己的努力,传承长征精神,切掉了贫困的尾巴。

高明:嗯,现在的"切尾巴战役"原来就是切掉贫困的"尾巴"啊!对于这样的"战役",我只想说四个字:干得漂亮!张楠,下面我也来给你介绍一个村子,是当年红一军团攻占娄山关后,继续北进,经过的地方。

张楠:是哪里?

高明:重庆的綦江区石壕镇万隆村。这个曾经十里八乡远近闻名的贫困村,如今却成为很多网友追捧的"重庆版香格里拉",你知道是什么让它焕发了新的魔力吗?来听重庆之声记者王卫、张睿发回的报道吧:

【18 重庆台——綦江万隆 1′25″】

以前的万隆村,由于交通不便、信息闭塞,曾是綦江贫穷、落后的代名词。"有女不嫁万隆山,天晴落雨把门关。一天三顿沙沙饭,肚皮烤起火斑斑。"这首流传甚广的民谣,是昔日万隆的真实写照。

但近年来,依托自身特色自然资源,走出了旅游扶贫发展之路。万隆村村主任穆文彬表示(出录音):"我们这个乡村旅游,是从2014年引起了重庆的一家民营企业(关注),依托我们万隆村上千亩的自然花海,进行了打造,民营企业已经接近了1个亿的投入。"

"花坝"景区在万隆村应运而生。景区里露营区、帐篷酒店、小木屋宾馆已经开门迎客。每个周末,尤其是夏季,都吸引着附近市民自驾前往避暑。当地人的农家乐生意,也因此十分不错。穆文彬说,为了帮助农家乐规范化经营,当地政府不仅出资对农家乐外墙进行改造、统一风格,还请来綦江星级酒店的厨师、服务员进行"对位"指导。

今年,万隆村成功申报市级美丽乡村。近两年都成功举办了花坝露营旅游季,连续两年自驾车辆突破6万台次,年接待游客超20万人次,其中单日游客接待最大量2万多人。

张楠:我总结出来了,万隆村的发展啊,得益于交通,公路修好了,小康生活也指日可待了,是长征留下的红色资源成为当地老百姓发展旅游产业的不竭财富。

高明:是的。在时光的发展与蜕变中,昔日的革命圣地,纷纷蜕变成红色旅游景点,依靠着红军留下的遗迹与精神,当地百姓们发扬了艰苦奋斗和勤劳致富的精神,走红色旅游路子,奔脱贫致富小康。

张楠:我们来自广东台的记者谢馨、方妍,也为我们带来了一个著名的"广东省古村落"的介绍——来自广东南雄市乌迳镇的新田村。

高明:嗯,记者谢馨、方妍告诉我们说,沿着村路,穿过稻田,一直走,就能看到一座不知名的山丘。据说那里就是红军进入广东后打的第一仗的地方。

张楠:据老一辈人说,这场激励人心而又异常惨烈的战斗,在南雄代代相传。80年后的今天,革命老区南雄重新出发,整合红色历史资源发展旅游,走上新长征之路。我们来听广东台记者谢馨的报道:

【19 广东台——南雄旅游 1′29″】

红军入粤第一仗打响后的80年,南雄老区旧貌换新颜。但不变的不仅是村口的老榕树,还有老区人民向往美好生活的初心。乌迳镇新田村村委会前支书李建国表示,村民自发成立了古村落保护协会,修复古建筑,发展红色旅游和生态旅游,宣传红色历史。经过修复的爱敬堂,再度把红军长征的历史时空连接起来。李建国:【录音:分了三个方面,资金、卫生、宣传组 20 多人,我们这次号召万名志愿者捐款一样,原来这个横梁掉下来了,这个门哪、门槛哪维修一下,横梁换了一下。】

整合红色资源,发展旅游业,也是南雄老区人民努力脱贫奔康、响应新长征精神之举,南雄市委宣传部副部长周宏忠:【录音:目前呢,像我们油山革命纪念碑会师旧址等等一些革命遗址瞻仰的游客越来越多了,我们应该继承和发扬伟大的红军长征精神,还要使更多的广大党员干部知道红军长征的精神并没有过时,我们在带领老百姓奔康致富这个路上我们还有很多爬坡越坎的工作要做。】

高明:祝愿我们的南雄老区人民生活越来越好。刚刚,我们说了很多红色革命老区,张楠,你最想去的红色旅游景区是哪个?

张楠:这得让我好好想想,不过你这个问题,我们的网友"四喜小丸子"有回答,我刚刚看到她在微信平台里说道:小时候学过课文《飞夺泸定桥》,那时就想去泸定桥看看,主持人能给我介绍一下吗?

高明:飞夺泸定桥,确实是经典战役,据说那是一座悬空架在大渡河上的铁索桥,一直也被誉为"东环泸水三千里,西出盐关第一桥",具体的介绍,我们交给来自四川台的记者向显焱,让她带领大家去探访一下这座传奇铁索桥吧。

【20 四川台——泸定桥 1′24″】

全国的听众朋友们大家好,我现在所在的位置就是泸定桥,我可以看到,大渡河在泸定桥下穿城流过,在大渡河旁边,有一条开湘路,1935 年 5 月 29 日,时近傍晚,飞夺泸定桥的红四团团长黄开湘,在西岸指挥飞夺泸定桥之战,战士们协同作战,仅两个小时就赶走了东桥头的守敌。这条路也由此得名。

如今,开湘路南北延伸,街两边店铺林立,面馆、饭馆、茶馆、酒馆,高朋满座,忙碌一天的外地游客和本地人不分彼此,在这里享受生活。泸定县委宣传部负责人介绍,最近三年,泸定县游客以 15% 左右的速度递增,开湘路因吃住方便,成为游客集中休闲的地方。

如今,泸定桥已不再是我们小学课文中描述的"十三根铁索",桥的下部铺满厚实的木板,侧面铁链有钢丝相连,下面还增加多根钢缆。泸定县文化旅游和广播影视体育局局长康霞告诉记者,新时期的泸定县正上演新时代传奇:依靠泸定桥、牛背山、九权树湿地等系列景区建设,通过走农旅融合发展之路,2018 年泸定将在甘孜州率先脱贫、率先奔小康。

高明:感谢记者的分享。再来看一下我们的互动平台。网友"青青子衿"说,听了这么多报道和故事,更深的感触在于,红军长征,是一部英雄史诗,80 年,90 年,100 年,也许历史越久远,越能显出其非凡。

张楠:大家都感触良多,而就在我们直播的期间,来自青海台的记者杨紫妍也深入一线基层,为我们打探到了红色旅游地图的又一个目的地,来自青海班玛县的玛可河,这里也是大渡河的源流之一。

高明:秋天的玛可河林场,迎来了一个最美季节,让我们跟随她的声音,一起去看看神秘三江源。

【21 青海台——玛可河林场 2′13″】

玛可河林场曾经是青海省主要木材供应地。人们常说"十年树木,百年树人",在玛可河林区,川西云杉是最耐高寒的云杉树种,可以在海拔 4200 米的地方生长,一棵三人抱的川西云杉,至少要长七八百年。这里的海拔高度接近树木分布极限,气候寒冷,各类植物的生长速度极慢,一旦遭到破坏,很难在短期内恢复。

牧民××一家就住在玛可河林区,虽然森林密布,守着青山,但长久以来,他们始终保持着用牛粪取暖做饭的习惯。

(录音起)牧民××:"三江源就是我们的家,保护家园是我们的义务。如果我们不保护好这里的山林,过不了十几年,这里的环境就变得很差了。所以如果有人破坏山林,用林子里的树木烧火,我们都会去阻止他。"(录音止)

在班玛县,"守着林区不烧柴"已经成为很多牧民的生活习惯。良好的生态保护意识使得这里的自然生态持续明显改善。1998 年,玛可河林场森林覆盖率 52%,现在森林覆盖率提高到 60% 以上,林地面积和树木蓄积量双增长。班玛县城乡绿化率居全省同类县榜首。三江源地区水资源量增加近 80 亿立方米,相当于增加了 560 个西湖,生态状况趋好。

红军长征的胜利,是人类历史上的奇迹。在这里,我要以一名青海人的身份向全国人民报告,如今,当年红军走过的山林更加郁郁葱葱,红色班玛也在沿着红军长征走过的道路,守卫绿色家园,诠释绿色追求,孕育绿色希望,编织绿色之梦,实现生态之梦。蓝天、森林、草原、河流、雪山构成的气势磅礴的大美图画正在呈现。欢迎大家踏寻神秘三江源!好的,感谢直播现场的主持人,再会!

高明:好,感谢紫妍的分享,红色班玛,绿色三江源,是我们红军精神与大美自然的源泉。我们也感受到,正是红军长征的艰苦斗争,才守护了我们中华大地上最美的万水千山。

张楠:来看看我们的互动平台上网友的留言。

网友"原来"说:我想说这些年,我们的生活发生了很大的变化,生活富裕了,出门方便了,但是长征精神没有变,新一代年轻人会继承长征精神,不会忘掉那段艰苦的岁月。祝福老红军身体健康!

网友"小丸子"说:我的外婆是定西人,她跟我说她看到过红军大部队在那里经过的场景,红军战士们在池塘边上搭锅做饭,也不进老百姓家里,满山都是红旗飘扬。

网友"莎莫睡着了"说:我是宁夏人,说起长征就让我想到六盘山,我是在六盘山长征根据地长大的,看到一排排烈士墓,我感触很深!今天的生活来之不易,我将继续给学生们讲好课!让孩子们牢记长征精神!

网友"BOBO"说:红军长征精神一直激励我们大学生努力前进。前几天研究生考试报名刚刚结束,我就看到身边有的同学放弃考研了,但是,我想我会继续努力地坚持的!目标在那里,一切皆有可能!

【收听频点提示 1′35″】

第五单元:《筑梦中国:长征永远在路上》(最晚 11:51 须进入)

【直播片头 1′12″】

【第五单元片花 27″】

中国梦、长征魂、新起点、新长征……纪念红军长征胜利 80 周年·全国 15 省区市电台大型联合直播,下面为您送上的是第五单元:《筑梦中国:长征永远在路上》!

【第五单元垫乐】

高明:各位听众、各位观众、各位网友,您现在正在收听收看的是纪念红军长征胜利 80 周年·全国 15 省区市电台大型联合直播——《雄关漫道从头越,不忘初心新长征》。我是宁夏台主持人高明。

凌洁:大家好,我是江西台主持人凌洁。

霖涵:我是贵州台主持人霖涵。

张楠:我是陕西台主持人张楠。

逢韬:我是四川台主持人逢韬。

小惠:我是宁夏台主持人小惠。我们现在正在宁夏回族自治区固原市西吉县的将台堡为您进行现场直播。

高明:此时此刻,我们的节目正通过宁夏、陕西、四川、贵州、江西、甘肃、福建、广东、广西、云南,河南、青海、重庆、湖北、湖南等全国 15 家省级新闻广播频率进行同步联合直播。

凌洁:同时,15 省区市电台微信公众号、移动客户端、网台也正在同步视频直播。您只需打开手机,发送关键词"长征"到参与直播的 15 家省级新闻广播的官方微信平台,就可进入视频直播页面,参与互动留言。

【直播垫乐——结尾扬起音乐】

霖涵：嗯，我们联合直播很快就要接近尾声了。80 年前，中国共产党领导红军将士完成了震惊世界的长征，开辟了中国革命继往开来的光明道路，奠定了中国革命胜利前进的重要基础。今天，我们纪念红军长征胜利 80 周年，就是要缅怀革命先烈的不朽功勋，继承光荣的革命传统，弘扬伟大的长征精神，走好自己的长征路。

张楠：是的。什么是长征精神？我想，长征精神就是坚定革命理想信念、不怕任何艰难险阻、坚韧不拔、勇往直前、团结互助、百折不挠，它闪耀在宁肯自己挨饿也要保障后勤的"金色鱼钩"上，它刻印在怀着对胜利的无限渴望而留下来的"半截皮带"上，它燃烧在临死前托付给战友的"七根火柴"上……

逢韬：80 年风云过尽，当年的"红小鬼"都已进入耄耋之龄，那场伟大远征的亲历者大多已经逝去，但红色的记忆历久弥新，红色的基因早已融入中国人的血液，红色的火焰仍然闪耀在人类文明的火炬上。

小惠：长征精神放光芒，长征永远在路上。从争取国家解放、民族独立的伟大抗争，到建设社会主义新中国的光辉岁月，从开启改革开放的壮丽征程，到冲刺全面建成小康社会的关键一程，对于中国而言，这始终是一段"在路上"的征程。

高明：黄土高原上的延安、白山黑水间的油田、荒漠戈壁中的航天基地、南海边崛起的新城、奥运五环闪耀的北京……在"长征"中播种，在"长征"中收获，80 年来，长征这一精神的源流，滋养着一代代中国人的心灵，导引出一幅现代中国的精神画卷。

凌洁：正如习近平总书记昨天在纪念红军长征胜利 80 周年大会上发表重要讲话时说到的那样："长征永远在路上。一个不记得来路的民族，是没有出路的民族。不论我们的事业发展到哪一步，不论我们取得了多大成就，我们都要大力弘扬伟大长征精神，在新的长征路上继续奋勇前进。"

霖涵：是的。历史是不断向前的，要达到理想的彼岸，就要沿着我们确定的道路不断前进。每一代人有每一代人的长征路，每一代人都要走好自己的长征路。今天，我们这一代人的长征，就是要实现"两个一百年"奋斗目标，实现中华民族伟大复兴的中国梦。

张楠：嗯。如果说，80 年前的那次远征，是精神的壮歌、信仰的迸发、价值的磨砺，那么，今天行进在新长征路上的我们，更需要精神的支撑、信仰的坚守、价值的导航，更需要以长征精神凝聚信念信仰、守护不变初心。

逢韬：回望红军长征，这一惊天动地的革命壮举，是中国共产党和红军谱写的壮丽史诗，是中华民族伟大复兴历史进程中的巍峨丰碑；展望新的长征，红色的基因代代传承，信仰的力量风雷激荡，我们唯有以理想为魂，以信念为魄，在长征中纪念长征，在奋进中继续奋进，才能挺立起精神的脊梁，跑好接力赛中我们这一棒。

小惠：雄关漫道从头越，不忘初心新长征——在筑梦中国的复兴之路上，在这条继往开来的道路上,让我们面向未来,永不止步,初心不改,阔步前行!

高明:好的,各位听众、各位观众、各位网友,纪念红军长征胜利 80 周年·全国 15 省区市电台大型联合直播到这里就结束了,感谢您的收听收看,再见!

众主播:再见!

【出歌曲】

主创人员:集体创作

讲述长征路上好故事,喜看红色沃土新发展

——《雄关漫道从头越 不忘初心新长征》评析

石艳华

2016 年,全国各地开展了纪念中国工农红军长征胜利 80 周年活动。江西作为长征胜利的出发地,长征精神的诞生地,其纪念长征胜利的系列活动更是有声有色、丰富多彩。江西、宁夏、四川、贵州、陕西等全国 15 家省区市广播媒体共同举行的大型联合直播活动,《雄关漫道从头越,不忘初心新长征》题材重大,主题鲜明,制作精当,具有鲜明的特点。

一、主题宏大,立意高远

在近两个小时的广播直播中,作品融合了记者现场连线、录音报道、老红军访谈、新闻特写、听众网友互动等多种形式,生动展示了追寻红军足迹,传承长征精神,不忘初心,走好新的长征路的主题。作品从历史和现实的角度深入构思,既有对长征伟大历程的深情回望,也有对各地各族群众弘扬长征精神,矢志不渝,为实现中华民族伟大复兴中国梦而不懈奋斗的生动事例,向全国听众展现了红色沃土上的新发展新面貌。

二、结构清晰,内容丰富

为了表现宏大的主题,作品在结构上采用篇章段落式,一共分为 5 个篇章进行:《光辉胜利:英雄史诗丰碑颂》《峥嵘岁月:理想信念高于天》《精神火种:红色基因代代传》《沧桑巨变:红色沃土展新颜》《筑梦中国:长征永远在路上》。每一个篇章独立成篇,有自己明确的立意,5 个篇章又组合成一个整体,共同完成节目的主题。作品不仅结构清晰紧凑,内容也非常丰富。在直播的筹备和进行中,来自 15 个省区市的百余名记者主播们,深入红军长征出发地、途经地、会师地采访,充分挖掘当地在红军长征中的特殊地位、特殊事件、主要标志地、典型人物、典型故事等新闻素材。作品题材既典

型,又新颖,全篇围绕"新长征"这一重要内容组织素材。因而,现场直播新意迭出,让受众百听不厌。

三、传播手段新颖,受众互动频繁

本次现场直播,全国 15 家省市级电台除了同步直播之外,还通过各台的网络媒体和新媒体平台进行视频直播,实现了传统媒体和新媒体的完美融合。传播手段的创新,不仅拓展了作品的传播渠道,还使得直播内容更加直观、形象、生动。在直播过程中,全国各地的听众和网友通过微信平台踊跃参与互动。他们对革命先烈的深切缅怀,对祖国繁荣的真诚祝福,在无形之中提升了作品的传播力和影响力。

该作品在声音语言的运用和设计方面也下了一番功夫,音响元素丰富、传播效果好。首先,现场直播中运用了大量人物采访的同期声,这样做的好处是既增强了新闻报道的真实性,又增强了广播节目的可听性,生动的语言、鲜活的人物,为报道增添了现场感和立体感。其次,精心挑选的与报道内容相匹配的红军歌曲,渲染了节目气氛,升华了作品主题。最后,主持人的声音沉稳大气,感情充沛,充满正能量,深深打动着广大受众。

第二十四届江西新闻奖广播专栏奖
惠农直播室

播出日期:2016 年 12 月 20 日

出总版头:权威解析三农政策　全面解答农民咨询

聚焦三农难点热点　关注农村百姓民生

欢迎收听《惠农直播室》

本节目由江西省农业厅支持播出

主持人:收音机前的听众朋友大家好,欢迎您收听江西农村广播的《惠农直播室》节目,我是李程。我们节目的播出时间是每周一到周五上午 10 点到 11 点,中午 1 点到 2 点重播,农民朋友如果上午有事耽搁了收听,中午您还可以听重播。

此时还是暖阳高照,不过下午天气就要开始变化了。有请老牛来介绍一下未来一周的天气情况:

出片花:《老牛识天气》:

听众朋友好,我是老牛。根据江西省气象灾害应急预警中心的最新报告:

20 日晚至 23 日受冷空气影响,我省有一次降温、降水、大风过程。21~23 日平均气温赣中南部和赣南下降 10~12℃,其他地区下降 8~10℃;过程最低气温赣北 2~4℃,局部山区 0℃,赣中赣南 4~6℃;赣北偏北阵风可达 6~7 级。

这次冷空气过程伴随降温、降水和大风,农业生产请提前做好防范工作。20 日晚至 23 日的降温、降水、大风天气,对油菜开花、大棚蔬菜生长、幼禽幼畜养殖以及农事活动开展等不利;尤其是赣北处开花期的油菜,遭受低温冷害的风险较大。同时,大风、降水、降温易造成油菜、蔬菜等出现机械损伤,后期气温回升后易诱发病虫害。

农事建议

首先,油菜、蔬菜等加强田间管理,以防渍冻害。由于前期气温偏高明显,赣北播种较早的田块已进入盛花期,赣中赣南部分油菜也已进入始花期,此次过程最低气温对处开花期的油菜可能造成低温危害,降温前,可提前喷施磷酸二氢钾和硼肥,提高油菜抗寒性和结实率,做到一喷多用。

其次,设施农业需进行加固和防寒保温。赣北偏北阵风可达 6~7 级,并伴有大幅度降温过程,可能造成大棚薄膜破损,需提前加固作物温棚、禽畜圈舍并做好防寒保温工作。水产养殖区适当灌深水,以水调温;不耐寒的花卉、经济苗木及时移入室内。

此外,柑橘园区做好管理。保持排水沟通畅,利用后期的有利天气进行修剪春梢,中耕松土,根外追肥,同时做好病虫害防治工作。

好,感谢老牛带来的天气以及农事应对措施,希望广大农民朋友面对到来的降温及时做好防范工作。欢迎大家接着收听《惠农直播室》节目,接下来的《惠农热线》回复单元我们将回复网友"荷花"咨询如何辨别草莓是否使用了膨大剂的问题,以及丰城市于先生咨询有关鸭嘴鱼在丰城是否适合养殖、利润如何的问题。热点关注环节主持人刘佳将带大家一起感受被誉为平原绿化第一人徐高柳的故事。节目后半段,如果您有一些涉农方面的问题需要咨询、寻求帮助的,都可以通过拨打热线电话 0791—88300985、88333985 和李程进行直接的沟通和交流,我将竭尽所能为你提供服务,下面我们就来回复节目中遗留的问题。

出片花:《惠农热线》回复单元

1.网友"荷花"通过《惠农直播室》微信公众号"绿色 985"发来消息:她说,听人家说市面上销售大个的草莓都是使用了膨大剂的,不知道是否属实。为此我们特意联系到了江西农业大学的范淑英教授,来听听她的解答。

范淑英教授介绍:不排除有种植户会使用膨大剂,但单从个头上来区分是否使用了膨大剂是不科学的。消费者可以从风味品质上来区别。首先口感如果没有草莓独有的酸甜,水分也不多,这种草莓就不要买,外形上也可以观察出来,使用了膨大剂的里面会有空心的状况。

2.丰城市的于先生昨天节目中给我们打来电话,想了解丰城是否适合养殖鸭嘴鱼?鸭嘴鱼目前的市场利润如何?为此联系到了省水产技术推广站研究员欧阳敏,下面我们一起来听听欧阳研究员的答复。

欧阳研究员:鸭嘴鱼就是匙吻鲟,属于鲟类的一种,这种鱼喜欢水温偏低一点的水域,在我们中部来讲大都在大的水库里养着,池塘养的比较少,目前这种鱼的经济价值不错,酒店比较多,在湖北比较多,我们省内比较少,这个经济价值和人的口味有一些关系,有的人喜欢吃,十几块钱一斤,价格还可以。这种鱼的养殖周期跟你放苗的多少、大小有关系,中国人不像国外人吃鱼,国外喜欢吃鱼片,中国人吃鱼还是喜欢吃整鱼,所以养得太大在市场上不太好卖,买的鱼苗可以大一点,这样存活率高。养殖这种鱼类的成本不大,就是苗种的钱和饲料的钱。

主持人:两位听友提出的问题我们就回复到这里,其他听友有问题您现在或者半点过后通过 0791—88300985/88333985 两部《惠农热线》与李程来说说你生产和生活中遇到的难题,我将竭尽所能帮助大家。

接下来"今日热搜"带您一起了解三农资讯,有请主播刘佳。

出片花:《今日热搜》

今日热搜,你好,我是刘佳。

2016年我省农村低保标准已提高到每人每年3240元,首次高于全国扶贫标准。今年下半年,我省新增农村低保对象10万人,总数达到180万人,完成了2014年至2016年共增加30万农村低保对象的工作任务。接下来,我省将逐年提高常补对象比例,原则上2018年要达到20%,2020年达到25%。

上周,第七届中国东部迁徙水鸟网络年会在南昌召开,会议主题是"生态永恒,保护一家"。此次会议的召开,将进一步推动我省在鸟类保护与研究方面的进步与发展。据了解,我省湿地面积91.01万公顷,占全省国土面积的5.45%,每年到鄱阳湖越冬的候鸟数量多达60万至70万只。

武宁县注重弘扬山水灵气,县委、县政府高度重视精神文明建设,确立了"生态立县"的新战略,切实加强美丽乡村和农村精神文明建设,着力推进"乡风民风美起来、人居环境美起来、文化活动美起来",形成了物质文明、精神文明相互促进的良好局面。目前,该县已建成国家级生态村镇16个,乡村农庄景点48个。

今年7月,萍乡湘东区在全省率先完成了农村土地确权登记颁证专项检查和市级检查验收。自2014年以来,萍乡市全力推进确权登记颁证工作,总体进度走在全省前列。目前,该市权证到户率达97.6%,农户建档率为96.5%。

近年来,新余渝水区积极落实就业政策,有针对性地开展农村劳动力转移就业及技能培训和就业创业指导,提高农民就业竞争能力和就业收入。目前,全区新增转移农村劳动力5854人,其中省内转移3788人。今年来,农民工技能培训1839人。

今年以来,乐安县大力开展查处基层侵害群众利益不正之风和腐败问题专项治理。县纪委紧盯扶贫资金,以"集中整治"为切入点,突出瞄准民政、财政、农业、人社、移民、卫计等重点领域"开刀"。今年1—11月,该县共查处问题70起,处理82人,给予党纪政纪处分48人。

主持人:感谢刘佳带来的《今日热搜》。

在南昌县南新乡爱民村有一位农民,他今年已经63岁了,名叫徐高柳,30年前,他与种树结下了不解之缘。30年来,他年年栽树,从不止步,在南新乡义务植树80万株,绿化了60平方公里公路、水道、农田林网,筑造了一条120多公里长的绿色屏障,护卫着南新乡的8万多亩农田,护卫着美丽南昌,平原植树数量全国第一,被誉为"中国平原植树第一人"。今天的《热点关注》环节主播刘佳将和你一起感受徐高柳的绿色情怀。

出片花:《热点关注》

刘佳:我是刘佳,今天带领大家一起来认识一位新朋友——徐高柳,他今年63岁,他被誉为"中国平原绿化第一人"。《惠农直播室》今天分享全国劳动模范徐高柳讲30年为家乡植树的故事。

刘佳:徐老,您好,欢迎您做客我们直播间!

刚才在做介绍的时候,说您种树都种 30 年了,您对树木的感情一定很深啊,如果要你形容树在你心中的地位像什么,你会怎么描述你和树的关系呢?

徐高柳:我和树可以说是有缘分吧。我叫徐高柳,高山的高,柳树的柳,从这个名字的起源来讲跟树有缘分,对树来讲是有感情的,就在我的生命当中是有情谊的,我对绿色是抱有很大的希望,种的第一批树到今天已经有十多米高了,二三十公分粗壮。从种树到现在已经有 31 年啦,31 年的风风雨雨,酸甜苦涩一言难尽,但是每当看到我所种的树形成一排排绿色的长城,护卫着田园,护卫着美丽的南昌,我就感到由衷的高兴和自豪,我用有限的精力或倾尽了年华奉献给了人类最为壮丽的事业。

刘佳:您今年 63 岁,种树种了 31 年,那你 30 岁左右的时候在干哪行啊,是怎么想到回乡植树造林的呢?

徐高柳:改革开放初期,我们夫妻就放下了镰刀和抛掉锄头进城做生意,当时淘到了第一桶金以后,作为我们中国农民就有这样一个习惯,就是赚了钱以后就回乡下造房子,在造房子的时候,因为我对树的爱好,就不经意地在家门口种上了几百棵树,到第二年的时候感觉长得很好,就起了对树的爱慕之心。1986 年的时候就跟妻子商量"回家去吧,种树吧!"

徐高柳:当时有些人不理解,因为别人觉得你在南昌市很有发展前途,干得好好的,一年赚三四万都是了不起的啦,怎么会想回去种树呢?改革开放以后,我们是鄱阳湖滨冲积平原,由于鄱阳湖的水量大,导致水土流失严重,地垮了路废了,田野被淹了,但种了树这在农田掀起一道道防护网是有不可替代的作用的。

刘佳:你种树技术从哪来呢?怎么保障种下的树的成活率呢?有没有吃过技术上的亏,给我们讲讲过去种树是怎么摸索过来的。

徐高柳:种树技术,我走访了我们江西农业大学的教授老专家,他们还是很勤恳给我提供帮助,这个平原绿化在江西还是首例,也吃过亏。在刚开始的时候 1996 到 1998 前后被水淹,苗抵抗不住天然灾害,但是党和政府还是很支持,我们省农业厅、市林业局、县委县政府啊亲自去了我们家大力支持,让我挺起腰给我鼓励。

刘佳:种那么多,肯定要投入钱的,这是很现实的问题,种一棵两棵,个人经济上能支持,但是种 30 年,种苗的购买、运输、管护,这些钱从哪里来?都你自己出吗?有人说您傻吗?

徐高柳:在前 15 年都是自己出,因为我有一个能干的妻子,我们在家开了一个小超市,每年赚个五六万,多的赚过七八万,这个钱基本用于种树,培养我们三个孩子读完大学,执掌这个店的还是我的妻子,我的全身精力都投入到种树当中。

刘佳:这么聊起来,种树投入上一年比一年多,您又不卖树,别人可能看看热闹闲聊之后就过自己的生活了，但你家人怎么看待你种树呢，他们支持你吗，怎么支持的？

徐高柳：我有一个好家，一个好妻子，1997年苗木损失了60%，我就有点退缩的念头，没有我想的一帆风顺，是我的妻子鼓励了我，她说："我们在南昌市干得好好的，你提出要回家种树，嫁鸡随鸡嫁狗随狗，我同你回来啦，现在是射出的箭，回不了头，我们只能往前走，男子汉大丈夫，干事业就应该雄心壮志，现在党和政府都在支持我们，我们就要干出一个样。"

刘佳：除了自己种树，家人支持种树，听说您还动员更多人种树。这是哪年开始的事啊，你做动员的时候有没有选好什么样的人群，怎么动员的呢，有效果吗？

徐高柳：我现在种树的面积已经占到11顷几十平方公里，光护林员18个辅林员6个，这么浩瀚的工程，没有一定的基础、没有一定的毅力是不行的，人力维护很不容易，在这方面我认为做得很好，比如地方上有名望的老党员、老干部，他们都热心于绿化国土事业。

刘佳：听众朋友，1999年春天，徐高柳一人骑自行车到离家百里之外的林场购买树苗。下午，当他用自行车载着50多公斤重的树苗往回赶时，忽感头脑发涨、双腿颤抖。他强撑着来到南昌一家医院检查，诊断为急性心脏病，医生建议马上住院，但徐高柳只开了点药，摇摇晃晃地将树苗运回了家。

2010年8月13日中午12时左右，正在护林的徐高柳忽感头重脚轻，右腿失去了知觉，"扑通"一声摔倒在树底下。家人哭着将他送到省城一家医院急救，诊断为轻度脑中风。徐高柳在医院住了一个多月后，不顾医生的劝阻强行出院。

我念这些的时候，我都很心疼您的身体，说实话，您的年纪和我的父母辈差不多，我能支持您的这个种树事业，但60多岁了，您不考虑退休吗？特别是因为身体状态，干嘛不停下种树的脚步？

徐高柳：说句心里话，我跟它有感情。在2011年中风的时候，对我们整个家庭来讲就是天塌下来啦，基本都说不干了吧，但是我的妻子还是说"要继续干"。我的大女儿本来是在江西工程学院教书的，在我的妻子动员之下，女儿说："爸，还是回来照顾你，这么一大片林地，不能没有人执掌，我有义务，干脆我就在当地找个男朋友来坚持您的事业。"从种树来讲，十八大以后提出"生态文明，美丽中国"，习近平主席提出"生态文明托起美丽中国，绿色梦连着中国梦"这番讲话又激活了我生命的细胞。在这几年内，在省市县乡各级党、政府领导下，接连几万棵树，长得很好，我欣慰地看到这几万棵树苗壮成长，我心里觉得越来越好啦。

刘佳：我想也正是因为您的坚持，去年您又获得全国劳动模范称号，祝贺您！敬佩您！很多颁奖典礼，获奖人的感言都非常激励人，今天节目的最后，我想您再给更多的听众朋友，特别是年轻人做做植树动员，号召更多人加入种树、爱树的队伍中来！

好的,非常感谢"中国平原绿化第一人"、全国劳动模范徐高柳为我们讲述他三十年来义务为家乡种树的故事。《惠农直播室》呼吁更多的人加入种树、护树、爱树的行列中来,共同建设我们的美丽中国。今天的节目就到这里了,感谢大家的收听,我是刘佳,下面的时间交给李程!

主持人:听完徐高柳的事迹,估计大家和我一样对他30年如一日,一心扑在植树造林上由衷地感到敬佩,祝福老人身体康泰,好人有好福。节目下半段的时间,我们将开通热线,如果您有一些涉农方面的问题需要咨询、寻求帮助的,都可以通过拨打热线电话0791—88300985、88333985和李程进行直接的沟通和交流,我将竭尽所能为你提供服务。

出片花:《惠农热线》接听单元

热线接听环节:

1.南昌市高新区昌东镇的郭先生来电说自己丢的牛通过《惠农直播室》的广播,有听众刚好听到并看到了他丢失的牛,现在已经找回来了,对节目表示感谢。

2.丰城市白土镇的黄先生给《惠农直播室》"惠农热线"打来电话,说自己有3亩7分田连同村里270多亩的田被丰城市小港镇一位姓武的人给租赁了,每亩租赁费用为400元/年,如今其他租户都收到了钱,唯独自己现在还没收到钱。为此我们节目首先连通了租赁黄先生土地的种粮大户武先生的电话。

据武先生介绍,他在黄先生所在村庄一共租了274亩的稻田,年前已经给付了278亩的租赁费用给他们村委会,至于黄先生为什么没有收到费用关键得找村里解决。

面对武先生的答复,我们只好又拨通了黄先生所在村委会党支部刘书记的电话。据刘书记介绍,黄先生反映的问题之前他已经把租赁方和村小组召集到一起商讨出了解决办法。主要的问题是出在对土地面积的测算上,租赁方是按照收割机收稻子测出的面积付的租赁费用,但村里却是按照以往田亩面积进行核算的,这样就出现了4亩左右的空缺,所以刘书记要求租赁方和村小组各自承担一半的费用,然后把费用结算给黄先生,责任双方也认可了这种解决办法。

3.南昌县黄马乡的饶先生给《惠农直播室》打来电话,再有十几天2016年就过完了,可是他的地力补贴还没领到,自己问了一下也弄不清楚究竟是什么原因。为此我们栏目联系了南昌县农业局的相关负责人陈先生。

据陈先生介绍,南昌县已经在今年的9月、10月陆续把省里划拨的地力补贴款发到了各个乡镇的财政所,饶先生之所以没有领到,估计是个人的一卡通信息不完整,建议饶先生到乡财政所去核实一下自己的一卡通,如果一卡通也没有问题,那就得去县财政局了解究竟出了什么状况,因为地力补贴资金是由县财政局按照统计数据统一划拨的,在那里应该可以找出真正的原因。

4.进贤县的万先生,今年交了新农合的费用,但就诊卡一直没有发下来,现在又得交明年的费用了,想问下为什么没有发下来?我们联系到了进贤县医保局的一位姓邓的负责人。

据邓先生介绍:如果没有拿到卡,建议万先生先到自己所在乡镇的社保所去查询。因为今年是由省人社厅统一办卡,县里一共有70多万人参保,目前还有一部分人没有拿到。但今年发下来的不是以往新农合的那种折子,而是叫农保卡。

万先生随后表示自己已经拿到了农保卡,只是不知道农保卡就包含了医保卡的功能而已。

5.樟树的杨先生给《惠农直播室》打来电话,想了解再生稻的产量如何。为此我们联系到了江西省农机推广总站的副站长曹开蔚。

据曹站长介绍,再生稻首茬亩产在550公斤左右,第二茬如果是机械化收割的稻田,因为被农机压掉了一部分,估计产量在150公斤左右,但如果是人工收割的话,亩产在300公斤左右。但曹站长特别提醒农民朋友,选择种植再生稻一定要具备相应的管理技术,特别是首茬的时候,如果在管理上跟不上,可能在产量上会造成比较大的损失。

6.赣州的戴先生给《惠农直播室》打来电话,说自己在乡下盖房子,房屋外墙粉刷工程承包给了一个包工头,包工头聘请了一个粉刷工在施工过程中从二楼摔了下来导致严重受伤,想了解这种情况自己要承担何种责任。为此我们节目联系到了江西联创律师事务所的王新民律师。

据王律师分析,这种情况要看戴先生在把房屋外墙粉刷工程承包给包工头的时候是否查看过包工头有无施工资质,如果有的话,责任主要在包工头,但如果这个包工头不具备施工资质,戴先生就得负连带责任。法律上的连带责任通俗上来说就是当包工头不对受伤的工人进行赔偿的时候,受伤的工人则可以向戴先生直接索要赔偿。如果赔偿金额超出了戴先生的能力,戴先生则有权向包工头进行追偿。

王律师还特意提示农村的广大听友,在外包建房等工程的时候一定要查看对方是否具备相应的资质,如果对方不具备相应的资质,最好不要让其承包,以免由此带来经济上的纠纷。

今天的《惠农热线》就接听到这里,节目之外大家还可以继续通过"绿色985"微信公众号给我们留言,我们将在查询之后给大家做出答复。节目最后一起来了解一下全国农产品的市场行情。

出片花:《市场行情》

据农业部"全国农产品批发市场价格信息网"监测,2016年11月份"全国农产品批发价格指数"为 203.38,环比下降 0.09 个点;同比上升 9.28 个点。"菜篮子"产品批发价格指数为 204.97,环比下降 0.17 个点;同比上升 11.30 个点。

11 月份猪肉批发均价(白条肉批发均价,下同)为 23.05 元/公斤,环比下降 1.1%,鸡蛋批发均价为 7.46 元/公斤,环比持平,同比下降 4.6%。水产品批发价格指数为 170.77,环比下降 2.55 个点;同比上升 10.23 个点。11 月份淡水鱼上市量依然很大,本月淡水鱼价格小幅下跌。草鱼、鲫鱼、鲤鱼、鲢鱼四种淡水鱼批发均价为 11.88 元/公斤,环比下降 1.5%。水果批发价格指数为 235.70,环比下降 15.88 个点;同比下降 11.58 个点。

好了,今天的节目到这里就结束了,感谢大家的收听,欢迎接下来继续关注江西农村广播播出的其他节目,再见。

江西广播电视台

主创人员:李程、何淑华、刘佳、邓萍辉

《惠农直播室》广播节目评析

李新祥　赵唯一

中国是一个农业人口占大多数、经济发展很不平衡的大国。这 80 年来,"三农"问题成为制约中国现代化的主要因素,也是所谓中国国情(特殊性)的重要表现之一。中国的现代化,实质上就是"三农"问题的解决,即实现农业产业化、大量农民向非农产业转移以及人口城市化;同样的,教育的普及、民主化、法制化等社会的全面发展,也有助于广大农村和农民改变贫穷落后的面貌。

农业信息化的今天,发展对农广播日显重要,但由于电台趋利于广告收入,公益性广播节目缺少政策扶持,我国各级电台的对农广播数量不多。在农业信息化的今天,广播以其独特的信息优势致力于中国农村发展。笔者分析了对农广播存在的问题和信息供需优势,探讨性地提出了包括政策支持、技术支撑、寻找对农广播的利益点、电台人员走基层、适时调整节目类型和节目的播出时间等策略,充分发挥广播的信息传递优势,促进对农广播的发展,更好地服务于三农。

《惠农直播室》节目是在江西省农村广播的支持下开办的,受众人群的定位主要是农村和农民。从角度选择方面,是一个很棒的选题。中国农村迫切需要广播,相对贫瘠的文化土壤和日益现代化的农业,需要广播这个拥有即时性强、随处可收听的优势传播媒介快速传递文化知识和农业信息技术,广播可以并应该为中国农业、农村、农民做出贡献。因此,《惠农直播室》具有重要的社会经济价值。

其次,《惠农直播室》的节目内容设置也能看得出来是经过精心思考设计编排的。一开始的"老牛识天气",是向农民朋友提供未来一周的天气情况,数据信息来自江西省气象灾害应急预警中心,具有权威性,可以让农民放心收听;在天气预报中还会特别提到天气状况适合进行怎样的农业活动,例如病虫防治、农田施肥、作物播种、棉花育苗等,这样专业性的建议可以更有针对性地帮助种植不同农作物的农民朋友根据自身的情况及时作出调整以应对天气变化。

节目的播出时间和方式也充分考虑到农民的情况进行直播和重播设置。根据调查显示,中国农村地区接触的传播媒介主要是电视,农民收看电视的时间只集中在中午12:00—1:00和晚上7:00—10:00的农闲时间。因此节目的播出时间也是经过仔细思考后的结果,足以看出制作组的用心程度。

在"热线回复"和"热点关注"两个环节,内容都是紧贴农民朋友发来的疑问和所关注的热点问题。《惠农直播室》让农业技术信息和文化知识通过节目快速传播,农民在田间地头务农时便可收听,及时了解最新的天气信息、土壤信息、耕种信息。还能将市场行情信息传递,方便农民选择性耕种,了解交易行情,提高收入。

节目的主要宗旨是全面解析三农政策,全面解答农民咨询,聚焦三农难点热点,关注农村百姓民生。《惠农直播室》因势利导,结合自身的传播平台优势和专业传播定位,迅速找准适合传播本体的新闻报道结合点,策划出一系列的专题节目板块,包括农业信息资讯、农业政策解读、农产品市场分析等等,传播内容的侧重点没有仅仅落在信息的传统新闻性上,而是强调新闻信息的关联性和权威深度分析,并着力在宏观政策上把握三农问题的走向。

《惠农直播室》在代表性资料的占有、政策理论解读、信息收集上都有优势和条件,因此节目制作各环节都能保证主题的贴近性、内容的生动性、立意的深刻性以及选材的准确性,应该说《惠农直播室》把握了新闻报道的传播定位,也就是进一步明确了自身站在政府对农村广播的平台上应该如何结合固有优势发出主流声音、实现主流效果、传递主流核心问题,这是节目传播实践效果实现的前提和基础,必须在进行传播实践之前思考清楚。

《惠农直播室》给以后农业广播节目带来了较好的经验可借鉴:

(1)媒体应积极寻找对农广播的利益点,在服务三农的原则下办好对农广播节目是提高广告利润的根本途径,使节目不仅好听,而且耐听;不仅贴近生活,而且确实有利于农业知识传播,能够真正做到服务三农、促进农业发展、丰富农民生活、活跃农村经济。随着农村经济的快速增长、乡镇企业的快速发展,农民非农收入的比重在逐渐加大,这也为对农广播创造了新的利润点。

(2)发展对农广播,还需要采编播人员深入基层,走入农村,了解农民所需。只有了解农民朋友的期待与诉求,才能发现对农广播发展存在的不足,找到对农广播的切入点,使农业节目真正满足农民生活、生产、娱乐、求职、求信息的需要。

(3)合理安排节目类型和各档节目的播出时间,根据不同地区各季节农民作息时间不同的特点和生活习惯,及时灵活地安排、调整节目类型和播放时间,创办出农业节目的独特性,真正实现对农广播服务农村、服务农业、服务农民,促进农业信息化的高度快速发展。

电 视 类

第二十四届江西新闻奖一等奖

习近平春节前夕赴江西看望慰问广大干部群众
祝全国各族人民健康快乐吉祥　祝改革发展人民生活蒸蒸日上

【口导】中华民族传统节日农历猴年春节即将来临之际,2月1日至3日,中共中央总书记、国家主席、中央军委主席习近平在中共中央政治局委员、中央政策研究室主任王沪宁,中共中央政治局委员、中央军委副主席范长龙,中共中央政治局委员、中央书记处书记、中央办公厅主任栗战书等陪同下,亲临江西考察指导,看望、慰问广大干部群众和驻赣部队,祝全国各族人民健康快乐吉祥,祝改革发展人民生活蒸蒸日上,向全体解放军指战员、武警部队官兵、民兵预备役人员致以新春祝福。

冬日的赣鄱大地,寒冷中孕育着浓浓春意。习近平在省委书记强卫、省长鹿心社陪同下,来到吉安、井冈山、南昌等地,深入乡村、企业、学校、社区、革命根据地纪念场馆调研考察,就贯彻落实党的十八届五中全会精神和中央经济工作会议、中央扶贫开发工作会议、中央城市工作会议精神进行指导,给广大干部群众送去党中央的新春祝福和亲切关怀。

【解说】1日下午,习近平总书记从北京乘飞机抵达吉安市,一下飞机,便乘车重上中国革命摇篮井冈山。一路上,他听取江西有关工作汇报,询问革命老区发展情况,强调全面建成小康社会一定要让为人民共和国诞生作出重要贡献的革命老区发展得更好。

2日上午,习近平瞻仰了井冈山革命烈士陵园。

【现场声】

【解说】在纪念堂吊唁大厅,他向革命烈士敬献花篮并三鞠躬。

【现场声】

【解说】在陈列室和忠魂堂,习近平凝视着开国元勋和革命先烈的照片,深情地说,井冈山是革命的山、战斗的山,也是英雄的山、光荣的山,每次来缅怀革命先烈,思想都受到洗礼,心灵都产生触动。回想过去那段峥嵘岁月,我们要向革命先烈表示崇高的敬意,我们永远怀念他们、牢记他们,传承好他们的红色基因。

离开烈士陵园,习近平来到井冈山八角楼革命旧址群。他视察枫石、中共湘赣边界第一次代表大会旧址。

在八角楼先后参观毛泽东同志住室、朱德同志住室和士兵委员会旧址。

毛泽东当年在这里写下了《中国的红色政权为什么能够存在》《井冈山的斗争》两

篇光辉著作。习近平一边听讲解,一边询问有关细节。他表示,现场感受当年毛主席、朱总司令领导井冈山斗争的情景,真是深受教育和鼓舞。

在旧址群慎德书屋,习近平看望了6位革命烈士后代和先进人物代表,其中两位全国道德模范龚全珍、毛秉华分别是93岁、87岁的耄耋老人。

习近平同大家一一握手,坐在一起亲切交谈,了解他们的家庭、生活情况,向他们并通过他们向全国老革命、老红军和各方面先进模范人物表示慰问。习近平指出,中华民族是崇尚英雄、成就英雄、英雄辈出的民族,和平年代同样需要英雄情怀。对一切为党、为国家、为人民作出奉献和牺牲的英雄模范人物,我们都要发扬他们的精神,从他们身上汲取奋发的力量,共同为推进中国特色社会主义伟大事业、实现中华民族伟大复兴的中国梦而顽强奋斗、艰苦奋斗、不懈奋斗。

【现场声】

【解说】之后,习近平又乘车沿着崎岖山路来到井冈山市茅坪乡神山村。这是一个贫困村。习近平视察村党支部,了解村级组织建设和精准扶贫情况。他一边看规划、看簿册、看记录,一边详细询问。得知这些年村里不断发生着可喜变化,习近平很高兴,希望村里一班人继续努力,团结带领乡亲们把村里的事办好。

在村里,家家都忙着准备年货,习近平每到一处,都向乡亲们问好。

【现场声】

【解说】看到一家正在打糍粑,习近平饶有兴致参与打了起来。

【现场声】

【解说】习近平还给贫困户送去年货,给孩子们送去书包,祝家家都把年过好。

在红军烈士后代左秀发家中,习近平对一家人立足本地资源、依靠竹木加工增收脱贫的做法给予肯定,祝他们生产的竹筒畅销。他指出,扶贫、脱贫的措施和工作一定要精准,要因户施策、因人施策,扶到点上、扶到根上,不能大而化之。在贫困户张成德家中,习近平一间一间屋子察看,坐下来同夫妇俩算收入支出账,问家里种了什么、养了什么,吃穿住行还有什么困难和需求。老乡端上热气腾腾的米果请总书记品尝。

【现场声】

【解说】女主人说,总书记给全国人民当家当得好,老百姓感到很幸福。习近平回应她说,我们国家是人民当家作主,包括我在内,所有领导干部都是人民勤务员。

总书记到村里的消息迅速传开,村民们聚集到村口,齐声向总书记问好。

【现场声】你是我们的好领导,那么远到我们这个穷山沟里来,这是我们穷山沟的福气,是我们中国人民的福气,你呀,不错嘞,好书记嘞,我们代表我们群众大家都一起欢迎你,现在中央的政策也好,对我们老百姓关心都很好。

【解说】习近平同乡亲们握手,向乡亲们拜年。他对乡亲们说,我们党是全心全意为人民服务的党,将继续大力支持老区发展,让乡亲们日子越过越好。在扶贫的路上,不能落下一个贫困家庭,丢下一个贫困群众。

【同期声】

【解说】总书记真挚热情的话语,温暖着在场每个人的心,阵阵欢声笑语充满整个山村。

3日上午,习近平在南昌市考察了企业、高校和社区。在江中集团江中药谷制造基地,习近平察看产品展示,视察自动化生产线和质量检测中心,并听取江西省生物医药产业发展总体情况介绍。他对江中集团不断研发新产品、严把原料和产品检测关的做法表示肯定。习近平指出,中医药是中华民族的瑰宝,一定要保护好、发掘好、发展好、传承好。所有制药企业都要增强质量意识、社会责任意识,努力研制和生产质优价廉疗效好的药品,坚决杜绝假冒伪劣,为推进全民健康多作贡献。

【现场声】

【解说】在南昌大学,习近平视察了国家硅基 LED 工程技术研究中心实验室。这个实验室由江风益教授牵头研究的"硅衬底蓝色发光二极管"项目,获得 2015 年度国家技术发明一等奖。习近平听取实验室研究成果介绍,视察芯片制作流程,了解实验室科技创新、人才培养、产学研结合等情况,并视察了南昌光谷展厅,肯定他们攻科研难题和抓成果转化决心大、目标高、工作实、成效好。习近平指出,高校作为科技创新的生力军,要创新人才培养机制和教育方法,为国家现代化建设培养造就更多的合格人才、创新人才。习近平希望当代大学生珍惜韶华,把学习成长同党和国家的事业紧紧联系起来、同社会和人民的需要密切结合起来,用青春铺路,让理想延伸。

在东湖区彭家桥街道光明社区,习近平视察社区宣传栏和社区服务站办事大厅,了解社区党建工作、便民服务、创建和谐等情况。习近平听取社区通过开设道德讲堂开展社会主义核心价值观培育的情况介绍,指出培育社会主义核心价值观是一件大事,全社会都要努力抓,社区要利用自己的平台和优势做好。社区书画室里,一些书法爱好者正在写春联,习近平来到他们中间给他们拜年。

【现场声】

【解说】一位小朋友写下一个"福"字送给习爷爷,习近平拿到手上展示,祝大家都幸福。

【现场声】

【解说】习近平还观看了社区合唱团排练,称赞他们有激情、唱得好,祝他们歌声常伴美好生活。

【现场声】

【解说】广场上,社区居民们正在观看舞狮灯彩队排练。看到总书记来了,大家纷纷围拢过来向总书记问好,向总书记拜年。习近平向大家致意,给大家拜年,同大家一起观看了排练,整个广场洋溢着热烈祥和的气氛。

【现场声】

【同期声】

【解说】考察期间,习近平听取了江西省委和省政府工作汇报,对江西经济社会发展取得的成绩和各项工作给予肯定。他希望江西主动适应经济发展新常态,向改革开放要动力,向创新创业要活力,向特色优势要竞争力,奋力夺取全面建成小康社会决胜阶段新胜利。

习近平指出,发展理念是发展行动的先导。发展理念不是固定不变的,发展环境和条件变了,发展理念就自然要随之而变。如果刻舟求剑、守株待兔,发展理念就会失去引领性,甚至会对发展行动产生不利影响。各级领导干部务必把思想认识统一到创新、协调、绿色、开放、共享的新发展理念上来,自觉把新发展理念作为指挥棒用好。要着力推进供给侧结构性改革,加法、减法一起做,既做强做大优势产业、培育壮大新兴产业、加快改造传统产业、发展现代服务业,又主动淘汰落后产能,腾出更多资源用于发展新的产业,在产业结构优化升级上获得更大主动。

习近平指出,江西生态秀美、名胜甚多,绿色生态是最大财富、最大优势、最大品牌,一定要保护好,做好治山理水、显山露水的文章,走出一条经济发展和生态文明水平提高相辅相成、相得益彰的路子。要加大强农惠农富农力度,推进农业现代化,多渠道增加农民收入,提高社会主义新农村建设水平,让农业农村成为可以进一步大有作为的广阔天地。

习近平指出,保障和改善民生没有终点,只有连续不断的新起点,要采取针对性更强、覆盖面更大、作用更直接、效果更明显的举措,实实在在帮群众解难题、为群众增福祉、让群众享公平。要从实际出发,集中力量做好普惠性、基础性、兜底性民生建设,不断提高公共服务共建能力和共享水平,织密扎牢托底的民生"保障网"、消除隐患,确保人民群众安居乐业、社会秩序安定有序。

习近平指出,井冈山是中国革命的摇篮。井冈山时期留给我们最为宝贵的财富,就是跨越时空的井冈山精神。今天,我们要结合新的时代条件,坚持坚定执着追理想、实事求是闯新路、艰苦奋斗攻难关、依靠群众求胜利,让井冈山精神放射出新的时代光芒。每一名党员、干部特别是各级领导干部,都要把理想信念作为照亮前路的灯、把准航向的舵,转化为对奋斗目标的执着追求、对本职工作的不懈进取、对高尚情操的笃定坚持、对艰难险阻的勇于担当;都要一切从实际出发,解放思想、开拓进取,善于用改革的思路和办法解决前进中的各种问题;都要保持艰苦奋斗本色,不丢勤俭节约的传统美德,不丢廉洁奉公的高尚操守,逢事想在前面、干在实处,关键时刻坚决顶起自己该顶的那片天；都要认真践行党的宗旨,努力提高宣传群众、组织群众、服务群众的能力和水平。

强卫表示,总书记的亲切关怀、巨大鼓舞是对我们最大的激励、最大的鞭策,为我们推动江西经济社会发展不断开创新局面注入了强大的精神动力。特别是总书记的重要讲话,是对江西发展的面对面指导,情真意切,高屋建瓴,思想深刻,内涵丰富,为我们推动"十三五"发展、实现"五年决战同步全面小康"奋斗目标指明了方向,给出了路径。我们要把学习好、宣传好、贯彻好总书记的重要讲话精神作为当前和今后一个时期全省的首要政治任务,以重要讲话精神为引领和动力,更加坚定地团结在以习近平同志为总书记的党中央周围,团结带领全省人民奋发有为、开拓进取,努力走出一条"绿、富、美"并进的绿色发展新路子,奋力夺取全面建成小康社会决胜阶段新胜利。

考察期间,习近平在南昌亲切接见驻赣部队师以上领导干部和建制团单位主官,同大家合影留念,并发表重要讲话。习近平代表党中央和中央军委,向驻赣部队全体官兵致以诚挚问候。向全体解放军指战员、武警部队官兵、民兵预备役人员致以新春祝福。他强调,要以党在新形势下的强军目标为引领,深入推进政治建军、改革强军、依法治军,坚持用井冈山精神等革命传统铸魂育人,教育引导广大官兵坚决听党的话、跟党走,坚决听从党中央、中央军委指挥。要积极支持老区脱贫攻坚,推动军民融合深度发展,为全面建成小康社会、推进强军兴军伟大事业作出新的更大贡献。

中央财经领导小组办公室主任、国家发改委副主任刘鹤,中央办公厅常务副主任、总书记办公室主任丁薛祥陪同调研。

江西广播电视台

主创人员:张小辉、肖赣生、俞燕、邓琳

时政新闻报道的创新

——《习近平春节前夕赴江西看望　慰问广大干部群众》评析

王　贞

一枝一叶总关情,2016年2月,习近平总书记第三次上井冈山。情牵革命老区、心系困难群众,访真贫、问真苦,每一次行程,"与老百姓在一起"始终是不变的旋律。这条长消息是典型的时政报道,主题鲜明,意义深远,它全面展现了习近平总书记的人民情怀。

一、观念创新

时政新闻要拉近报道对象与受众的关系,采编者必须贯彻执行党的方针、政策,找准与国计民生的契合点,树立大民生观念,把握人民群众关心的内容,从民生、民情出发,把讲政治融入百姓生活。这篇获奖的时政新闻作品,大量使用了习近平与群众的对话,并且捕捉了大量细节,比如:在贫困户张成德家,总书记进厨房、看卧室,还察看了羊圈、娃娃鱼池、水冲厕所。看到一家正在打糍粑,习近平饶有兴致参与打了起来。这样细节的描述使整个新闻透露出人文气息,使领导人的形象变得立体鲜活,增强了报道的感染力,不但使枯燥的报道变得生动,也塑造了良好的领导人形象。

二、视角创新

时政新闻大多是预发性的事件,记者对时间、地点和内容事先都有所了解,采访前可以做充分的准备。在拿到领导活动的行程时,可以先构思报道的基本框架和报道角度,这其中,突出贴近性,选择好的视角,以小切口反映大主题十分的重要。这些年,不少领导活动都是围绕民生问题来展开,这样在报道领导活动的时候,就要抓住民生这个受众比较关心的问题来进行创作,把老百姓最关心的事情开门见山地说出来,比如:

张成德老伴感谢习总书记当家当得好,习近平回应她,"我们是人民的勤务员。"

村民夸赞:"您是我们的好领导,那么远到我们这个穷山沟里来,这是我们穷山沟里的福气,这是我们中国人民的福气。您啊不错,好书记啊!"

通过主持人的旁白,国家领导人和群众自然交流的笑语欢声,生动地传达了总书记心里始终有人民的为民情怀,实现了"硬"主题的成功软化。通过这些精心选择的同期声,使领导活动的消息成为了一条厚重又鲜活的报道。

三、形式创新

这篇报道中,声画取材得当,口播和同期布局合理。采用现场同期声气氛热烈,特点鲜明。适当的口播进行信息补充和上下勾连,串联娓娓道来,摆脱了一般时政报道的枯燥和僵硬。

第二十四届江西新闻奖一等奖

江西丰城电厂三期在建冷却塔施工平台坍塌　22人遇难

【正文】本台刚刚收到的消息,今天早上7时40分左右,江西丰城电厂三期在建冷却塔施工平台发生事故,造成横板混凝土通道坍塌。截至记者发稿时,已确认22人遇难,2人受伤,事故现场仍有人员被困。

【正文】事故发生后,省委书记鹿心社第一时间作出批示,要求全力抢救伤员。江西省也立即启动省级安全生产应急预案。省市相关部门第一时间调集消防、卫生等救援力量赶赴事故现场。目前,300多名救援人员、20多套救援设备正在现场展开搜寻救援工作。

【正文】据了解,江西丰城电厂三期扩建工程位于丰城市西面石上村铜鼓山,工程总投资76.7亿元,拟建设两座高168米、直径135米的双曲线型自然通风冷却塔。据初步统计,事故发生时现场作业面约68人。本台将继续关注事件进展情况。

宜春广播电视台

主创人员:张敏、李戈、程俊、谢俊、黄君

浅谈突发事件报道中专业媒体的社会责任
——析《江西丰城电厂三期在建冷却塔施工平台坍塌　22人遇难》

邝小丽

"本台刚刚收到的消息,今天早上7时40分左右",消息用这样的语言开头,一定是刚发生了什么大事。往下一看,"江西丰城电厂三期在建冷却塔施工平台发生事故,造成横板混凝土通道坍塌",果然是突发事件。紧接着一句"截至记者发稿时,已确认22人遇难,2人受伤,事故现场仍有人员被困"。

开头用两句话就具体交代了时间、地点等新闻基本要素。第二段交代省委书记鹿心社第一时间作出要求全力抢救伤员的批示以及展开搜寻救援工作的相关情况。

第三段用一句话介绍发生事故的江西丰城电厂三期扩建工程的相关情况。接着告之观众:"据初步统计,事故发生时现场作业面约68人。本台将继续关注事件进展情况。""68人"这一数字,一定紧紧抓住观看新闻的受众的心,现场作业面约68人的情况到底如何呢?相信观看这一新闻的受众一定想了解他们的情况,心系他们的安危。

这是一篇倒金字塔结构的突发事件报道,言简意赅。突发事件尤其重大突发事件由于其负面性、危害性、灾难性以及不确定性,必然会带来爆炸性的信息量,成为人们注意力的焦点。当前新媒体广泛应用带来便捷的同时,也导致了信息泛滥和真假难辨。这恰恰是凸显专业媒体的社会责任的时候。对突发事件的报道,专业媒体必须有社会担当,及时准确、公开透明,全面客观地报道事件动态,维护社会稳定和人心安定。此篇消息以"本台刚刚收到的消息"开头,争取在第一时间最快最权威地传播突发事件的信息,正确引导舆论,展现了突发事件报道中专业媒体的社会责任。

第二十四届江西新闻奖一等奖

南昌新建:女子突然昏迷　记者紧急心肺复苏

导语:今天上午 10 点钟左右,一名女子在南昌市新建交警大队办事时,突然倒地昏迷,正在那个地方采访的我的同事翁文荣立即出手相救。

上字幕:随行摄像及时拍下急救视频

现场:记者翁文荣:会心肺复苏吗

我可以帮你吗

家属:可以可以

记者翁文荣:帮她掐一下人中

有个老人家昏倒了在这里心脏病

打了 120 吗

打过了马上过来在路上

解说:在按压约一分钟后,女子醒了过来,据家属介绍,女子有心脏病,可能当时受到了什么刺激,才突然昏迷。她的家人告诉记者,家里还出了一件大事,暂时不便接受采访,但全家人都知道,当时出手相救的,是《都市现场》的记者翁文荣。

【同期声】电话采访昏迷女子的小叔子王先生:

现在人没事了

你那个同事很不错我很感激她

代表我们全家谢谢她

【同期声】新建区交警大队民警史俊凯:

特别紧急

因为当时那个人已经没有意识了

我们看了现场

这个记者很主动地直接上去见义勇为

解说:我们都知道,急救的黄金时间是 4 到 6 分钟,抢救得越早就越好。翁文荣说,她在采访中专门学过类似的急救知识,所以那一刻,第一反应就是能不能尽力救人。

【同期声】《都市现场》记者翁文荣:

我在按压的时候真的出了一背的汗

因为按压也是需要力气

心里特别的着急

我就特别害怕她这样醒不过来

解说：都市频道记者报道

江西广播电视台

主创人员：翁文荣、张宗盛、黄恬恬、邓迅、章靓

弘扬社会正能量，记者以身作则

——浅析短消息《南昌新建：女子突然昏迷　记者紧急心肺复苏》

刘　燕

短消息《南昌新建：女子突然昏迷　记者紧急心肺复苏》报道了女记者在出外采访时，路遇心脏病发作的女子，及时对其进行心肺复苏，挽救其生命的故事。该短消息以小见大，主题明确，视觉独特，冲击力强，在短短的 1 分多钟内声画结合记录了事件的全过程，彰显了新闻记者高尚的道德情操和人性温暖，充满了正能量。

1. 新闻故事抓人眼球。女子昏迷街头，是救还是不救？这个道德问题一直在拷问着我们的社会。不仅如此，当他人的生命遭遇不测，我们是否能够与死神博斗，成功挽救其生命？这也是人们十分关心的话题。短消息一开始，现场众人手忙脚乱抢救的画面使观众的心一下子悬了起来，很关心这位女子的生命安危。在女记者进行心肺复苏时，观众的心揪到了极点，很担心女子不能被抢救复苏。随后当镜头中一点点出现女子被抢救后苏醒的画面，人们悬着的心才得以放下，能够平静下来了解事情的原委经过。

2. 弘扬社会正能量，记者以身作则。在短消息中，女记者翁文荣是这一新闻事件的主角。报道社会正能量事件，弘扬好人好事，是新闻记者的职责，但这一突发事件，使新闻记者变身成为新闻事件的主角。透过这一新闻事件，观众看到的不仅是一桩普通的街头救人故事，而且是一个负责任的媒体。女记者翁文荣在采访中说到她在采访中专门学过类似的急救知识，所以遇到突发事件的一刻，第一反应就是能不能尽力救人。由此，观众可以看到，南昌电视台在记者技能培训和职业素养培训上，以人为本，将人的生命置于职业道德之上，不仅弘扬社会正能量，从业人员更是以身作则，是社会新风的引领者。

3. 选材围绕主题，焦点突出，人物塑造完整。这篇短消息只有 1 分 28 秒，在素材的剪辑和选择上毫不拖泥带水，没有冗余干扰信息，叙事节奏紧凑，主线简洁清晰。从现场抢救画面到电话采访昏迷女子家人、现场采访警察和女记者的同期声，短消息紧

紧围绕救人这一主线展开,让观众看到了一个社会集体救助的现场,也塑造出一个见义勇为贴近百姓生活的女记者形象。在结尾的同期声采访中,翁文荣说,"我在按压的时候真的出了一背的汗,因为按压也是需要力气,二一个心里特别的着急,我就特别害怕她这样醒不过来。"这种发自内心肺腑的对生命的重视,爱人之心确实令观众为之一动。

第二十四届江西新闻奖二等奖

别了,老式绿皮车!

【出火车站和站台画面十同期声】

【画面右下角出字幕:1月9日早上7:10　赣州火车站1号站台】

【隐播】这个清晨有些特殊,5217次列车这趟往返于赣州和福建漳平的我省最后一列老式绿皮车迎来它的最后一次旅程。10年前,聂瑞芝是这趟车上的列车员,10年后,作为列车长的她,心情多少有些复杂。

【采访】5217次列车长 聂瑞芝:跑这个车跑了这么多年,要淘汰它,还是很留恋它。

【隐播】这趟车全程365公里,单程开行近7个小时,停靠18个站点,全程只有硬座,票价仅26.5元。不少乘客得知这趟老式绿皮车将告别历史舞台后,纷纷用自己的方式留念。火车迷黄睿更是特地来送别这趟绿皮车。

【采访】乘客 黄睿:这是最后一趟了,感觉也是一种情怀。

【隐播】依依不舍是因为怀旧,振兴发展则更是赣南老区人民的共同向往。2015年底,赣州开通了第一列动车,到福建龙岩只需要2个小时。

【采访】乘客 惠辉辉:说明我们的发展速度也快,人们的生活水平也高了。

【汽笛鸣响同期声】

【画面右下角出字幕:1月9日上午9:36　瑞金火车站】

【隐播】我省最后一趟用锅炉烧水、靠电扇降温的老式绿皮车缓缓驶出瑞金站站台,离开奔驰了10年的赣南大地。

赣州广播电视台

主创人员:李帆、吴慧雯、朱磊、王丹、刘彩荣

电视短消息《别了,老式绿皮车!》评论

刘小丹

短短一分多钟的电视新闻凸显了一个核心主题:怀旧。怀旧指的不是对曾经发生过的某种事实记忆,而是对过去经历的一种情感记忆。正如新闻中所描述的,老式绿皮火车是用"锅炉烧水、靠电扇降温"。炎热的夏天里,只要这种没有空调的老式火车一停下来,车内的温度很容易会高达四五十摄氏度,无论车顶的吊扇怎样努力地转着,

固执的高温依然纹丝不变。由于低廉的票价,绿皮车成为了外出务工人员的主要选择。尤其到了逢年过节,这条游走在喧嚣繁华的城市和魂牵梦绕的故乡之间的扶贫线时常会出现颇为壮观的中国式铁路生活场景。此外,在广袤的中国大地上不超过 60 公里的行车速度,长达几十个小时的长途,自然成了搭乘老式绿皮车的家常便饭。关于这些难以避免的闷热、拥挤和漫长的煎熬等现实问题,似乎很难想象老式绿皮车会有太多值得留恋的回忆。然而,事实正好相反,因为绿皮车厢里满满载着的不是过客,而是故事。

该篇新闻选择了三个具有代表性的不同视角,通过同期声的写实表达,生动展示了曾经的艰苦岁月是如何变成了今天人们忆苦思甜、畅想未来的共同记忆,或者说共同的故事。首先是绿皮车上的老员工聂瑞芝。和绿皮车一样,绿皮车上的员工在今天看来似乎成了特殊的工种:比如负责给车厢烧煤供暖的锅炉工,或者不得不像小贩一样高声兜售食物和特产的乘务员们。这是特定时代针对特定人群的特定服务方式。"10 年工作的光阴","10 年奔波的岁月","10 年全情的服务",数字在这里的前后呼应的反复使用,强调了绿皮车上一去不复返的熟悉岁月是这些为之认真付出的人们的青春与美好。

第二个视角来自火车迷。以手捧摄像机的黄睿为例,火车迷代表的是一种文化的敏锐视角,这种视角记录的是视觉记忆下的社会缩影。对于上世纪五六十年代出生的中国人而言,绿皮火车隐喻着远方和朝向未知的可能。一节节狭窄而拥挤的火车车厢中:与陌生人面对面的好奇、漫长旅行的疲惫、对抗无聊的消遣、如厕不便的烦恼、攀爬车窗的人流,甚至那些创意百出的睡姿等等。绿皮车内的一幕幕充分说明了怀揣梦想的人们吃苦耐劳的能力和强大的适应性与生存能力。朝向窗外,绿水青山,如影随行,寄托着人们对未来的美好憧憬和满满的思乡之情。车内的人生百态和车外的风景如画,在独立的文化视角中形成了一种微缩的社会空间。不论是某个幸福的时光,或者某种苦闷的时刻,绿皮车留给人们的记忆是那么真切而微妙。通过火车迷们表达与展示,这不仅是一个国家变迁的历史缩影,同样也是个人变迁中的难忘岁月。

第三个视角来自普通的乘客,他代表了经历绿皮车岁月的大多数。相比前两个视角的感慨与情怀,乘客眼中的更新换代更多的是一种欣喜和自豪:"……发展速度也快,……生活水平也高了。"对老百姓而言,更新换代的进步更像是对过往艰苦岁月的犒赏,是个人的努力汇聚出了社会与时代的变迁,所以在对绿皮车的共同回忆基础上,越变越好的一切都显得理所应当,引以为豪。

通篇报道仅一次在隐播中使用了"怀旧"一词,但是却成功地利用主体情绪、人物对话和数字对比等方式将这种情怀通过点而不破、旁敲侧击的方式引发了人们对绿皮车被替换这一新闻事实一致的情感共鸣。这是一篇简短但令人印象深刻的新闻报道。

第二十四届江西新闻奖一等奖

长消息

网络红人——"短裤哥"

口播:进入到 2016 年,江西遭受到了多年来难遇的极寒天气,而就是因为这次极寒的天气,也造就了一位我们江西的网络红人——"短裤哥"。打开百度等搜索引擎,输入"江西短裤哥",瞬间会弹出 90 万余条链接,在当地,"短裤哥"也是无人不知无人不晓的红人。

解说:这张照片里面的人物就是"短裤哥",因为在冰天雪地里仅仅穿着短裤,所以被网友们戏称为"短裤哥",他的真名叫章革立,是江西靖安县供电公司的外线抢修工人。21 号晚上,突如其来的低温雨雪,让地处山区的江西靖安县电网多条线路出现故障,2 万多居民用户停电。22 号凌晨 5 点多,靖安县供电公司外线抢修工章革立、陈隆华、余光红接到抢修任务后,带着干粮就出发了。他们在罗湾开关站到西头干滩段几十公里长的线路上,一根电线杆一根电线杆地排查,当来到 15 号杆时,已到中午 1 点多。眼前的这条小河横在眼前。

同期:(记者)你们当时也是做好了准备,穿了这么高的鞋来。"短裤哥"章革立:这算是最高的雨鞋了。对对对,(但是)我们没想到这个河水大。

解说:当时河面有的已经结冰了。怎么办?章革立、陈隆华、余光红弯腰卷起裤腿,决定趟水过河。这时,陈隆华拿起手机拍摄了一段十几秒的视频。在视频中,我们看到,面向我们走来的是余光红,他越往河中央走,水就越深,眼见着就要没过套鞋,浸泡到裤子了,于是,他只有往回走。而在他旁边,并且向河中央走去的就是章革立,他此时已经把长裤和袜子脱了下来,塞进工具包,穿着一条短裤过河。

同期:"短裤哥"章革立:走过来以后,我就到这里穿这个袜子嘛,很冷嘛,就穿不上去嘛。

同期:拍摄者 陈隆华:当时看的时候,很滑稽的,人冷得发抖,两条腿都鲜红鲜红的。

解说:原来,这张在之后迅速走红的照片是在这样的情形下拍摄的,"短裤哥"也由此成为网络红人。那么,为什么要脱下裤子蹚河,没有别的路能走吗?

同期:"短裤哥"章革立:不过这个河可以啊,但是我们要原路返回,到我们原点,再坐车到河的对岸,到这个位置过来,要花到将近三个来小时。(记者:从你们的工作制度来说,违不违反规章制度?)不违反,不违反规章制度。但是呢,我们多花三个小时,那么山里面的用户多挨冻三个小时。如果你再让他们挨冻三个小时,对于我们搞电力维护的人来说,应该说是一种耻辱。

解说:于是,章革立、陈隆华、余光红脱掉裤子趟水过河之后,甚至连河水都没擦干,就穿上裤子,吃了几口干粮,继续排查电力故障。经过8小时的排查,当天下午5点,他们终于顺利完成了35千伏罗中线故障排查任务,2个小时后供电恢复了正常。

记者手记:网络世界下,各种靠炒作作秀而走红网络的网红屡见不鲜。而不会炒作也不懂炒作的"短裤哥",出于好玩随手在朋友圈发的一张照片就迅速走红,恰恰说明大众乐意将富含社会正能量的信息互相传递,乐意为我们的社会积攒更多的积极和健康的能量。所以,像"短裤哥"这样背后有无数真实奉献故事支撑,能够给我们带来光明和温暖的网红,才是真正的网红。而这些网红,正是我们传递中国正能量、实现中国伟大复兴梦的不竭动力!"短裤哥",我们为您点赞!

江西广播电视台

主创人员:邱国荣、史丰、付峰、陶涛、郭颖

《网络红人——短裤哥》评析

刘小丹

江西靖安县供电公司章革立等3人为了能尽快给深山中的四个乡镇抢修被低温雨雪侵袭而导致故障的输电线,他们义无反顾,脱掉棉裤和鞋袜,赤脚趟过结着薄冰的小河。看着章革立和自己一样抖着冻红的双腿却又穿不上袜子的滑稽样子,陈隆华顺手拿手机拍了下来并发在朋友圈。"短裤哥"章革立等人一下子成了"网络红人"。这是一个冰天雪地里发生的暖心故事,而这个故事自发的走红又证明了一个令人欣慰的社会价值共识。此篇长消息在报道这位与众不同的网红同时也传递了对网红概念的解读。

笼统的说,网红现象是一种不经任何权威授权的,大众自发的价值认同,而大众对价值认同的表现方式多种多样。比较具有代表性的网红指的是在社交平台上具有一定量的社交资产并且有能力将这些资源变现的人。但是不论何种形式的网红,在互联网日益普及的基础上诞生的网红的核心特征是一种社会去中心化的趋势。去中心化不是完全没有了中心,而是对价值追求多元化、审美多元化和表现形式多元化的一种描述。网红所代表的文化多元化背后的主要价值逻辑是一种对个人主义理念的彰显。在图片随后是视频成为网红传播的主要途径后,与一些约定俗成的社会主流价值观背道而驰的自说自话成为了许多网红自我形象建构的主要套路。虽然挑战既有价值观

本身并非没有意义,社会价值认同的进化在于改变,但是过分强调个体和个性的套路难免沦为像报道中总结的那样"靠炒作作秀"而博取注意力的低俗文化模式。一句"语不惊人死不休"的做作也许能一时激起千层浪,但这种缺乏生命力的功利行为很难发生持续的认同效应。

"短裤哥"的形象正好与主流网红形象相反。这一张因为觉得"滑稽"而摄下的工作照透露出的是几位普通电力维修人员尽职尽责的服务精神。利己能引发一种情绪化的本能认同,而利他能引发一种高尚的信仰认同。后者是维系社会稳定与存在的价值基础与纽带,因此具有高级的社会文化意义。"短裤哥"走红所传递的正能量就在于此,本篇报道对这一重点的把握准确,表述清晰。

"短裤哥"是一位网红,一个由大众自发认可的价值形象,而电视是具有一定权威性的主流媒体。当主流媒体与自媒体舆论触碰时,前者是否能够相对"客观"或"人性化"的表达就成为了判断主流话语是参与自媒体行为还是权威性介入社会舆论的直观标准。该篇报道在一开始陈述事实的时候明智地选择使用手机照片和视频,虽然画质不佳,但是这种表现形式延续了网络信息传播初期的个人化特质,更显真实。随后,配合解说人员对维修工作的简单介绍,跟拍维修人员出勤的画面非常自然地起到了补充相关信息的效果。其中最出彩的部分便是对"短裤哥"照片的拍摄者的一段简短采访,陈隆华表达出了拍照的初衷是因为觉得"好玩"的情绪真实,反衬出了道德的质朴内涵。

与此同时,关于"短裤哥"为什么选择趟水过河的一段采访中,章革立面对镜头直言为了减少居民停电受冻的时间而选择自己忍受极寒是最让人感动的时刻,这段话说得自然真切。但随后报道为了进一步凸显"短裤哥"的道德高度,记者用略带引导性的问题让章革立发表了一段与之前朴质风格稍有不同的官方化说辞:"……如果你再让他们挨冻三个小时,对于我们搞电力维护的人来说,应该说是一种耻辱。"这一段看似与上下文逻辑顺畅的采访,却让受众看到一种略显"摆拍"的生硬感。

第二十四届江西新闻奖一等奖

一本老账 一块新碑 一串故事

【口导】今天,在修水县古市镇冷水井村的村口处,新立起了一块石碑,许多村民都自发地来参加立碑仪式。因为这块看似简朴的石碑,讲述的却是一段跨越百年的诚信故事。

(2秒现场)

【正文】碑文中写道:"乙未冬,彭氏兄弟之父亡故,理其遗物时,得账簿二册,借据若干。"这些泛黄的纸张,就是碑文中提到的账本和借据。上面记载着民国时期,村里几十户人家从村民彭利华的爷爷彭康林手中借走财物的账目,小到柴米油盐,大到上万银元,最早的一笔发生在1919年。上世纪初,彭康林往来于江西、湖北一带经商,家境不错。只要村里人有困难找上门来,他都会慷慨解囊。

【同期】彭利华:他好像说有人借过一点点东西,这个有,是用嘴巴说过,但没有看到过账本,没有,从来没有。

【正文】虽说彭家不提,但乡亲们却从没遗忘。今年97岁的彭祥英说,她的丈夫就曾向彭家借盐换钱补贴家用。邻居们也经常谈起这些事。可是那个年代大家生活都很困难,所以也无力偿还。前些年,家里条件好了,彭祥英多次让儿子阮国烈去彭家还钱。

【同期】彭利华:我说我不知道,我本身就是不知道,没有看到账本,我怎么知道呢?他说他要还,我说不行。

【正文】去年冬天,彭家六兄弟在整理父亲的遗物时,在一个密封的陶罐里意外发现了爷爷当年留下的账本。消息不胫而走,阮国烈也再一次来到了彭家。

【现场看账本】彭利华的兄弟彭胜华:阮友生(阮国烈的父亲)借食盐50斤。

【正文】现在市场上的食盐也就两三块钱一斤,可这东西在当时是何等珍贵。当场,阮国烈付给了彭家500元。

【同期】彭祥英:父欠债子当还,为什么要寻着去还,是要记得他的好。

【正文】在外务工的小伙胡勇军特地赶回家,和爷爷胡自求一起来到彭家还债。在众多的借据中,胡自求一眼认出了父亲的字迹——民国三十六年借谷一石。

【同期】村民胡勇军:这不仅是帮爷爷完成了心愿,也尽到了我们晚辈应尽的孝道,更主要的提醒大家,要团结互助、诚实守信、和谐相处。

【正文】看到陆续上门偿还旧账的村民,彭利华和几个兄弟既意外又感动。面对乡亲们的热情,彭家显得有些为难。爷爷和父亲在世时,从来不提这些债的事,现在他们也不好收这些钱。于是兄弟六人一合计,作出了一个决定。

【同期】彭利华:把这个老账本封起来,传下去,要子孙后代像我们爷爷一样,向他学习。

【正文】彭家的义举,再一次感动着大家,于是,当地的爱心人士捐资在村口立下了这块记录这段百年诚信佳话的石碑。

【现场】彭利华:希望乡亲们以后对这个账不要放在心里,就当没有这个事一样,以后全村大家都像一家人一样,和和气气。

九江广播电视台

主创人员:王敏、谢祥震、刘能发、罗旭东、阮皇勇

《一本老账 一块新碑 一串故事》评析

苗笑雨

这部由九江电视台选送的作品,体裁类型为一部长消息新闻作品。从体裁来说,长消息是介于新闻短消息与新闻专题之间的一种新闻速写类型。使用长消息类型,往往是要兼顾新闻消息的时效性与新闻专题的深入挖掘性。当然,受到长消息自身的体裁限制,二者之间更注重新闻时效性,并不能真正做到新闻专题片那样的深度挖掘。所以,长消息还是属于新闻消息体裁。

由于长消息自身的特点,使得它在使用的时候,往往在播出方式与题材内容上形成长消息自身的风格。比如说,长消息比较擅长人物类或带有一定故事性的新闻速写,这就决定了长消息在播出的时候,经常会出现在板块新闻中,是标题新闻的延伸。再比如说,长消息的人物速写功能,让它在民生新闻播出中占有比较显眼的地位。而所有这一切都决定了长消息自身一个突出的品质——讲故事——用一种相对简略的新闻速写方式来讲故事,在讲故事过程中来体现新闻价值与意义。

长消息属于新闻消息类作品,而消息类作品的标题至关重要,这当然是由此类作品的“倒金字塔”型的体裁特质决定的,一个标题就要把作品中最重要的东西呈现出来。这部作品的标题为《一本老账 一块新碑 一串故事》。可以从标题上看出作者的良苦用心。“老账”与“新碑”对应,体现的是新老之间的历史更迭,而这历史都化成一串故事,一串不变的故事。故事的核心就是我们古老的传统美德在时间之河中守望相对薪火相传,而又在新时代下继往开来的故事。老账和新碑是新闻事件中的核心元素,也是新闻内容最吸引人的东西。账本总让人联想到过去的记录,而碑铭则是对过

去的纪念。但是一则老一则新,显然体现了历史感。同时,账本又会让人联想到"算账",似乎与纪念好像并不太协调,这样就形成了新闻价值中的"新奇性",唤起了观众对其背后故事关注的兴趣。

这部作品所讲述的故事横跨了一个多世纪。故事的主人公是片中讲述者的爷爷——彭康林老先生。彭老先生在世的时候经商多年,家里相对比较富裕。老先生为人宽厚,乐善好施。所以每逢邻里需要接济的时候,他都慷慨解囊,对所借出的财物也从不催要。久而久之,家里集下一个厚厚的账本。但在老先生有生之年,从没有催要过这些账目,而这本账册也早被封存了。以至于他的后辈子孙对这些账目也一无所知。与此同时,曾受过彭康林老先生接济的乡邻们,却对此事念念不忘。虽然祖孙更迭,还是想着还上这笔账。但彭老先生的子孙后人并不想接受,所以当他们在无意间整理爷爷遗物发现这个账本的时候,他们的决定却是再次把账本封存,作为纪念留给后人,而不是作为邻里还账的依据。如此的高风亮节让身边的人感动,最终有好心人捐助修建了一块碑铭,来纪念这段佳话。这显然是关于中国传统美德的故事,邻里之间彼此相助,和谐相处,邻里相爱之情绵延不绝,并滋养后人。

这种题材的新闻作品,显然其社会价值是最重要的,这也是当代社会主义核心价值观的具体体现。从彰显社会道德的意义上,这部作品已经达到了其该有的目的意义,也表现出该有的媒体责任感。

当然,这部作品也存在一些不足。

首先,作为新闻消息类的作品,其信息并不太完整,毕竟信息是新闻消息特别需要的元素。这些需要补充的信息包括:在历史事件中其实涉及三代人的跨度,但目前只有祖孙两代,中间缺了父辈这一代人的反映。作为一个美德代代相传的故事,这难免是个遗憾。另外,邻里中的反馈信息量少了一些,作品中只是拿两个人来代表了邻里这个群体,显然受惠于彭康林老先生的人不限于这两个,应该更多的交代一些这方面的信息。这样更能体现传统美德的彰显是在一个集体层面,更符合这个故事的本意。

其次,作为讲述故事的新闻速写,作品的故事性不是特别的强。这个问题倒不是因为新闻素材,因为这样的素材本身就具有较好的故事性。而是由于讲述故事技巧造成的。比如说,开头的悬念不足。作品以碑文与账本作为开头是不错的,只是在描述上有些直白,太快地交代了事实。再比如说,故事讲述缺乏一些更加生动的细节,这里包括彭老先生的反应,邻里们几代时间里面归还账目的迫切等等。

最后,采访的力度弱了一些。虽然是消息类作品,时长短并不意味着采访少。从现在的作品看,采访略显不够详尽。

第二十七届中国新闻奖二等奖

第二十四届江西新闻奖二等奖

江西:90 后护士的"网红笔记" 传承 40 年"工匠精神"

【导语】昨天,来自南昌大学二附院的一名 90 后护士爆红网络,她在手术台上的工作笔记刷爆了微信朋友圈。不少网友感叹,在这位小姑娘身上,看到了医疗工作者的"工匠精神"。

【正文】中英文对照的工整字体,形象生动的解剖图像,详实的手术细节,一夜之间,这份工作笔记在网上热传,"这就是医者父母心,广大患者太需要这样的医护人员了","我们医疗队伍有这么优秀的年轻人真好",无数网友更是不吝自己的赞美之词。但是很难想象,工作笔记的主人只是一位进入手术室才两个多月的"90 后"护士。

【同期】南昌大学第二附属医院手术室护士 王婷:

抽出一部分时间来做一下笔记,也可以回忆一下我这一周做了哪些手术,然后手术的内容是什么。这样在下周如果我再做这个手术的话,就会有一个很清晰的流程和印象。

【正文】手术室的副护士长方亮第一次看到这份笔记的时候,写下了这么一段话。

【现场】南昌大学第二附属医院手术室副护士长 方亮:

当我打开你上台笔记的时候让我非常的震惊,我不敢相信我的眼睛。这是我的护士画出的解剖图,这是我的护士的作品,多么的形象多么的生动而又发自内心。你的这种平淡而又奢华的作品让我思考,什么是事业,什么是对待事业的态度。

【正文】震惊之余,方亮把王婷的笔记推荐给了"护理公开课"的微信公众号,这才让王婷被大家所熟知。而说起王婷的意外走红,跟她经常搭档的主刀医生并不奇怪。

【同期】南昌大学第二附属医院乳腺外科主任 罗永辉:

第二次跟她搭档我就很吃惊地发现,我一到手术室,戴多大的手套,我穿什么样的衣服,我有些什么样的习惯,她都很清楚。

【正文】对于自己的突然走红,王婷却觉得有些惭愧。

【同期】南昌大学第二附属医院手术室护士 王婷:

我的笔记只是我们医务工作者对于工作这种认真的态度,一直是这样要求的。只是我可能让这种精神让大家更多地看到了,可视化了。

【正文】小姑娘很谦虚,但无意之中让我们了解到了一个传承了 40 多年的传统,在南昌大学二附院手术室,上台笔记又被称为"百科全书",它的历史可以追溯到 20 世纪 70 年代,手术室的原护士长刘肇清是它的开创者。

【现场】南昌大学二附院手术室原护士长 刘肇清：

（记者：这两本是几几年记的笔记？）我一共是五本笔记，但是现在的话只剩下这两本了。这个笔记的话呢是七几年，76 年开始记的。

【正文】如今，这两本泛黄的笔记已经成了她的宝贝，在工作的 40 年时间里，她总共记录下了 1000 多台手术的点点滴滴。1984 年，刘肇清当上护士长之后，开始要求手术室的所有护士做上台笔记。

【同期】南昌大学第二附属医院手术室原护士长 刘肇清：

开始的时候大家有点嫌我，都很抱怨。天天手术台上从早干到晚，中午还饿肚子，回去晚上还要加班写笔记，累死了。但是的话，这怎么办呢，这个工作你要尽快地提高业务，为了使得各个科室外科科室对我们手术室的工作满意，那必须要这么严。

【正文】但大家渐渐发现，好记性不如烂笔头，大家的业务能力提高很快。时至今日，记笔记已经成了二附院手术室的全体护士始终没有丢弃的一种传统。40 年来，他们配合医生做完了一台又一台手术，挽救了一个又一个生命。

【同期】南昌大学第二附属医院院长 程晓曙：

有良好的医德有良好的技术来救治患者，一切为病人服务，我想这是我们医疗界唯一的宗旨，我觉得是。

江西广播电视台

主创人员：田凌凌、雷晨露、涂霁、丛晓林

语言有张力 内容有深度
——《江西：90 后护士的"网红笔记"传承 40 年"工匠精神"》评析
胡蓓蓓

主题挖掘有深度，影响力大

围绕"工匠精神"这一主题打造新闻内涵，角度选取得当，主题挖掘有深度，如果新闻只是报道 90 后"网红笔记"女主角的故事，具备一定的新奇性，但新闻会稍显平淡，缺乏深度，新闻重要性和显著性不足，做成人物典型报道底蕴不足。为此，怎么做才能让这样一个好选题的新闻更饱满，挖掘新闻背后的故事是关键，以"为什么会出现网红笔记"为线索，找到了传承 40 年的科室传统，并把这个传统凝练为"工匠精神"，不仅符合舆论宣传导向要求，也能给观众以更多的启迪。

导语设计看似平淡,实有讲究

"医院一位 90 后小护士爆红网络,爆红网络的原因是手术台上的一本工作笔记火了,这本笔记刷爆了微信、朋友圈,不少网友看了之后都说在这个小姑娘身上看到了医疗工作者的工匠精神",新闻导语开篇点题,指出新闻的主人公是一位小护士,导语中埋下了两个伏笔,一是什么样的小姑娘和怎样的工作笔记能那么火,二是网友们为什么说看到了医疗工作者的"工匠精神",这样的导语设计能够引起人们的好奇,吸引观众继续看下去。在电视长消息中,导语的写作非常关键,不仅要简明扼要,还要起到陈述事实阐明意义的作用。

画面生动形象,有说服力

选择从什么样的角度切入去进行报道很重要,新闻由头开始选择提问式,90 后才工作两个月的小姑娘,能够做出这么好的图文并茂的"工作笔记"的背后的原因是什么,由主持人娓娓道来,画面流畅,逻辑清晰,采访到的事件主人公王婷和相关者的回答朴素自然,没有太多人工雕琢的痕迹。该新闻的制作还好在细节画面抓得比较好,让事实用画面来说话,在王婷刚出手术室时来进行采访,体现新闻事件本身还是进程中,减少了摆拍的痕迹,王婷本身的谦逊,护士长和主刀医生对她的肯定和赞扬,形成对比,较好地淡化了说教式的宣传,声画元素运用比较到位,使新闻整体看上去形象生动,真实感比较强。

播报情绪饱满,感染力强

播报的感染力表现在哪里,这个度怎么把握,是主持人专业技巧的呈现。既要让新闻客观公正,不带有个人的主观色彩,又要在激烈的媒体竞争中占据一席之地,我们发现选送的这篇稿件主持人的处理还是不错的。传统一板一眼的播读稿件更适合处理时政要闻,在社会新闻的演播中,适当加入一些个性化口语化的表达,更容易抓住观众的注意力,调动起观众参与的积极性。就像新闻导语中主持人在播读"一本工作笔记火了"时,着重在"火了"两字上做了强调,重音并提气上扬,一下把听众的耳朵抓住了。譬如解说词中播读到"医者父母心,我们医疗队伍有这样的年轻人,真好啊!"感情投入,情不自禁,过渡自然,较好地展现了新闻中的人情味,观众亲切感油然而生!

2015—2016年度中国广播影视大奖提名奖
第二十四届江西新闻奖二等奖

19年攻坚克难　成功打破国际垄断
江西硅衬底项目获国家技术发明奖一等奖

（口导）昨天在北京召开的国家科学技术奖励大会上传来重大喜讯：江西硅衬底项目获国家技术发明奖唯一的一等奖，国家技术发明奖是国家三大奖中对自主创新水平、推动技术进步等要求最高的奖项，一等奖曾连续5年出现过空缺。这样一项重要的技术桂冠为何会落户我省，请看本台记者昨天从北京发回的报道。

（记者　王洋）我现在是在人民大会堂，在刚刚结束的2015年度国家科学技术奖励大会上，由我省独立完成的硅衬底项目获得今年国家技术发明奖唯一的一等奖，这是江西创造首次荣登这一领域的最高领奖台。

（解说）在热烈的掌声中，中共中央总书记、国家主席、中央军委主席习近平为项目第一完成人、南昌大学教授江风益颁奖。

（同期）国家科技发明奖一等奖获得者　江风益

（您这次获奖什么样的感受啊？）

哎呀，总书记亲自给我颁奖，我很激动，很高兴，感谢党和政府给我们科技工作者很高的荣誉，科技创新造福人类，是我们科技工作者应尽的责任，是天职。

（解说）长期以来，世界上绝大多数芯片制造商都采用蓝宝石和碳化硅作衬底，而核心专利技术掌握在日、美等国手中。在硅衬底上生长LED材料，成功打破日美国家的技术垄断，为中国LED企业铺路，是江风益团队能获得这一殊荣的关键。

（同期）原863计划光电子专家组组长　陈皓明

21世纪是光的世纪，在这样一个大需求下，如果我们的照明、我们的光工业掌握在别人手里头，这样一个大国受得了受不了？做成这样一件事情，对我们国家突破国外的技术上的专利垄断是非常有意义的。

（解说）硅和LED器件属性不同，膨胀系数不一样，结合在一起会产生龟裂。1996年，江风益决定研发用硅来作衬底生长LED器件时，很多人都认为这条路绝对行不通，因为美国IBM公司在研究30年后，也毫无进展，最终被迫放弃这条路线。

不信邪的江风益遭到了接二连三的打击：经过300多次实验后，项目毫无进展，研究经费已花掉90%，合作伙伴也先后离开课题组。没钱买设备，他便自己动手设计、组装；为了早日出成果，他带领团队，没日没夜地钻在实验室。长期的劳累之下，江风益患上了严重的腰椎间盘突出,医生警告他,若不及时做手术,很有可能会瘫痪。

(同期)国家硅基 LED 工程技术研究中心 刘军林

但是他还是坚持把这个项目完成以后,才决定去动了这个手术。

(解说)19 年磨一剑,经过 3000 多次实验,江风益和晶能光电、晶和照明采用多种缓冲层缓解应力,终于解决了硅和氮化镓不匹配的难题,使中国成为世界上继日美之后第三个掌握蓝光 LED 自主知识产权技术的国家。目前,硅衬底 LED 芯片已在晶能光电批量生产。

(同期)国家科技发明奖一等奖获得者 江风益

19 年是做这个 LED,过去是,现在是,将来还是做 LED,不断地把这个 LED 技术水平做得更高,成本更低,造福人类。

(解说)得益于硅衬底项目的成功,眼下,江西已描绘出 LED 产业发展"路线图":到 2020 年,全省 LED 产业主营收入要超过 1000 亿元,将南昌打造成全国的 LED"光谷"。

(同期)省科技厅副厅长 赵金城

进一步地推进硅基 LED 的技术创新,为我们南昌光谷的进一步发展提供有效的科技支撑。

(解说)借此,以南昌为核心,把江西建设成为具有国际核心竞争力的 LED 全产业链研发、制造和应用基地,中国正构建起完全自主的 LED 产业。

江西广播电视台

主创人员:上官海宾、王洋、刘守洪、尹毅剑、付忆静

让新闻落地 挖掘新闻价值的最大化
——《江西硅衬底项目获国家技术发明奖一等奖》长消息评析
胡蓓蓓

该获奖长消息较好地实现了新闻价值的最大化,首先体现的是时效性。虽然没有现场直播,但有直播连线的感觉,记者的现场采访较好地把握了采访的时机,获奖者江风益刚领完奖就接受了记者的采访,一句"哎呀,总书记亲自给我颁奖,我很激动,很高兴,感谢党和政府给我们科技工作者很高的荣誉,科技创新造福人类,是我们科技工作者应尽的责任,是天职",把江教授获奖的喜悦、激昂的神采以及崇高的信念第一时间捕捉到镜头前。此外,出镜记者的选择也较到位,知性大方,符合重大新闻的记者形象要求。

其次是重要性。新闻重大主要体现在哪里,开篇导语即做说明,"江西硅衬底项目

获国家技术发明奖唯一的一等奖,国家技术发明奖是国家三大奖中对自主创新水平、推动技术进步等要求最高的奖项,一等奖曾连续 5 年出现过空缺。"国家最高奖,而且连续 5 年空缺,这么重大的奖项,人们最想了解什么呢? 一般受众得知大奖结果之后,首先会想了解是谁是什么样的团队取得如此重大的成绩;其次就是什么样的成果可以得这个奖,这个奖是否实至名归,它有什么价值;再者就是这个科研成果它有什么用,它能在什么领域创造价值,会对社会产生什么影响;最后就是它和我个人的日常生活会发生什么样的联系,对个人或当地会产生什么样的利益等等。为此,作为江西省台的新闻报道,把视角定为奖项与江西省的发展建设有什么样的关联上还是可圈可点的,通篇消息也就从"这样一项重要的技术桂冠为何会落户我省?"展开讨论。导语就把最重要的事实用准确形象的语言表述出来,抓住观众的眼睛,体现新闻价值。

我们来看显著性,新闻中有多个显著元素的运用,习近平总书记亲自颁奖、连续 5 年空缺的国家最高奖项、江西创造首次荣登这一领域的最高领奖台等,体现出一是新闻中出场人物的显著性,国家最高领导人和该领域的权威;二是事件本身的显著性,这是人无我有的具有独特价值的事情,行业内外的知名度极高;三是作为一项技术、一个产业前景的显著性。

从接近性方面来看,新闻开篇就立足江西,重点说明是江西大学的团队获得奖项,可以让江西省的观众体会到荣誉感和自豪感。除此之外,奖项成果如何转化为生产力呢? 通过解说和采访省科技厅副厅长,我们可以了解到依托硅衬底项目,江西将重点发展 LED 产业,将南昌打造成全国的 LED"光谷",不断推进硅基 LED 的技术创新,预计到 2020 年,全省 LED 产业主营收入要超过 1000 亿元;新闻中要"以南昌为核心,把江西建设成为具有国际核心竞争力的 LED 全产业链研发、制造和应用基地,中国正构建起完全自主的 LED 产业",这些信息告知观众,奖项的成果应用主要在反哺江西的 LED 产业发展,让更多的江西人民受益。其次再是让全中国的相关产业受益,这点新闻中表达得还是比较明确的,这样的表述可以让江西人民从地理和心理上都更接近新闻事实,达到更好的传播效果。

此外,新闻还在人情味上做了一点文章。新闻中透露团队负责人积劳成疾需要手术,但仍然坚持到项目完成才去,这一方面说明团队成员对项目的用心程度,一定程度上达到了忘我的境界;另一方面也表明团队成员的战斗力也在这样一种甘于奉献精神的鼓舞下越战越勇,任何事情的成功都不是偶然的,成功的背后不仅有汗水、泪水,还有不懈的坚持,这也是新闻中表达出来的人文情怀。

总的来说,该消息新闻性强、时效性强、新闻价值高,语言口语化,把复杂的科技攻关问题用图表和解说表述得比较准确,容易让人明白。视听元素比较丰富,采用多种报道形式,同期声言之有物,现场采访运用比较到位,总体逻辑清晰、结构严谨、内容充实、层次分明,报道中对象感和现场感都比较强。

新闻的主题"19 年攻坚克难,成功打破国际垄断"较好地抓住了新闻核心,提纲挈领,言简意赅,一目了然,把"江西硅衬底项目获国家技术发明奖一等奖"的意义和价值一语铺陈开来。在后续的新闻主体部分,较好地承接导语,对导语进行解释,对新闻事实展开具体叙述。背景调查很好地起到烘托主题的作用,这么大的奖项是怎么得来的,通过新闻我们清楚地了解到,科研团队 19 年磨一剑的坚持,较好地说明了获奖的原因、条件、遇到的困难,以及对科研人员的意义和对当地产业发展的支持,充实了内容。前瞻式结语升华主题,阐明新闻的意义,加深观众对新闻事件的理解和思考,画龙点睛。

第二十四届江西新闻奖二等奖

宜春:丰城发电厂在建冷却塔施工平台坍塌　致 67 人不幸遇难

【导语】来关注一条突发消息。今天早上 7 点多,宜春丰城发电厂三期在建项目冷却塔施工平台发生坍塌,导致数十人死伤,记者第一时间赶赴现场。

【正文】事发后,当地立即组织武警、消防、特警、蓝天救援队等 300 多人展开救援。

【现场】武警搜救　抬出一人

【口播】记者 唐江月:我现在所在的位置就是发生事故的在建 7 号冷却塔下,大家可以顺着我们的镜头看一下,整个的救援工作正在紧张地进行当中。在现场,我们也了解到是冷却塔的施工平桥吊坍塌,造成横版混凝土通道坍塌,由于当时下坠的一瞬间撞到了外围,混凝土掉落钢筋都露出来了。

【同期声】施工工人:

我在那个楼上看到塌下来了

听到一声响

有十几秒 二十几秒的时间

先是混凝土先掉下来

塔吊后掉下来

(记者:后面有人跑出来吗?)

没看到有人跑出来

我们就赶紧找人到现场来救人嘛　(插入动画,还原事发瞬间)

【正文】现场还调来大型设备进行作业,争分夺秒,用最快速度救出伤者。而由于钢筋混凝土层叠在一起,给救援工作带来了很大难度。

【同期声】武警宜春支队支队长 朱宝团:

目前我们搜救的难点是

坍塌下来以后都是钢筋混凝土结构

这个是非常困难的

只能靠我们战士

去挖 去抬 去敲

【正文】由于坍塌的钢筋龙骨太长,人工清理困难,只能借助机械设备现场进行切割。

【现场】切割

【同期声】武警宜春支队支队长 朱宝团：

切断了以后把这个龙骨吊起来

我们的人员部队再进去搜救

争取把最后一个也要找到

【正文】事故中被救出的两名受伤工人,正在丰城市人民医院接受治疗,主要是头部、腿部和腰部受伤,目前伤情稳定。

【同期声】丰城市人民医院 护士

我们这里目前是两个伤者

(记者:脑外科这边是两个?)

都是脑外科的

有个伤到头部的比较严重

要休息

【正文】因为两人正在接受治疗,记者没有过多打扰。记者从他们工友那了解到,其中一名伤者叫王摇胜,50 岁;另一名伤者叫张向东,45 岁,都是甘肃天水人。截至记者发稿,这起事故已造成 67 人不幸遇难,2 人受伤。目前,相关善后工作正有序展开。

都市频道记者宜春丰城报道。

江西广播电视台

主创人员:余超、唐江月、刘凌、张宗盛、秦志成

地市媒体如何报道突发事故?

——《丰城发电厂在建冷却塔施工平台坍塌 致 67 人不幸遇难》评析

陈佳沁

丰城发电厂冷却塔坍塌事故在 2016 年年末引起了广泛的关注,不仅仅是江西当地的媒体,包括央视、央广、上海东方台在内的多个媒体都对该事件进行了持续的关注。作为典型的突发事件,且伤亡情况较为严重,坍塌事故发生后,就有大量的媒体介入直播事故和后续处理情况。本报道也正是事故发生后,在救援过程中发出的一篇报道,报道对事件的基本情况进行了回顾,并对事件的基本救援情况和后续进行了说明。

从事件发生的进程来看,报道播出的时间距离坍塌事故的发生已经经过了大半天左右,此时救援工作已经全面展开,并且坍塌现场的搜寻工作也已进行大半,对于坍塌原因的探查和追责工作也已展开。从进程来看,事故后续的处理进展相对有序、快速,因此在这个时间点上进行新闻的播报首先要能够跟上事故的进程。从本条报道的内

容来看,可以看出记者一直在跟进事件的发展,对于事件的后续处理和救援情况都进行了清晰的说明。且记者的报道内容较为翔实,包含了事故发生的基本情况,事故发生原因的整体说明,事故救援情况、伤亡情况,以及相关部门的救援工作,并且通过解说词,对事故原因、救援情况等重点内容都进行了较为详细的说明,可以说这是一条跟进及时、内容完整的突发性事故报道。

从报道的声画角度来讲,本条报道所选择的画面主要是事故现场的救援场景。报道采用了较为先进的拍摄手法,从多个角度对事故现场进行了拍摄,观众可以从画面中较为清晰地看清事故发生的基本情况。同时,辅以记者的解说,观众可以直观地了解到事故现场的实际情况、事故发生的原因。从画面和解说词的配合而言,本条报道是相对较好的。但是,同样,本条报道也存在着这一类报道画面选取的基本问题,在对救援和伤亡情况等内容进行报道的时候,电视报道多使用救援或事故现场的空镜头,以解说词来完成主要的信息传达工作,画面所传递的信息仅作为辅助,使得画面的有效信息较少,如果能够提高画面传达的信息量,报道的效果应当会更好。

从报道整体的情况来看,这是一条内容翔实、操作较为标准的突发事件报道。受制于报道内容本身,传统电视媒体在这类报道中的可操作空间本身较少。但是我们也不得不考虑这个问题,在当今这个媒体环境中,作为本地媒体,面对突发事件的时候应当如何报道?丰城发电厂事故发生在 2016 年 11 月 24 日上午,事故发生后就引起了较大的关注,不论是传统的主流媒体还是新媒体,都在对事件的进程进行报道。受众对于事件发生和救援的基本情况的了解非常迅速,因此一条综合了相对新的消息的电视新闻在满足受众的信息需求上,实际上并不能做到很好的补充作用。而作为本地媒体,相较其他媒体而言具备了地域优势,不论是与当地政府部门的对接还是医疗单位的对接,都要好于其他媒体,作为一条对事故的跟进报道,如果能够加入其他媒体较难获取的内容,会使报道更具新闻性,也能够更突出本地媒体所具备的优势。

第二十四届江西新闻奖二等奖
捐献遗体　完成儿子生前心愿

【导语】21岁,正是青春少年风华正茂之时,一场突如其来的疾病带走了宜春学院大二学生钟善祺年轻的生命,强忍悲痛的父母此时却替儿子做了一个出人意料的决定。

【配音】6月3日,宜春学院外国语学院2014级英语2班学生钟善祺突发急性淋巴细胞白血病,引发颅内出血,紧急送往宜春市人民医院。得知儿子入院,父母立即动身赶往宜春,正在赣州准备高考的妹妹得知了消息后晕倒在家,父母不得不在途中委托宜春的朋友照顾儿子,两人折返赶回赣州。不想,这一回就和儿子天人永隔。

【字幕】6月7日7时许,钟善祺病情突然恶化;8时23分,医生确诊其脑死亡。

【配音】儿子的去世太突然,钟善祺一家悲痛万分。7号,父母在赶往宜春的路上,通过电话向学校表达了一个出人意料的想法。

【同期】宜春学院外国语学院党委书记 刘新坤:"他(钟善祺父母)就觉得能不能把钟善祺的器官捐献给其他的孩子,让儿子的生命在其他孩子身上延续。"

【字幕】6月7日13时,红十字会医学专家对钟善祺的遗体进行评估。

【配音】经专家确定,钟善祺眼角膜须立即摘取;同时根据相关规定,遗体须马上运往南昌用于医学研究。而此时,父母还在赶往宜春的路上,妹妹正在参加高考。

【同期】宜春学院外国语学院党委书记 刘新坤:"我问他父亲,如果你放弃捐献的话,(家人)就能最后看一眼。父亲说,他们非常悲痛,说让他们考虑一下。"

【配音】15分钟后,通过电话,钟家父母做出了一个艰难的决定。

【电话采访】钟善祺父亲 钟忠:"我说如果我赶不到,你就帮我签掉字去。他(红十字会工作人员)那个时候说了,没有什么补偿,我说我们不需要什么补偿。从我内心说,我这个儿子这样(去世)了,如果能帮到别的人,就是他生前的愿望吧。"

【配音】6月7日下午14时,经父母委托,学校老师和同学们为钟善祺举行了简单的遗体告别仪式。

【字幕】6月7日14时40分,钟善祺的遗体被运往南昌;6月7日18时许,钟善祺父母赶到了宜春。

【现场声】这是钟善祺爸爸,这是钟善祺妈妈。

【配音】当天晚上,市红十字会郑重地将《中国人体器官捐献荣誉证书》交给了钟善祺父亲。

【同期】钟善祺父母 钟忠 赖贻英:"肯定是想(见最后一面),自己的儿子怎么会不想？这是自己的心头肉,我最后悔的就是他两姐妹没见上最后一面。"

【同期】钟善祺父母 钟忠 赖贻英:"他(生前)参加了红十字会(慈善活动)。我知道我的小孩本来是善良的,如果我儿子会说话的话,如果他知道'我已经可能活不了'的话,他可能自己也会说出来要捐。只要他的器官能捐的就捐出去,等于他的生命还在延续。"

【配音】据了解,钟善祺家庭是赣州赣县的特困家庭。目前,宜春学院正发起捐款,希望给予这个家庭更多的帮助。截至昨天,已募得善款 16.8 万元。人们用大爱回报善良,逝去的生命则以另一种方式延续。

宜春广播电视台

主创人员:李戈、邹柯玮、廖祖榕、谈维博、易斌丽

平凡人的不平凡事
——《捐献遗体 完成儿子生前心愿》评析

陈佳沁

在找新闻的时候,我们常说"平凡的人做一件不平凡的事"是具有很强新闻价值的,《捐献遗体,完成儿子生前心愿》正是这样一个报道。这篇报道线索清晰,记者跟进十分及时,且报道本身具有较强的故事性和戏剧性,最终呈现在观众面前的是一个向社会传达了正能量的好新闻。

一、平凡人的不平凡事

有关"器官捐献"的话题一直以来都受到人们的关注,虽然近年来器官捐献宣传和试点在不断推进,人体器官捐献比重开始上升,但传统文化中并不鼓励死后的器官捐献行为,大多数人依然对器官捐献存在一定的疑虑甚至误解。特别是在看重传统习俗文化的乡县地区,对于去世后丧葬习惯等更为在意,对于器官捐献的接受程度也较低。

在这个背景下,江西赣州的一户人家做出了一个不一样的决定。来自赣县的一户特困家庭,在儿子钟善祺不幸去世后放弃了看儿子最后一面的机会,委托校方将儿子的器官捐赠给了红十字会。对于一个传统的务农家庭而言做出这个决定显然是非常不易的。正是这个艰难的决定,让这个平凡的家庭选择了一条不平凡的道路。从报道中可以看出,夫妻俩的想法是相对朴素的,希望儿子的器官移植能让儿子换一种方式继续留在人世。而这个朴素想法的背后,却体现出了一种平凡的善良,也是这种平凡

的善良成就了"平凡人的不平凡事迹"。

这个不平凡的事迹构成了新闻的主体,从中可以看出很强的新闻性和新闻价值。与此同时,在这个时代报道钟善祺的父母所做出的选择,也体现出了极强的正能量,起到了一定的教育示范意义。

二、及时跟进贯穿始末

从报道中可以看出,在《捐献遗体 完成儿子生前心愿》的整体报道过程中,记者进入跟踪采访的时间较早,在钟善祺父母尚未赶回宜春进而委托校方捐献遗体的节点上就开始全程跟进报道,这体现出了记者的新闻敏感性,也能更好地呈现出事件整体发展的全过程。

记者进入报道的节点是在钟善祺父母尚未赶回宜春的时段中,通过采访校方的工作人员来呈现出钟家父母的想法,展现了新闻中的核心冲突——捐献遗体的急迫性和父母赶回看儿子最后一面的时间冲突。在呈现这个冲突时,记者采访了学校老师,并跟随校方前往红十字会负责遗体捐献的部门,体现出了遗体捐献的紧迫性,进而引出结果:钟善祺的父母最终放弃了看儿子最后一面,而委托校方将遗体进行捐献。此后,记者通过电话采访的方式,采访了钟善祺父母的真实想法,对事件整体进行了补充。通过采访学校负责的老师,跟随前往红十字会,记者全程记录了钟善祺遗体捐献的整体过程,并且一直跟踪采访到钟善祺父母回到学校,可以说记者的采访贯穿了事件发生的始末,使得最后的新闻作品的呈现非常完整。

三、结构有序重心突出

如上文所说,记者对于这条新闻的进入时间较早,跟踪采访较为完整。与此同时,记者在处理新闻的过程中也没有完全按照时间线索进行叙述,而是在新闻开场就交代了最核心的新闻事实——21 岁大学生意外离世,父母决定捐献遗体,并且在新闻的最后,对钟善祺的家庭情况也进行了补充,更显示出了钟善祺父母这个决定不平凡之处。可以看出,记者在处理消息类新闻的时候,按照消息类新闻常用的"倒金字塔"结构进行了处理,将重点核心内容进行突出,背景资料予以补充,使得报道整体结构有序、重心突出。

第二十四届江西新闻奖一等奖
走进文昌里

走进文昌里(一)

【口导:悠悠文昌桥,滚滚抚河水,见证了抚河东岸昔日的繁华,这个地方就是文昌里,又被抚州人称之为城外。作为临川文化的重要符号和象征,这里的老街和古建筑,见证了千年古郡临川的沧桑历史和时代变迁。为更好地保护和传承这一历史文化资源,市委市政府决定启动文昌里改造项目。如今,许多老城外人响应市委、市政府号召,搬离文昌里,这里正慢慢的人去楼空。为了留住老抚州人心中那份难以忘却的情怀与记忆,我们特意拍摄了系列片——《走进文昌里》,今天播出第一集横街 昔日的繁华街区。】

接片花

横街 昔日的繁华街区

现场口导:记者琚敏

这里是文昌里著名的老街,它东起我身后的正觉寺,终于我前方西段的抚河,像这样的老街在这里还有很多。沿着这条由青石铺就的小巷一路走来,我们看到了大量的历史文物遗迹,而像这样的老街非常难让我们想象,这里曾经就是临川老城区最繁华的商业街区,而这里也即将成为抚州历史博物馆和老城区博物馆。走进文昌里,今天我们就从这里开始。

解说:青石麻条街面,两边木架骑楼,仿佛间,我们看到当年的各种商铺林立,街上人声鼎沸,熙熙攘攘的繁华景象。如果用一种色调来形容横街的话,那就是灰色。青色的砖、灰色的瓦、老旧的窗格、雕刻精致的花窗、磨得透亮的青石板,这些年代久远的建筑物依然在现实生活中发出独特气息。沿着老街往前走,我们看到一位老人在路边摆摊,卖些小杂货,这是我们横街所能看到的唯一摊铺。老人告诉我们,她姓邹,今年91岁,出生后50天就被抱到文昌里横街上给一户人家做童养媳。她有7个孩子,对她都很孝顺。如今她也搬离了文昌里,住到城里的一处廉租房,但她忘不了横街,每天早上都会乘公交回到这里,在老屋门前坐着经营她的杂货铺。

(同期声邹婆婆:我子女现在都不让我卖,我子女都有钱给我,我不要。政府好啊,给了低保给我吃,我子女也会给我吃,我现在不要钱,我只是一门心思,玩玩而已。)

解说:老人说她是一个闲不住的人,没事做人就不舒服,虽然一天赚不到几块钱,但这是自己劳动所得,感觉很开心。当我们问起横街的历史时,老人一下子便如数家珍般地述说起来。

(同期声邹婆婆:我告诉你听有什么店,好多店。饭店,纸店,米店,杂货堂,旅社,卖布的,打铁的,什么店都有。这里原来好热闹啊。)

解说:繁华走过,曾经的热闹被寂寥和荒凉代替。老人说在这里生活了一辈子,对这里一草一木都有着深厚的感情,她喜欢坐在老屋门口,享受老街特有的古朴与宁静。乡愁就是你离开这个地方就会想念这个地方,在与老人的交谈中,我们能真切感受到她对横街的深深眷恋,也许这里就是老人的乡愁吧。

现场口导:记者琚敏

走到横街的中部,我们发现这里有两栋比较别致的小洋楼,在我的左手边曾经是一个造纸厂,它的二楼和一楼的后半部分是用来生产纸张的,一楼的前半部分自然是用来销售纸张的,当时抚州人的很多纸张都是从这里购买出去的,而在我的右手边,这栋小洋楼据说是当时横街的中国银行所在地,后来几经变迁,这里做过拉丝厂,也做过我们社区办事处,从它斑驳的墙壁和破旧的小木门上我们可以感受到历史的痕迹,我们现在看到的这几个店面只是横街的冰山一角,由此我们也可以想象到当时横街的繁华程度。

解说:在横街留给老人的美好记忆不仅有当年的繁华,还有"远亲不如近邻,近邻不如对门"的和睦邻里关系。这位章婆婆今年81岁,从19岁来到横街,一待就是60多年,说起以前的邻里关系,老人显得神采飞扬。

(同期声章婆婆:我这里这些邻居,你到我家里我到你家里,都没有什么区别,是这样的,小孩呢,都是你到我家玩也没有谁说什么,孩子到他家里去玩,也没有谁会说什么,大人就一条心到外面赚钱去了,只留下孩子在家里,把学一放,孩子们就在一起玩耍,就是这样的。)

解说:在老人的回忆中,以前街坊邻居间就像个大家庭,家家户户大门常开不锁,孩子们一碗饭可吃遍街头巷尾的百家菜,正所谓"多年邻居变成亲"。在老街满满都是亲情和友情,关爱和互助,有甜蜜、有感动、有幸福、有依恋,更有忘不掉的情感和怀念。采访行将结束时,我们巧遇二位专程来到文昌里寻访老街古屋的外地游客。

(同期声记者:你们是从哪里来的?)

(北京游客:从北京过来的。)

(记者:怎么会想到到文昌里来呢?)

(北京游客:路过完了我就看,这是个古城,我们就在这住了一晚上。)

(记者:那感觉这个地方怎么样啊?)

(北京游客:感觉不错,挺原汁原味的。)

(北京游客:第一个,它整个是连片的,而不像现在很多古迹被各种房子占了,然后已经没有了连片的感觉。第二个,从我们眼光来看,有地方特色,跟别的地方很多古城是不一样的,它有它自己的特点,特别现在还在这种特别原汁原味的情况下,一个真正让你觉得穿越时空,往回倒退五十年或者八十年的感觉,所以我希望将来如果修复的话,是一种修旧如旧,而不是修旧如新。)

走进文昌里(二)

【口导:文昌里横街当年的繁华随着时间的流逝不再时光倒流,如今文昌里老街虽已人烟日见稀少,但纵深老街的格局仍能保留下来,石街深巷、高墙大院使得文昌里不仅是一座可以用眼睛来观赏,也可以用心灵来细细品味的地方。今天我们播出走进文昌里的第二集汝东园里的古屋群。】

现场口导:记者 琚敏

走过了横街、刘家湾、太平街等等小街小巷,现在我们就来到了过家巷,这条巷子全长有150多米,宽也就是1.6米左右。在这里,我们随处可以看到很多数百年历史的民宅古居,每一座故居后面都有一个动人的故事,抚摸着这些长满苔藓、斑驳的墙壁,我们能够深切地感受到历史的厚重,我们在感叹老祖宗给我们留下了这么丰厚的物质文化遗产的同时,也让我们更加有兴趣去探寻这些古宅背后的故事。

解说:如今文昌里的大宅里已没有人居住,很多大宅都上了锁,大门的油漆虽然古老而被腐蚀,但能有种沧桑的美感。在大宅的石壁上绘着各种图案,挑高的门厅和气派的大门,尽显雍容华贵。下午4点,大宅的房客打开门,主人已搬到城里去了,房子留给他人打理。望着巨大而精致的历史沉淀,我们不禁由衷地赞叹先人们匠心独具、巧夺天工的构思新巧。渐渐西下的阳光,照射在眼前这座宽大的院子里,格外美妙。

现场口导:记者 琚敏

现在我们来到了汝东园,之所以叫汝东园,是因为这个地方地处汝水的东部,也就是抚河的东部。在这里,我们看到了有近十栋保存非常完好的清代的建筑群,分别取名为丁家大院、陈家大院、过家大院,在这里我们非常幸运地碰到了过家大院现在的主人过海水先生,他非常热情地邀请我们到过家大院参观一下。

解说:据过先生介绍,这栋老宅是他太祖父在清朝晚期建起来的,当时这个大院住了十户人家,都是太祖父的后代。

记者:你在里面住过吗?

【同期声】过海水:从小在这里住,在这出生,在这里长大的。

记者:这个院子大概有多大?

【同期声】过海水:有两千多个平方,整个这个建筑带前厅后院有两千来个平方。

记者:这个两个柱子是干嘛用的?

【同期声】过海水:我太祖父在清朝的时候通过科举考试是一个武举人,它是一个双旗杆(音),这是一个旗杆,那边也是一个旗杆,这是一对。

记者:看这个结构,这边就是你们的厅堂了。

【同期声】过海水:对,这里是前厅院啊,前厅一般大家在这休闲,养养花啊,过去这里也都有。

解说:过先生说,每家为了安全防止小偷,因此家家都会养狗看家,所以在建房子的时候都会在门边留个洞,也叫狗洞,方便狗的进出。过先生说,过去的人在建房时考虑问题很细致,工艺很好,从门楼牌匾、雕花透窗、天井采光到排水系统都很讲究。

【同期声】过海水:这个排水系统上百年从来不积水的,排水系统相当好,从来没有打开过,反正不管下多大雨这里都是从来不会积水。这个房子啊,是改革开放以后,基本上快要到90年代就快要搬迁出去了,到城里去了。慢慢就这么荒废了,原来这都是很好的,很可惜了。

记者:这里肯定也留存了很多你们儿时的记忆。

【同期声】过海水:想起来特别有意思,我们这些老邻居这次拆迁过程中,大家见面以后,那不晓得多亲,特别亲切,聊不完的话题,特别是小时候躲躲藏藏,下塘摸鱼,到外面去抓知了、抓蜻蜓,下河去洗澡,这些故事太多了,都想小时候的事都讲不完。

解说:人最难忘的就是孩提时代,孩提时代天真浪漫,无忧无虑,是人一生最美好的时代,而过先生的孩提时代就在这里度过,虽然离开这里数十年,但汝东园的一草一木、一砖一瓦带给他的却是无尽的思念。

解说:在汝东园这些古民居都是高墙飞檐,庭院深深。在那风火山墙、门坊、斗拱、梁柱、门窗格扇上雕有各种花鸟鱼虫、人物戏文、山水花卉的图案,十分精美。尤其是门窗格扇的雕琢,其雕刻之精致传神、纹饰之练达考究,让人叹为观止。前面濒临一口大湖,据说那湖是古代抚州东湖的一部分,原本与万寿宫前的那口湖连为一体。在文昌里老屋随处可见,在刘家井一号就是一栋西式与传统建筑相结合的典范之作,见证了昔日临川人的文化视野和文化包容襟怀,在太平街、直街、横街、郭家湾、河东湾、东乡仓等老街,仍保留着大量的木板房。穿行于文昌里的老屋间,我们仿佛徜徉于历史的长街里,尽情欣赏着一种别样的风景,一种日后想看也未必看得到的稀世风景。

走进文昌里(三)

抚州玉隆万寿宫

【口导:走进文昌里,今天带大家去看看位于文昌桥东的抚州玉隆万寿宫。玉隆万寿宫是抚州古建筑史上一颗耀眼的明珠,体现着浓郁的临川文化建筑特色,是抚州最优秀的历史文化遗产之一,2013 年 5 月被国务院颁布为全国第七批重点文物保护单位。】

现场口导:记者 琚敏

离开了汝东园我们来到了玉隆万寿宫。玉隆万寿宫位于文昌桥的东部,占地面积大约有 4200 平方米,它目前也是我们抚州市中心城区唯一一个国宝级的文物,据说它的前身是女子中学,听说还是我们百年名校抚州一中的前身。走进这里,古色古香,最吸引我们的还是我左手边的这个古戏台。原本我们计划寻找一位老人,为我们讲述80 多年前在戏台上发生的一些故事,经过几天的寻访,很遗憾,并没有结果。站在这里,我们仿佛能够想象得到当年有很多忠孝结义、波澜壮阔的故事,曾经在这古戏台上粉墨登场。我们也依稀能够听到古戏台下,观众的阵阵喝彩声。

解说:在抚州万寿宫附近的直街、横街在古代就是江西著名的商业场所。江西号称"江右商帮",是我国第一个形成全国性规模的商帮,在清朝之前吞吐全国,十分强大。而抚州又号称"江右巨都",有诗曾这样描述:"作客莫如江右,江右莫如抚州",在唐代就"商贾并肩"。因靠近商业区域,玉隆万寿宫就逐渐成了商人聚会的场所和社会集会、结社的活动场所,其宗教色彩逐渐褪去。因此,此处也被称作"抚州会馆",当时人声鼎沸。成为抚州会馆后,这里也成为了临川文化传播的场所。清光绪年间,抚州下属六县来抚州参加科举考试的在此处住宿。抗战胜利后,省立临川女子中学在这里设校办学。临川采茶戏等民间戏剧、《临川四梦》折子戏等在这戏台上的演出也经久不衰。

【同期声】抚州万寿宫负责人:

这个戏台的左右两旁和其他戏台不同的是有南北这个耳房,这个耳房我们猜测当时是演员化妆用的,然后我们看一下这个戏台上方以及耳楼的上方,这是我们中国建筑里面非常有特色的斗拱式的建筑,左右两旁这个上面大斗拱我们可以参照上海世博园,与我们斗拱是一模一样的结构。然后在我们中部这个小斗拱亦有一个含义,因为你看它斗拱伸出来的地方有点像凤凰,放在头部,所以叫做百凤朝阳。

解说:抚州玉隆万寿宫始建于宋代,是抚州人民为纪念东晋著名水利专家、道教大师许逊而建。整个建筑物长 94.5 米,宽 45.5 米。整个建筑规模是 4200 平方米,它是坐西朝东、南北对称的一个建筑结构,但是后来玉隆万寿宫遭到了多次破坏,变得面目全非。2002 年和 2004 年,抚州市政府投入 150 万元资金分两期对玉隆万寿宫进行保护性维修。整修后的玉隆万寿宫古朴典雅,雄伟壮观,基本恢复了原有的光彩。玉隆万寿宫在总体布局、环境景观、建筑式样、门窗装饰、砖雕、木雕和石雕技艺等方面,处处凝聚着特定历史时期的艺术匠心,融合了民间优秀传统工艺,这使之不失特色、永具魅力。玉隆万寿宫是抚州仅存的最大的古建筑群,也是江西省仅存的单体结构面积最大的古建筑群之一。据有关专家考证,像抚州玉隆万寿宫这种类型,保存这样完好的古建筑在全国现存的大约有10处,在江南更为罕见。

【同期声】抚州万寿宫负责人:现在我们所到达的这个地方是玉隆万寿宫的一个前院,这全都是前院范围之内。

记者:前院是用来干嘛的?

【同期声】抚州万寿宫负责人:

前院就是我们一个正门,进来一个前院,左右两旁有个超凡入圣,两个侧门。站在我这个地方看,现在映入我们眼帘的是正门,也叫做石门坊,是六柱五门七层的一个青石仿木结构,然后左右两旁的次门是为假门,中间这个呢才是正门,门是可以相通的,我们可以看到屋檐脊梁板上呢原有一个道教的法器紫金宝葫芦。在古时候,商人们在这个地方聚会,观看戏曲,然后再重新从我们万寿宫出发′,沿着抚河过渡到长江流域一带,过渡到湖北、四川、广西、贵州包括广东一带,这是商人的一个历史。然后到了这个民国初期五四运动爆发之后,我们抚州籍的革命家都曾经在这个地方自编自导这个文明戏。

解说:集会、看戏、洽谈生意,抚州玉隆万寿宫在当时扮演着"舞台小天地,天地大舞台"的角色,因为每一场戏就是一种人生,生旦净末丑,每一种角色都表现了不同的人生;每一种人生都演绎出不同的角色。

现场口导:记者 琚敏

在这个戏台上不仅演绎过很多悲欢离合的故事,在20世纪初,抚州一些激进的大学生经常在这里进行集会发表演说,进行一些反帝反封建的革命活动。1919年,五四运动爆发之后,他们在拟岘台赶排了九场文明戏,在这里进行了三天三夜的演出,劝募捐款来支援北京的学生进行革命活动。除此之外,我们抚州籍的一些知名的革命家,比如说像舒同、李井泉等也经常在这里发表演说,进行革命活动。这些都为抚州历史的研究提供了宝贵的实物佐证,增强了青少年的爱国感情,培育和弘扬了爱国精神,同时,也时时激励着后人不断前行。

【演播室口导:走进文昌里系列报道,今天到这里已经告一段落。节目播出之后,得到了社会各界的广泛关注,其中也有不少观众对我们的节目提出了许多宝贵的意见和建议,在这里,向大家表示衷心感谢。我们也将在今后的节目中,不断予以完善,为大家展示更多抚州的历史文化,使其能够源远流长,进而不断传承和发扬下去。】

抚州广播电视台

主创人员:罗慈峰、刘耕屹、范琴、胡明、李帆、王煜、琚敏

穿越历史 再现繁华

——系列专题片《走进文昌里》评析

陈佳沁

近年来,在现代化城市的不断发展的同时,各地也开始更加重视对于老城区的保护工作,作为记录了中国近百年历史的老城区,不但具有很强的历史价值,同样具有较强的观赏价值。在此大背景下,江西抚州展开了对文昌里老城的保护和重修工作。《走进文昌里》正是为了记录即将进行重修的抚州文昌里老城而专门策划拍摄的一档系列专题片,推出了多期节目,每期时长约为8分钟左右。节目主要通过主持人的介绍和采访向观众展示了临川老城"文昌里"的各种景观,还原了文昌里老城近百年来的繁华风貌。

《走进文昌里》以文昌里老城区为报道核心,通过三集专题片的形式从不同的角度对文昌里老城进行了介绍。第一集以"老街"为角度,介绍了文昌里的中心街道"横街",通过横街的建筑、横街上的老人呈现出了文昌里的昔日繁华景象。第二集以文昌里的老屋为代表,以"过家大院"为典型,向观众展示了抚州老街中老屋的形象。第三集以文昌里地区保存最为完整的古建筑"玉隆万寿宫"为主题,介绍了玉龙万寿宫的建筑特色和历史长河中的历史发展。可以看出三集专题片分别从"老街""老屋群""古建筑"三个角度出发,选取了极为有代表性的景物,展现了文昌里老街的景象。

作为以"古城"为报道核心的专题片,在人物之外,节目选取了极有代表性的建筑,来展示了文昌里古城的风貌。在专题片的第二集和第三集中,主持人以口述和采访相结合的形式,向观众展示了文昌里老建筑的特点,既有西洋风格的近代建筑,也有更为历史悠久的老屋子,展现出了文昌里古城的细节风貌和变迁。第二集以"过家大院"为例,展示了百年前文昌里独一无二的"武举人"家的模样,以典型来呈现文昌里的居民老屋,具有很强的代表性。第三集更是选择了文昌里,乃至整个江南地区都十分有代表性的古建筑"玉隆万寿宫"为代表,通过展示玉隆万寿宫的建筑结构,结合历史发展过程中发生在玉隆万寿宫的各种故事,展现了文昌里老城、老建筑见证历史流变的"核心报道主题"。

除了在整体内容和角度的选择上具有较强的代表性外,节目对于采访对象的选择也有一定特色。在第一集中采访了一位在文昌里生活了几十年的老居民,通过她的记忆描述了文昌里繁华时期的历史景致,具有较为丰富的细节和很强的故事性。片尾处还采访了一对来自北京的游客,通过游客的视角也展示出了文昌里老街的完整性和历史价值。

值得一提的是,在《走进文昌里》的三集专题片中,除了传统的拍摄手段之外,还使用了航拍技术来更好地展现文昌里的全貌。主持人在介绍文昌里老街、老宅的时候,都加入了航拍镜头,主持人的解说词相呼应,很好地展现出了文昌里古城的整体景象,较之传统的声话结合方式,观赏性进一步提高。从航拍的内容中,我们可以清晰地看出文昌里的地理位置以及商业街区和居民街区的分布,也展现出了文昌里古城较为完好的保存程度。

可以看出,在三集专题片中,节目的选取角度独特,能够展现出文昌里的特色和风情。节目的采访对象和核心人物、景物的选择极有代表性,很好地支撑了节目的定位与目标。而新技术的应用进一步增强了节目的声画表现,提高了观赏性。但是,这些优点之外,《走进文昌里》也体现出了一定问题,可以进一步改善。

在采访对象的选择上,虽然都选取了有一定代表性的人物,但是采访对象存在一定随意性,例如第二集对过家大院的采访,解说词中显示出节目并没有事先与屋主联系,而是偶遇,显示出了节目在先期准备中的不足。同时,部分内容的细节挖掘还可进一步深入,例如第二集中"过家大院"的双旗杆,主持人介绍的历经多重变迁的建筑,都有更多的故事值得挖掘,也会使专题片更具有可看性。

另外,可以增加专家角色来深入解读文昌里的特色,从节目内容中可以看出,文昌里的建筑风格,不论是商业街区具有西洋特色的建筑还是居民建筑,都具有很强的临川特色。但是在主持人的解说过程中,更多地只是介绍了建筑功能在历史上的流变,即使是在第三集对玉隆万寿宫的介绍中采访了专家介绍了建筑的特色风格,但对建筑特色、建筑细节的专业化解说依旧比较缺乏,更无法体现出建筑的"临川特色"。因此,如果能够在节目中更细致地进行解释和说明,能够增加节目的深度,将更好地体现出文昌里古城的价值和文昌里保护的价值。

第二十四届江西新闻奖一等奖

晶能之路启示录(一)
实验室发明催生千亿产业构想

【口导】江风益团队研发的江西硅衬底项目获得国家技术发明奖一等奖之后,一家名叫晶能光电的企业迅速进入公众视野。这家企业见证了一项技术从实验室走向产业化的艰辛历程,承载着中国人中国芯的产业报国梦想,彰显了中国制造走向中国创造的技术和资本力量。从今天起,本台推出系列报道《晶能之路启示录》,沿着晶能的足迹,探寻新常态下,晶能现象给中国创造,给大众创业万众创新所带来的思考与启发。今天请看第一集《实验室发明催生千亿产业构想》。

【配音】这里是位于南昌大学的一栋普通教学楼,江风益从这里开启了他的硅衬底LED芯片跟踪研发工作。2003年底,在这个实验室里,一项震惊世界的发明诞生了。

【同期】晶能光电创始人、南昌大学教授 江风益:只用了6次试验,看见光了。

【配音】在硅上做发光二极管是当时的世界性难题,虽然硅衬底具有性价比优势,但面临材料皲裂、合格率低等技术难关。2006年,江风益和另外一名创始人王敏联合组建晶能光电,边实验、边生产,在全球率先打造具有中国原创自主知识产权的硅基发光产品。

【同期】晶能光电创始人、南昌大学教授 江风益:创新过程是非常艰难的,很多事情一定是螺旋上升。(记者:螺旋上升过程中,您对成功的欣喜印象更深,还是对失败的教训印象更深?)差不多吧,成功失败各占50%。

【配音】2006年到2012年是晶能光电最为艰难的七年,3000多次试验,并没有给晶能带来利润。尽管如此,晶能始终保持着一家研究型公司的定力。而站在世界地图面前设计产品、谋划产业布局,是晶能留给外界最深刻的印象。比如,这家不赚钱的公司拥有全球最顶尖的LED技术专家,有30位博士,100多位研究生;比如,在从未间断过的质疑声中,公司保持着平均每年高达8000万元的研发投入;比如,对于这家慢吞吞的公司,国际战略投资基金从未选择放弃。

【同期】金沙江创投董事总经理 伍伸俊:晶能的优势就是有原创技术,有成本优势,有产业优势。它是国内唯一的LED公司,拥有原创技术专利的。我们现在手里有100多个国际专利,我们的产品可以卖到美国去,卖到德国去,卖到欧洲去,我们现在看到的只是冰川一角,只是看到一点点的成功。

【配音】目前,晶能已经融资了1.95亿美金,着力研发和生产大功率、高端产品和进口替代产品,在差异化和特色化竞争中谋求新的市场蓝海。2015年,公司的销售额从2012年的5个亿跨越到全产业链50个亿。新年伊始,省委省政府出台决定,扶持硅基LED技术全产业链发展,建设南昌光谷,在红土地上打造LED千亿产业集群。

【同期】中国科学院院士 潘际銮:LED是我们照明的一个革命,它的市场很大,它的前途也很大,作为支柱产业是非常好的市场,关键你要抓起来,你要不抓起来,别人也可以拿掉,我们现在有这个技术,应该是作为支柱产业来搞。

晶能之路启示录(二)
蛇吞象资本搅动 LED 行业风云

【口导】一项实验室发明催生千亿产业构想,洞见的是技术的力量。今天,我们来看晶能光电如何借助资本的力量,搅动行业风云,开启裂变式发展。

【配音】王敏,晶能光电首席执行官,2016年,怎样通过资本运作,迅速做大产业规模,让中国芯走向更大的市场,是他最为关注的事情。

【同期】晶能光电联合创始人、首席执行官 王敏:我们正在金沙江平台上利用基金的力量进行产业的布局,一方面是洪城资本,一方面是工信委的电子信息基金,还有金沙江母基金。我们在全国寻找项目,在南昌落户。

【配音】目前,晶能光电相中的国内小巨人企业有五家,"并购"将成为2016年属于晶能的关键词。实际上,并购大戏早已拉开大幕。去年3月,由晶能光电大股东金沙江创投牵头的财团宣布,以33亿美元的价格在荷兰成功收购飞利浦旗下的LED和汽车照明业务,上演了一场震动业界的"蛇吞象"。

【同期】晶能光电联合创始人、首席执行官 王敏:飞利浦的LED公司,这个公司的销售额是20亿美金,利润是2亿美金。如果成功,他们的扩产部分会转移到南昌,转移到晶能光电园区里面来,达产以后,每年会为南昌增加40亿人民币以上的销售额。

【配音】晶能与金沙江创投结缘于2006年公司创办之初,当时,晶能面对的不仅有技术这道必须跨越的"门槛",还有资金这头"拦路虎"。王敏跑遍各大企业、银行,没有人敢吃螃蟹。这时,金沙江创投伸出了橄榄枝,成为进入江西的第一家国际风险投资基金,10年风雨同舟。

【同期】晶能光电联合创始人、南昌大学教授 江风益:战略投资尤其是境外战略投资,看到你进步会持续投下去,直到看到你成功为止,机制体制比较好,适合一项成果走向产业化。如果投资化急功近利,今天投,一两年就想把成本收回来,这对高科技企业来说是不现实的。

【配音】2015年5月,全球领先的低碳节能综合解决方案供应商顺风国际,以发行新股的方式,收购晶能光电59%的股份。在打出一连串的资本运作"组合拳"之后,晶能光电在这场由资本引爆的"核裂变"中踏上了一个前所未有的发展平台。

【同期声】金沙江创投董事总经理 伍伸俊:LED市场是一千亿美金的市场,晶能目前的规模还很小,还没有规模优势。这个就需要投入,还有,要走出去。单单在江西好,在南昌好,在国内好还不够。因为竞技的舞台是国际的舞台,世界的舞台。(您的期待值是?)我相信,晶能如果能发挥好硅衬底优势,不单是LED、高压电子,其他的器件,肯定有能力、有潜力成为未来十年、二十年的一个像INTEL一样的公司。

晶能之路启示录(三)
政策红利助创新创业潮起南昌光谷

【口导】晶能光电之路是一条以技术引进资本,以资本撬动产业的创新之路。在技术浪潮和资本浪潮的双重推动下,政策利好助力晶能全产业链扩展和延伸,刺激江西LED行业创新创业潮起。

【配音】您现在看到的是刚刚开通的南昌地铁一号线,公共区域的LED灯具全部来自江西本土企业晶和照明。在此之前,晶和照明的产品还点亮了朝阳大桥和赣江上著名的灯光秀。实际上,晶和卖的不仅仅是产品。

【同期】中节能晶和照明副总经理 陈耀庭:我们由单纯的技术公司变成服务公司,我们做一个亿的产品,如果卖服务的话,至少可以做到两个亿到三个亿了,创造出来是新的价值。

【配音】晶和照明是晶能光电孵化出来的第一家下游企业,目前,公司生产的LED隧道灯出货量居全国第三,LED路灯出货量居全国第五。2013年,晶能又孵化出了专注于大功率LED封装的中游企业晶瑞光电,挺进户外移动照明、手机闪光灯、车用照明、工业固化高端应用领域,吸引了大批海内外创业者投身LED产业,北京人李岩就是其中的一位。

【同期】晶能光电美洲区负责人 李岩:我是负责美洲市场的开拓,看到了一种英文叫AMBITION,包括激情,希望把行业做成世界顶级企业的这样一种雄心。

【配音】中国LED联盟秘书长吴玲把江西推动LED发展的政策红利称之为"创新环境"。

【同期】中国LED联盟秘书长 吴玲:比如说你为什么能够吸引高端人才都过来?你的可持续发展的创新能力怎么去保持或者怎么去不断提高?然后你的企业在应用

创新方面怎么样? 这个链条能非常通畅,这些都是创新环境,创新环境对高科技产业的发展是非常非常重要的。

【配音】记者了解到,南昌市正在组建光电产业研究院和国家级检测中心,建设硅衬底推广应用平台,省科技厅也出台政策,实施 LED 重大科技专项,扶持建设科技创新体。近几年来,以晶能光电 LED 产业为依托,南昌高新区已成为首批"国家半导体照明产业化基地",现在拥有知名 LED 企业 30 多家,初步形成了从上游衬底材料、外延片、中游芯片制造及封装,再到下游背光源、照明应用的完整产业链,打造南昌光谷。

【同期】中国 LED 联盟秘书长 吴玲:江西省政府还有南昌市政府,在这样一个我们叫要重塑全球半导体照明产业格局的关键时刻,做了这样一个重要的决策,而且有核心技术支撑,能够吸引一些龙头企业到江西来,未来再向电力电子、微波射频、能源互联等更大的低碳智能方面发展,有可能在全球重塑半导体产业格局方面发挥重要的作用。

江西广播电视台

主创人员:龚荣生、谢永芳、何帆、赵洪潭、朱隆、付忆静、徐滔

给创新、创业一个良好的环境氛围

——江西台系列报道《晶能之路启示录》之启示

金重建

习近平主席曾指出:"我国创新能力不强,科技发展水平总体不高,科技对经济社会发展的支撑能力不足,科技对经济增长的贡献率远低于发达国家水平,这是我国这个经济大个头的'阿喀琉斯之踵'。克服'阿喀琉斯之踵'的致命弱点,走自主创新创业之路,掌握科研核心技术是关键。"江西电视台推出的系列报道《晶能之路启示录》,以《实验室发明催生千亿产业构想》《蛇吞象资本搅动 LED 行业风云》《政策红利助创新创业潮起南昌光谷》三个专集,将晶能光电创新发明、发展深化的历程清晰地呈现给受众,说明未来科技要发明创新,良好的环境氛围不可缺。

这一系列报道的创意采编,以下几个鲜明特点非常值得肯定:

一是重点突出。围绕创新创业这一总主题,三个专集分别有一个侧重点。如研究发明的"难"度,资本运作的"力"度,生产孵化的"广"度。任何一项科技发明都不是凭空而来。在半导体照明市场,LED 芯片外延衬底已有蓝宝石和碳化硅两种基板,它的核心专利却被日、美、欧巨头掌握;硅衬底基板材料成本较前两种便宜,不仅适于大尺寸发展,还适合走剥离衬底薄膜转移技术路线,但材料轫裂、合格率低是技术攻关的难

题。3000 多次的反复试验,历经只有投入没有利润的整 7 个年头,研究人员所承受的内外压力可想而知;千里马的发现要有伯乐,扩大产业规模要有资本运作才能产生"核裂变"。从谁也不敢吃第一只螃蟹,到"金沙江创投"牵引了一场"蛇吞象"的革命,智谋与胆略缺一不可;技术引进资本,资本撬动产业,要想让生产孵化产生"广"度,让产业链得以扩展和延伸,政策利好的助推不能不是重要的"创新环境"。晶和照明既卖产品又卖服务,南昌地铁一号线公共区域、朝阳大桥、"赣江灯光秀"对晶和 LED 灯具的使用以及北美市场未来的开拓等,正是"创新环境"带来的结果。

二是结构精炼。每一集主持人的开场、记者的采访和画面配音,都做到了去除冗余的枝蔓、点到为止。如第一集,从普通的学校教学实验楼画面,引出发明人、投资人和院士三个人物的采访。发明人不畏失败、矢志不移的定力与信心,投资人看好晶能原创技术、成本优势、产业优势的眼力与胆略,院士对 LED 技术发明的肯定与市场前景的瞻望,都一目了然。又如第二集,通过与光电联合创始人、首席执行官的对话,来说明科技创新寻找合作伙伴的重要与不易,说明发展平台的大小同样会影响到产业孵化的"面"和产业深化的"点"。第三集则以晶能光电目前的成果来展示它未来的前景。中国 LED 联盟秘书长对"创新环境"的解释,说明政策红利助推"南昌光谷"的打造,将重塑全球半导体照明产业格局,可谓对全片总结的"点睛之笔"。

三是细节感人。声像俱现是电视传播功能的一大特点。本片对几个创新创业重要人物的采访,注意了眼神、语气和神态的聚焦。特别是第一集中南昌大学教授江风益那"一声叹息",研究发明的艰难程度不说也能让人知其七八分。另外,晶能光电联合创始人之一王敏首席执行官述说寻求合作伙伴时神态的"执着"、金沙江创投董事伍伸俊总经理回顾决定投资时眼光的"深邃",以及 LED 联盟秘书长用"微笑"对答所透露出的对光电行业发展信心满满等,都在电视聚光灯下被摄像师一一呈现。

晶能光电曾受到国家主席习近平两次视察并寄予厚望,2016 年年初,江风益科研团队研发的"硅衬底高光效氮化镓基蓝色发光二极管"项目荣获国家科技发明奖一等奖,《晶能之路启示录》的播出,让受众在感受自主研发核心技术苦与乐的同时,能够对未来科技革命及其创新环境充满期待,或许比作品本身能产生更大的现实意义。

第二十七届中国新闻奖三等奖

2015—2016 年度中国广播影视大奖提名奖

第二十四届江西新闻奖一等奖

记者调查·甜蜜的负担·赣州(一)

研究称,赣南脐橙种植留"隐患",水土流失面积达 160 万亩。

【导语】赣南脐橙,很多人都特别爱吃,脐橙的种植,也让很多赣南地区的果农脱贫致富。但是最近,来自江西省山江湖开发治理委员会办公室、江西省红壤研究所的一份研究报告却指出,在赣南一些山区,脐橙种植带来的水土流失问题不容忽视。最近,我们《都市现场》记者赶赴赣南对此进行了调查。

【正文】江西省山江湖开发治理委员会办公室和省红壤研究所通过对赣南脐橙种植区 18 个县市的实地调查和遥感解译等手段测算发现,脐橙果园水土流失的形势非常严峻。

【同期】江西省红壤研究所研发中心副主任 孙永明

整个赣南脐橙果园面积大概是 178 万亩,那么它的(水土)流失面积高达到 160 万亩,占了整个赣南脐橙果园的 90%以上。

【正文】孙永明告诉记者,水土流失会造成土地肥力下降,不仅容易带来干旱,冲刷带走的泥沙还会淤积河道,可能加速洪涝灾害的发生。为了了解最新情况,《都市现场》记者于 3 月 29 日——也就是今年"3·21"赣州发生特大暴雨灾害一个星期之后,来到了赣南脐橙种植历史最悠久的赣州市信丰县。在信丰县嘉定镇龙舌村,记者发现,一些刚刚种上脐橙树苗的山丘,大片的红土地裸露在外,开垦过后留下的零星草堆旁边,还可以看到一条条纵向的沟壑。

【记者出镜】记者王超(3 月 29 日拍摄画面)

在这片刚刚开垦不到半年的果园,我们可以看到,受上个星期一场不期而至的暴雨影响,山体上出现了这样一道深深的沟壑,用这根树枝测量,我们可以发现,最深的地方达到了将近 30 公分,当时的泥沙,就是顺着这样的沟壑流到了山坡的底部。

【同期】江西省山江湖开发治理委员会办公室高级工程师 黄齐

它这个就是用挖机上山,直接开垦,原来的地面的植被全部砍掉了,(土地)松动了以后,下雨一冲刷,泥沙就下泄。

【正文】黄齐介绍,虽然赣南脐橙种植区域在水土保持方面想了很多办法,但赣南脐橙果园的水土流失量仍然超过 300 万吨,其中,以刚刚种植 1～3 年的果园,水土流失强度最高。专家呼吁,赣南地区作为江西的绿色水塔、赣江源头,如果在脐橙开发种植过程中不注重水土保持,将会使脐橙产业和生态环境"两败俱伤"。

【同期】江西省红壤研究所研发中心副主任 孙永明

水土流失,它会导致地力破坏,肥力下降,果树它的品质也会下降,产量都会下降。像这种肥料滥施滥用,包括养分流失,它都会流入到江河湖泊,造成河流的富营养化。

记者调查·甜蜜的负担·赣州(二)
新开果园迅速增加　水土保持"压力山大"

【导语】由此看来,脐橙的种植,尤其是新开垦的果园,确实容易引发水土流失,要是碰到暴雨天气,情况就更加严重了。记者在赣州多地调查采访发现,由于最近一两年来,新开垦的脐橙果园越来越多,水土流失的治理遇到了新的挑战。

【正文】这是记者3月31号在宁都县石上镇小布脑村拍摄到的画面,当地水土保持部门的有关负责人告诉记者,这片裸露的山体正是一个刚刚开垦不久的脐橙果园,由于脐橙苗供应紧张,现在还是一片荒地,而在一年多以前,这里还是一片松树林。

【同期】赣州市宁都县水土保持局副局长 黄永华

原来这个没开发的地方,上面都是松树。

记者:就跟左边这样的?

一样的。

【正文】据了解,近两年,在赣南脐橙的传统种植大县——信丰、寻乌等地,柑橘黄龙病蔓延,不少果农不得不忍痛砍除患有"黄龙病"的脐橙树,而与此同时,脐橙价格却一路攀升,为了不错过好行情,不少果农纷纷"转移战场",前往黄龙病害相对较轻的宁都、瑞金等地开垦果园,导致这些地区的脐橙种植面积迅速扩大,很多地方甚至出现了脐橙树苗一苗难求的现象。

【电话采访】赣州市宁都县果业局局长 周振民

(宁都县脐橙种植面积)报表数字的话,去年14.6万亩,前年、大前年都是11万多(亩),增加了两三万亩。他(果农)有开发的积极性,堵都堵不住。

【同期】赣州市水土保持局局长 何世林

因为开发的初期,它(水土流失)是难以避免的。打条带必定要扰动土壤,扰动了土,你不可能没有水土流失。

【正文】记者注意到,正是在这些新果园开垦的一两年时间里,又恰逢史上持续时间最长的厄尔尼诺事件,赣南地区气候反常,夏季暴雨成灾,冬季出现罕见汛情,又给脐橙果园,尤其是新开果园的水土保持提出了更加严峻的挑战。

【同期】赣州市宁都县水土保持局副局长 黄永华

因为这个植被恢复要有一定的时间,前面的两三年是造成水土流失最严重的时候,所以我们的难点也是这前两三年。

【记者出镜】记者王超

在失去原有的植被之后,这片小山丘很快将被种上一棵棵的脐橙幼苗。四五年时间之后,这片果园也很快会迎来脐橙的主产期,到时候,香甜可口的脐橙也会为当地的果农带来持续可观的经济收入。不过在这四五年时间当中,滋养这些脐橙苗木长大的雨水,也不可避免地会把我脚下的这些裸露松散的泥土冲刷带走,由此而产生的生态问题也成为了整个脐橙产业甜蜜的负担。随着这几年脐橙产业的快速扩张,如何让这样一个绿色产业能够以一种更加生态、更加绿色的方式可持续地发展下去,成为我们一个不得不面对的紧迫问题。

都市频道记者赣州报道

记者调查·甜蜜的负担·赣州(三)
水保技术落地遇尴尬 鱼和熊掌不可兼得?

【导语】现在看来,脐橙种植带来的水土流失问题,已经到了必须引起我们高度重视的时候了,但看到这,您可能会问,究竟有没有好的办法,让脐橙种植和水土保持之间找到一个平衡点呢?我们继续往下看。

【同期】江西省山江湖开发治理委员会办公室高级工程师 黄齐

在山脚种植植草,在梯壁进行植草,在山脚下种这个湿地松,头一年种植,次年就减少了水土流失30%。

【正文】在江西省山江湖工程设在赣州市信丰县的试验示范基地里,一种果园的水土治理方式正在推行,工程师黄齐说,这种方法虽然效果不错,但要是脐橙果园都按照这种方式治理,成本算下来,每亩要1000多元,对此,果农并不买账。

【同期】赣州市信丰县果农陈女士

(一亩脐橙)利润3000多,你要除开1000多,这样算下来,也就是1000多的利润。(记者:所以你就觉得不划算?)不划算,所以也就不愿意这样去搞。

【正文】如果说破坏之后的治理,亡羊补牢成本太高,那么事先的预防,就显得更为重要。赣州市水土保持局局长何世林告诉记者,为了做好脐橙开发过程中的水土保持,赣州市采取了很多措施,比如这本《赣南山地油茶、脐橙开发水土保持实用技术手册》，就是特意发放给果农的，里面列出了一整套水土保持的技术措施。

【同期】赣州市水土保持局局长 何世林

打完条带之后，比如我们要做拦砂坝，要做蓄水池，要做坡面水系。赣南山区（地势）没有丘陵、平原地区那么平缓，但是我们现在也是要求（坡度）25度以下才能开发。

【正文】不过，记者到赣南脐橙种植区中山地较多的寻乌县多个乡镇采访发现，不少山势明显高于25度的山坡都种上了脐橙，一些果农对此却不以为然。

【同期】寻乌县吉潭镇榜溪村 果农

树都长大了，水土流失肯定就不大了，刚开始是有一点。有钱赚，大家都想赚钱。

【同期】寻乌县吉潭镇榜溪村 果农

田就没有这么多田，肯定要上山去开发。

【正文】记者注意到，在寻乌、宁都等地，一些规模较大的果园，果农都建设了防止水土流失的排水沟等措施，但仍然有部分果园，即便是坡度较小，水土保持措施却并不到位。

【同期】江西省山江湖开发治理委员会办公室高级工程师 黄齐

你看，现在是裸露的泥巴，梯壁，包括梯面，都还比较多。

【正文】黄齐告诉记者，现在相当一部分果农，出于成本的考虑，开垦果园时都是开挖机上山，比起传统人工开挖，原始植被往往遭到毁灭性破坏。

【同期】赣州市信丰县 果农陈女士

因为挖机能省工省力，也比较快，效率也比较高一点。

记者调查·甜蜜的负担·赣州（四）
水土防治监管难　凸现立法滞后

【导语】其实，对于果园开发过程中怎样防治水土流失，相关部门已经总结出了一套有效的方法，但是，我们看到，这些方法在落地的时候，却遇到各种各样的现实问题。那么，面对水土流失这样一个生态问题，就没有有效的监管吗？我们记者在长达半个月时间的采访中发现，赣南脐橙果园的水土流失治理难的背后，还暴露出立法的真空。

【正文】宁都县水保局副局长黄永华告诉记者，面对越来越多的新开垦的果园造成的水土流失问题，他们作为监管部门，心有余而力不足。

【同期】赣州市宁都县水土保持局副局长 黄永华

这两年，脐橙、油茶的开发的面积比较多，涉及的农户也比较多。我们一个县这么大，执法人员就那么几个，全县农户，开发户确实是太多了，等于有一点法不责众。

【正文】黄永华告诉记者,我国《水土保持法》规定,禁止在 25 度以上陡坡地开垦种植农作物。在 25 度以上陡坡地种植经济林的,应当科学选择树种,合理确定规模,采取水土保持措施,防止造成水土流失。

【字幕】《中华人民共和国水土保持法》

禁止在 25 度以上陡坡地开垦种植农作物。在 25 度以上陡坡地种植经济林的,应当科学选择树种,合理确定规模,采取水土保持措施,防止造成水土流失。

【正文】对于脐橙这种经济林,江西省又做出细化规定:在二十五度以上陡坡地种植油茶、果品等经济林的,县级以上人民政府农业、林业等主管部门应当指导种植者科学选择树种,合理确定规模,采取水土保持措施,尽量保留原有植被,防止造成水土流失。

【字幕】江西省实施《中华人民共和国水土保持法》办法

在 25 度以上陡坡地种植油茶、果品等经济林的,县级以上人民政府农业、林业等主管部门应当指导种植者科学选择树种,合理确定规模,采取修建截水沟、蓄水池、排水沟、等高水平条带、边坡种草、梯地、水平台地或者横垄种植法等水土保持措施,尽量保留原有植被,防止造成水土流失。

【同期】赣州市宁都县水土保持局副局长 黄永华

我们就只能够引导他(果农)按照我们水土保持的这方面的技术要求做好水土保持的工作。山的主体是他(果农)自己的,我们就没有法律法规不让他搞这个。

【正文】在省人大代表、资深律师刘锡秋看来,脐橙果园水土流失监管难的背后,根源在于地方法规没有对脐橙种植过程中破坏水土的行为进行约束性的规定。

【同期】省人大代表、资深律师 刘锡秋

究竟是人民政府没有去指导呢,还是指导了以后农民不听呢?如果人民政府没有去指导,它有没有后果呢?它是不是要和农民一块承担法律责任呢?如果农民没有根据人民政府的指导去做水土保持设施,他有没有法律后果呢?我看根据我们江西省的水土保持办法,没有法律后果。

【正文】刘锡秋告诉记者,对于工业生产建设项目,现行法规要求水土保持设施必须和主体工程同时设计、同时施工、同时投入使用,否则可以不予审批验收。但是对于脐橙产业大省江西来说,却没有法规来约束这个产业潜在的水土流失隐患。

【同期】省人大代表、资深律师 刘锡秋

目前赣南的水土流失,是在合法地流失。那么这个危害后果已经显现了,我们的地方立法没有跟上我们江西水土保持立法的需要,有滞后,我觉得这个是必须法律马上要解决的问题。

【正文】刘锡秋还注意到,4 月 20 号,江西省水利厅会同多个部门已经编制完成了

《江西省水土保持规划(2016—2030年)》,目前正在征求意见。

【同期】省人大代表、资深律师 刘锡秋

什么地方可以种经济林?什么地方不可以种经济林?经济林可以种植多少?一定要有全局的观念、整个赣江流域的观念、全省的观念和子孙后代长远利益的观念,要给它一些限制性的规定,要给它一些底线,要给它一些指导。

主播点评:有绿水青山才有金山银山。

【结束语】甜滋滋的脐橙,是可以带动赣南农民脱贫致富的摇钱树,赣南脐橙,同时也是我省的一块金字招牌。多年前,不少果农在荒山荒坡上种脐橙,不仅增加了收入,没有造成水土流失,反而还利用了脐橙树的根系以及对它的精心护理,很好地治理了水土流失。现如今,由于种植面积的迅速扩大,措施不到位,赣南脐橙种植过程中的水土保持碰到了一些新问题。我们相信,从立法部门、执法部门到广大的果农,都能想出好办法,让脐橙这种大伙都喜爱的水果,既能带来金山银山,也能永葆绿水青山。毕竟,有了绿水青山,才能真正拥有金山银山。

江西广播电视台

主创人员:金石明、王超、田凌凌、涂霁、陶国平

坚守媒体使命　践行主流担当
——评《记者调查·甜蜜的负担》
詹晨林

互联网时代,海量资讯以呼啸之势几乎将人们淹没。眼球经济、噱头传播,各种争夺眼球的"标题党"新闻大量占据人们的注意力,而什么是真正值得关注的信息,什么是真正和人们利益密切相关的信息,却在资讯的海洋里沉浮。

一百年前,美国著名报人普利策将新闻记者比喻成一个国家"船头的瞭望者",越是变化的时代,越需要深度调查报道超越事实表象,揭示不为人知但至关重要的潜在事实。《甜蜜的负担》作为电视新闻调查类报道,以准确的选题发掘、抓取,较为流畅的叙事表达,坚守主流媒体的责任与担当。

一、观察新动态,抓准真问题

优秀的调查类新闻报道,往往从选题开始,一手接天线,一手接地线,成为沟通基层情况和政府决策的重要桥梁。《甜蜜的负担》系列调查报道从选题上牢牢把握住了这一点。记者基于对本地社会情况深入的了解,敏锐地观察到江西脐橙大量无节制种

植导致水土流失严重的事实,以及已经给当地百姓带来的生态危害。十八大以来,国家提出"绿水青山就是金山银山"的发展道路,提出建设生态文明是关系人民福祉、关乎民族未来的大计,是实现中华民族伟大复兴的中国梦的重要内容。在这一背景下,江西发生广泛水土流失,成为典型的经济发展和环境保护产生矛盾的现象,具有很强的重要性。

过去媒体重点关注到的环境矛盾往往发生在工业领域,而农业领域可能对环境产生的影响却不为人知,这使得选题具有很强的新鲜感,也因此使得问题显得更具有紧迫性。我国是一个农业大国,农业的科学发展、农民的脱贫致富依然是各级政府工作重点。江西作为农业大省,如何在保护农民利益、发展高效农业的同时,因地制宜,解决农业发展中存在的环境问题,"既要绿水青山,也要金山银山",考验着政府的执政能力,解决复杂问题、实现社会精细化管理的综合能力,也对法律的制定、实施、完善提出新的时代需求。

时代关注的,就是记者应该关注的。记者对于选题的准确抓取不仅仅是业务能力,更重要的是反应出记者的政治素养和责任担当意识。《甜蜜的负担》系列报道在这一时机推出,抓住时代痛点,直面社会问题,揭示复杂国情,探索科学发展道路,表现出主流新闻媒体应有的使命与责任。

二、调查扎实诚恳,追问以建设为本

深度调查报道的可贵之处在于不仅仅记录表面的现实,更多地探究事实背后的原因,揭示事件逻辑链条上更多不为人知的事实。在《甜蜜的负担》中,水土流失是最后的表象,背后的原因交错复杂。为了摸清整个事件逻辑,记者以走基层的方式在赣南脐橙产地一线多个区县进行调查,采访大量相关人员。从田间地头的种植户到农业科学专家、基层管理者、人大代表……扎实的采访为报道奠定了坚实的基础。脚上沾满泥土,心中沉淀真情。从报道内容中,我们可以看出记者对大山深处农民发展的真切关注,对江西山山水水饱含的真情。

这份情表现在内容上,记者不仅摸清了水土流失现象发生的原因,还关注到农业技术部门已经展开的努力,不断追问背后的管理漏洞和法律法规漏洞,试图寻找问题的根源。难能可贵的是,调查并没有到此戛然而止。提出问题是为了解决问题,记者从行政监管、法规制定、执行等多个层面通过采访专家、人大代表展开探讨,为进一步解决问题提出建设性建议。

当前中国正处在整体转型的复杂阶段,主流媒体不但要为观众提供信息,更要提供看待事实的方法。《甜蜜的负担》从问题入手,却不停留在问题上,以建设性的态度贯穿始终。不但帮助观众在这一事件上更加深刻、全面的认知,也提供了一种观察的

态度和方法,引导人们以建设性的态度看待社会复杂问题。

三、问题引领叙事,现场表述生动

复杂问题很难用短篇幅的新闻节目解释清楚,《甜蜜的负担》以连续报道形式,以问题为导向展开叙事。从现象入手之后,一集一个问题,引领着调查层层深入,不断追问,寻找答案,发挥出连续报道持续跟踪、集合式报道的影响力。同时,记者以第一视角深入赣南地区进行调查,并记录下调查的过程,配合一集中的主问题,体现出一定的悬念感。

在表现手法上,记者用出镜现场报道的方式,将自己观察到的现场信息用记者行为的方式进行放大、强化,比如用树枝比较沟壑的深度,生动、直观地展现当地水土流失严重情况。此外,记者还以现场为依托,介绍画面之外的潜在事实,如水土如何形成冲刷沟,又将会给当地群众带来什么样的危害。报道整体有观察、有细节,取得较好的呈现效果。

四、进一步提升的建议

1. 进一步整合逻辑,强化聚焦点

节目整体以问题为导向,但在每一集的问题展开和阐释中还存在部分逻辑不清的情况。如脐橙作为农作物,按照普通人的理解应该是有助于保持水土的,为何反而成为水土流失的罪魁祸首?虽然第一集中用采访同期声回答,但仅仅一带而过,无法真正起到说明解释的作用。经过三集的反复解释说明,最后才明白原来是果农为了尽快扩大生产,追求效率,用挖掘机上山挖土,才导致水土流失。又如最后一集中关于立法真空的探讨,其实不止脐橙产业,如果将问题聚焦为农业生产与环境保护的法律真空,会更加精准强化。

连续报道之难,在于每一集都必须照顾到之前没有看过报道的观众,既要突出核心问题,又要照顾整体逻辑。在这一点上,如果该片能进一步调整提高,将有更好效果。

2. 改善叙事手法,推动观众心理参与

《甜蜜的负担》全片四集,以问题的逻辑层次为推进顺序,虽然有部分记者探访的行进感,但从整体性来说,记者探访的过程感不强,缺少对记者探访、观察、发现过程的强化。建议在叙事上可以强化记者从不知到知的过程,让观众跟着记者探访追问的过程逐步进入,增强心理参与感。

此外,节目画面多为固定画面,动态画面剪辑较少,使得整体画面语言工整有余,生动不足,节奏略显单一。拍摄时如增加动态探访,以航拍、低视角、动态拍摄等多种手段有意识丰富,可获得更好的传播效果。

2015—2016 年度中国广播影视大奖

第二十四届江西新闻奖二等奖

90 后护士的"高颜值"笔记

【口播】观众朋友,您好!欢迎收看《社会传真》。

前不久,有一位护士的笔记在网络上被热传,引来网友纷纷点赞。画面中的这份笔记,字迹书写娟秀工整,尤其是一个个精心绘制的解剖图,让人印象深刻,还被网友叫做"高颜值"的笔记。虽然很多人对笔记的专业内容并不了解,但这份笔记所体现出的认真、敬业,让不少网友十分佩服。那么,这份笔记的主人是谁?她又为什么要做这样的一份笔记?背后又有着什么样的故事呢?

【同期】一段手术室的现场

【正文】这个姑娘就是笔记的主人,她叫王婷,今年 23 岁,现在是南昌大学第二附属医院的一名手术室护士,从事护士工作 2 年了。随着这本笔记在网络上走红,王婷也备受网友们的关注。

【同期】南昌大学二附院手术室护士 王婷:就比如说我刚刚从一个专科组现在转到胃肠组,我星期一和老师搭了一台手术之后,然后再想去,第二天再学习,然后就有媒体记者采访我,我就要下台来,我可能都不能和医生配合一台完整的手术了。

【正文】其实,在朋友圈第一个转发王婷笔记的是护士长方亮,他首先发现了王婷的笔记。当看到笔记上栩栩如生的解剖图、整齐详细的记录,方亮内心十分感慨。

【同期】南昌大学二附院手术室副护士长 方亮:你的作品,体现了你严谨、负责、认真的态度,你的作品既平凡又奢华。

【正文】于是,方亮就毫不犹豫地分享到了他们的护士微信群里,让他没想到的是,没过多久,王婷的笔记瞬间就刷屏朋友圈了,还被网友称为"高颜值"的笔记。

【同期】一组网友评论图

南昌大学二附院麻醉科医生 杜晓红:无论是绘画功底,还是整个逻辑顺序,以及各方面的小细节,她都做得非常非常棒的。

南昌大学二附院手术室护士 王小云:我们那个年代,可能就是没有现在的年轻人90 后这么聪明,就是没有她们搞得这么漂亮,又是图文并茂,又是英汉互译啊。

南昌大学二附院甲状腺外科科主任 余济春:你看她的图,包括颜色,包括动脉、静脉、神经,画得很清楚,有中英文标记,并且这个医生的步骤、手术医生的习惯都非常清楚。

【正文】对于为什么要做笔记,王婷告诉记者,这是一本手术笔记,记录的全是她作为手术室护士参与的每一台新手术。因为必须系统性地记录跟手术相关的各种专业知识，所以力求简单、明了、条理性强，为的是便于自己以后工作中经常复习。

【同期】南昌大学二附院手术室护士　王婷：做笔记是我工作的一部分，结合起来，就是对我工作的一个算是小结吧。因为做笔记，就像我们以前在学校里做笔记，也是"好记性不如烂笔头"的这样一个古话。

【正文】王婷是今年8月份从住院部轮岗来到手术室工作的。在手术室工作，不仅工作量更大，而且对医学知识和技术要求也更高。从第一次上手术台开始的一段时间里，王婷可没有少犯错。

【同期】南昌大学二附院手术室护士　王婷：就比如说，一个最简单的，他让我递一个剪刀，我可能没有关注一下台上，就一直在整理我自己的器械，想把它摆整齐，医生一说剪刀，然后我就看到了个剪刀，就递给他，然后（医生）说线剪、组织剪，哦，拿回来，赶紧又把另一把剪刀给他。

【正文】作为护士要配合好医生，不仅需要在每台手术之前花大量时间准备，为了减少错误，更重要的是在每台手术之后进行总结。在连做好几个小时的手术之后，王婷会再花上两个小时来整理自己的手术笔记本，除了细致地记录医学知识和绘制解剖图，她还会格外地留心记下每个医生做手术的各种习惯。

【同期】南昌大学二附院手术室护士　王婷：就比如说我做甲状腺手术吧，像余主任、余济春主任，他组上的人，就比较喜欢用小圆针，就是我们手术室他们缝皮时候用的那种针，小圆针，一号线去固定给病人的引流管。

【同期】南昌大学二附院甲状腺外科科主任　余济春：有一次我记得王婷跟我说"余主任，你怎么又换了个习惯"，因为我们医生是这样的，因为技术在不断发展，所以护士也要问你，我们也会改变手术习惯，所以她也是勤奋好学。

【正文】三个月之后，现在经过一段时间的磨练，王婷和医生能够默契地配合，顺利地完成一台又一台的手术。

【同期】南昌大学二附院手术室护士　王婷：然后当第二次再和这个医生去配合的时候，我知道他是这个习惯，然后没有等他说，我就把他需要用到的器械，已经给他准备好了，没等他说，就递到了他的手上，他就说"这个小姑娘不错，我喜欢"，然后自己也会特别特别开心，就觉得他也对你是一种信任。

【正文】方护士长告诉记者，在医生发出指令之前，护士要对他的需要做出一个预判，这样才能完成一个流畅的手术过程。拥有扎实的业务这不仅是王婷对自己的要求，是对所有上台护士的要求。其实，不仅仅是王婷，许多护士都有做上台笔记的习惯，这已经是手术室多年形成的一个传统。

【同期】南昌大学二附院手术室副护士长　方亮：你看，这就是我们老的护士长刘肇清主任,也后来当了我们护理部主任。当年 1986 年 12 月 3 号她做的一台颈动脉探查及结扎手术的上台笔记,她就有解剖,有解剖图,然后有手术步骤,手术方法,它的体位,然后我们要备用的器械。这里就是我们刚才跟大家说的 90 后她们的笔记,其中有个姑娘叫辛安琪,因为她学过绘画,所以她的笔记,有些画的图是非常非常棒的,这个图都会让我们外科医生觉得它比教科书上还形象生动。

【同期】出一组护士笔记本的画面+音乐

【同期】南昌大学二附院手术室护士 王小云:我是 1992 年工作的,(笔记)可能最少有三四本,都是比较厚的。

南昌大学二附院手术室护士 周茹茹:笔记是共享的,在我们科里笔记是属于一种资源,我们称它为"葵花宝典"。

南昌大学二附院手术室副护士长 方亮:这个宝典我们也是相互传阅、学习,比如说有时候这个主任,我没有上过他的这台手术,那么我就借别人笔记来看一看,那我明天就能很好地配合这台手术。

【正文】王婷说,这些被护士们称为"葵花宝典"的手术笔记,颜值都不在她的笔记之下。在人们习惯用电脑码字的时代,这些护士姑娘们表示她们还会坚持用整齐娟秀字体记录每一个手术要点,用彩笔精心描绘每一个医学专业图画。

【同期】南昌大学二附院麻醉科医生 杜晓红:其实每一个医护人员,首先要有个责任心,然后基本功扎实,然后有心,认真对待这项事情,才可以完成。

南昌大学二附院手术室副护士长 方亮:我经常跟我们护士说,一场手术就是一场战争,一场战争就是一条生命,那么我们要带着去守护生命的这种精神去配合好一台手术,我觉得这就是笔记它的意义之所在。

【同期】一段手术室大家工作的画面+音乐

【口播】记笔记是稀松平常的事,因为做好手术笔记对提高业务有帮助,王婷就自觉地整理手术笔记;感觉自己上手术台的表现不尽如人意,便格外用心记录手术的要点和心得。又因为学过画画,她就绘出了精致的手术解剖图,王婷认为,这才让她的笔记具有了让人惊讶的"高颜值"。而用网友的话来说,再平凡的岗位,再普通的工作,只要你认真对待,保有一份虔诚,用心做到极致,都会绽放光彩,都值得尊敬。好,感谢收看《社会传真》。明天同一时间,再见。

江西广播电视台

主创人员:刘瑜、邓丽青、王清平、徐俊雄、饶力

选题·策划·叙事

——电视新闻专题《90后护士的"高颜值"笔记》评析

陈少波

正如影视拍摄要画执导分镜图,临床医学也往往要画手术解剖图之类,本来这是专业性质使然,但一位90后护士因为"画"包括手术解剖图在内的手术笔记而"火"了。"故事"的主人公既不是医术精湛的高年资医师,甚至也不是资历深厚的护理大师,而是进手术室仅仅只有3个月的年轻护士,她走红的原因是她所完成的关于手术过程笔记的"作业","作业"中栩栩如生的器官解剖图表、整齐详细的手术步骤记录以及主刀医生的细节习惯都一览无余。这个"故事"就是由电视新闻专题《90后护士的"高颜值"笔记》讲述的。考察这一"故事"讲述成功的缘由,主要有下列几方面:

1. 选题:切中社会"热点"

当下有关民生的社会热点无外乎住房、教育、医疗等,尤其医疗关乎百姓的生命健康,因此更为人们所关注,事实上由于种种原因近几年来医患矛盾层出不穷。在这样的背景下,任何关于医患关系的新闻总是会刺激人们的神经,吸引人们的眼球。《90后护士的"高颜值"笔记》这一电视新闻专题讲述的年轻护士认真"创作"完成堪与教科书媲美的手术过程笔记的"故事",反映了年轻医护工作者的敬业精神和职业道德,其所彰显出来的医护人员富有责任心和业务能力的"工匠精神"这一主题对消解愈演愈烈的医患矛盾无疑有着重要的现实意义。编导敏锐地抓住这一以小见大、以事明理的"热点"新闻事实铺衍成片,"硬主题软做",获得了很好的宣传效果。正因如此,这个"故事"甫一推出,无论是以微信为代表的新媒体还是平面纸媒和广播电视都争相报道,那位操刀手术过程笔记的年轻护士也成为了"网红"。

由此,要求电视新闻专题编导要有选题发现的能力。电视新闻专题编导在创作中要善于抓住一个时期内具有内容共通点、视线聚焦点和深度影响力的包括经济动态、社会人情、时事政治等社会热点的新闻事实,凭借自己的政治素养和新闻敏感,在抓取新闻线索、选择表现题材、使用节目素材上,能够发现并抓取到有意义、有价值、有影响力的新闻线索,及时选择独家、新颖、有说服力的表现题材,拍摄并活用真实可信、富有冲击力的节目素材,在无新闻中找新闻。

2. 策划:与新媒体互动

当下电视媒体与其他媒体的融合转型正处于"进行时",在互联网背景下,电视媒体的时效性已经远远不如微博、微信等新媒体,电视媒体要生存发展,就要与其他媒体融为一体,并在此基础上形成包括门户网站、网络电视、手机客户端、微信矩阵等在内的新媒体集群,以形成全媒体新闻一体化互动运作。《90后护士的"高颜值"笔记》这一电视新闻专题就是电视与新媒体互动、全媒体一体化运作形成的产物。这一"故事"的新闻题材来源于所谓的"自媒体",最早是"高颜值"笔记的"创作者"——年轻护士的团队负责人(手术室副护士长)在例行"作业"检查时发现了这个"作品",然后他将其以个人微信公号的形式发到了有关护理工作的微信公号,然后该作品又被转发到其他微信公号,一时间该内容在网上"火"了后,网络媒体、平面媒体、广电媒体纷纷跟进,网络版、报纸版、电视版、广播版等的"高颜值"笔记新闻次第登场,以至于形成蔚为大观的"新闻流"。

由此,也要求电视新闻专题编导要有传播策划的能力。电视新闻专题编导要具有善于与新媒体"对话"的能力。在互联网环境下,许多来源于现实生活的事件性消息,经过"微"平台的传播,迅速成为引发全民关注的热门"微"事件。由于"微"平台信息传播的快速性和信息发布的局限性,许多具有高可看性和深思辨性的新闻事件,无法得到充分的挖掘,而电视媒体、特别是电视新闻专题,恰恰具备了"微"平台所无法具备的特点:可以通过影像的采编,让受众对"微"新闻事件得到更为立体的视觉感性认知;同时通过挖掘"微"新闻事件背后的社会价值,让受众对"微"新闻事件有更为深入的理性思考认知,因此电视媒体和新媒体的融合,就可从新媒体的"微"新闻事件的传播开始。电视新闻专题编导就要具有能从"微"平台传播的全民关注的"微"新闻事件中选取作为新闻报道主题事件的策划能力,与新媒体进行全面而又紧密的融合和对接,借由新媒体平台开创全新的电视新闻专题的传播方式。

3. 叙事:新闻专题本位

新闻专题属于新闻性节目,它从体裁上看是新闻报道的一个类别,也是电视新闻另一种对新闻事实作详细深入报道的表达方式,是影响舆论的有分量的报道形式。新闻专题有别于一般动态性、简讯式新闻,它比后者更注重集中全面深入地反映新闻事实全貌;新闻专题也有别于一般故事性、细节式社教专题,它比后者更注重时效,直接简洁地反映新闻事实全过程。而电视新闻专题则是介于电视新闻和电视社教专题之间的节目形态,要求综合运用电视的各种表现手段与播出方式,通过对重要新闻题材作详尽、深入或独特视角的报道,为受众提供深度新闻信息,这种表现手段和播出方式包括标题拟制、画面剪辑、音响合成、字幕设计等比较复杂的制作工序,要求其构成全片的诸要素及其子要素之间须优势互补、形成合力,协调处理好画面、同期声、字幕、解说词等的关系,共同为凸显主题服务。《90后护士的"高颜值"笔记》这一电视新闻专题就充分实践了电视新闻专题本位的叙事方法。片中推出的年轻护士"高颜值"手术笔记的新闻事实,通过其主题阐述的重要性、社会关注的广泛性、事实内容的真实性以及采访制作的时效性等,彰显了其中蕴含的新闻价值。在遵循逻辑顺序梳理新闻事件脉络的同时,片中充分借助和运用电视媒体的各种元素:文字表述既有主持语、解说语,又有采访语和同期声;事实推衍既有采访人员的现场叙事,又有新闻主角及其同事们的亲历式叙述;线索安排既有对新闻事实细节的原生态刻画,又有主持人对此新闻事实以实就虚、由此及彼延展式、提升式的点睛之笔的凝练点评;过程铺陈既有对新闻主角的点上描述(年轻护士详尽而美观的手术笔记展示),又有对新闻群像的面上勾勒(其他护士做的手术笔记展示);叙事焦点既有共时性视角(护士群体当下时态的手术笔记展示),又有历时性视角(手术室护士手术笔记过去时态的制度性安排的历史传统)。上述种种,令人信服地彰显了医护人员的敬业精神和职业道德不唯个体的而是群体的、不唯临时的而是长久的鲜明主题,构成了电视新闻专题叙事的体裁优势。

由此,还要求电视新闻专题编导要有创新表达的能力。电视新闻专题编导要根据电视的表达方式,善于充分利用视听符号,优化完成拍摄、采访、解说词写作、非线性编辑、配乐等的协调,对电视新闻专题的创作追求可视性、节奏性和故事性,拒绝枯燥无味的影像叙事;同时对电视新闻专题进行包括声音、字幕、片头片尾、特技等的全方位立体化包装,展现节目的整体美,强化节目效果和感染力。

第二十四届江西新闻奖一等奖

我的红军岁月
王泉媛口述:永远是党的人

画面与字幕	解说与访谈
王泉媛打枪照片	王泉媛,中国工农红军西路军妇女先锋团团长。一
穿红军服的王泉媛(照片)	位一生充满传奇色彩的红军女战士。
王泉媛手持拐杖	王泉媛本姓欧阳,1913年出生在江西省吉安县敖
王泉媛站在家门口	城乡庐富村。
庐富村	
小花	
水田	
牛	
王泉媛访谈	王泉媛(长征女兵,中国工农红军西路军妇女先锋团团
	长。2001年采访,时年88岁):
桌、灯	我是生在一个贫苦的家里,我哥哥要讨老婆也没
屋墙	有办法。
	那么他要谈亲事的时候,也要拿粮食或是钱给人
河边田地 景	家,他就拿不出来了。拿不出来,就把我这个妹子,八个
稻田	年头,就许配到王家去,许到王家呢,就是几担谷子,来
	跟我哥哥换亲。
王泉媛门口纳布鞋	在王家做童养媳的王泉媛,童年的生活极其艰苦。
朱毛红军(画)	1929年,朱毛红军到了王泉媛的家乡。王泉媛义
朱毛红军(分切)	无反顾地参加了这场穷人向往有饭吃、妇女向往婚姻能
农民男女塑像	自主的革命。
王泉媛访谈	王泉媛:
	当时毛主席共产党领导,宣布我们现在妇女要解
农民起义浮雕	放,过去的封建(压迫)对我们妇女就特别痛苦,第一就
	是婚姻痛苦,第二在政治上有地位。
	1933年,王泉媛被送进共产主义马列大学学习,并
	加入了中国共产党。

桌、灯

入党仪式情景再现

于都 长征第一渡口

女游击队员背伤员

特效:30 名女兵

蔡　畅　邓颖超　刘　英

李坚真　康克清　贺子珍

金维映　钱希钧　刘群先

李伯钊　邓六金　危秀英

吴富莲　廖似光　钟月林

谢小梅　刘彩香　陈慧清

吴仲廉　周越华　李桂英

王泉媛　谢　飞　肖月华

危拱之　邱一涵　甘　棠

杨厚珍　曾　玉　李建华

王泉媛访谈

河上独木桥

王泉媛特写

王泉媛同期声

草地

野花

老鹰

草地

王泉媛访谈

红军塑像

遵义会议旧址

1934 年 10 月,王泉媛跟随中央红军,踏上了艰苦卓绝的长征之路,成为干部休养连政治干事,是中央红军长征的 30 名女红军之一。

王泉媛:

　　是从瑞金出发的,同毛主席一起出发。

　　作为红一方面军 30 位长征女战士之一,89 岁的王泉媛对于 70 多年前的那次远征,有着太多太多的刻骨铭心。

王泉媛:

　　走长征的时候就是过草地最苦。一天要过五六趟河,河水有的在胸部以上,所以一天(到晚)身上没有干的(时候)。

王泉媛:

　　因为女同志有些特殊,到月经来了的时候,又有得衣裳换,那就是到河里的腌臜水里揉一揉裤裆,又穿上湿的裤子继续走,所以这样子就容易得病。

　　1935 年 1 月,长征部队到达遵义。在这座古老的小城,王泉媛第一次品尝到了爱情的甜蜜。

花	王泉媛和保卫局的王首道擦出了爱情火花,王首道任湘赣省委书记时,王泉媛就认识他。现在两人都在地方工作部工作。他们的心思被蔡畅、李坚真和金维映觉察到了。
王首道照片	
室内场景 桌椅	
窗户	
池水	第七天,接到命令,部队明天开拔。晚饭后,蔡畅等三人把王泉媛带到王首道的屋子里。
蔡畅照片	
李坚真照片	
金维映照片	
屋檐 红灯笼	
楼外观	
王泉媛访谈	王泉媛:
	三个大姐就走了,就把门一带,就关着我们自己在那。王首道就提出来就说,我久久就有意对你,但是你同意还是不同意,你说一句话没关系。
纸皮灯笼	在三位大姐的关怀下,她与王首道结为夫妻。当
河流里灯笼倒影	时,王首道 27 岁,王泉媛刚满 20 岁。
阳光透过树	王泉媛说:"长征路上结婚,我可是个特例。从瑞金出发时,上级曾三令五申,路上,不准谈情说爱,结了婚
芦苇草	的不准怀孕。就连邓颖超、贺子珍等人一般也不能与自己的丈夫在一起。上级的这个决定自有它的合理之处。
屋前狗尾巴草	因为恋爱免不了结婚,结婚就免不了怀孕,生孩子不仅自己痛苦,也给同志们带来不必要的负担。贺子珍、廖
木条窗	似光等长征路上生小孩的女红军,受的磨难就是明证。
水草	
黑暗的天空树房子	没想到几位大姐为我和王首道破了一次例,让我们
大山	品尝了爱情的瞬间甜美。
	由于连续的行军和打仗,从遵义出来后,王泉媛很
树 山 阴暗的天空	少与王首道相聚。
小黄花	1935 年 6 月 26 日,是夫妻二人最后相聚的日子。天亮之后,两人依依惜别时,王泉媛将自己亲手打的一
战士山地行军	双草鞋送给了丈夫。
芦苇 月亮	他们谁也没想到,两人再次相见已是近半个世纪

油灯	之后。
室内场景	
打草鞋	1936 年 10 月,三大主力红军在甘肃会宁和将台堡
北京西客站	大会师。王泉媛还未能尽享胜利的喜悦,又迎来了新的
中国妇女活动中心	战斗生涯。她被任命为"中国工农红军西路军妇女先锋
甘肃 会师门	团"团长,这是一支装备简陋、兵力仅 1300 人的娘子军,
将台堡	经短期训练后,随大军西征。
十月份作战纲领	
沙漠队伍行走	
王泉媛访谈	王泉媛同期声:
黄河	过了黄河大衣脚山,大衣脚山我们打了一个胜仗,
大衣脚山	在打这个胜仗的时候就消灭敌人一个师。
王泉媛访谈	王泉媛:
	那么师长也活捉了,缴了八十多匹骆驼,发了好多
骑马的行军部队	军用品。
国民党部队列队训话	部队驻扎在凉州,凉州的军阀是马步青,红军和马
	步青谈判,订个协议,双方不要打。
影像:蒋介石下命令	1937 年 1 月,西路军进入河西,不料,蒋介石突然
马步芳、马步青照片	命令马步芳、马步青进攻红军。
	西路军与马家军经过 40 多天血战后,损失惨重。2
骑马奔行	万多人的西路军,只剩下不足 5000 人,伤病员多。
城墙 马脚	在每人得到 5 发子弹、2 颗手榴弹的补充后,王泉
女红军连队集合彩画	媛命令女兵们剪掉长发,一律男装。
梨园口战役遗址	1937 年 3 月中旬的一个傍晚,祁连山下梨园口,妇
妇女先锋团战斗 画特写	女先锋团以不足 1000 人的兵力与数倍于己的马家军展
(军号、马嘶、刀击、枪声、爆	开激烈血战。
炸声)	
王泉媛访谈	王泉媛同期声:
	我们手上子弹没有,炮弹没有,我们要怎么样呢,我
	们就有力气的就拿刀跟他拼。
妇女先锋团战斗画特写	王泉媛:
	肉搏战,你们有刺刀、有枪杆子,用刺刀刺。(敌人)

王泉媛访谈	把我们的女同志杀的杀、捉去的捉去，就拿刺刀戳，有一刺刀没一刺刀，就跟戳茄子一样。看到（心里）非常惨痛。
西路军烈士塑像 西路军尸体照片 枯草雪地 女战士浮雕	梨园口一仗，妇女先锋团血染戈壁。
王泉媛：	王泉媛同期声： 进攻的时候敌人的军官就喊了，你们不要打，现在都是女兵了，她们也没有枪没有子弹，也没有炮弹。她是背的空枪，你们放心大胆地背起枪收起刺刀去捉，活捉，捉到你们就做老婆。有一个走前头捉我，我就走近头一揍，我把这个手抵住这个喉咙，捻着一个拳头，揍到这里，咣的一拳，连着几个冲下去，他就倒下去了。
战场 兵器 女战士战斗油画脸部特写 浓烟 女红军战士特写彩画 战场 硝烟 牢房场景 刑具	900 名女战士壮烈牺牲，其余的 90 多人被俘。王泉媛也不幸被俘。 在狱中，王泉媛经受了敌人连续三个晚上严刑拷打。
王泉媛访谈	王泉媛： 在敌人手上，我是经历五次拷打。从这里到这里，就没有见过怎么好的肉。打了一棍子，又提得起来审，又打了一棍子，又提起来审，我背上贴了五道网子，全是血，死了一点多钟，不晓人事，就这样整我时候死我都不愿意（屈服）。 后来，她趁上厕所的机会跳下城楼，昏死在墙根下，又被抬了回来。
城楼 城楼下小门关闭 窗户 马步青照片 护院石狮墩 桌上茶杯 地上窗影	马步青把抓获的女战士分配给各级军官做小老婆，见王泉媛面貌清秀，企图强占她，王泉媛以死相拼。 马步青的老婆当然不想让马步青收王泉媛做姨太太，她告诉王泉媛，要想不做马步青的姨太太，办法只有一个，那就是做她的干女儿。王泉媛与身负重伤的政委吴富莲商量之后便答应了。

吴富莲照片
浓烟
马家大院
大树
枯树 乌鸦
荒野 杂草
王泉媛访谈

马步青没能得到王泉媛，便将她分配给手下团长马进昌。势单力薄的王泉媛，被马进昌强娶为妻。在马家大院暗无天日、受尽煎熬的岁月里，王泉媛抱着"一定要活下去，回到组织的怀抱"的信念，顽强地生存着。

王泉媛：

把我嫁给一个团长，我死都不同意。我哇我家里有父母，我要回家去，我不在这里嫁丈夫。我江西不是有丈夫，我要到江西，找得丈夫到，我就这样子说。所以这样子呢，看我的时候，经常十二支枪守着我，我没有办法逃走，没办法出门。

这样的日子熬了两年，终于熬到了获得自由的机会。1939年3月的一天，马进昌领兵外出，王泉媛对马进昌的厨师说：

雪地融水
牛
枯树林
起马军队
枯树
石子路
王泉媛访谈

你有右办法救一下我，煮饭的说，我是想救就是我想不到什么办法，我怎么救呢？我哇，你真的想救我吗，你看到我这样落难。她说，真的想救你。我说，好，你真想救我呢，第一个，你等会儿偷得到墨色眼镜吗？她说，偷得到。第二个偷得到礼帽吗？她说偷得到。第三找偷得件长褂子吗？她也找偷得到。拿得根保险棍吗？她说拿得。好，你打听县里头科长叫什么名字，第二科科长叫什么名字，刻个私章好不好？

石楼
晚霞红云
王泉媛访谈

在这关键时刻，还有一个姓穆的副官，很同情尊敬王泉媛。

王泉媛：

牢房里面一个军需。这个军需就帮我的忙，就帮了大忙。不是他，我也逃不出来。他就对我说，王团长你要逃走，你不逃走你要死到他手上。我确实看到他说到我的心,我就说,你倒说得好,我还有办法逃走,砧板上的肉想精就精想肥就肥吗?唉,他就拍着脚,唉,那就这样子吧,我真心是看到你人可怜啊。我就跟他哇,我听你的口气懂得还是同情我的苦难。哦,今天看你这样的时候,是同情我的苦难了,他说是呀,后来呢,他就跟我讲,你要走。我讲要走怎么走呢?他讲,你走啊,这一到兰州,走平凉地到兰州有 18 个站口,站口都有你的照片,但是你要走,你一定要化装走,你不化装就走不了。那后来的时候呢,他就教我化装。他说,你要找点东西啊,他讲你女扮男装走啊。这样子逃出来的。

黄色树叶一组
平凉到兰州18个站口
地图特效
大树
奔跑山中积雪小路
月亮行道树
八路军办事处
兰州八路军办事处
王泉媛访谈

王泉媛一口气跑了 90 多里,直奔去兰州的大路,终于逃出了魔窟,历尽艰辛,找到了八路军办事处。当时八路军办事处的同志,是这样对王泉媛说的。

王泉媛:

第一年回来就收,第二年回来就审查,第三年回来不收你。现在恰恰是三年了,不能收了,上面现在有指示,不收我,我现在是从老虎嘴里逃出来,我到这里你们不收我,我们怎么办。说你们还是回家吧。拿着五块纸洋给我。拿给我的时候,我哇,你拿这个钱给我,敌人打死我我都不掉一滴泪,我今天到了我的组织上的时候不接我,我心里实在难过得很。他讲,我们也没有办法。我说,好,我也不强求你们,没有办法我不能强求,我只能对你们说,你们以后替我呢,向上面汇一下报说,现在西路军还回来这样一个人。

办事处场景
雪落枯草
王泉媛家乡

回乡后的王泉媛做了一名普普通通的农民。她把自己的家安在了泰和县早禾市镇刘瓦村,嫁给了革命烈士的后代。

田间小路 农屋

王泉媛拄拐行走

公社敬老院大门

王泉媛与村民握手谈话

王泉媛读报

王泉媛坐门口接受访谈视频

天安门

车行夜路

室内景 沙发

康克清照片

新华门 长安街

中国妇女联合会

葡萄

柳树

河

护栏景

王泉媛与王首道照片

王泉媛访谈

狗尾巴草

字幕：南昌滕王阁

王泉媛拄拐站立

拄拐手特写

笑脸特写

王首道证明文件（印章加红）

特效

王泉媛流泪

火车行驶

北京医院

王泉媛纳布鞋

家乡解放后，王泉媛当过村妇联主任，公社敬老院院长，一直干到 68 岁。

王泉媛先后几十次向组织反映自己的情况，要求恢复党籍，但都由于种种原因未能如愿。她说，得不到组织的承认，我死不瞑目。

1982 年夏，王泉媛来到北京，她是来请康克清大姐作证，她要求恢复自己的党籍。康克清将她的要求批给有关部门办理。组织上派人调查时，王泉媛还不忘反映落难的战友。

1984 年落实政策，流落在河西走廊的西路军战士都得到了妥善安置。

就是这次，在中国妇女联合会，王首道和她见面了。

"泉媛同志，你好吗？"王首道上前伸出了手。王泉媛迎过来，紧紧握住了曾经是她丈夫和战友的男人的双手。这并非是首长与普通百姓之间的握手，而是曾经做过王泉媛丈夫的男人，带着毕生的遗憾和感慨，这是阔别了五十年，妻子与丈夫的第二次握手。

王泉媛：

他等了我三年，我没有消息，听说我死了，没晓得，我还在我还有什么哇。

1989 年，江西省委组织部作出王泉媛同志的党龄从 1949 年 11 月算起、工龄从 1930 年 4 月算起的批复。

望着这份批复，王泉媛激动得老泪纵横。盼了整整 52 年啊！此时，她已经 76 岁了。

1994 年，王泉媛到北京，她再一次见到了病中的王首道。王泉媛将自己亲手纳的千层底布鞋递给王首道。王首道双手颤抖着接过布鞋，禁不住热泪盈眶。随后王首道挽起了王泉媛的胳膊，王首道的女儿为两位老人拍下了他们有生以来的第一张，也是最后一张合影。

在纪念长征胜利 60 周年之时，王泉媛重返河西走廊，站在这片她和她的战友们为之抛洒青春和热血的土

枫树	地上。
王首道与王泉媛照片(特效)	
西路军战士塑像	
王泉媛重返河西走廊	
王泉媛访谈	王泉媛:
	我王泉媛今天带领我们的姐妹来这里看望你呀! 她仿佛又回到了雄姿英发的当年。
祁连山	她高举双枪,打空枪中的 20 发子弹,把胸中最深沉
老人举枪	的怀念射向蓝天。
王泉媛举枪射击	
雕塑	由于长征路上的艰苦环境,王泉媛一生没有生育,
王泉媛与孩子相处	但她却收养了六个孤儿,并把他们养育成人,她与其中
家门特写	的一位养女生活在一起。
与收养的孩子合影	王泉媛的一生,有人用九个数字来形容:一生坎坷,
养女为王泉媛梳头	两袖清风,三过草地,四爬雪山,五次婚姻,六个孤儿,七
王泉媛在锻炼	次遇难,八陷暗算,九死一生。
王泉媛拄拐行走	2009 年 4 月 5 日,王泉媛走完了她 96 岁的人生之
王泉媛照片一组	路。王泉媛的一生传奇而又坎坷,无论经历怎样的磨
王泉媛教导小学生	难、委屈,她始终不变的是对党的赤诚,她用自己的一 生,诠释了"我王泉媛永远是党的人"的铮铮誓言。

江西广播电视台

主创人员:杨玲玲、万江麟、雷晴、万乔乔、薛亚宁

现实镜像与历史话语

——评口述历史文献纪录片《我的红军岁月·永远是党的人》

陈少波

历史文献纪录片是纪录片的一种,它是重演真实历史事件的纪录片样式。世纪之交以来,随着"口述历史"的兴起,历史文献纪录片的叙事元素又加上了"口述"。口述历史文献纪录片通过对当事人、特别是历史事件的亲历者、见证者等的采访记录,从各个角度还原事件真相,用口头表述的形式追溯历史。一时间出现许多优秀作品,如《毛泽东》《百年小平》《我的抗战》《八路军》《电影传奇》《人证》《七大》《大鲁艺》等等,在历史文献纪录片中获得了不可或缺的地位。系列口述历史文献纪录片《我的红军岁月》

由国家新闻出版广电总局立项、江西省委宣传部策划、江西广播电视台摄制,它以亲历者的"口述历史"为核心,表现了波澜壮阔的红军革命史。全片共8集,每集由一位亲历者"口述",本篇为第6集《永远是党的人》,"口述"的主人公是女红军王泉媛。王泉媛之所以能与位显功高的老一辈革命家相并列而成为这一口述历史文献纪录片的主人公,完全是因为她九死一生的红军经历和坎坷的生活命运。聚焦这一集并由此延展以《我的红军岁月》为题的整个系列口述历史文献纪录片,其值得总结的有下列几方面:

1.择人:视角差异化

口述历史文献纪录片的形式基础在"口述",而"口述"需要有口述的主体,即讲述某一段历史的当事人,这些当事人主要选择历史事件的亲历者、见证者,通过影像化的方式记录其肖像、语言、动作等,作为历史面孔的记忆。为达到对历史事件记忆的多元而全面性,相应地就要采取"全知全能型视角",通过不同讲述者的讲述,构成纪录的叙事。这就要特别注重当事人口述的差异性,这些差异的表述重构了人物、历史事件的客观现场。正是这种"众声喧哗"的差异性视角,把历史事件建构在多角度、多侧面的基础上,体现出"历史·见证"的亲历特点。从这个意义上说,视角的差异性就构成了视角的全面性。《我的红军岁月》口述当事人的选择正是如此,它在口述当事人的选择上采取的是"散点透视法",不是只选择一两个讲述者,而是选择"群言"的形式,整个8集纪录片系列每集都有一个主要的口述者,这些口述者构成了既普通又特殊的群体,既有像汪东兴、萧克、宋任穷等这样的位显功高的老革命,也选择了王泉媛这样的普通的甚至后来由于不公正待遇而离开红军部队的红军女战士,正是如此,每个口述者讲述的"红军岁月"都是"我的",既有共性又有个性,由此"把历史恢复成普通人的历史,并使历史与现实密切相连"(英国口述史学家保尔·汤普森语)。

在口述历史文献纪录片中,当事人以第一人称"我"的叙事视角可以真实抒发亲历者或见证人的真实情感,但是这种限定性的叙事视角往往是从个人的感知出发,或多或少都会受到个人因素的影响,传达一些不全面甚至有误的信息,或者夹杂有个人的情感和判断,这是口述历史文献纪录片的某种缺陷。对于这个问题的解决也可以用纪录片创作者进入叙事的方法,纪录片创作者可以以参与者的身份来讲述故事,比如记者、访问者、评议者或者解说者等,它牵引和主控口述的发生和发展走向,因此带有明显的角色形象,这样亲历者、见证者和参与者共同构成了口述当事人角色及其视角的差异化。《我的红军岁月》及其《永远是党的人》等每个单集都有这样的"参与者"出现,他们的"口述"以大量查阅的文献资料以及影像资料与亲历者、见证者的"口述"内容相佐证。这种差异化的多重视角,使得不同的人物从各自的角度讲述同一事件,通过这种多个人物的差异化视角的讲述来佐证被讲述的内容是否属实。而多个人物多重视角的差异化讲述加强了纪录片的客观性和真实性,它脱离了因果式的线性链条,而是沿着叙事的横断面展开的,也就是在一个事件中找到一个核心,得到一个垂直向度的环绕聚焦,使事件的叙述更具张力。应该说多重视角的差异化讲述方式是最公平、民主和客观的,如同罗生门式的讲述将判断权交给观众,在这种讲述的探究下更容易揭示事件的本质与深层次含义,也避免了单一视角的局限,这样既保证了纪录片的客观公正又保证了内容的丰富。

2.选题:人物命运化

历史文献纪录片以文献性特点见长,即便是"口述",它也具有很大的史学价值和权威性,口述历史文献纪录片之所以重要,是因为它所负载的社会意义和历史的学术价值——对社会政治生活的积极影响和对历史的记述、评价的价值,而其现实意义和史学价值则体现在其高度的权威上。那这是否就意味着其可以忽略或无视历史事件亲历者、见证者个人命运的述说和表达呢?从口述历史文献纪录片"口述"的质的规定性而言,回答是否定的。"口述"意味着第一人称"我"的讲述视角,这种讲述视角的基本特征是:叙述者是事件中的一个人物,通过第一人称"我"来进行叙述。无论是"亲历者"还是"见证者",讲述人完全进入历史的情境之中,以事件的亲历者与见证者的身份,面对观众,以第一人称自述形式讲述"故事"。相比于"见证者"讲述类型,"亲历者"讲述类型其视角始终处于事件的中心,处在这样的节点,"亲历者"以第一人称自述"故事",必然会涉及自己的命运。《永远是党的人》也是这样。篇中王泉媛以第一人称自述形式讲述了自己九死一生的红军经历和坎坷的生活命运:被卖作童养媳、"闹红"、参加红军、长征路上、与王首道结为夫妻、西路军出征、战败被逼做马家军团长之妻、三年后逃出归队被拒、回老家嫁为人妻、收养6个弃儿、百折不挠终回党的怀抱,她这一生的命运可谓惊天地泣鬼神。王泉媛的命运自述不仅仅是为了怀旧的伤感,更重要的是使其从流逝的时间中挣脱出来,通过历史与现实的连接而获得一种完整统一的生命感。所以,在自述故事展开的过程中,我们看到的不仅仅是王泉媛或遗憾、或悲伤、或愤怒、或喜悦等情感的释放,更多感受到的是其作为"人的主体"意义的凸显。这些有着其个人命运经历的讲述很容易引起观众的共鸣,并将其个人情感直接传递给观众。当那些被人遗忘或不为人知的渗透王泉媛个人命运的历史片段活生生地摆在面前时,观众不仅被打动,更有一种内心的震撼,是对这段历史的崭新认知。

3.叙事:题材故事化

随着市场下的话语整合,目前纪录片的创作更加注重叙事的方法,叙事方法的多元化已经成为现今纪录片的主要特点。口述文献历史纪录片是非虚构的历史叙事,但即便如此,其在叙事过程中也非绝对的就事实本身的客观记录,同样也是在一定环境条件下经过创作主体的选择和想象,这就为对题材进行故事化的叙事开辟了新的思路和视角。从本质上说,叙事方式就是讲故事的方法,怎样让观众听懂、喜欢听并且达到最终目的和效果,这是叙事的基本要求。口述历史文献纪录片注重的是重现历史,展现个人情感和体验,而不是单纯地解释历史,其叙事可以多元化,不论以人物为中心,还是以主题为中心,皆可事前设计安排,形成故事化叙事。《永远是党的人》在叙事中对题材施以故事化铺排,以讲述内容的故事性作为自觉追求,使主人公述说的"故事"更加饱满,更具有观赏性。篇中对王泉媛红军生涯和生活命运的述说在题材上采用了"汇编"形式,将历史事件、人物的现场背景、历史遗迹、生活环境;相关的影像、文字资料以及历史文献资料合理运用形成多元化的叙述;篇中历史事件的发展线索由述说当事人引出,在当事人的命运经历中交代事件的来龙去脉,在事件发展的关键点,也由当事人讲述自己亲身经历的细节,将当事人多点位的讲述通过剪辑联结起来,构成对一个事件的完整的讲述;篇中还突出当事人历史故事中的矛盾冲突,比如婚姻的冲突、个人与组织的冲突、个人与严酷的自然环境的冲突等等,在冲突的述说中凸显了讲述者的性格特征和生活命运;篇中还挖掘历史事件背后未曾披露的情节和鲜为人知的故事,比如那个西路军女战士一年后归队可以收、第二年归队就要被审查、第三年归队就不被收的情节,就是在王泉媛的讲述中披露的;描述事件的细节在讲述中也比比皆是,如王泉媛做通了厨师、勤务兵的工作从马家军逃脱,年至耄耋她做了一双千层底布鞋送给病重的王首道,王首道与她第二次握手,重返河西走廊双手持枪打空 20 发子弹,等等,这些细节刻画了人物性格,构筑了事件发展的脉络。

4. 表达:历史影像化

历史文献是静态的,历史人物是"死"的,那么如何使前者"动"起来、使后者"活"起来? 口述文献纪录片采用了影像化的表达方法。所谓影像化,其构成元素主要有画面、音响、同期声等,在口述历史文献纪录片制作中,就表现为讲述者的影像和声音、历史事件的遗迹(建筑、遗迹、博物馆、雕塑等)和遗物(历史文本、图画、照片、影像资料等)等。于历史文献而言,可以通过镜头运行、光影运动抑或使用动画、"情景再现"等将历史遗迹、历史遗物组成的文献资料"化静为动";于历史人物而言,可以使用历史影像资料、影视剧、演员扮演、口述、专家访谈等将历史人物"化死为生",同时运用声音元素,配上解说词、音乐或者音效,由此产生口述文献纪录片更加生动的影像世界。《永远是党的人》充分发挥影视视听语言的优势,通过声音与画面的结合,为观众提供了一个更加生动直观的历史形态。篇中通过镜头转换体现出时空安排,有的是用时空重现的方法将观众带入历史时空中,让观众近距离接触历史、感悟历史;有的是用特效合成的虚拟景象获得过去、现在和虚拟三重时空对接;有的是用天空快速漂移的风云变幻的延时摄影隐喻时空流转,使全篇立意更加深刻;也有的是运用实景嫁接历史时态。篇中注重蒙太奇剪辑构成张弛有致的节奏,有的通过对画面与声音的剪辑采用叙事蒙太奇将语言与画面结合,使叙事表达更连贯,有助于观众对内容理解;有的通过画面与画面、画面与声音之间的变化采用表现蒙太奇产生单个画面无法表达的意义,表达更深层次的含义。篇中的音响效果也参与影像叙事,表现了独立的叙事功能,有的强化视觉认知与情感交流,凸显情景再现的音响效果,不仅弥补了历史画面的信息缺失,还传达出画面以外的信息;有的音响效果能更好地供托气氛、营造气氛;也有的音响具有很强的暗示作用,比如王泉媛重返河西走廊时高举双枪打空 20 发子弹的枪声,寓意着她将胸中蕴藏的怀念射向蓝天。

第二十四届江西新闻奖二等奖

志愿者老王

（南昌城市影像：十字路口城市车流，立交桥、人影车晃）

声音"老王，老王，你可以过来一下吗？"

"好好好，我马上过来。"

字幕：江西南昌　　2016年1月

【同期声】老王：我也不跟交警打招呼，我就是在这里看，这个地方的民警在做什么，看看能不能发现什么问题。

老王身影的画面，车流的画面

【同期声】老王：我在计算那个路口，红绿灯的时间。这个红灯有90秒呀，那么长时间，34，33，32，31，30，29。从东往西的红灯是99秒钟，绿灯是35秒钟，行人过马路35秒钟，这个时间偏短了一点。

【解说】老王习惯了这样给城市的交通挑毛病，老王还是一个较真的人，哪里拥堵，哪里准有老王。

【同期声】红灯呀，老兄，往后面退一点，靠边一点，脚都在外面，你看到了不，脚拿上来，等下。轮子一下挂到脚，你开车子不注意呀。

【解说】按照年纪，78岁的王乃刚该被叫王老。但他却更喜欢别人叫他老王。道理很简单，当老王的时候，就不该休息，一有空，他就在路口。

【同期声】老王：等一下，红灯。

【解说】老王当志愿者没有一分钱报酬，他觉得这样，自己管交通才有底气，看到有的志愿者不尽力，老王就来气。

【同期声】老王：往这里一站，不管事是没有用的，一定要管事，一定要让大家知道，我们是一个义务志愿者在这里，站在这里就要像个样子，对不对。那两个人不干活，你的工作岗位不应该是站在这个地方，应该是在那个地方，现在请你马上过去，马上过去。刚刚我看到你站到这里，好像没有进入工作状态啊你，在那里玩手机。

老王专访：我老王是一个交通参与者，我骑着一个电动车，我电动车上面写满了交通安全的宣传广告，我出来就是一个流动的载体，老王，新浪微博"老王看交通"，老百姓都认得我，交警也认得我，因为现在城市交通，管理者跟被管理者之间的矛盾非常多。

【同期声】老王：这个相机是我的战斗武器，我这个要像战斗一样爱护它。

【解说】老王看交通，随身少不了三样宝贝：一是相机，二是摄像机，三是对讲机。只要有空，老王就会以这样一身行头出门。十多年来都是如此，风雨无阻。

【同期声】老王出门

老王爱人：开慢点，注意安全，放心。

【同期声】老王：要注意安全啦，开车不能带伞，风一吹车子就不稳当了。请你往后面退一点，往后面退一点，往后面退一点。等一下，等一下啊。

【解说】五年前，老王学会了使用新媒体。他有了微博，名字就叫"老王看交通"。他把自己每天在路上拍到的交通路面情况发到网上，和网友互动。

【同期声】老王：这个地方我经常来，这个路口叫国威路口，过去我来，我总想来这个路口发现什么问题，但是后来来过几次以后，反而觉得这里很正常，没有什么毛病。

【解说】老王是个闲不住的人，古道热肠，时间一久，当初很多认为老王是来挑刺的交警，也能把他当成自己人。

【同期声】老王：最近我一直在观察这个问题，感觉井冈山大道徐坊客运站门口，好像车辆不是那么顺畅。

【同期声】青云谱大队三中队李兆峰：我们沿线的一些路口，交通的标线和标志做了一些更改，可能我们市民在出行的时候，按照以前的思维，对标志标线的更改不太适应。

【同期声】老王：我用相机捕捉现场的所有的画面，包括交警执法的画面，事故现场的画面，那个受害者是怎么讲的，群众是怎么讲的，而且我要拍个全景，整个告诉人家，通过我的照片看出在哪个地方，发生什么事情。

【解说】老王在现场，总能起到意想不到的作用，他经常是这样忙到深夜。在交警眼里，老王就是他们的编外成员。

【同期声】青云谱大队三中队李兆峰：我觉得老王，我对他的第一个印象就是工作狂，是一个非常关心和热爱南昌城市建设和南昌交通的一个热心的市民。

【解说】这位开黑摩的的司机被交警查扣了，他的情绪有点激动，老王过去总能让受处罚者心平气和。

【同期声】黑摩的司机：为什么呢？

【同期声】老王：一旦出了事故以后，你吃不消。通过这次处罚以后，你要接受教训，带好发票，带好合格证，还要居委会开个证明，要记得。

（画面 元宵节，老王和妻子在家吃汤圆）

【同期声】老王：这个汤圆买得好。

【同期声】老王爱人：便宜啊！

【同期声】老王：打折啊，专吃便宜。

【同期声】老王:享享清福,散散步,走走路,或者走走棋打打麻将,消磨时间。

【解说】他一天到晚上网,看一些资料,他喜欢看交通玩摩托车,他钻到里面去了。

【同期声】放烟花的声音

【字幕】元宵节 晚上

【解说】元宵节晚上,万家团圆,老王同样不在家。

(画面 夜查酒驾)

【同期声】交警:先熄火,把钥匙交出来,钥匙给我,钥匙给我嘛!

【同期声】老王:你配合交警的执法检查,执法检查是为了你的安全,到边上。开车不能喝酒,你害了自己也害了别人。

【同期声】司机家属:你干嘛呀!

【同期声】交警:你要妨碍执法是吧?

【同期声】老王:小妹你要冷静一点。

【同期声】记者:你干嘛,想要打人吗?

【解说】交警在一旁执法,老王在旁边,就以一个过来人的身份,说情说理。

老王专访:

【同期声】老王:在那种情况下,我不能作为一个旁观者。我是"老王看交通"啊,老王看到这种情况下,对方不配合,甚至很可能一瞬间出现暴力抗法行为的时候,我必须要出面。

【同期声】老王:开车不能喝酒。

【同期声】司机家属:你不要说好吧。

【同期声】老王:要记住。

【同期声】司机家属:你不要说话。

【同期声】老王:万一出现事故以后,害人又害己,你去叫她冷静一下。

【解说】交通安全连着千万家,每个人都不能置身事外。老王有着切肤之痛,40多年前的一场交通事故,曾夺去了他一个孩子的生命。

老王:当时1972年3月9号上午9点多钟,发生交通事故的时候,我那个6岁的孩子在新建县西山街上就躺在地上。当时我抱起他的时候,整个头没有了,被汽车压扁了。想起这个事故和回想起以后很多"老王看交通",我看到很多重大交通事故的时候,往往就想到我的孩子。

【解说】一场交通事故,成了老王一家人心中永远的痛。

老王:这就是1972年交通事故走的王敏。

【解说】老王的最大心愿就是,用自己有生的力量,让所有人都远离交通意外。为此他舍弃了与家人团聚的时光,走到路口,劝导人们防范危险交通。老王一直珍藏着

50多年前给妻子的表白的照片,他觉得自己一辈子最亏欠的人,就是老伴。54年,两个人相濡以沫,共同搀扶走了过来,对于老王现在做的事情,她理解,却总免不了担心。

【同期声】老王爱人:有时候他出去晚了点,我就会记挂他,怎么这么晚还没有回来,给他打个电话,听到声音,我马上就到了,我就放心了。

【同期声】老王:这两年开始有一种,跟我老太婆聊天的时候,有一种依赖感,好像离不开她,老年人可能会有这种心态,我跟我爱人讲过这个事情 我们两个人假如到那个地方去的话呢,不会超过两个小时。她走了,我紧着跟过去。我走了,我爱人跟我吃了一辈子的苦,我这辈子很不容易的 我总算过来了,我今年70多岁,经历过很多难忘的往事,但人需要坚强。

老王:退休这个词,应该是来自体制以内的人是这种说法。作为老王来讲,我是体制外的人,对我来讲没有退休的概念。我(19)39年生,今年78岁了。人活一天要做一天,要快乐一天,怎么样去使自己的心情很愉悦,多做善事,多做好事情。让人家知道"老王看交通",假如九江也有一个"老李看交通",赣州有个"老周看交通",那不是好事情吗?

音乐声 渐起 《勇敢的心》

(西藏骑行的画面)

【解说】老王在生活中总是充满激情,在大部分人选择颐养天年的年纪,他却骑着摩托车三次进藏,从滇藏线、青藏线进入唐古拉山。

老王:志愿者精神,一定要从内心里面发出来的,不是领导安排你,这个礼拜你到哪里去做志愿者去,不是那种志愿者。志愿者怎么去理解,很多人无法理解的。

【同期声】老王儿子王勇:不理解的人可能是认为他这人想出风头,怎么怎么样,我们理解的人就知道他在做自己喜欢做的事情,是在为人民服务。

【解说】这就是志愿者老王看交通的故事,从一个交通事故的受害者,到交通公益事业的热心参与者,这个城市里一个普通却又不平凡的志愿者。

江西广播电视台

主创人员:张立、熊俊、邱国荣、唐济生、叶龙

微型人物纪录片的魅力

——纪录片《志愿者老王》评析

陈书泱

　　纪录片是运用影像的手段,展现生活原生形态和完整过程的影视艺术形式,它既具有新闻的真实性又具有艺术的审美性。随着社会的转型和互联网环境的生成以及影视技术的普及,在中国逐渐出现了一种名为"新纪录片运动"的创作潮流,纪录片叙事模式从"国家范式"延展为"社会范式",即纪录片创作从政治、经济、军事等高大上题材的宏大叙事向关注普通人命运、充满浓厚人文关怀的民本叙事延展,两种叙事模式互动渗透,多元发展。纪录片《志愿者老王》就是实践纪录片创作"社会范式"叙事模式理念的一个案例。

　　《志愿者老王》是微型人物纪录片,属于人文类纪录片范畴。人文类纪录片将视角对准生动鲜活的人物命运,挖掘人的内心世界,表现人的情感意志、喜怒哀乐和悲欢离合。《志愿者老王》就是如此,它讲述了"老王"从事交通协管志愿服务的酸甜苦辣及其心路历程和情感世界,透视出其坎坷的生活际遇和命运走向。全篇的魅力可以从下列几方面体悟。

　　1. 角色选择:个性化人物塑造

　　人文类人物纪录片,其"主人公"的角色选择至关重要,是关系到纪录片能否成功的首要因素。人物纪录片"主人公"角色的选择多种多样,可以是历史人物也可以是当代人物,可以是"大人物"也可以是"小人物",等等。《志愿者老王》这则微型人物纪录片选择的"主人公"是普通人物,普通得甚至不在"体制"内,不存在"退休"与否的问题,意谓其没有固定的职业。但他又是"个性"的,他在经历了 40 年前 6 岁小儿车祸致死的切肤之痛后,坚持十几年在近 80 岁高龄时还无偿义务从事志愿服务,且运用微博发布,注重心理疏导,使得违章者居然心平气和地乐意听从他的劝导和指挥,以至于"交警也能把他当成自己人"和"编外成员";甚至在"大部分人选择颐养天年的年纪,他却骑着摩托车三次进藏"。所有这一切"个性"化表现,都源于他对志愿者精神的理解:"志愿者精神,一定要从内心里面发出来的,不是领导安排你,这个礼拜你到哪里去做志愿者去,不是那种志愿者。"这样篇中对其人生命运的表现就从其心路历程的展现达到了深层次逻辑性的揭示。对"志愿者老王"这位个性化普通人物角色的选择,使得这则微型人物纪录片对人文类人物纪录片所具有的对普通人物命运观照的"悲天悯人"的特性和情怀落到了实处。由此可以看出,人文类人物纪录片人物角色的选择特别要凸显人物的个性,如果抓住了人物角色的个性,把它放大出来,将其与人物角色所处的社会历史环境联系起来,就能给人以新的思考和启迪,反之纪录片就没啥价值。也正因为如此,较之于其他类型的纪录片,人文类人物纪录片也就更能打动人、感染人,也最能引起观众的共鸣。当然对人文类人物纪录片人物角色的个性挖掘,要求创作者对所处的社会历史环境有某种深刻独到的认知和理解,找出人物角色的个性与社会历史环境之间存在的象征性联系,如果两者之间存在紧密的联系,那么,这个人物角色一定是值得选择把握的,反之则需要另外选择。

2. 题材剪裁:典型化横断截面

人文类人物纪录片,叙述的是人物的命运,揭示的是人物的心路历程,这种叙事和揭示既不是对原生态生活事实面面俱到的展示,也不是事无巨细的见闻性实录,而是要对记录进入纪录片篇章中的题材进行典型化剪裁,在人物生命历程的长河中截取某些横断面,选取最能体现人物性格的人生情节。尤其是微型人物纪录片,限于篇幅更不可能娓娓道来缓缓铺陈,一定是抓住关键片段,揭示人物心理。《志愿者老王》这则微型人物纪录片就是如此,篇中对"志愿者老王"志愿服务生涯的记录,不是历时性、全景式的,而是共时性、横截式的,全篇"笔墨"集中于"志愿者老王"从事无偿义务交通协管志愿服务十多年中的典型篇章,浓缩其过程,从中横截剪裁为数个像"路口计时""'教育'志愿者""'三机'武装""微博发布""'艺术'劝导""有序执勤""元宵夜查""骑行进藏"等经典片段,凸显其"古道热肠",揭示其"志愿心声"。非如此就不能显现"志愿者老王"的生活际遇。由此似也可以延伸,从特定意义上说,没有经过剪裁的典型化人物命运及其心路历程的揭示,人文类人物纪录片等同于什么也没表现。

3. 故事讲述:戏剧化纪实叙事

人文类人物纪录片既不同于新闻消息报道,也不同于新闻专题报道,它属于影视艺术的范畴,除了具有新闻报道的纪实性以外,它还具有影视艺术的审美性。这种审美性很大程度上体现于其戏剧化叙事,而戏剧化叙事也使得其改变了传统的平铺直叙的方式。人文类人物纪录片的戏剧化叙事不外乎"故事"的讲述、情节的铺排、结构的设定、线索的安置等。《志愿者老王》这则微型人物纪录片充分运用了戏剧化叙事方式,其叙述采用了具有鲜明特色的将纪实性陈述和"故事化"讲述相互融合穿插进行的方式,可以谓之曰戏剧化纪实叙事模式。篇中对"志愿者老王"的无偿义务交通协管志愿服务及其由此透视出来的生活命运的叙述是纪实的,没有任何虚构,但这种纪实叙述又是充满"故事化"的。"志愿者老王"从事交通协管志愿服务年复一年、日复一日,篇中叙事就利用这种经常性的重复和重复中的变化来演绎故事;篇中还设置了"志愿者老王""微博发布""劝导有方""车祸受害""三进西藏"等情节的叙事兴奋点,这些兴奋点使作品有了"看点",让观众觉得好看并吸引观众看下去;篇中故事的叙述也隐含着"志愿者老王"从事无偿义务交通协管志愿服务而使得他与亲人、违章者、甚至与自我存在的观念冲突、价值冲突,这种深层次存在的冲突以冷静客观的方式引导观众去思考纪录片主人公的命运遭遇;篇中设定的结构为主客观交替式叙述结构,"志愿者老王"的自述为主观叙述,解说则为客观叙述,这种主客观交替式的叙述结构使主观式视角的叙述结构与客观式视角的叙述结构结合起来,形成主客观交替式视角的叙述结构;篇中线索安置为中心线法,即围绕"志愿者老王"无偿义务交通协管志愿服务的中心轮运而辐集式地安排情节点。

4. 影像记录:诗意化形象表达

纪录片是纪实的,也是审美的,审美的本质即为艺术手法的运用,纪录片艺术手法的运用很大程度上体现于影像叙事。人文类人物纪录片同样如此,它要用画面和声音讲述故事,用镜头语言揭示人物的内心世界。与其他类型的纪录片相比,人文类人物纪录片的影像叙事是集"再现"和"表现"为一体,侧重"表现"。"表现"与"再现"有不同,"再现"是客观事物反射性地投射,其所形成的是客观性的"具象";而"表现"渗入了表现者的思想和情感,其所形成的是主观性的"意象",两者相互作用形成"形象"。《志愿者老王》这则微型人物纪录片,其影像叙事注重将纪实和审美结合起来,不是纯客观表面性的纪实,而是在此基础上偏重诗意的表达,不因客观记录的纪实叙事而陷入与生活同步的境地,达成"再现"和"表现"融为一体的影像品质。篇中用画面和声音构筑了一个个细节,如"路口计时""路口劝导""暗访交警执法""元宵夜查""西藏骑行"等等,这些细节就是一个个小故事,讲述了"志愿者老王"的志愿故事和生活命运,从中也显现了作为艺术的纪录片所应具备的影像细节的凝练与集中;篇中选择悬念性的素材进行有机的剪辑,观众在看片时往往有个悬念式的疑问——"志愿者老王"为何在年近80岁的高龄还要从事无偿义务交通协管服务? 直到将近篇尾这个悬念才揭示;40年前他年仅6岁的小儿因车祸而逝;篇中叙事性蒙太奇与表现性蒙太奇相得益彰,音乐《勇敢的心》与"志愿者老王"西藏骑行的画面构成的表现性蒙太奇给观众留下深刻印象,两类蒙太奇形成了动静相宜、张弛有致的"有呼吸的节奏";篇中镜头语言丰富,构图讲究,光影效果好,长镜头、跟踪摄影的运用,使叙事充满真实感和亲切感,方式多样的镜头运行流畅从容,除固定镜头外,篇中大部分镜头都是运动式镜头,这就让画面"动"了起来;篇中舒缓温暖的叙事基调则来自于实况同期声、人物采访述说、叙事解说和音乐烘托等的声音,篇中"志愿者老王"的实况同期声有20余次,采访述说也有五六次,这些从容、平和的实况同期声和采访述说构成了篇中声音叙事的独立功能,讲述了"老王"的生活际遇和志愿生涯,而散文化的叙事解说语调舒缓、厚重、悠远,与篇中所要表达的人物命运同步贴切。

第二十四届江西新闻奖二等奖

大型文献纪录片

方志敏

（文学脚本）

节选

第一集　农运风云

【航拍画面：江西三清山、福建武夷山、安徽黄山、浙江钱江源等（分别配字幕）弋阳县城、山峰、农田、方志敏雕像、方志敏中学（配字幕）孩子们在朗读《可爱的中国》】

【同期声】"朋友，中国是生育我们的母亲……你们觉得这位母亲可爱吗？我想你们是和我一样的见解，都觉得这位母亲是蛮可爱的，中国是无地不美，到处皆景，自城市以至乡村，一山一水、一丘一壑，只要稍加修饰和培植，都可以成留恋难舍的胜景，这好像我们的母亲，她是一个天姿玉质的美人……

《可爱的中国》，这篇小学课文陪伴着新中国几代儿童的成长。方志敏，几乎是孩子们蒙童时期最早知道的英烈。他的精神，他饱含深情的文章激励着一代代华夏儿女。

方志敏，伟大的无产阶级革命家、军事家、杰出的农民运动领袖。土地革命战争时期，他以"两条半枪"起家，在 1927 年年底发动、领导了江西弋阳、横峰武装暴动，创建了红十军，建立了拥有四十八个县、中心地区达百万人口的赣东北——闽浙皖赣革命根据地。他先后任赣东北省、闽浙赣省苏维埃政府主席，红十军、红十一军政治委员，中共闽浙赣省委书记。是"方志敏式"根据地的主要创建者与领导人。

【主要画面：（历史影视资料）战乱中的中国大地，流离失所的苦难灾民；弋阳县磨盘山、湖塘村、方志敏的母亲金香莲（老年照片），刀枪声混杂婴儿啼哭声等】

这是方志敏的家乡江西省弋阳县漆工镇湖塘村。1899 年 8 月 21 日，一个小生命在这里降生，取名方远正。

方远正从小体弱多病，母亲对这个孩子特别呵护。

方志敏女儿方梅：我父亲生下来以后，也许是环境不好，也许是生活条件不好，到 4 岁才会走路。这 4 年之间，都是我祖母背着他，从事一切家务劳动。所以我爸爸懂事后，在他的眼睛里就是母亲这个形象。后来他到了高小读书时，他就晓得什么叫祖国了。他说这个母亲伟大，那么这个祖国是伟大的。

【主要画面:方志敏故居、《方氏族谱》、湖塘村水口林、石拱桥(含方志敏读书的桥墩),私塾、孔夫子牌位(原物)等】

方远正8岁启蒙,在湖塘村读私塾。由于天资聪颖,勤奋好学的他在私塾一年所读的书,就比同塾儿童三年读的书还要多。

方远正读私塾三年,由于家境每况愈下,加上那年大旱,田地颗粒无收,私塾闭馆而无奈停学。长辈们认定他是个奇才,又让他到邻村张家小学堂读书两年。

【主要画面:(历史影像资料和影视镜头)武昌城响起辛亥革命的枪声,城头易旗,清王朝被推翻;男人们纷纷剪掉辫子,但赤贫如洗的农民仍然惨遭富豪欺压等】

方远正上学期间,中国大地发生了翻天覆地的大事件:

1911年10月,辛亥革命爆发,推翻了清王朝,建立了中华民国,结束了统治中国几千年的君主专制制度。

方志敏后来这样评说:"辛亥革命,只是做到推翻满清,变帝制为共和的一些政治上表面的改革。因此,在乡村中,没有什么与前不同的地方,贪官污吏照旧压榨民众,土豪劣绅照旧横行乡里。"

【主要画面:青年方志敏照片、弋阳叠山书院——门口挂有"弋阳县立高等小学"木牌,谢叠山画像、陈独秀与《新青年》、李大钊与《青春》文章,邵式平青年照片等模拟书院旧时读书画面、青年活动画面。】

1916年秋,17岁的方远正带着"均贫富"思想走出大山,考进弋阳县立高等小学。他给自己取了个学名叫志敏。从此,开始有了方志敏这个名字。

弋阳高小的校址设在叠山书院。在这里,方志敏不断受到新文化、新思潮的影响。入学第二年,他便发起组织"九区青年社",宗旨是"铲除邪恶,追求光明"。这是弋阳县第一个青年进步社团。方志敏也成为学校的学生领袖。

1919年五四运动爆发,方志敏立即投身到这场席卷全国的爱国运动。他激情满怀,梦想着从事实业,富国强军,打倒帝国主义。

方志敏在弋阳高小,已经立下了报国救国的远大志向。

【画面:甲工学校外景,学生活动的相关影视资料、学潮照片等,南昌、九江外景,南伟烈大学旧址、教学模拟画面】

不久,方志敏带着实业救国思想,到省城南昌,考进了江西省立甲种工业学校。由于品学兼优,他当上学生会主席。由于他痛恨属东洋系的校长赵某贪污腐败而领导"驱赵学潮",求学两年就被学校开除了学籍。

虽然学业坎坷,方志敏报国、救国的抱负并没变。不久方志敏又从南昌到九江,考进美以美会创办的南伟烈学校,这是一所用英文讲学的学校。方志敏入学后英语水平快速提高,并开始接触英文版的马克思主义经典著作。

九江二中原副校长刘新发:来了学校以后,他就团结一批进步学生,组织了读书会,组织了马列主义研究小组,研读英语版的《共产党宣言》。

江西省九江师院教授、方志敏研究会副会长陈忠:《共产党宣言》是马克思主义的经典著作,对于他一生的影响是非常大的,真正找到了正确的道路。

在这里,方志敏发起组织读书会和马克思列宁主义研究小组,在研究中认识到社会主义可以救中国的道理。

江西省方志敏研究会副会长杨子耀:在这个学校里面,掀起一个研究社会主义理论的热潮。他言必称社会主义,同学们就给他起个社会主义的绰号,方志敏走到哪里,大家都不叫方志敏,也不说方志敏来了,而是说社会主义来了。

方志敏在南伟烈学校读书一年,确立了马克思主义信仰,他的思想发生了质的变化。

【主要画面:上海黄埔公园旧照片,"华人与狗不准进园"的木牌和英文书写侮辱华人的入园规则,1909 年 1 月 27 日上海《申报》的相关报道;方志敏、赵醒侬等人的照片】

1922 年 7 月,方志敏从九江辍学到上海,此行有两个目的,一是参加社会主义青年团;二是谋个半工半读的机会。

方志敏第一次来到上海,看到的是一片乌烟瘴气和社会黑暗:形形色色的地痞流氓,耀武扬威的各国外交官,张牙舞爪的军警,以及水深火热的劳苦大众。最可恶的是代表帝国主义侵略势力的各种租界,像大大小小的"国中之国",任意排斥和欺负中国人。

方志敏在上海历时近两个月,在这十里洋场,他不但找不到工作,连吃饭都成了问题。

方梅:赵醒侬就是江西(中共地下)党的组织最高的组织者,他连坐公共汽车都没钱,都是走路。另外,他是在那个戏院里面跑龙套的,我父亲到了那里去,跟他住在一起,跑完了龙套了,晚上没地方住,就睡在戏台上。

但这期间,方志敏实现了一个重要心愿,加入了中国社会主义青年团。他还得到团中央同意,决定回南昌创办新文化书店,专门营销马克思主义和其他宣传革命的书报。

从上海返回江西之前,一件事让他感受到了难以容忍的耻辱。有一天,几个穷朋友邀方志敏去游公共租界的外滩公园,赫然看到门口木牌上"华人与狗不准进园"几个字,顿时让他感觉从来没有受过的耻辱。方志敏后来著文说:"将华人与狗并列。这样无理地侮辱华人,岂是所谓'文明国'的人们所应该做出来的吗?华人在这世界上还有立足的余地吗?还能生存下去吗?"

方梅:太欺负中国人了!本来按他想的要砸掉这个牌子,后来大家拉住他,没有去砸。后来他讲,总有一天中国人要把这个牌子砸掉的。

【主要画面:上海码头,长江,涂着太阳旗的日本轮船;(情景再现)轮船上三位中国同胞惨遭毒打和方志敏的愤怒等】

从上海返回江西的日本客轮上,方志敏见证了日本帝国主义横行霸道的又一幕:两男一女三个中国人,因赤贫无钱买票,在货舱角落蜷缩着身子,在日本船主的指挥下,六七条凶神恶煞的汉子用皮鞭、藤条疯狂地抽打他们。打手们还用绳子把这些人倒吊江中,任由江水把他们呛得奄奄一息。对一位年轻的中国农妇,这些流氓恶棍当众侮辱,致使农妇凄厉惨叫。

方志敏忍无可忍,领头高喊"打!"众多乘客齐声响应。日本船主和几名打手慑于众怒,这才惊恐地离去。

这次遭遇,令方志敏一生都不能释怀。他后来在《可爱的中国》文章中说:"这是我永不能忘记的一幕悲剧!那肥人指挥着的鞭打,不仅是鞭打那三个同胞,而是鞭打我中国民族,痛在他们身上,耻在我们脸上!"

这次船上经历,极大地伤害了他的民族自尊心。他下定决心,要为驱除帝国主义,为中华民族的解放事业奋斗终生。

回到南昌,方志敏立即投入革命工作,他千方百计筹措经费,在百花洲三道桥创办了新文化书店,成为江西第一个传播马克思主义的阵地。

中共上饶市委党校副校长封肖平:当时我们党刚刚建立,投入革命队伍中的人还不多,需要宣传发动大量群众,尤其是青年人投身革命。

不久,方志敏又和赵醒侬一道,在南昌创建江西最早的青年团组织——南昌地方团,使一些青年人逐渐团结到组织周围。

【画面:湖塘村外景,旧房子,贫民夜校外景,农民读书识字的画面等相关影视资料】

方志敏是最早重视农民问题与中国革命关系的革命家之一。1927年4月5日,他在《反右运动与吾人》一文中,提出"中国之革命实质上是农民革命"的论断。

为了让农民有远大抱负,方志敏首先在家乡湖塘村办学,并告诉农民兄弟们:如果不学习文化,就只能像牛马一样地生活,租种地主的田,忍受压迫,痛苦下去,永远摆脱不了苦难的枷锁,改变不了黑暗的世道。

中央文献研究室第一编研部主任张素华:当时方志敏他也讲到,农民革命为当今之急务,所谓急务那就是我们现在最着急的,最应该进行的,就是先进行农民革命,只有把农民革命搞好了,我们的革命才能胜利。

湖塘村办起了"贫民夜校"和"义务小学"。不久,方志敏在弋阳县第九区成立了赣东北第一个农民协会。

这一年年底,弋阳县漆工镇发生了这样一件事情:往年,每逢年底,都是穷困农民兄弟的鬼门关,趾高气扬的地主老财,纷纷向农民逼债还粮;而这年年关前,漆工镇的农民成群结队在同一天纷纷挑着箩筐,去向地主老财们借谷借粮。

中共上饶市委讲师团团长张江生:这种借其实是更多地发出一种信号,来告诉地主、老财们,现在我们有更多的能力和力量来向你挑战。

其实,这场借谷运动,正是由方志敏发动的。他带人深入到每个乡村,宣讲地主压迫穷人的根源,号召大家团结起来。通过这场斗争,人们对方志敏钦佩有加,也第一次明白了团结起来力量大的道理。

【画面:南昌外景;方志敏革命活动遗址,方志敏纪念馆的相关影视资料,中共党旗(方志敏入党)、中共南昌支部——一平印刷所等】

1924年3月,方志敏在南昌加入中国共产党,他立下誓言:"从此,我的一切,直至我的生命都交给党去了。"方志敏入党的时候,全国只有几百名党员。

1924年5月,方志敏与赵醒侬等一起创建了江西最早的党组织——中共南昌支部,他们也因此成为江西中共党组织的主要创始人。从此,江西的革命运动有了坚强的领导核心。

1926年4月中旬,方志敏代表江西农民,赴广州参加全国第一次农民代表大会。

中央党史研究室副主任、秘书长张树军:在中国共产党领导的早期革命斗争中,方志敏同志同毛泽东、澎湃等同志一样,都是杰出的农民运动领袖。他们在唤起农民、发动农民,建立地方性或者全国性农民组织,乃至武装农民进行反对帝国主义和封建势力的斗争,都做出了重大的贡献。

中共上饶市委党校副校长封肖平:他们这次聚首,实际上就是预示着将会使农民运动更大地发展。

【主要画面:南昌、广州、虎门码头、要塞,毛泽东、彭湃、方志敏当年照片;全国农代会会场、广东第二次农代会会场、广州农讲所、国民政府、省港罢工委员会、石井兵工厂、大埔角圩方志敏住所旧址等】

5月1日,方志敏又代表江西农民,应邀参加彭湃主持的广东省第二次农民代表大会。与会代表除广东61个县之外,还有全国20个省区的代表。毛泽东任所长的第六届广州农民运动讲习所的学员也参加了大会,毛泽东在会上讲了话,方志敏也介绍了江西农民运动的情况。大会通过了《农民运动在中国国民革命中之地位》等二十一项决议案。

【主要画面:北伐战争史料;南昌旧城,南昌市郊农民配合北伐军攻城;武汉国民政府,南昌国民革命军总司令部、当年的蒋介石等,南昌扬子洲农民协会旧址等】

方志敏广州之行,历时一个多月。他满怀激情,决心回江西发动更大范围的农民斗争。回江西不久,方志敏在江西省城南昌成立了扬子洲农民协会,使农民运动贯通城乡。

1926年7月9日,由蒋介石任总司令的国民革命军从广东正式出师北伐。不到一个月,北伐军便占领湖南省全境,随即把矛头直指武汉。

江西战场上,北伐军也相继攻克赣州、吉安、萍乡、宜春等地。之后,节节胜利的国民革命军攻克南昌城,结束了北洋军阀在江西的统治。随着大革命运动由秘密转为公开,中共江西农委书记方志敏以国民党江西省党部农民部长的身份,负责筹备成立江西省农民协会。

然而,为了领导权的问题,他不得不与停留在南昌的蒋介石开展一番针锋相对的斗争。当时,蒋介石在南昌提出要由他来圈定国民党江西省党部委员名单,并撤销了方志敏省农民部长的职务。方志敏与蒋介石的斗争也采取明暗两套策略:明的是公开反对蒋介石圈定,暗的是赶紧收缩战线,秘密筹备召开江西省农民代表大会。

【画面:电视剧《方志敏》中江西第一次农民代表大会的影像资料,江西省农代会会址,《会场日刊》,蒋介石演说。《会务总报告》《江西省农民协会章程》《大会宣言》,毛泽东复电,江西省农协旧址、农协旗帜】

1927年2月20日,江西省第一次农民代表大会开幕。

这次农代会一共召开九天。会上,大会执行主席方志敏作了《会务总报告》,大会选举江西省农协领导人前夕,国民党右派势力紧急出动人马,利用同学、同乡、亲戚、朋友等私人关系,封官许愿,请客送礼,意在破坏选举。方志敏等立即采取反制措施,击败了右派势力的贿选企图。

吕小蓟:国民党右派势力就要搞贿选,最初当时他许诺给出席省农协大会的代表:你投我一票,我就给你三块大洋,甚至还有的说我给你五块大洋的,将来我还可以给你介绍工作等等。方志敏他们发现了以后,马上就组织做工作,把他们的这个阴谋给挫败。

蒋介石便再次耍弄阴谋,提出农协委员要由他来亲自"圈定"。蒋介石企图夺取对农民运动的领导权,一方面耍弄"圈定"手腕,故技重演;一方面威胁要暗杀方志敏。然而,方志敏对特务分子的暗杀威胁毫不在乎,对"圈定"阴谋早有防范。当蒋介石提出"圈定"农协委员之时,方志敏立即打电报请示在武汉的中共中央农委书记毛泽东,毛泽东即刻复电(配字幕):

"须坚决反对,宁可使农协大会开不成功,不可屈服于圈定办法!"

毛泽东代表中共中央农民委员会的复电,旗帜鲜明,态度坚定,加上方志敏针锋相对的斗争和江西社会各界人士的声援与支持,蒋介石的阴谋最终未能得逞。

张素华:能不能拥有对农民运动的领导权,直接关系到能不能解决农民问题;能不能打倒封建的地主阶级,涉及中国革命未来的走向问题,也就是说我们党发展的方向问题。

吕小蓟:毛泽东、方志敏正是在领导权的这个问题上,有着清醒、明确的认识,敢于斗争、善于斗争,将领导权牢牢地掌握在自己的手中,才能最终打下一片天地。

农代会选举如期举行,选出了以方志敏为主要负责人的领导机构。大会闭幕时通电全国,宣告江西省农民协会正式成立。方志敏得到毛泽东的支持,击败了蒋介石的阴谋,捍卫了我们党对农民运动的领导权。

方志敏很早就认识到武装斗争的重要性。1926 年 11 月,他就在家乡弋阳县漆工镇组织农民自卫军,开始"两条半枪闹革命"。1927 年 3 月,方志敏在南昌通过朱德弄来 100 条枪,组建了江西省农民自卫军一个大队。朱德当时担任南昌军官教育团团长,他还应邀到方志敏主办的省农民运动训练班讲军事课。

【江西省农民自卫军照片、江西农运相关影视资料,永修拍的画面】

方志敏组建江西省农民自卫军,不仅对反革命势力是个威慑,还先后在本省平息过两次反革命暴乱:1927 年 3 月 27 日,中共万年县特别支部书记胡先生等惨遭国民党右派杀害。消息传到江西省农协,方志敏立刻派大队长淦克鹤率省农民自卫军赶赴万年县,消灭了地主武装,严惩了右派县长,平息了这次暴乱。同年 4 月 15 日,方志敏又获悉中共永修县委书记张朝燮惨遭土豪劣绅杀害。张朝燮曾经担任国民党江西省党部工人部长,与农民部长方志敏是战友。方志敏闻此噩耗,又急令省农民自卫军赶赴永修县城,一举歼灭地主武装,再次平息反革命暴乱。后来,江西省农民自卫军的100 条枪,被披着国民党"左"派面纱的军阀朱培德收缴了。

在方志敏的直接领导下,江西的农民运动迅速发展。全省农民运动之火迅速燃遍城乡各地,当时全省 81 个县,建立了县级农协或筹委会的,由最初 7 个县扩大到 71 个县;农协会员由最初的 6000 人增加到 60 多万人。风起云涌的江西农民运动,不但组织多、会员多,武装农民和尝试武装斗争更是构成一大特色。当时,方志敏与毛泽东、彭湃并称为中国三大农民运动领袖。

第二集　开创伟业

【主要画面:江西南昌:方志敏纪念馆外景;方志敏塑像;纪念馆内的两条半枪,以及其他相关的革命文物、军械】

这是建在弋阳县的方志敏纪念馆,馆内陈列着三条残缺的老枪。左右两条枪性能尚好,中间这一条早就掉了枪托,勉强还能打响,只能算半条枪。方志敏一开始就凭着这两条半枪,扩大武装力量,带领百万民众,在中国革命史上,开创和发展了闽浙皖赣革命根据地的宏伟大业。

说起这两条半枪,其中还有一段斗争传奇。

【主要画面:方志敏青年照片;邵式平旧照片;漆工镇旧房子;当年警察所照片;南昌、广州、武汉、弋阳、横峰旧城】

1925年夏秋之交,方志敏担任国共合作的国民党江西省党部农民部部长,在弋阳县漆工镇湖塘村创建了赣东北第一个农村党支部和农民协会。他首先在自己家乡开展了"打土豪、减租减息"斗争,不久就把斗争矛头指向了漆工镇警察所。

1926年11月下旬,北伐军攻克南昌之后继续向赣东北进军。此时,漆工镇农民自卫军奉方志敏的指示,通过暴动捣毁警察所,缴获一支汉阳造、一支双套筒和缺了枪托称为半条的九响毛瑟枪,中共弋阳支部派党员掌管了警察所。方志敏"两条半枪闹革命"的故事也由此而广为传开。

张江生:警察所的摧毁,在当时方志敏的家乡漆工镇,不仅更好地奠定了革命的基础,也唤起了人民群众对革命的信心。

1927年4月12日,蒋介石在上海发动反革命政变。大批共产党人和革命群众被屠杀,到处腥风血雨,鲜血飞溅。

字幕:1927年4月12日,蒋介石在上海发动反革命政变。

4月20日,中共中央发表《为蒋介石屠杀革命民众宣言》。与此同时,方志敏亲自撰写《江西省农协训令》,要求全省各级农协严惩"四一二"反革命政变后蠢蠢欲动的贪官污吏、土豪劣绅。他还写信给弋阳、横峰两县农民自卫军,指示要用武力回击国民党右派军队的猖狂进攻。

1927年6月3日,弋阳县农民自卫军及本地农协会员数千人,一举攻克弋阳县城,镇压了国民党右派县长。6月4日,横峰县农民自卫军也攻克了县城。两县农民武装都在各自县城举行了声势浩大的声讨蒋介石反革命罪行的群众大会。

蒋介石背叛革命,也于当年7月15日在武汉发动"清共","宁汉合流",第一次国共合作破裂,轰轰烈烈的大革命失败了。

张素华:大革命失败了,当时的共产党人呀,心情是非常悲愤的,包括毛泽东,他多少年以后,他自己回忆还说,我当时的心情是苍凉的,非常苍凉。当时共产党员一共是5万多人,脱党不干的占三分之一,牺牲了三分之一,表示坚决地干下去的三分之一。

革命的出路在哪里?坚定的共产党人作出了回答:南昌八一起义开创了共产党独立领导武装斗争的新纪元。随后,党的八七会议制定了开展土地革命和武装反抗国民党的总方针。

方志敏精神为之一振,他决心高举土地革命旗帜,以赣东北为根据地,领导工农民众进行武装斗争。

南昌大学教授、江西省方志敏研究会副会长唐志全：他对发动农民有一套办法，就是组织农民革命团，不用农会这个名字。要用一个新的"农民革命团"，这个革命团还用了一些比较原始的方法，比如喝鸡血酒、宣誓啦，但是很有效果。

【主要画面：弋阳县漆工镇、烈桥镇、磨盘山、窑头村、湖塘村、鄱阳县、风雨山（县委会议）；横峰县楼底蓝家，青板桥、葛源镇；《武装暴动纲领》《六路纵队出击示意图》，（视频画面）弋（阳）横（峰）农民武装暴动等】

1927年10月底，方志敏领导弋阳县第九区3000多农民举行暴动，从此，九区成了赤色的九区和暴动的发源地。

同年11月中旬，方志敏按照党的决定，去横峰县任区委书记。

【小机器拍的蓝家村煤窑画面】

当年横峰挖煤工人的生活暗无天日，受尽压迫剥削。方志敏到横峰工作25天以后，以煤矿工人的抗捐斗争为导火索，结合当地农民，策动了横峰县楼底蓝家村暴动，暴动范围占全县的一半地区，参加暴动的人数一度达几万人。

广州军区原副政委刘新增中将：当时，旧中国的农民深受压迫，千千万万的贫苦农民没有土地，终年辛辛苦苦地为地主种田，自己就是没有饭吃。所以，到处是贫困、痛苦、怨恨，到处是尖锐的社会矛盾，就像一箱一箱的火药，一点就能够爆炸。

暴动烈火一经燃起，迅速形成燎原之势。1928年1月，方志敏又发动了弋阳、横峰两县农民革命团暴动。暴动打击了一批群众深恶痛绝的豪绅地主，平债分谷分财物，给群众带来了实际利益。弋横农民武装暴动成功之后，建立了苏维埃政权，颁布了《土地分配法》，创立了赣东北革命根据地。

【画面：电视剧《方志敏》建军素材，方胜峰，（影视画面）方志敏主持方胜峰会议】

1928年2月，方志敏着手建立军队。他集中了所有的枪支，从农民革命团当中挑选了几十名骨干，在漆工镇齐川源村组建了一个连，番号为工农革命军第二军第二师第十四团一营一连。

建立工农革命武装，这在赣东北革命根据地历史上是具有里程碑意义的大事。为了让这支军队走向正规、发展壮大，方志敏殚精竭虑、呕心沥血。

赣东北革命根据地前期斗争的最大特色，就是组织当地农民暴动，造成"波浪式"地向外推进的态势，这也是方志敏"工农武装割据"的一种模式。

方志敏曾多次来到鄱阳，培养农民运动骨干，发动农民暴动。1927年11月，爆发了轰轰烈烈的珠湖农民暴动。

珠湖村民刘美珍（87岁，烈士后代）：方志敏到珠湖发动农民暴动开会，提口号："共产党铁犁头，只许向前不许退后，抓到一个（土豪劣绅）抓二个，杀一个（敌人）算一个，杀两个赚得一个。"

【画面:十八村暴动纪念馆】

1928 年 11 月,德兴县的万村、张村、大田等 18 个村同时举行农民革命团暴动,成立了苏维埃政府。

大田村村主任张文华:受弋阳、横峰革命大潮的影响,我们大田村也成立了农民革命团。德兴这儿的地主老财就害怕,有些转移财产准备逃跑,当时就请示了我们这边的革命团领导提前暴动。

18 个村暴动后,工农武装割据烽火迅速燃遍德兴全县。

贵溪、余江、万年 3 县农民武装暴动,是方志敏、黄道等策划与领导的一次更大规模的暴动。

1928 年 7 月,方志敏派黄道等党的干部,深入到贵溪县周坊地区,开展党的秘密工作,计划发起农民武装暴动。在准备过程中,通过"上名字"运动、组织农民革命团、发展党员,进一步扩大革命力量。后来,建立中共贵溪县委,方志敏亲自兼任书记。接着,暴动指挥部成立。1929 年 6 月,周坊暴动一举成功,随之诞生了红军第七连。

贵溪市革命烈士纪念馆馆长邵金旺:暴动以后,红区不断发展壮大,在标溪夏家、汪家祠堂这个地方,我们接着又成立了红八连。

【画面:万年县坞头暴动纪念碑】

接着,以周坊为中心,毗连的贵溪、余江、万年 3 县 80 多个村庄数万农民,举行了声势浩大的武装暴动,成立了苏维埃政府,开辟了贵溪、余江、万年 3 县新的革命根据地。

在方志敏的领导下,当年,赣东北地区的农民暴动接二连三。这里是茗洋山区,大山深处的农民当年揭竿而起,加入了声势浩大的暴动行列。

上饶县党史办干部陈子清:这一带水库淹掉了,以前就叫茗洋街,在茗洋街发动了一次比较大型的暴动。暴动以后,茗洋这一带包括湖村,是我们上饶县成立苏维埃政府最早的。

赣东北各地的农民武装暴动,使革命根据地由最初的弋阳、横峰两个县扩大到信江流域近十个县。

一次次的暴动,留下了一个个可歌可泣的故事。

山川秀丽的赣东北大地上,有许多这样的烈士墓园,墓园里安息着一批批年轻的勇士英烈。他们牺牲时,大多只有二十多岁,正处在充满活力的青春年华,如果生于和平年代,他们本该拥有儿孙绕膝、白发天年的人生,然而当年为了建立红色政权、保卫红色政权,他们义无反顾地献出了宝贵的生命,永远长眠在这片红色的土地上。

刘美珍:我父亲是农民暴动副主任兼暴动副总(指挥),1928 年就牺牲了,那时候我只有 9 岁。

1928年五六月间,国民党军队对赣东北革命根据地发起第一次局部"围剿"。此时赣东北根据地的红军虽然扩大为两个连,但战斗力仍然十分弱小,方志敏只好带着根据地军民退守磨盘山。省里来的特派员提出把枪埋起来,党的领导人到城市去做白区工作。方志敏在方胜峰组织召开弋阳、横峰两县领导人会议,对埋枪逃跑的主张进行了严厉的批评,用坚持根据地的斗争统一大家的思想,并做出开展新的武装斗争的决策,派党的干部深入白区组织发动新的暴动,红军部队给予配合,粉碎敌人的"围剿",扩大革命根据地。

为了有效壮大红军队伍,方志敏、邵式平、黄道等凭着巧妙的宣传策略,对白军一次次成功策反,从敌人手中夺取枪支。

方志敏等同志对白军第一次成功策反,是在赣东北根据地遭受国民党军第一次局部"围剿"的时候,他们促使一批"进剿"的白军士兵70多人在德兴县磨角桥起义,投奔了红军。

南京军区原司令员向守志上将:国民党的军队呀,很多都是抓壮丁来的,都是贫苦的农民。国民党的官员是打呀骂呀,一到共产党部队来以后,官兵平等,不打不骂,所以说很快地就变成了共产党领导军队的革命战士。

【画面:电视剧《方志敏》,白军投诚的画面;白军内部争吵要不要刺杀方志敏的画面】

也有暗藏的反革命分子混在投诚的队伍中,企图寻找机会刺杀方志敏。

有一次,一支白军队伍来到弋阳县第九区,驻扎在漆工镇湖塘村边上。一些白军官兵把长枪上的枪栓都卸下送给红军,伪装出投降的"诚意",实际上他们还暗藏有许多短枪。见到送来的枪栓,方志敏说:对方交了枪栓,就能表明他们把心交给红军了吗?我们要多动脑筋,想办法争取这支队伍,不要让他们蒙蔽我们,赶快把枪栓送回去。

为了将这支队伍真正争取过来,方志敏提出三条意见:生活上对这支队伍要以真投诚对待;政治上要高度警惕;军事上一定要得到这支武装。在方志敏的正确领导下,这支白军队伍中绝大多数人真正投奔了红军。

封肖平:当时红军里面有个红军将领叫龙志光,实际上他是白军投诚过来的。这个人他参加了很多战斗,后来成为红军优秀的指挥员,最后壮烈牺牲了。现在在江西鹰潭市下辖的贵溪市,还有一个志光镇,为了纪念他而取这个名字的,其实当时像龙志光这样的人还有很多。

【画面:电视剧《方志敏》建党画面】

方志敏对红军党的建设极其重视。早在1927年秋,方志敏领导弋阳县第九区暴动时,他每组织一支武装农民革命团,就建立一个党支部;先后共组织了二十几支农民武装,就建有二十几个党支部。此后,在建立赣东北革命根据地时,方志敏同样重视党建工作。1930年6月,中共信江特委书记唐在刚在上海向党中央汇报工作时,在一份文件中提到,在苏区面积还不大、党员人数还不多的情况下,共建立了"九百九十多个支部"。其中,红军独立团十个连,建立"士兵支部十六个"。这就是说,苏区每个村子,红军每个连队,都有一个以上的党支部。

党支部充分发挥战斗堡垒作用,成为新生的红色政权坚不可摧、弱小的红军打而不散的重要保证。

向守志:所以我们任何时候都不能离开军魂,军魂就是党的领导。

刘新增:方志敏所带的红军,很能打仗。那么为什么能够出现这种情况呢?就是非常重视政治思想工作,他们知道为什么要打仗,为谁打仗。他们是为穷人打天下,建立穷人自己的政权,捍卫穷人自己的利益。所以,红军官兵个个能够舍生忘死,勇敢战斗。

赣东北革命根据地的发展,靠的是正规红军、地方红军和群众武装三位一体的人民武装体系。正规红军是主力,地方红军和群众武装在军事斗争中,同样发挥了重要作用,形成了人民战争的大格局。

在打破敌人对赣东北根据地第一次局部"围剿"的金鸡山战斗、消灭贵溪县靖卫团的桃源胡家战斗、消灭国民党正规军一个团的德兴新营战斗中,除了正规红军,还有群众武装赤卫队、少年先锋队的配合,成千上万的群众武装,有效壮大了战斗力量。

到了1931年,赣东北苏维埃政府有意识地把上前线助阵的群众组织起来,取名为"作战队"。据当年统计,仅弋阳、横峰等五个县外加葛源区,作战队人数就达到48100余名。他们平时是民,战时是兵,与红军部队两个拳头打击敌人。

【主要画面:井冈山,(视频画面)朱德、毛泽东率部在宁冈砻市会师,毛泽东:《中国的红色政权为什么能够存在》《星星之火,可以燎原》】

赣东北革命根据地的创立与发展,受到毛泽东的密切关注。1930年1月5日,他在《星星之火,可以燎原》一文中写道(配字幕):"朱德毛泽东式、方志敏式之有根据地的,有计划地建设政权的,深入土地革命的,扩大人民武装的路线是经由乡赤卫队、区赤卫大队、县赤卫总队、地方红军直至正规红军这样一套办法的,政权发展是波浪式向前扩大的,等等的政策,无疑义地是正确的。"

【主要画面:(历史影像资料)蒋、冯、阎军阀混战;红军独立团整编地——弋阳余家仓,景德镇旧城,(影视画面)红军智取景德镇,联席会议旧址,红十军成立——乐平界首村,万年县富林会议祠堂,周建屏、邵式平照片,红十军出击地——鄱阳、湖口、彭泽旧县城,安徽省东至县等】

1930年5月,蒋介石、冯玉祥、阎锡山等军阀混战在中原地区爆发。不久,方志敏不失时机作出攻打景德镇的决定。

景德镇是闻名中外的千年瓷都。方志敏清楚地知道:由于军阀混战,景德镇兵力空虚;这次红军夺城,并非强攻,而是智取。

1930 年 7 月 6 日凌晨,一支打着国民党保安团旗号的部队,神不知、鬼不觉地出现在景德镇城墙门外。城门卫兵自动打开城门,乔装改扮的红军在镇内地下党员和瓷业工人的引领下,分头火速占领县衙门、警察署和驻军兵营,共俘敌 400 多人,缴获大批武器和物资。红军智取景德镇,仅放十几枪,人员无一伤亡,创造了红军战争史上的一个奇迹。

在开创和发展壮大赣东北根据地的过程中,方志敏领导的武装力量,由群众武装到地方武装、到正规红军;从一个连、到两个连、到一个团、到建立工农红军第十军,逐步发展壮大起来。

1930 年 7 月 22 日,方志敏领导的中国工农红军第十军,在乐平县界首村举行建军典礼。

赣东北红军在反"围剿"的战火中不断壮大,也在战火中形成了具有自身特色的游击战争战略战术,即"出敌不意、攻其不备、声东击西,避实击虚,打不打操之于我,集中优势兵力,诱敌深入,扎口子,打埋伏,截粮道,吃补药,吃得下就吃,吃不下就跑"。红军运用这些战略战术,不断取得战斗胜利,使赣东北革命根据地迅速扩展。

方志敏等领导创建的革命根据地,总体上经历了"由弋横而信江,由信江而赣东北,由赣东北而闽浙赣,由闽浙赣而闽浙皖赣"几个发展阶段。初创时,只有弋阳、横峰两个县。到 1929 年 2 月,信江流域好几个县都建立了党的县委。中共信江特委成立,成为这块根据地党的统一领导机构,同时成立了信江特区苏维埃政府。到 1930 年 7 月,信江苏区改称赣东北苏区,成立了赣东北省委和省苏维埃政府。

1932 年 11 月下旬,经党中央批准,中共赣东北省委改称闽浙赣省委。同年 12 月,赣东北苏区改称闽浙赣苏区,区域范围已经由赣东北扩大到福建的北部和浙江的西部,即覆盖到了闽浙赣三省边区。

地处武夷山东西两麓的闽北苏区,是 1930 年 5 月经过上梅暴动和崇(安)浦(城)暴动创建起来的,其区域以崇安县(今武夷山市)大安为中心,纵横闽赣两省边区近十个县,是闽浙赣苏区的重要组成部分。

【画面:闽浙皖赣苏区三维电子版图,动感变化壮大;人民快乐幸福生活镜头、劳动镜头、红军军事训练镜头等】

赣东北苏区改称闽浙赣苏区之时,仅在赣东北的中心苏区,就建立了中共弋阳、横峰、德兴、上饶、铅山、贵溪、余江、万年、余干、广丰、乐平、鄱阳、都昌、浮梁、怀玉等 15 个县委,其中有 13 个县建立了苏维埃政府。此外,还在浮梁、乐平、婺源 3 个县建立了中共浮乐婺中心县委和苏维埃政府。1933年2月,在信江抚河流域开辟了信抚新苏区,还有建立了扩展到浙江西部的化婺德特区。

同一时间,皖南的党组织,包括建立在东至县的徽州工委和宣城特委,蕲春、宿松、太湖、彭泽工委等,归属闽浙赣省委领导,统一成立了皖南特委。

在第五次反"围剿"期间,方志敏运用早期"波浪式"发展根据地的经验,先后创造了皖赣边和皖南两大块新苏区:皖赣边新苏区以浮梁县程家山、东至县大板为中心,两省边区十几个县竖起了苏维埃的旗帜。皖南新苏区以黟县柯村为中心,也有好几个县建立了红色政权。

皖南大片新苏区的创造,是方志敏领导边区军民斗争的新奇迹,也使闽浙赣苏区有了闽浙皖赣苏区之称谓,使"方志敏式"根据地成为全国六大苏区之一。

【主要画面:红旗勋章,给方志敏授勋的信,赣东北苏区改称闽浙赣苏区的有关文献;赣东北中心区、化婺德特区、信抚分区区域示意图,约20个县的县委、县苏维埃政府机关旧址等;影视资料:苏区繁荣兴旺的社会生活】

1931年11月8日,中华苏维埃全国第一次代表大会在红都瑞金召开。方志敏被授予红旗勋章。红旗勋章代表了苏区最高荣誉,当时仅授给毛泽东、朱德、方志敏等8位同志。

方志敏为创立闽浙皖赣四省边区的苏维埃红色政权建树了卓越的功勋。

第八集 精神丰碑

【一组方志敏的各种雕像】

1935年8月6日,伟大的无产阶级革命家方志敏被敌人杀害。

方志敏走了,人生仅三十六个春秋,走得匆忙,也走得从容。

方志敏走了,他的事迹被后人传颂,他的精神血脉代代传承,他用热血和生命铸就了永恒的丰碑,他的狱中遗著成为党和人民宝贵的精神财富。

【画面:国民党旧监狱的围墙;大墙内放风的囚犯;关押革命者的镜头】

当年,在敌人的监狱中,敢于承诺把方志敏写的文稿送出去的是一些什么样的人呢?难道他们不知道,一旦被国民党当局发现,是会被杀头的吗?方志敏在狱中,施展了何种"法术",让这些人甘冒生命风险勇当信使?解答这些疑问,还需要从方志敏在狱中说起。

杨子耀:监狱无疑是黑暗的,但这里面也有有良知的人,也有对祖国有感情的人、富有正义感的人。方志敏呢就是利用了这一点,他通过他那种天才宣传家的才能,能够把他写下来的9篇文稿、7篇书信,共14万多字的狱中文稿送出来,能够让那么多人自愿冒着、甘心冒着生命的危险,去充当来自地狱的信使。

【主要画面:高家骏、程全昭当年照片,杭州旧城,胡逸民当年照片,(电视剧画面)方志敏与高家骏的秘密联络;方志敏与胡逸民交谈,方志敏文稿手迹:《给党中央的信》《给某夫妇的信》《交给胡某的信》,鲁迅照片、鲁迅在上海的故居,八路军驻南京、重庆办事处旧址,叶剑英当年照片和他写的题照诗等】

方志敏刚一入狱,就显现出他的爱国热情和伟大人格。受到方志敏的宣传教育而愿意改变人生方向的人,就是看守所的狱方人员。

方志敏在监狱新结交的朋友,是军法处看守所所长凌凤梧。此人首先被方志敏的言行和精神所折服。凌凤梧利用职务之便,给过方志敏一些帮助,譬如把十几斤重的脚镣换成四斤重的。方志敏与其他看守人员的秘密交往他也知情,但他始终能保守秘密。

陈忠:不管他曾经是国民党的官员,或者说是国民党监狱里的那些士兵,是的,他穿的衣服是国民党的衣服,但是里面最根本的,你那个心还是中国心。正因为是中国心,所以我们就可以相通,所以你就可能会对我爱国的方志敏表示理解,表示同情。

【画面:国民党的看守所、四角岗楼、值班的看守人员,高家骏照片;绍兴柯桥外景,江南水乡风光】

这位看守员名叫高家骏,时年 23 岁。他小时候家住杭州市,与邻居女孩程全昭楼上楼下、青梅竹马,长大后两人情投意合、成为恋人。可女方父亲却因门第悬殊坚决反对他们交往。高家骏赌气之下,离家出走。临走前向程全昭表白:"待有出头之日,会来接你。"

高家骏从杭州到南昌,为了生计进军法处看守所当了看守员。他当差不到一个月,值班时便遇上刚入狱的方志敏。经方志敏指点迷津,这位年轻人不仅把方志敏视为良师益友,还表示要追随方志敏参加革命,他第一个答应帮助方志敏传送文稿。

【画面:胡逸民照片;孙中山早期革命活动画面一组】

方志敏还有一位狱友名叫胡逸民,此人早年追随孙中山参加同盟会,是国民党元老级人物。他先后担任过国民党中央清党审判委员会主席、高等法院院长、南京中央军人监狱监狱长等多种高官要职。1934 年,因国民党内部倾轧,胡逸民被捕入狱,囚禁在南昌军法处看守所优待号。当方志敏从普通号移送到优待号,正好与胡逸民的优待号门对门。

胡逸民当初承担了国民党劝降说客的角色,几次交往下来,却完全被方志敏的人格、人品、学识与才华所折服。两个人频繁接触,成为无话不谈的莫逆之交。胡逸民受方志敏影响,也在狱中撰写了《国民党中央监狱秘闻实录》,还请方志敏修改过。

胡逸民是继高家骏之后,第二个承诺给方志敏送文稿的人。

如何向外送文稿呢?胡逸民想到妻子向影心。

向影心善于交际。胡逸民因故遭囚禁,她随丈夫来南昌,可以自由出入监狱。胡逸民介绍妻子认识方志敏。他们谈过几次话,方志敏抓紧做这一对夫妻的思想教育工作。这封《给某夫妇的信》就是写给胡逸民夫妇的。信中动之以情、晓之以理,希望他们"从反革命的营垒,跳入革命的营垒;从罪恶跳入正义;从黑暗跳入光明"。思想工作果然有效,胡逸民的妻子一度表示由她来兑现丈夫的诺言。方志敏试探性地让她从狱中带走第一篇文稿——《我从事革命斗争的略述》。

胡逸民的妻子按方志敏的安排到了上海,由于当时情况复杂,文稿传递中又出现了一些意外,直到1939年,当时全民族的抗日战争已经爆发,文稿转到了八路军驻重庆办事处。办事处负责人叶剑英看了《我从事革命斗争的略述》,写了一首七言绝句题照诗《读方志敏同志狱中手书有感》:血战东南半壁红,忍将奇迹作奇功。文山去后南朝月,又照秦淮一叶枫。这首诗热情讴歌了方志敏的丰功伟绩和不朽精神。

【主要画面:(镜头闪回)方志敏在狱中撰写文稿,与高家骏秘密联络,与胡逸民激情交谈,《给党中央的信》;程全昭当年照片,上海宝隆医院,宋庆龄、鲁迅等人故居,内山书店、生活书店、中共上海特科等旧址,胡子婴当年照片,杭州程全昭的家等】

方志敏以人格的魅力先后感动了国民党营垒中的一批人,这就使更多的狱中文稿,包括《可爱的中国》《清贫》等后来得以顺利地送出去。

方志敏在狱中《给党中央的信》中有这样一段话:"我在此宣传了十个人来参加革命。"十个人看起来不多,但军法处的这所监狱,一共只有19名看守员,方志敏在信中还说:"我在监狱并未一刻放弃宣传工作,以致看守所的官吏们严格禁止看守兵、卫兵到我房来,怕接近我而受到我的煽动。"

杨子耀:方志敏写《可爱的中国》是公开写的,大家都已经领略到了他那种强烈的爱国主义情感。他能够以国家为重,以民众为本,以道义为先,以殉志为荣,这种人格魅力是很能感染人的。

胡逸民的妻子送走了方志敏的文稿《我从事革命斗争的略述》,从此就一去不复返了。不久,方志敏的几位战友相继牺牲在国民党的枪口之下。方志敏预感当局留给自己的时间也不会太多,因此,他急于把文稿送出监狱。此时,另一人选是远在杭州的年轻姑娘程全昭。

看守员高家骏女友程全昭是一位小学代课老师,1935年7月初,她瞒着父母,路上颠簸四天,到了南昌,来见高家骏。原本以为是来与男朋友叙恋情的,见面后才知道,高家骏是约她来帮方志敏送文稿的。

程全昭听完高家骏的叙述,这位善良的姑娘由不理解到理解,由理解到行动。她不顾旅途劳顿,接过方志敏分别写给宋庆龄、鲁迅、邹韬奋、李公仆等著名民主人士的信和经过密写、看不见一个字的一包白纸,踏上了通往上海的风险历程。

程全昭怀着忐忑不安之心在上海四处奔走。当时的上海,特务遍地活动,必须处处提防,时时小心。程全昭先找到宋庆龄的家,宋庆龄正好不在家,她只好把信交给一位女佣模样的人;然后程全昭又去找鲁迅,几经周折,找到了鲁迅的日本友人内山完造开的书店,没有见到有事离开上海的鲁迅。程全昭失望地离开,又开始在上海辗转奔波,找到中华职业学校,把信交给校长李公仆本人,但因故没有留下文稿。此时的程全昭有点沮丧,她把希望寄托在最后一个联络点——生活书店。程全昭找到生活书店,看到店内两个陌生的男人。她留下给邹韬奋的信,匆匆离别时再三要求,当天晚上务必派人到上海宝隆医院门口,去取从南昌监狱带出来的一包文稿。

程全昭并不知道,生活书店是中共上海特别行动科的一个秘密工作点,书店里的两个男人正是特科人员毕云程和胡愈之。程全昭走后,两个人看完信,又是担忧,又是着急。担忧的是,如今上海一片白色恐怖,一位陌生的女子跑来送信送文稿,很有可能是国民党特务设下的陷阱;着急的是,如果来信是真的,因有顾虑而不去取,会误了大事。正当两个人犹豫之际,上海民主人士章乃器的夫人胡子婴恰巧来到生活书店。她了解到情况后,主动提出由她去趟宝隆医院取那批文稿,并说我是共产党的朋友,为了辨明真假,尤其不能误了大事,这趟风险必须去冒。

当晚胡子婴来到宝隆医院,果然看到一位年轻女子站在大门前等待。两人相见时先询问对方姓名。胡子婴自称姓宋,这是她母亲的姓。程全昭则回答自己名叫李贞,这是方志敏给她取的化名。听说对方姓宋,又是一身贵夫人装束,程全昭误认为来人是宋庆龄,即刻把一包文稿当面交给对方。

【主要画面:(情景再现)显影方志敏狱中文稿手迹,莫斯科、共产国际东方部旧址,巴黎《救国时报》发表方志敏文稿;南昌、军法处监狱;上海、新惠宁旅馆;杭州、高家骏的家,建国后高易鹏、程全昭照片等】

胡子婴拿到文稿,连夜送到生活书店,交给正在焦急等待的毕云程、胡愈之。随后,他们又转交给中共上海特科负责人王世英。一个多月之后,中共上海特科因形势变化而奉命撤销,部分特科同志要转移去苏联莫斯科,他们带上珍贵的方志敏狱中文稿,经过长途跋涉后,转交给了共产国际东方部,随之又转寄到法国巴黎,由中共人士吴玉章收到。由程全昭从监狱送出来的这批方志敏文稿,数度辗转5个月,行程上万里,终于有了着落。当年12月9日,方志敏撰写的《我们临死以前的话》,由中国共产党在法国巴黎主办的《救国时报》创刊号上首次公开发表。这批珍贵的文稿后来又转给了中共中央。

程全昭送出文稿有了好结局,可她返回杭州却没有报个信。方志敏决定让高家骏离开军法处去趟上海,他希望能抓住生命的最后一点时间,联系外援,争取越狱,这是主要目的,同时也了解一下程全昭的情况。

高家骏向军法处请了长假，随身带上方志敏写的几封信，于当年7月底离开南昌到达上海，他抓紧时间，跑了几个地方，可要找的人一个也没找着，只是在某处留下一封信。第二天，高家骏突然接到一个紧急电话，要他即刻离开上海，南昌也不要回去，否则有危险。

无奈之下，高家骏只好返回杭州老家。他后来知道，程全昭先他回家，在父母的逼迫下，说出了给共产党员方志敏送文稿的事，把父母吓得差点晕了过去。他们赶紧把女儿关起来，不准迈出家门半步。不久，父母又逼女儿嫁给一名铁路职工，并随丈夫去了大西北。直到20年后，高家骏已改名为高易鹏并成为一名医生，他与程全昭这对昔日的恋人在杭州偶然相遇，此时各自有了家庭，最终未能成为眷属。

【主要画面：(情景再现)方志敏嘱托胡逸民，胡逸民中华人民共和国成立后照片，宋庆龄、冯雪峰、潘汉年、谢澹如照片，上海某银行保险箱，《可爱的中国》影印本等】

方志敏牺牲前夕，又把《可爱的中国》等一批文稿，托付胡逸民来日出狱时，务必把文稿交给中共中央。作为生死之交的囚友，胡逸民老泪纵横，满口应承。

1935年秋后，胡逸民经国民党元老于右任等人说情与担保，被释放出狱，并带出了密藏的方志敏文稿。1936年11月18日，胡逸民带着文稿抵达上海，找救国会的知名人士转交中共组织，碰巧又遇到胡子婴。两个人在胡子婴家中看过文稿，里面有《可爱的中国》《清贫》等。

胡逸民出狱后，走上了经商之路，后来定居在香港，直到中华人民共和国成立后，他还多次来到南昌拜谒过方志敏之墓。

胡子婴当年收下文稿的第五天，便找到中共党员章秋阳，让他把《可爱的中国》《清贫》等文稿转交给宋庆龄保藏。不久，宋庆龄把文稿交给从延安来的中共党员冯雪峰，又转给中共上海地下党负责人潘汉年和党外朋友谢澹如等珍藏着。新中国成立后，方志敏的狱中文稿被转交给中共中央宣传部，其中的两篇文稿和一封书信由上海出版公司首次用《可爱的中国》作书名，于1951年10月正式出版。

陈忠：英雄远去，斯人远去，但是灵魂留下来了。他写的那个东西把他的灵魂留下来了，因为灵魂留下来了，所以就精神长存。

方志敏精神不灭，代代传承。当年红十军团由粟裕、刘英率领的先头部队800余人，在怀玉山区突破敌人的封锁线之后，进入德兴苏区，以先遣队突围部队为主干编组为红军挺进师。这支部队转战浙西南、浙南等地，坚持3年游击战争，后来被编入新四军第三支队第四团，人称"老四团"。

被方志敏留在皖南的红军先遣队余部也编为皖南红军独立团，并与闽浙赣省委取得联系，转入游击战争，后来被编入新四军第一支队第二团，人称"老二团"。

这两支队伍英勇善战，都被命名为老虎团。抗日战争中，两个老虎团对日作战，威震大江南北。解放战争时,两个老虎团参加了孟良崮战役、渡江战役等一系列重大战役,抗美援朝时又参加过上甘岭作战,以赫赫战功,多次受到中央军委嘉奖。全国解放后,"老二团"成为保卫首都北京的卫戍部队王牌团,"老四团"成为驻守北疆哈尔滨的英雄团。几十年过去了,方志敏精神,仍然是激励他们前进的力量。

方志敏孙女方丽华:我觉得精神世界的传承,才是我们民族屹立不倒和在世界上能够有竞争力的,这是很重要的(力量),因为这是一个内在的永动机。所以我觉得这种精神世界特别重要,(必须)传承下去。

方志敏孙子方华清:作为他的后代,用他的精神来对照自己,用他的标准来要求自己,这是我对爷爷方志敏最深刻的怀念,也是最深刻的传承。

方志敏孙子方小勇:我们要把这个精神宣讲出去,大张旗鼓、旗帜鲜明地去宣讲爱国、清贫、创造、奉献这样的精神。

当年,方志敏牺牲后,人民不忍心将真相告诉他的母亲。当地游击队悄悄告诉她,方志敏没有死,他一定还会回来的。1949 年 5 月,一支人民解放军部队解放了弋阳。这天,一位解放军团长来到方家,跪在方母面前说:"娘,儿子回来了!"方母又惊又喜,仿佛做梦一样,但她细细一看,这不是自己的儿子。团长跪在老人面前说:"老妈妈,您的儿子为祖国牺牲了!我们都是您的儿子,所有解放军官兵都是您的儿子!"老人泪流满面,团长长跪不起。

这位英雄的母亲为革命失去了两个儿子,又因为两个牺牲的儿子得到千千万万个儿子。

总后勤部上海第二军医大学原副政委方震将军(106 岁):方志敏是英雄,英雄好汉!方志敏是共产党的模范。

向守志:与天地共存,与日月同辉,永放光芒,对方志敏精神要世世代代把它传承下去。

中国红色文化研究院荣誉院长陈干群:像方志敏烈士身上的这些品德、这些精神,我觉得十分必要来学习,我们有责任进行宣传、进行教育。

根植于中华大地的方志敏精神,已经成为构建社会主义核心价值观和实现中华民族伟大复兴的正能量,大力弘扬方志敏精神是时代的需要,历史的必然。

全国解放后,党和国家领导人均以不同方式怀念这位伟人,毛泽东同志曾称赞方志敏:"以身殉志,不亦伟乎!"毛泽东还满怀深情地说:"方志敏是一位很有理想、很有气魄的革命家","他是一个大智大勇很有才华的共产党员,他死得伟大,我很怀念他"。

1984 年 6 月,邓小平同志以深情的笔触,为《方志敏文集》题写书名。这部文集由人民出版社正式出版,成为老一代革命家爱国主义的思想丰碑。

1997 年 1 月 29 日,江泽民同志号召全党:要学习方志敏的崇高品德和浩然正气。

1999 年 8 月 20 日,胡锦涛同志在纪念方志敏诞辰 100 周年座谈会上指出:"方志敏同志是我们党的骄傲、人民的骄傲,他身上体现的崇高品格和浩然正气,是我们党的宝贵财富。"

2014 年 10 月 15 日,习近平总书记在文艺工作座谈会上的讲话中说:"爱国主义是常写常新的主题。拥有家国情怀的作品,最能感召中华儿女团结奋斗……方志敏的《可爱的中国》等等,都以全部热情为祖国放歌抒怀……引导人民树立和坚持正确的历史观、民族观、国家观、文化观,增强做中国人的骨气和底气。"

建在方志敏家乡的方志敏纪念馆,成为全国爱国主义教育示范基地。

这是烈士家乡宏伟的方志敏大道,横贯县城南北,是弋阳最宽敞的标志性大道。

为纪念方志敏,中共上饶市委、上饶市人民政府创作排演了情景诗画剧《为了可爱的中国》,在全国各地上演,包括在首都人民大会堂演出,受到观众广泛欢迎。

电视连续剧《方志敏》在人民大会堂举行了首映式,在全国各地电视台播放。

中共上饶市委组织开展了"百万市民、学生升国旗、唱国歌、诵读《可爱的中国》"活动,130 余万人齐声诵读方志敏烈士遗著《可爱的中国》,得到人民日报、光明日报、新华网等中央、省、市媒体的关注报道,取得了广泛好评。

在方志敏所处的那个年代,他心目中未来的中国是怎样的呢?《可爱的中国》这篇文章中作了这样的展望:"朋友,我相信,到那时,到处都是活跃跃的创造,到处都是日新月异的进步,欢歌将代替了悲叹,笑脸将代替了哭脸,富裕将代替了贫穷,康健将代替了疾苦,智慧将代替了愚昧,友爱将代替了仇杀,生之快乐将代替了死之悲哀,明媚的花园,将代替了凄凉的荒地! 这时我们的民族就可以无愧色地立在人类的面前,而生育我们的母亲,也会最美丽的装饰起来,与世界各位母亲平等的携手了。"

今天如方志敏所愿,一个强盛的、可爱的中国正屹立在世界东方。

岁月推移,磨灭不了英雄的伟岸。

时光流逝,更显出共产党人的辉煌。

方志敏,一座光耀千秋的精神丰碑,激励着一代又一代中华儿女,为实现中华民族伟大复兴的中国梦而不懈奋斗!

上饶广播电视台

主创人员:张陆游、王炜、柳春江、张建波、许俊

信念人生：纪录片《方志敏》的现实意义

张忠仁

纪录片作为电影的一个类型分支，内容的真实性是其题材选择的基础，而叙事与表现的电影化特征则是纪录片感染力得以呈现的重要方法。从概念上看，纪录片一词的英文"Documentary"作为一个合成词，其含义是指具有文献资料性质的，以文献资料为基础制作的影片。中国的纪录片行业发展既借鉴了欧美国家的观念，习惯上将"汇编性"纪录片称为"文献片"，即利用以往拍摄的具有文献价值的影像资料辅以新近拍摄的素材进行再创作性编辑。"文献纪录片"历来为中国纪录片创作所重视，又依据国情环境差异有所调整，并逐步衍生出以宣传重大政治思想理论观念为主的政论纪录片，以探究饮食内容文化内涵的文化纪录片，以呈现时事、传统演艺行当状态的展示型纪录片等等。

文献纪录片《方志敏》以中国共产党早期革命，即土地革命时期的主要领导人之一方志敏为主要人物，以农运风云、开创伟业、红色经济、清廉高风、心系百姓、血战东南、狱中斗争、精神丰碑等八个单独的篇章，系统而深入地展示了方志敏作为"伟大的无产阶级革命家、军事家、杰出的农民运动领袖"三十六年的人生历程。八集纪录片给人的观感有两个：一是创作者抓住了表现方志敏烈士的关注点——信念人生；二是纪录片《方志敏》八个篇章呈现的内涵具有当下现实意义。

一、信念人生：作为叙事逻辑与议程设置的主题

纪录片《方志敏》的开场叙事逻辑就具有议程设置特点，既符合影像叙事规律又隐含地表现了全片主题。比如第一集开场采用的"地域—环境—人"这样的蒙太奇前进式句型，介绍方志敏这个核心人物同时，也给观看者一种视角由远及近的带入感。在叙事逻辑上，地域性特征用江西三清山、福建武夷山、安徽黄山、浙江钱江源等航拍画面，环境特征采用了弋阳县城、山峰、农田、方志敏雕像、方志敏中学等具有赣东北生活特点的画面，人物的特征本片采用了一群孩子在教室内认真朗读方志敏烈士遗著文章《可爱的中国》的细节画面。这三组画面极具象征性，一方面直接展现了中国几个知名的地域性河山美景，另一方面是这些画面关联了童声朗读文章《可爱的中国》的声音。更重要的是，几组画面为本片埋下了一个议程伏笔——这些地域，这些环境，以及这些孩子所朗读的文章内容，正是方志敏从事革命活动的区域和试图达到的理想目标。也正是因为有这样的目标和信念，才促使其选择了这样的革命人生。

纪录片具有纪实性和思想性两个基本特征,对现实的关注必然涉及"议程设置",并且通过设置议题引导观众对影片主题进行思考。文献纪录片《方志敏》的编创者充分利用了议程设置,在八集的篇幅内,几乎每一集都充分利用已有的各类资料、文献,围绕着方志敏个人成长、学习、革命经历,以逐步梳理原因的议程逻辑,给观众展现了一个天资聪颖的少年方远正,面对家乡、国人的积贫积弱,他试图寻求解决的办法。走出家乡读书开阔了眼界,接触了新思想,他改名方志敏。随着思想观念逐步发生改变,他加入中国共产党,从此开启了"信念人生",最终走上了革命道路。

更为可贵的一点是,纪录片《方志敏》虽然内容属性为人物的文献纪录,但是编创者又不局限于对历史资料的简单汇编。整体来看,本片采用了党史专家、方志敏女儿、晚辈的口述,影视资料对历史情景的重现,以及较有感染力的解说词等多种表现手段。这些手段的运用,不但使叙事逻辑更加严谨,而且让议程设置思路更加清晰,同时还增加了纪录片的情节感染力,也强化了主题。

二、篇章结构:人物形象的多侧面展现及现实意义

纪录片《方志敏》采用了篇章式结构,避免了单一线性结构对影视叙事的束缚。作为一部关于方志敏这样一个中共党史上的特殊人物,其经历本身就是一部丰富的文献史料。比如,他在江西老家领导创建了赣东北苏区,并逐渐扩大为闽浙皖赣苏区,使"方志敏式"根据地成为全国六大苏区之一。他在此期间的一系列工作、生活、思想、观念,以及对苏区经济、民生等诸多事项的管理、发展决策等。如果采用线性结构,势必成为一部有传奇色彩的英雄人物传记。但是,一部文献翔实、线性结构的文字版人物传记,通过影视直接表达会存在一定的束缚,有可能会成为乏味的"图解",降低了影视叙事的趣味。

影视的结构是编创者对已有素材的截取和重组,也就是对时间和环境的非线性呈现。纪录片《方志敏》的编创者采用了篇章式结构,全片分为农运风云、开创伟业、红色经济、清廉高风、心系百姓、血战东南、狱中斗争、精神丰碑等八集,这种多段落与多线索的结构设计,一是符合影视叙事的时空变化逻辑,二是通过多个侧面的刻画使方志敏烈士的人物形象更加丰满和立体。

纪录片《方志敏》采用篇章式结构,也具有隐性的议题设置作用和进一步深化主题的功能。纪录片《方志敏》的议题设置是隐性的,烈士方志敏的信念人生,并非先天具有的,而是在自身成长过程中,不断学习探索和受环境影响形成的。《方志敏》全片的八集内容以每集的小标题作为篇章议题,通过围绕八个篇章议题建构的每集内容,梳理出了方志敏为什么走上革命道路,他突出的军事才干,他极具前瞻性的经济管理才能,以及他心系百姓的廉洁作风等等。这一系列有详细文献纪录的分集内容,每个都

各自成章,表面上呈现出主题多元化特点,实际上,各部分之间又明确存在着隐性的联系,而这种隐藏于全片背后的联系,才是创作者所设置的真正议题——以方志敏为代表的中国共产党人,参加革命斗争的信仰就是无私无畏、全心全意使大众的生活变得更好。方志敏烈士的这个人生信念,恐怕在今天依然具有很重要的意义。

第二十四届江西新闻奖二等奖

雨润神山

【解说】

在革命老区井冈山黄洋界脚下,有一个风景秀丽的小村庄,因终年云雾缭绕,恍如仙境,而得名神山。2016 年 2 月 2 日,农历小年,习近平总书记踏着迎春的瑞雪来到神山。

【习总书记同期声】

老区在全国建小康的征程中,要同步前进,一个也不能少,都要共同迈入小康社会。

【字幕】

神山,这个藏在深闺的小山村一夜成名。世人在关注神山,神山人也在各界的帮助下,不断地改变自己。

【出片名】

雨润神山

【解说】

新年里的又一场大雪,让沉浸在喜悦当中的神山村更添了一番韵味。

春节还没过完,吉安市委办公室就组建帮扶工作组,冒着春寒,自带铺盖住进了神山。

神山村是"十二五"省定贫困村,共有 54 户 231 人,建档立卡贫困户 21 户 61 人,人均年收入不足 2000 元。如何找准突破口,帮助村民脱贫致富呢?工作组经过调研,将目光投向了旅游。

发展旅游,神山有着天然的优势,黄洋界近在咫尺,周边还有红军旧址等不少红色景点。为让神山早日融入井冈山旅游圈,工作组联系旅游部门,请来一流规划公司,免费编制价值 30 万元的神山谷旅游项目规划。

【现场声】

规划专家:这张呢是我们刚刚讲的,就是我们整个核心区域的效果图……(渐隐)

【井冈山市茅坪乡神山村贫困户 罗林辉】

如果能建成那个效果当然好了,问题是不要光说不练。

【井冈山市茅坪乡神山村贫困户 罗林辉】

我们提点意见,你们听得高兴的就笑口迎对,不高兴的你们就记在心里。

【吉安市委办公室驻神山村扶贫工作组副组长 刘昌荣】

我告诉大家我的心意跟大家是一起的,就是我的目的就是帮助大家怎么脱贫致富,我的目的是什么,就是通过我们的努力,通过我们的工作帮助大家能过上美好生活,这是我的初衷,大家应该是看得到、体会得到,所以我跟大家是心连心的,真的是可以说这句话,不晓得大家同不同意?

【现场声】

村民(鼓掌):同意。

【解说】

一个半小时的旅游规划通气会,有些村民满意而归,有些村民仍然对规划能不能顺利实施抱怀疑态度。

此前,也曾有工作组来村里扶贫,主要是送钱送物。工作组一走,村民们又陷入了贫困。

【驻神山村扶贫工作组干部 吴加星】

我们工作组第一次到神山那天,就有村民直接跑过来问,你们这次带了多少钱来扶贫,我们跟他们说:"钱没带,但是我们带了人过来扶贫。"

【井冈山市茅坪乡神山村贫困户 罗林辉】

扶贫如果说给你们帮扶三五千块钱、三五百块钱,解决不了长久的困难。

【解说】

工作组并未因村民的一时不齐心而动摇,他们吃住在神山村,几乎没有周末,全天候为村民跑腿服务,想方设法解开村民的思想疙瘩。村民们心气顺了,工作热情也高了。工作组、村支两委趁热打铁,变"干部干、群众看"为"干部群众一起干"。

随着神山谷旅游的开发,黄洋界—神山—坝上象山庵2小时旅游经济圈正在形成,"井冈桃源、好客神山"成为井冈山乡村旅游线路上的一颗新星。

前些年,地理位置偏远闭塞的神山村,一直处于贫困状态,年轻人绝大部分出去打工了,村里的常住人口只有30多人。习总书记来到神山以后,全国各地的游客也都慕名前来,神山村民纷纷开起了农家乐,生意做得红红火火。

在正月的喜庆中,张成德家的农家乐热热闹闹地开张了。在外打工的女儿彭张芬也回来了,跟他们一起开起了"成德农家宴"。

【井冈山市茅坪乡神山村民 彭张芬】

现在有很多不远千里的游客,来到这个地方,就是来体验下这个农家菜啊,还有这农村的味道啊,像我们这里神山村,也破坏得比较少嘛,所以的话,体验这种原汁原味,原生态的村庄、农村生活,很多游客是这样子过来的。

【解说】

与习总书记一起打糍粑的李宗吾也将"糍粑农家乐"搞得红红火火,一天可以卖二三十锅,加上卖山货的收入,一个月不下5000元。

趁着全村危旧房改造的政策落地,李宗吾还把原来的老房子翻修一新。外墙按统一规划标准,全部刷新,内墙进行了加固除险,还花了几万元对室内进行了吊顶装修,开辟出供游客住宿的客房,再加上儿子也从外地回乡参加村支部副书记的竞选,让老两口感受到从未有过的踏实。

【井冈山市茅坪乡副乡长 李燕平】

我们神山村有房屋40栋,其中有37栋是危旧土坯房,我们在充分尊重村民意愿的前提下,采取统一规划、统一施工,对35栋土坯房进行了砌体加固、维修改造,其中有2栋是拆旧建新,还有一栋是爱心公寓,我们采取了交钥匙工程,真正使贫困群众住上了安居房。

【解说】

对于神山的变化,村党支部书记黄承忠感触最深。16年前,作为上门女婿的他,第一次来到神山,沿着一条羊肠小道,曲曲折折,翻山越岭,走了足足两个小时才到。

【井冈山市茅坪乡神山村党支部书记 黄承忠】

我记得我结婚的时候,我请了我那个侄子去过菜,就是担猪肉、鱼鸭之类的,担得他腿都颤抖,他说,叔叔呀,这个地方来得呀?!

【解说】

现在,一条经过拓宽提升的水泥公路使神山与外界畅通无阻,络绎不绝的载重卡车,把水泥、钢筋、物料运进神山,客栈、停车场、公厕等配套旅游基础设施相继建起来了。

【井冈山市茅坪乡神山村主任 赖志成】

我们的家家户户的环境哪,搞得清清爽爽、干干净净,旅游的人数一天最多的时候,超过七八百人,这几年都没见过这么多人来我们村。

【河南游客】

被这个地方的自然环境打动,我们行程临时改变,我们要来神山村,我们要吃吃农家饭,我们再感受感受这边的风土人情吧。

【湖北游客】

刚来的时候就觉得这乡下的房子建得不错,但是到了房间里面看到它以前那个对比照,就感觉这个变化是很大,包括这个路,跟这些老表聊下天,他们也觉得说党的政策好啊,然后说他们现在又有入股啊,种植啊,还有分红啊,都弄得蛮好。

【解说】

除了旅游,神山还结合实际,大力发展竹木、茶叶、黄桃、娃娃鱼、黑山羊五大产业,帮助农民增加收入,实现从输血到造血的转变。

绿水青山就是金山银山。神山村把目光瞄准了近 5000 亩山场,经过低改后的 1350 亩井冈翠竹,成为招财进宝的绿色银行。

红军后代左香云利用房前屋后的竹子,生产加工竹笔筒和神山竹酒,通过互联网畅销全国,神山竹品牌名气越来越大。

【井冈山市茅坪乡神山村民 左香云】

我们一根竹子做下来,大概能够产生到 50 块钱左右(利润),然后把它做成竹酒的话,效益又翻了两三倍,基本上能够达到 200 块钱左右。

【解说】

山谷毛竹绿,山坡桃花红,山腰茶叶香。神山采取"基地＋合作社＋贫困户"的模式,在山坡上种植了 21 亩黄桃,并由政府为每户红卡户出资 1 万元、为每户蓝卡户出资 5000 元,作为股金入股,按期分红,前三年每年分红 15％,第四年 20％,以后每年分红达到 30％。村里还引进井冈红茶公司建立种植基地,成立神山村"井冈红"茶叶种植专业合作社,贫困户以土地入股的形式加入了合作社。

2016 年 11 月,神山村入股茶叶、黄桃产业的 21 户贫困户,从入股公司领到股金分红 6.3 万元,户均增收 3000 元。

分红股金拿到手,张成德、彭夏英夫妇倍感幸福。回想起当时总书记到家里拉家常、话未来的场景,彭夏英记忆犹新。现在,日子好过了,仅开办"成德农家宴",全年收入就有 5 万多元。不久前,她主动申请退出了低保户。

【井冈山市茅坪乡神山村民 彭夏英】

感谢我们的总书记来到我们这里,给我们神山村送来了财气、送来了福气,要感谢党的政策好,还要感谢我们各级政府领导工作做得好,我们老百姓才有这么好。

【解说】

当初对帮扶工作组心存疑虑的罗林辉,早已心服口服。在村里修建停车场时,他主动让出自家菜地,积极投入到村里的各项建设当中。日子滋润起来了,罗林辉喜滋滋地算了一笔账,通过产业分红、销售井冈特产和开办农家乐,他家全年收入突破了 4 万元。

【井冈山市茅坪乡神山村贫困户 罗林辉】

只要我们自己有头脑,有想法,敢干,基本上都可以去做到。

【解说】

曾向习总书记竖起大拇指的老支书彭水生,把自家的房子改造成"老支书客栈",游客们纷至沓来,老支书心里乐开了花。

【井冈山市茅坪乡神山村原党支部书记 彭水生】

神山的未来一天比一天好,一个月比一个月好,一年比一年好,更加好起来。

【解说】

2016年12月,经过省市第三方评估,神山村人均收入为11922元,远远高于人均3146元的国家脱贫线标准。

神山村发展的脚步没有停歇,因为神山人又在追逐着奔小康的梦想,一路前行。

【字幕】

2017年1月上旬,神山村将迎来国家第三方评估组对脱贫工作的验收,神山人的脱贫梦即将成为现实。

吉安广播电视台

主创人员:谢慧瑜、郑云军、郭远辉、李玉城、王小燕

电视专题片的话语转向与传播新形式

——评作品《雨润神山》

金 叶

随着媒介技术和传播平台的日新月异,各级媒体纷纷在寻求电视专题片的话语表达和传播形式方面的新突破,江西吉安广播电视台的获奖作品《雨润神山》颇有示范作用,现从以下几个角度进行简析,希望能给探索中的创作者们有所启发。

一、题材重大,紧扣时政热点

党的十八大以来,习近平总书记围绕"全面建设小康社会"提出了一系列的新思想、新论断、新要求,总书记一再强调,"最艰巨最繁重的任务在农村,特别是在贫困地区"、"小康不小康,关键看老乡"、"决不能让一个苏区老区掉队"……这一系列重要论断,充分体现了把13亿多人全部带入全面小康的坚定决心。在这样的时代背景之下,本片以2016年初,习近平总书记来到革命老区神山视察为创作契机,讲述了帮扶工作组来到神山之后,给老区人民的生活带来的巨大变化,可谓立意高远,切中时代脉搏,紧扣社会热点,体现了新闻媒体对国家大政方针的准确把握,细致解读,较好地发挥了媒体的舆论引导作用。

二、主题明晰,紧贴百姓生活

本片将视角对准了"十二五"省定贫困村——神山村,这个人均年收入不到2000元的小村庄,以"精准扶贫、精准脱贫"为核心,紧紧围绕如何找准突破口,帮助村民脱

贫致富的主题,在近 15 分钟的片子中,将宏观的治国方针转变为老百姓的人生故事,既凸显了政策的深刻含义,也通过具象化、个案化的电视处理方式,达到情理交融,体现人生百味。

三、结构完整,讲求层层递进

为了达到更好的传播效果,创作者为《雨润神山》设置了先"破"后"立"的叙事结构,按照事件发生的先后顺序,步步展开。从正月刚过,工作组就进驻神山村,为神山免费量身定制发展旅游计划开始,村民们中有些不理解,以为这次扶贫与以往一样,又是来送钱送物;有些对旅游规划能否顺利实施抱有疑问,全片的悬念由此产生。于是,工作组走家串户,不辞辛苦,想方设法地解开村民的思想疙瘩,"干部群众一起干",最终推动了扶贫工作的顺利开展。全片叙事节奏稳中求变,起承转合、层层推进、收尾呼应,牵动着观众的心。

四、故事性强,注重点面结合

全片采用了"白描"的纪实手法,既有习总书记来到神山后,全国的游客慕名而来,神山村民纷纷开起了农家乐的全景式的展现;也有正月里开张的具有地方特色的糍粑农家乐,以及利用井冈翠竹生产加工竹笔筒、神山竹酒等特写式的描述,点面结合,内容丰富。张成德、李宗吾、左香云……在党的好政策下,这些神山村民们积极奋进的人生故事,串联起了整个片子,可谓见微知著,体现了中国老百姓尤其是革命老区人民的命运、前程和幸福。通过这些有血有肉的小人物的故事,我们欣喜于神山村的变化,也体会到了一个担负起记录社会、记录时代的媒体的责任感和人文关怀。

五、实抓细节,强调前后对比

作为电视专题片,全片的拍摄属于新闻纪实类的风格,画面构图大气简练,镜头剪辑节奏流畅。无论是开篇展示被云雾缭绕的神山美景,还是后半部分展现绿水青山中,在政府资助下,村民们合力种起的黄桃林、红茶园,朴实而不失精巧的画面设计和细节捕捉,都为片子的艺术性增色不少。航拍、特写画面,多样角度的俯拍、仰拍镜头,动静结合,不仅展现了雪中神山大红灯笼高高挂,正月的喜庆气氛扑面而来,也充分体现了春来到,工作组进驻后,神山村民的满面笑容、幸福生活。尤其在村里的住房统一整修后,通过图片、来旅游的人数、村民们年收入等前后对比,神山面貌焕然一新的场景一目了然,也深化了主题。

六、采访丰富，夯实背景资料

人物采访是专题片的重要创作途径之一，《雨润神山》中选择了有典型代表意义的不同采访对象：帮扶组的工作人员，经历过过去穷困生活的"上门女婿"、村党支部书记黄承忠，开拓了不同收入来源、充满幸福感的曾经的贫困户彭夏英夫妇，当初对帮扶工作组心存疑虑的罗林辉，曾向习总书记竖起大拇指的老支书彭水生，以及络绎不绝来自天南海北的游客们等等，真实还原了他们的心理历程和切身感受，使得节目更有温度，第一手资料的获得也夯实了全片的新闻背景，充分展现了党的好政策下，神山村民的聪明才智和勤劳肯干。

七、解说大气，凸显文化气质

一部优秀的电视专题片中，较高质量的解说是必不可少的有声语言表达元素，也是最终呈现的重要途径之一，《雨润神山》中的解说的确可圈可点。解说者基本功扎实，对文字稿理解透彻，气息沉稳，情感深沉。全片中三大重要段落的声音处理大气，且富有变化。开篇习总书记来到神山，解说铿锵有力、情绪激昂，在强有力的音乐伴奏下，为全片的序曲树立了恢弘的主基调，引人入胜。在讲述扶贫工作组进驻神山村后，克服困难、释疑解惑，解说者娓娓道来，流畅自如，真诚的叙述中带有思考，虚实结合，语气坚定。直至神山村民们齐心协力，因地制宜、就地取材，在和帮扶组的一起努力之下，开创了脱贫致富的新道路时，语调明朗，节奏突出欣喜之感，有豁然开朗之意。在解说者深入浅出的语言中，观众被神山村民的经历深深吸引，既为神山的变化而赞叹不已，也深感身为中国人民的幸福感。

可以得见，《雨润神山》是一部心血之作，既站在一定的理论高度，托起宏大主题，又采用了生动鲜活的电视表现形式，体现了思想性和观赏性的融合。展现了独特的艺术风格、鲜明的时代特征、高度的理论修养和深刻的思想内涵。

第二十七届中国新闻奖三等奖

2015—2016 年度中国广播影视大奖提名奖

第二十四届江西新闻奖二等奖

转　移

——《长征：那些人　那些事》

【口播】您好，观众朋友，欢迎收看《社会传真》。作为红土地的儿女，说起长征，我们每个人都会有特殊的情感。82 前前，中央红军正是从江西的这片热土出发，开始了荡气回肠的二万五千里征程。80 多年过去了，英雄已逝，但浩气长存。回望来时路，那些用草鞋、斗笠、草皮、树根铺就的生命赞歌，依旧在回响。从今天开始，我们《社会传真》栏目将推出纪念红军长征胜利 80 周年特别节目——《长征：那些人　那些事》，和您一起追忆那段峥嵘岁月。

【同期】瑞金市叶坪乡黄沙村华屋小组　华从祁

两兄弟去参军，报名去参军的时候，就种了 17 棵树，17 位烈士，就种了 17 棵树。这个叫作寄信树。参军有命回来，就看看我种的这棵树怎么样了。没命回来，那 17 棵树就像（战士）还在世一样。

【正文】华从祁 88 岁，瑞金市叶坪乡黄沙村华屋人。1934 年 10 月，中共中央在瑞金作出决议，被迫进行战略转移。在红军转移过程中，由 43 户人家组成的华屋，仅有的 17 名青年一起参加了红军。华从祁的父亲华钦材、叔叔华钦梁都在这 17 名青年当中。出发前夕，他们相约来到后山的蛤蟆岭上，每人种下一棵象征万古长青的松树。

【同期】瑞金市叶坪乡黄沙村华屋小组　华从祁

你要保护这些子孙，人才兴盛，阖家平安，健健康康。

【正文】1933 年 9 月，蒋介石纠集 50 万兵力，对中央苏区发动第五次军事围剿，1934 年 10 月，第五次反"围剿"失败。中央主力红军为了摆脱国民党军队的包围追击，被迫实行战略大转移，退出瑞金中央根据地进行长征。

【同期】瑞金市党史办主任　刘前华

到了 1934 年的四五月份以后，广昌战役失败以后，我们整个中央苏区的南北大门就相继地洞开了，中央苏区的范围就越来越小，在这样的情况下，我们中央红军要在中央苏区内部打破敌人的第五次军事围剿，可以说是失去了可能性，在这样的情况下，我们中共中央就在瑞金作出决议，要被迫进行战略转移。

现场口播（长征第一山）：当年瑞金人口约有 24 万人，其中参战支援前线的约有

11.3 万人,而在长征途中牺牲的就有 1.08 万人。这里是瑞金市云石山乡,1934 年 10 月 10 日的那个雨夜,红一方面军主力和中央机关领导人就是在这里和当地群众挥泪告别,开始了漫漫长征路。

【正文】1934 年 7 月,正是中央革命根据地硝烟四起,第五次反"围剿"斗争最为激烈的时刻,原驻在沙洲坝的中央机关,已被敌人发现,为安全起见,所有中央领导机关都移迁到较为隐蔽的云石山乡,并分散在就近的各个村庄。在原中共中央局的驻地——丰垅村的马道口,我们采访到了已经 88 岁的梁崇峰和 90 岁的梁景春,当年他们的父亲梁在数、梁在膜都跟随部队一起出发转移,尽管当时兄弟俩尚还年幼,但长辈口中提及的那些往事,历经沧海桑田依旧在目。

【同期】云石山乡丰垅村马道口 梁崇峰

在这里住了 3 个月,7(月)、8(月)、9(月),10 月 10 号,晚上的 12 点,就走了,他走的时候,晚上还开了个会,跟老百姓说:同志们,你们要好好干,将来,打天下回来了,你们好过日子了,人们的生活就好了。我妈妈告诉我的,我自己还就这么高,没有多大。走的时候,10 月 10 号晚上,9 号晚上开了个会,老百姓就砻了谷、舂了米,就给红军带回去。每个人带了 3 斤米,能吃四五天带了去,晚上 12 点出发。

【同期】云石山乡丰垅村马道口 梁景春

报名到西江报名,参加红军,我父亲三兄弟都参加了,三兄弟参加了革命。我住的家在女子学校那个房子,那里的学生经常带我们去开会。会教我们唱歌。(唱)当兵要当红军,当了红军,全家都光荣。

【同期】瑞金市党史办主任 刘前华

记者:他们那个时候觉得他们能回来吗?

因为战争是残酷的,他们也是意识到了战争的残酷性,也意识到了基本上回来的可能性应该是比较小的,这个也就是为什么华屋的青年根据我们当地的客家的风俗,到后山去种树,一个是表示对家乡的一个无比的眷恋,第二个是表示自己参加革命不怕牺牲的一种决心。所以这个可以看出他们也是抱定了一种必死的决心。

记者:您觉得是什么去支撑他们,就是愿意让自己的丈夫,愿意让自己的孩子去参加长征?

即使知道会牺牲,也义无反顾地参加红军,这个跟我们党的政策,跟我们党的宗旨是为群众谋利益是分不开的。在整个中央苏区苏维埃政权建立以后,首先是实行土地革命,打土豪、分田地,让我们受压迫的普通的基层的贫下中农应该讲分到了土地,经济上开始独立了。此外,在政治权利上面开始普遍推行民主选举,让他们行使了自己的政治权利。让群众切身感受到了我们党和苏维埃政府是为他们谋利益,是代表他们的利益的,所以他们才会这样子毫无保留地,甚至不怕牺牲地参加革命。

【正文】然而,青松依旧在,勇士却一去不复返。华屋当年离家的 17 位青年,全部牺牲在长征路上。

【同期】瑞金市叶坪乡黄沙村华屋小组 华从祁

一九〇八,九、十、十一、十二,大 4 岁。

记者:这是哥哥,这是弟弟。

他是弟弟。

兄弟一起去没回来。它们俩交叉起来了,这两棵树盘起来了。

【正文】父亲再也没有回来,只在孩子心中留下模糊的记忆。

【同期】瑞金市叶坪乡黄沙村华屋小组 华从祁

【同期】我爸爸留下来的。爸爸没能长这么大岁数,想起来就会流泪,会流泪。看到他写的字也会心痛。

【正文】在那个时代,有许许多多的孩子曾像华从祁一样,因父亲投身革命的滚滚洪流,从小与母亲相依为命,被母亲含辛茹苦地拉扯大。父亲在他们的记忆里,已如褪色泛黄的书页,时光飞逝,当年父亲离家时的孩童已是徐徐耄耋,但在谈及“父亲”这两个字时,他们混沌的目光里却依然泛起如少年般清澈的涟漪。

【同期】云石山乡丰垅村马道口 梁景春

他的脸很有笑容。我跟他招了手,到西江去了。

【同期】云石山乡丰垅村马道口 梁崇峰

脸长长的,很像他,比我更高一点。

【正文】在瑞金革命烈士陵园的红军烈士英灵墙上,记录着为革命牺牲的瑞金籍的 17166 位烈士的姓名。在密密麻麻的姓名当中,我们找了华屋那 17 位出征战士的名字。尽管还有无数连名字都没有被记录下来的英雄,但他们同样不会被忘记,祖国的山与水、风与露已经把他们深深地镌刻进这个民族的记忆里。

现场口播(革命烈士纪念塔):瑞金在中国革命的历史上留下了不朽的篇章,80 多年过去了,当我们再次寻访这座城市,当年离家的战士已经魂归故里,而那些传承着血脉的老者,眼睛里依然留恋着当年的不舍。任时光荏苒,那些树会记得,那些厚重的砖墙会记得,瓦檐的滴水会记得,那些曾经为共和国的曙光浸染过的鲜血与泪水,执着与荣光。

江西广播电视台

主创人员:杨茜、张帆、邓丽青、王志奇、朱林

宏大历史背景下的个体叙事

——电视专题节目《转移——长征:那些人 那些事》评析

吴鑫丰

作为纪念中国工农红军长征胜利 80 周年推出的专题节目,《转移——长征:那些人 那些事》将镜头对准了红军长征这一宏大历史背景下的小人物,从还原个体鲜活、真实的革命经历这个小切口出发,运用娴熟的镜头语言,带领观众一同追忆了 80 年前的那段峥嵘岁月,也表现出创作者们在题材选取、结构设定、表现手法运用上成熟的功力和技巧。

长征是中国工农红军波澜壮阔的革命历史上最为壮丽的华彩篇章,其题材之厚重、意义之巨大可以说是每一个中国人所熟知的。因此,选择在一个 10 分钟长度的节目中去表现长征,其难度也是巨大的。在如何确立节目主题、如何选择具体的题材去表现主题,如何快速切入主题,甚至在如何开篇和结尾等具体问题上都将面临很大挑战。本片在题材的处理上具有典型的小切口、大视野的特征。通过瑞金市叶坪乡黄沙村华屋小组村民华从祁的回忆,带出了当年同村 17 名参加红军的青年在踏上万里长征之前每人在后山上栽种了一棵象征万古长青的松树的往事。"参军有命回来,就看看我种的这棵树怎么样了。没命回来,那 17 棵树就像(战士)还在世一样。"在这里,眼前的松树和当年离开家毅然走上长征路的 17 位青年红军之间建立起某种微妙的联系,苍劲有力的松树、写有名字的木牌和树下烈士的墓碑成了象征性的符号,同时也把具象背后的意义留给了观众自己去品味。

穿过松枝的镜头再一次回到现实时对准的是有着"长征第一村"之称的云石山乡丰垇村马道口,这里也曾经是中共中央局的驻地。通过村民梁景春、梁崇峰老人的回忆,让观众了解到红一方面军主力和中央机关领导人开始漫漫长征之前的一些往事,重点是交代了当时的一些细节。1934 年 10 月 10 日晚上 12 点,这本是一个存在于历史教科书上的没有温度的时间点,但通过两位老人带有浓郁乡音甚至还有点口齿不清的讲述,能够产生一种带领观众仿佛回到那个历史时刻一同见证当时情形的效果。通过这样的处理,本片不仅在地理空间和历史认知的层面拉近了与观众的距离,更是让引发观众在情感上的共鸣成为可能。

曾有学者将纪录片分为三个层次:仅仅"客观记录人物事件"的为下乘;能够"记录人物故事"(将纪录片故事化)的为中乘;在"故事化的纪录片中具有戏剧性矛盾冲突"的为上乘。同样,在专题片和专题节目中讲故事也越来越成为一种重要的手段和策略。首先,视听结合的媒介特点使得电视更擅长表现个体身上发生的事件和故事;其次,个体的经历和情感变化更容易引发观众的情感共鸣,更能起到增强节目效果的作用。专题片《转移——长征:那些人 那些事》的编导在创作中不仅体现了通过讲述故事来表现人物的意识,而且在如何讲故事、讲好故事方面也做了积极的探索,主要体现在对画面叙事和细节处理方面较好的把控。画面中华从祁老人移动老迈的身躯擦拭父亲的墓碑的动作,承载了老人对父辈们的思念。一直珍藏着的父亲留下来的算盘和留有父亲笔记的记事本也成了老人维系和父亲全部关系的载体。梁景春和梁崇峰老人各自讲述自己对父亲非常有限的记忆的场景中,老人们不可抑制的动情也让人印象深刻。这些画面和细节也展现出长征中牺牲的烈士们另外的一个侧面。

作为一个电视专题片,《转移——长征:那些人 那些事》的表现形式是非常丰富的,在常规的镜头语言之外还采用了采访、现场口播和影视资料等形式。但本片的不足也是明显的。从整体的结构来看,片子在对两组人物的讲述中通过穿插口播和采访的形式交代了相关的背景信息,并试图借用受访的专业人士之口对人物和事件背后的深层"意义"进行挖掘,从而让主题得到升华。但不能否认这种人为刻意拔高主题的做法仍有落入窠臼之嫌,语言上客观、宏观的讲述与画面与细节所表现的人物经历之间的断裂感也是明显的。

综上,专题片《转移——长征:那些人 那些事》总体上制作得较为成功,整个节目的思路逻辑清晰,也很好地发挥出了各种表现手段的优势。

第二十四届江西新闻奖二等奖

现场直播

英雄城迎回海军南昌舰

2016 年 10 月 24 日

VCR-1 海军南昌舰大事记

南昌舰 舷号 163 国产第一代导弹驱逐舰

◆1977 年 12 月　广州造船厂开工建造

◆1979 年 11 月　第一次下水

◆1982 年 3 月　珠江口外、川岛附近第一次试航

◆1982 年 11 月 17 日　正式入列中国海军南海舰队驱逐舰支队战斗序列

◆1986 年 8 月 1 日　正式命名为"南昌舰"

◆2004 年 6 月 21 日　转隶北海舰队驱逐舰支队

◆2016 年 9 月 8 日　正式退役

◆2016 年 10 月 24 日　入列南昌

■演播室 主持人梁爽：各位观众、各位朋友，大家好！我是梁爽。

最近一段时间，一艘不远千里来到南昌的舰船吸引了无数人的目光，成为媒体关注和百姓热议的焦点。说到这里，相信大家已经知道，这艘军舰就是以"南昌"城市名字命名的导弹驱逐舰，海军 163——南昌舰。

南昌舰是第一艘回到人民军队诞生地的退役军舰，南昌舰回归英雄城，无论对于我们南昌还是对于人民军队来说，都有着极其重要而深远的意义。今天是 2016 年 10 月 24 号，这个日子必将载入南昌城市和人民军队的发展史册，就在半个小时之后，在赣江之滨的凤凰洲市民公园，将举行"迎回南昌舰"仪式活动，这标志着退役后的南昌舰正式入列英雄城南昌。为了记录这一历史性的时刻，我们南昌广播电视台推出全媒体直播特别节目《英雄城迎回海军南昌舰》，节目将在本台新闻综合频道、资讯频道以及掌上南昌 App 上同步播出，欢迎大家加入南昌广播电视台官方微博互动，登录掌上南昌、南昌广播电视台微信公众号参与到节目中来，写下您的祝福和期盼，讲述您与南昌舰的故事。

为了让大家更好地了解南昌舰及其归航南昌的历程，我们邀请了两位嘉宾来到我们演播室和大家一起见证这一历史性时刻的到来。这位是海军 163 南昌舰最后一任舰长田煜同志，这位是南昌滕王阁游轮客运有限公司总经理秦发生。欢迎两位的到来！

■演播室 原南昌舰代理舰长 田煜:观众朋友,大家好!

■演播室 南昌滕王阁游轮客运有限公司总经理 秦发生:观众朋友好!

■演播室 主持人梁爽:田舰长、秦总,南昌舰已经退役,马上就要入列南昌,此时此刻,两位心情怎样?

主持人与两位嘉宾简短地谈此刻心情。

■演播室 主持人梁爽:从两位的话语中,我们听出了两种不同的感受,田舰长是留恋和依依不舍,而秦总更多的是期待和憧憬。现在是上午的×点×分,还有×分钟,仪式就要正式开始了,我们把信号切到现场,来看看现场的情况如何。雷婧,你好,请简单地介绍一下现场的情况。

◆前方现场 记者雷婧:好的,各位观众,这里是红谷滩新区凤凰洲市民公园的牛行车站的位置,再过一会儿,"英雄城迎回海军南昌舰"的仪式活动就将在这里举行。大家可以看到,现场国旗和八一军旗迎风飘扬,恢复原貌的南昌舰被装点一新,显得威武雄壮,舰上站满了英姿勃发的海军学员。再看这边,在滨江步道上,参加仪式的北海舰队官兵和我市干部群众代表已经列队站好,整个现场庄严隆重,整齐肃穆。我身边的这位是市政府秘书长朱敏华。朱秘书长,有个问题想向您了解一下,我们知道89年前,南昌起义的部队就是在牛行车站下车,进入南昌城,发动了震惊中外的"八一起义",人民军队由此诞生。在牛行车站迎回海军南昌舰,这是我们有意安排的吗?

◆前方现场 市政府秘书长朱敏华:我们没有刻意安排,这或许是巧合,也可能是冥冥中的一种历史必然。牛行车站这里曾经有一个货运码头,具备南昌舰临时停靠条件。而在赣江的凤凰洲这一段,目前没有更好的停靠点让南昌舰安全停靠。

◆前方现场 雷婧:朱秘书长,您觉得南昌舰对我们英雄城意味着什么? 将带来什么样的改变?

◆前方现场 市政府秘书长朱敏华:南昌舰是流动的南昌家园,是八一精神、英雄基因的现实体现,带来的改变我觉得是提升南昌市的城市形象、打造南昌城市品牌、带动我市的文化旅游。

◆前方现场 雷婧:好的,谢谢朱秘书长。梁爽,目前现场的情况就是这样。

■演播室 主持人梁爽:谢谢雷婧,也请你密切关注现场情况,第一时间发回进展动态,直播继续。下面有请我的同事郑颖,她将以一种更加形象生动的方式为大家简单介绍一下南昌舰。

VCR-2 虚拟动漫+实景

郑颖:这就是即将回家的南昌舰。南昌舰舷号163,全长132米,舰宽12.8米,吃水4.6米,标准排水量3250吨,满载排水量3670吨,是国产第一代导弹驱逐舰。1982年11月加入人民海军战斗序列,在服役的34年里,南昌舰累计航程17万余海里,先后圆满完成 80 余项战备巡逻演习演练等任务。

■演播室 主持人梁爽:我们知道,南昌舰为 051 型导弹驱逐舰,作为我们自主研制的第一代导弹驱逐舰,南昌舰服役 34 年,它的退役引发了广泛关注,不少军事类媒体更是辟出专栏,重磅报道南昌舰退役,并回归英雄城的事情,田舰长,您能跟我们谈谈南昌舰以及 051 型导弹驱逐舰在我们近代海军史上的历史地位吗?

■演播室 原南昌舰代理舰长 田煜:在中国水面舰艇史上,可以说没有哪艘军舰能像 051 型驱逐舰,牵动着无数老兵的回忆,作为我们自主研制的第一代导弹驱逐舰,它护卫起了我国 20 世纪 70 年代到 20 世纪末的万里海疆,从 051 型驱逐舰服役的那一天起,中国海军才真正拥有从临海到第一导弹制海能力,而 051 型导弹驱逐舰南昌舰的退役标志着中国海军从浅蓝走向深蓝,南昌舰见证了人民海军由弱到强逐渐发展的历程,在人民海军发展过程中是一个重要的标志。

■演播室 主持人梁爽:你这么一说,让我们对南昌舰更感骄傲和崇敬了。

VCR-3 南昌舰之歌

■演播室 主持人梁爽:说到海军和军舰,不少市民对其中的军事知识并不清楚,田舰长,您能跟我们简单讲解一下吗?海军 163 为什么称之为南昌舰,这种命名有什么讲究,163 又代表了什么。

■演播室 原南昌舰代理舰长 田煜:中国海军有三大舰队,分别是北海舰队、东海舰队、南海舰队。依据中央军委颁布的《海军舰艇命名条例》,舰艇命名享受"终身制"。若旧舰艇退役,新舰艇可承续前名。目前,海军已有 200 多艘战斗舰艇以城市名字命名。

每一艘军舰都有正式名称,这个名称在海军里就是它们的数字编号,很醒目地油漆在船舷上,因此又叫舷号。

1 字头为驱逐舰(其中 105—113 属北海舰队,131—134 属东海舰队,160—171 属南海舰队)。

2 字头、3 字头为常规潜艇。

4 字头为核潜艇。

5 字头为护卫舰。

■演播室 主持人梁爽:田舰长,刚才你说,根据命名规定,160—171 属南海舰队的导弹驱逐舰,那 163 怎么会在北海舰队服役呢?

■演播室 原南昌舰代理舰长 田煜:说到这,我们就要再说说南昌舰的历史了。它建成后首先入列的是南海舰队,在南海舰队服役了 22 年,在 2004 年才转到我们北海舰队的,在我们北海舰队又服役了 12 年。但军舰舷号一旦命名,一般都不会再更改。

■演播室 主持人梁爽:南昌舰纵横海疆 34 年,功勋卓著,肯定也成就了许多优秀的指挥官,据我了解,从南昌舰上走出了不少高级将领。

■演播室 原南昌舰代理舰长 田煜 介绍吴胜利和康非。

■演播室 主持人梁爽:在市委市政府的努力和海军方面大力支持下,南昌舰移交南昌一事很快敲定,9 月 8 号,在大连一军港,举行了退役交接移式。随后,南昌舰踏上了归航之路。

■演播室 主持人梁爽:现在,南昌舰回归英雄城南昌,两位觉得它又将发挥什么样的作用,有着怎样的意义?

■演播室 原南昌舰代理舰长 田煜:作为南昌舰曾经的指挥官,我认为南昌舰回归南昌,这是它最好的归宿……

■演播室 南昌滕王阁游轮客运有限公司总经理 秦发生:南昌是军旗升起的地方,我认为南昌舰回归南昌,可以说是名至实归……

■演播室 主持人梁爽:秦总,我们是什么时候开始谋划南昌舰回归事宜的?中间是否有过波折呢?

■秦发生和田煜舰长聊南昌舰移交南昌的故事。(最初其实被青岛的一家主题公园相中,后市委市政府提出申请)

5 秒钟片花

■演播室 原南昌舰代理舰长 田煜:南昌舰的回归,我们英雄城的市民可以说是翘首以盼,但我知道对于那些南昌舰上的官兵们来说,这离别的滋味肯定不好受。

■演播室 原南昌舰代理舰长 田煜:确实,我们都知道南昌舰总有一天会离开,退出现役,但是这一天真的到来了,这种离别的滋味还真不好受,正式退役那天,我们的战士都哭红了眼,有的难受得一整天没说话。

■演播室 主持人梁爽:在南昌舰离开大连,回归南昌之际,我们的记者来到了他们中间,与他们共度了充满离愁别绪的几天。

VCR-4 离别南昌舰

■演播室 主持人梁爽:南昌舰是我们南昌人的光荣,承载着 500 万南昌市民保家卫国的爱国情怀。为迎回南昌舰,我们南昌广播电视台派出报道团队,远赴大连,独家全程一路陪同南昌舰回归旅程。从 9 月 8 号正式退役到 10 月 10 号,南昌舰由海到江,一路劈波斩浪,33 个日日夜夜,9 场全媒体直播,我们独家全程见证南昌舰最后一次航程,亲身感受了一路的艰辛坎坷。

■田煜和秦发生点赞南昌台

■演播室 主持人梁爽:下面请出我的同事郑颖,为大家介绍一下南昌舰回归南昌的航行线路。

VCR-5 虚拟动漫＋实景

郑颖：现在展现在大家眼前的就是一张南昌舰回家路线图,南昌舰退役后,从大连旅顺出发,先通过海运再通过内河航运,回到南昌,途中需要经过辽宁、山东、上海、江苏、安徽、江西六个省市,航线需要经过渤海、黄海、东海、长江、赣江等水域,其中海上航程约 900 公里,内河航程约 990 公里,总航程 1890 公里,最后到达赣江大桥附近的凤凰洲市民公园水域。

■演播室 主持人梁爽：34 年来,南昌舰有如英雄城的将门虎子,为保家卫国,远赴万里,驰骋海疆,立下累累战功,今天终于迎来了它回归故里,回到母亲怀抱的时刻。在其服役的几十多年,南昌人民从来没有忘记过这个英雄儿女,这片流动的家园。

■演播室 原南昌舰代理舰长 田煜：的确,我们在南昌舰服役的官兵一直以来,都是把南昌作为自己的第二故乡,对这块红色故土充满了感情,并以她为骄傲,因为在这片土地上,军旗第一次升起,诞生了人民军队。而八一精神成为我们不断战胜各种困难,不断提升战斗能力和战斗水平的动力源泉。

■演播室 主持人梁爽：是的,南昌城和南昌舰亲如一家,血肉相连,南昌市民和舰上的官兵也经常交流互动,互相帮衬。

下面通过一个短片来回顾了解一下南昌舰与英雄城的军民鱼水情。

VCR-6 军民鱼水情

■演播室 主持人梁爽：现在是上午 9 点×分,马上"英雄城迎回海军南昌舰"仪式活动就要开始了,我们把镜头切到现场,请现场记者雷婧跟我们介绍一下现场的情况。

◆前方现场 雷婧

好的,梁爽,我现在就在仪式现场,现在参加仪式的中国海军北海舰队的官兵也已经入列仪式方阵,队伍面向江面,整齐列队,南昌舰上也旌旗招展,50 多名南昌海军学员在舰艇甲板上分区列队,英姿飒爽,大家以这种海军特有的礼仪方式向南昌舰致敬,迎接南昌舰入列南昌。

◆前方现场 雷婧

站在我身边的就是驱逐舰第十支队总工程师 郑林,郑总工您好,南昌舰已经退役,今天正式入列英雄城南昌,您有何感受和期待?

◆前方现场 海军驱逐舰第十支队总工程师 郑林：我用 16 个字来形容此刻的心情和期待：退出现役,依依不舍,入列南昌,再续辉煌。南昌舰退役,对我们不少海军战士来说有些感伤,特别是曾经在舰上服役过的官兵,但更多的是高兴和振奋,南昌舰的退役,表明我们海军即将有一批更先进、战斗力更强的舰船补充进来,是我们的海军实力提升的象征,也是人民海军从浅蓝走向深蓝的标志。

◆前方现场 雷婧：对于南昌舰,请问您有什么期许和祝福的话要说呢?

◆前方现场 海军驱逐舰第十支队总工程师 郑林：我相信，南昌人民一定会呵护好南昌舰，南昌舰也一定会为南昌城市建设发展和国防爱国主义教育作出贡献，以另一种方式继续服役，继续发光发热。

◆前方现场 雷婧：谢谢郑总工接受我们的采访。好的，梁爽。我在现场看到，准备工作已经就绪，参加迎回南昌舰仪式的相关人员也已基本到齐，英雄城迎回南昌舰仪式活动马上就要开始了。

■演播室 主持人梁爽：现在是2016年10月24号上午8点59分，这里是南昌广播电视台独家推出的全媒体直播特别节目《英雄城迎回海军南昌舰》，刚才我和两位嘉宾简短地回顾了南昌舰服役的光辉历程以及回归英雄城的航程。现在仪式活动马上开始，根据安排，此次仪式活动由市长郭安主持，让我们把信号切到现场，一起见证南昌舰光荣退役，正式入列南昌这一具有历史意义的时刻。

◆前方现场 市长郭安介绍参加仪式嘉宾并宣布迎回海军南昌舰仪式开始

奏《中国人民解放军军歌》2分35秒

市委常委、副市长华清同志宣读中国人民解放军海军装备部《关于提供退役163驱逐舰用于国防教育事业》

曾在海军南昌舰服役的南昌籍退役军人代表发言。（原南昌舰退役军人代表 吕祖勤）

海军北海舰队副政委 李桦

省委常委、市委书记龚建华讲话

奏军乐《人民海军向前进》，放飞和平鸽，氢气球

参加仪式的领导参观海军南昌舰并与南昌舰官兵合影

■演播室 主持人梁爽：现在是上午9点30分，英雄城迎回南昌舰仪式已经结束，接下来，南昌舰将迎来第一批前来参观的客人，在海军学员的引领下，在南昌舰服役的南昌籍退役军人以及中学生代表、部队代表、群众代表依次参观海军南昌舰。下面有请我们的现场记者雷婧为大家解密南昌舰的武器装备和内部主要结构，雷婧你好！

◆前方现场 雷婧：好的，梁爽。我今天临时客串当回讲解员，解密南昌舰。现在我就站在南昌舰舰首甲板上，我身后的就是130炮，它的作用……

甲板层的主要武器装备和设备就是这些，接下来，我还会走下甲板，带大家去兵舱里去看看。

■演播室 主持人梁爽：好的，雷婧。田舰长，除了雷婧刚刚介绍的武器装备外，甲板上还有哪些主要设施？

■演播室 原南昌舰代理舰长 田煜：我们舰艇上还有两个指挥所，一个主指挥所和一个预备指挥所，还有四座雷达，还有鱼雷发射装置、补给舱（此段里面可插入包装

的大景图),当然,我们舰艇的厨房也在甲板上。

■演播室 主持人梁爽:好的,刚刚导播告诉我,雷婧已经到达了兵舱,我们再次连线她,雷婧,你好。

◆前方现场 雷婧介绍南昌舰兵舱。

■演播室 主持人梁爽:好的,雷婧,看到我们记者的介绍,感到我们海军战士真是非常辛苦。田舰长,据你了解,南昌舰出海远航,最长有多长时间?

■原南昌舰代理舰长 田煜:一般远航少则20多天,多则两个月,我们的舰员们的衣食住行都基本在兵舱里。

■演播室 主持人梁爽:好的,现在我们现场记者雷婧又来到了另一个舱室,下面我们再次连线雷婧,让她为我们介绍其他一种舱室的情况。

◆前方现场 雷婧介绍南昌舰前机舱。

■演播室 主持人梁爽:好的,非常感谢雷婧。白天看不到太阳,晚上看不到月亮,的确是非常辛苦,我们大家看到的是南昌舰的威武雄姿,保卫着祖国的海疆,其实背后是众多青年战士的热血付出,让人敬佩。现在导播告诉我,现场雷婧又马不停蹄地赶到了南昌舰的驾驶室,我们接着连线雷婧。雷婧你好,给我们介绍一下驾驶室的情况。

◆前方现场 雷婧介绍南昌舰驾驶舱。

■演播室 主持人梁爽:好的,谢谢雷婧。田舰长,刚刚雷婧介绍了几个舱室,那么南昌舰从上到下总共有几层,一共有多少个舱室呢?

■演播室 原南昌舰代理舰长 田煜:南昌舰从上到下共9层,270多个舱室……

■演播室 主持人梁爽:好的,现场还有我们另外一路记者在南昌舰上采访,你好,吴佳,介绍一下现场情况。

◆前方现场 吴佳:好的(吴佳介绍现场情况),另外在现场我发现了一个新鲜的事儿,有不少市民即使在现场,他们仍看手机,观看我们掌上南昌App的直播节目。我现在也打开了手机上的掌上南昌App页面,我现在给大家念几条……

■演播室 主持人梁爽:好的,谢谢吴佳。我们南昌这座红色故土,有八一起义纪念馆等英雄基因,而从此刻开始,南昌舰已经正式入列南昌,让南昌再添一环亮丽的"英雄基因",老一辈的英雄基因加上新一代的英雄元素,南昌这座城市可以说是真正无愧于"天下英雄城"的美誉。秦总,我们知道,下一步我们将围绕南昌舰,打造一个现代化的军事主题公园,它的选址是在现在牛行车站位置吗?军事主题公园又将如何打造,将采用什么样的新技术和新手段,能否提前透露点信息,让观众朋友们有所期待?

■演播室 南昌滕王阁游轮客运有限公司总经理 秦发生:南昌舰将再次移位,拖到赣江大桥附近;作为国防教育和爱国主义教育基地;采用全息投影、VR虚拟现实技术和声光电技术,营造出模拟海战,人们可以亲身体验,以一种互动的方式了解中国军队由弱变强的发展历程。

■演播室 主持人梁爽：舰体和舱室内部会有所改造吗？

■演播室 南昌滕王阁游轮客运有限公司总经理 秦发生：不会，保持原貌原形是我们的宗旨，内外部构造不会有任何改动，只是会辟出一块专门展示南昌舰辉煌过去的房间。

■演播室 主持人梁爽：田舰长，您对主题公园建设有什么期待和建议吗？

■演播室 原南昌舰代理舰长 田煜：期望南昌舰能够成为永远的丰碑，和八一起义纪念馆一样，成为英雄城南昌最闪亮的红色景点。

■演播室 主持人梁爽：秦总，建设周期有多长？

■演播室 南昌滕王阁游轮客运有限公司总经理 秦发生：从今天开始到明年6月，只有短短8个月的时间，我们要在建军九十周年之前，把南昌舰军事主题公园建成并投入使用。可以说是时间紧、任务重，但是，我们已经提前做好了规划，争取在年底前开工建设。

■演播室 主持人梁爽：好的，下面让我们再次回到南昌舰现场，看看南昌舰的雄姿。

◆前方现场 吴佳：现在，5艘海事艇和3艘水上公安艇从八一大桥方向向南昌舰驶来，它们是封舰解禁，返回驻地的船只，它们正摆出水警船只特有的欢迎队列，向南昌舰致敬，欢迎南昌舰入列南昌。

接段迎接的现场（警员列队致敬南昌舰，南昌舰上海军学员向警员致敬）航拍大景。

结束！

南昌广播电视台

主创人员：陈旻、邓振华、谢斌、周国胜、江南、胡斯鹏、胡君

以一城之力顶家国千钧
——评《现场直播·英雄城迎回海军南昌舰》
詹晨林

作为政府和社会沟通的主要平台，地方媒体上承中央与省地政策的宣传普及，下接民情民意，起到引领地方舆论、促进社会发展的重要作用。在融媒体综合发展的背景下，面对网络媒体的巨大冲击，地方媒体亟须找准自身定位，根据地方情况、具体需求和接收场景，设计渠道建设的方向，以建立有效的传播渠道。

在这样的时代背景下,南昌电视台在 2016 年 10 月对海军南昌舰回归南昌展开大型直播特别报道,以城市台一家之力,顶起家国天下的大格局。体现出地方主流媒体引领舆论、建设地方文化的责任与担当。

一、捕捉事件精神内核,塑造地域归属感

每个地方区域都有自己独特的文化特色和凝聚当地社会群体的精神核心,这是一种"文化母体感"[①],具有天然的可信度和亲近感。特别是当社会急遽变化、人们的生活处于动荡之时,一种回返传统的心态就会产生,这是一种"根基感"的需要。[②] 作为地方主流媒体,能够在日常新闻事件中找准本地历史文化、人文风貌中传承的精神内核,将其外化为具体可感的新闻报道,能够极大地激发本地观众的情绪共鸣点,引发情绪共振,使得用户在收听收看的过程中产生社会价值的认同感、地方文化的归属感。

南昌是中国著名的红色之都,拥军爱军一直是这座英雄城市的精神标杆。在中国人民解放军建军九十周年到来之际,海军南昌舰退役回归南昌,其价值不仅仅在于南昌多了一个爱国主义教育基地,而是一次凝聚地域文化、传承地区精神的大好良机。电视直播特别节目的价值在即时性、现场性之外,还有很强的议程设置功能。在建军九十周年之前这个时间节点上以大直播的方式欢迎南昌舰回家,抓住了南昌本地受众情感共鸣点,由此激活传播点。既出色完成政治任务,也激发本地受众对地域文化的归属感,在选题策划上就具有独特的高度与厚度。

二、新技术融合叙事,激发新鲜感参与感

作为一家城市台来说,一个半小时的大直播特别节目无疑是重头戏,甚至要举全新闻中心之力共同完成。为了做好这次直播,可以看出南昌电视台下了真功夫,花了大力气。首先,在技术上,采用了大量当前最新的演示手段,包括演播室 AR 增强现实、直播视频大小屏同时呈现,小屏评论反馈大屏等,用多种不同方式丰富宣传平台维度。

在技术的使用上,难能可贵的是没有为了技术秀技术,而是牢牢抓住叙事需求,根据技术特点,把好钢用在刀刃上,综合调配技术,使其服务于视听艺术语言。如演播室 AR 增强现实技术作为主持人介绍南昌舰的手段,帮助主持人从叙事上完成整体连接,直接从演播室穿越到舰艇上。虽然用得不多,但点睛之笔始终服务于节目整体。在直播过程中穿插的系列动态示意图,也将南昌舰从海军推移到入港南昌的过程生动

---

① 周德仓:《西藏地方媒体在西藏对外传播中的角色认定》,《西藏大学学报》2013 年 3 月。
② 陈力丹:《舆论学——舆论导向研究》,中国广播电视出版社 1999 年版,第 200 页。

展示出来。

在新闻整体制作上,团队也花了大力气。提前派记者跟拍南昌舰从海港一步步回到南昌的全过程,大量的采访、报道树立起南昌舰英雄群像。加上现场报道团队的配合、演播室访谈、记者前期报道、音乐 MV 等元素综合使用,直播特别节目整体内容丰富、叙事手段多样,取得比较好的效果。

三、直播遇到突发,考验团队应变能力

直播的魅力就在于不可预知,哪怕写好可丁可卯的脚本,依然可能在直播过程中发生各种突发事件,甚至整体推翻原定的直播计划。从业界经验来看,重大活动现场直播通常充满意外,关键在于核心活动现场时常不能完全按照原定时间进行,提前和推后都是家常便饭。根据直播预案文本和现场情况来看,南昌电视台直播团队也遇到了这一问题。

从时间线来看,迎接南昌舰欢迎仪式时间大幅度提前,以至于演播室主持人还在按照既定程序呼唤记者,都没来得及反应就直接切入仪式实况。

面对直播中的突发状况,《英雄城迎回海军南昌舰》直播团队没有慌乱,而是马上进行了内容排版调整。此时演播室在直播叙事中的核心轴作用就必须发挥出来,起到整体调节作用。

现场直播报道有三条叙事线索,包括演播室、第一现场、第三方信息,其中演播室是核心轴线,来自第一现场和第三方的信息都要通过演播室的串联、引介,完成整体展现。同时,演播室自身也有支线叙事的作用,如演播室评论、访谈等都是重要的信息传递方式。尤其是现场发生突发情况,第一现场和第三方信息都失去控制时,演播室的轴心功能更加凸显。

节目以演播室为依托发挥核心机动作用,首先连线在仪式现场的记者介绍现场情况,之后将准备好在仪式开始之前的板块大幅后移到仪式结束之后,接着再次按照原定计划展开登舰报道。重大直播报道首先力求一个"稳"字,在基础内容板块不变的情况下,灵活调度演播室访谈内容,同时现场记者调整报道内容,使前后衔接更加顺畅,最终经受住了突发的考验,顺利完成此次直播特别节目。

四、应对直播突发 提升综合能力

在取得较好传播效果、体现综合实力与责任担当的同时,作为大型新闻直播报道,《英雄城迎回海军南昌舰》也依然存在一些可以进一步提升的空间。

1. 放大演播室中控作用

演播室是大型直播的元叙事轴,直播报道中的所有现场都围绕演播室展开,可以

说是直播的中枢系统。因此,为了直播整体的完整性,结尾最好回到演播室,或者由演播室给一个交代再甩到现场,完成整体报道的收尾。此外,演播室可以充分发挥专家嘉宾作用,用丰富、饱满的演播室访谈支撑起现场之外的信息纵深。

优秀的访谈嘉宾,具有"理性思考,感性表达"的能力:既对主题相关内容具有丰富的知识素养以及发现问题、解决问题的能力,又能进行足够生动的表达,能够和主持人一起构建起生动饱满又有分寸感的谈话场。在此次直播中,原南昌舰舰长起到了非常关键的作用,如果再有一位第三方专家担任评论员角色,能够结合军事、历史和本地文化进行综合阐释,将会让整个演播室访谈更富有弹性。

2.提高直播整体叙事流畅度

直播是团队的艺术,一场大直播节目的品质,取决于全链条精准高超的技术水平,并以细节的方式呈现。尤其是在现场发生突发意外情况时,需要直播团队当机立断,现场重组叙事顺序,使之符合直播叙事逻辑。在这方面,节目还有提高空间。如因为原定在仪式开始之前的海军大校采访表达不舍和期待,简单挪到仪式结束之后舰艇开放的第一时间,就显得不合时宜。此时正是需要看现场、登舰艇的时候。与此类似,在仪式提前结束的情况下,如何将已准备好的内容和现场情况合理穿插,既保证热腾腾的现场即时呈现,又让准备好的相关历史和故事交错演进,形成新的完整流畅的直播叙事,对于直播导演、演播室主持人、各分系统直播点来说都是全方位的考验。

此外,在技术层面,直播中出现了记者的现场报道被生硬切断,个别画面跟不上记者报道内容等瑕疵。

养兵千日用兵一时,大战需要平日不断的训练和小型作战来奠定基础。建议在日常播出中可进一步加大直播以及现场报道的比重,以高标准要求,当大型直播来临时方能在遗憾中追求完美。

3.调整语态,实现口语化传播

时政、历史、军事三合一的选题,再加上主旋律的基调,很容易把主持人、现场出镜记者架到了火炉上,高亢激昂成了口语表达的基调。但实际上,越是主旋律,越要在端庄大方的基础上灵活掌握语态,用人们熟悉、能够接受的方式来进行传播。

主持人方面,总体播报语态重于谈话语态,和嘉宾、现场的互动都显得端庄有余,灵动不足。演播室嘉宾访问局限于一问一答,缺少有效的应和与延伸;外景的"穿越"现场西装笔挺的主持人与现场环境脱节,依然以演播室播报的状态进行介绍,显得比较紧张。可以综合考虑服装造型,调整语态。

现场记者方面整体表达流畅,情绪饱满,信息扎实,现场采访也比较到位。如果能在报道中将各种军事术语转化为自己的语言,更加生动地向观众进行介绍,效果会更好。比如"火炮打击距离4000米",可以转换为"火炮的威力有多大?只要是4公里以内的目标,就可以一击即中"。转化能力中包括对信息的理解、转化、选取,应用得好能够更好地体现记者实力,达成传播效果。

总体来看,瑕不掩瑜,南昌广播电视台制作的《英雄城迎回海军南昌舰》大型直播特别报道表现出了地方媒体的责任、担当,以及日益完善的综合制作能力、不断前进的传播理念,可作为此类节目的重要参考。

第二十四届江西新闻奖一等奖

新闻访谈

中国梦　中国"芯"

【口播】观众朋友,您好,欢迎收看《社会传真》。在南昌第一场雪后的那个清晨,我采访了一位年过半百的老教授,他说他平时很少系领带,那天他特意系了条红的。他说他待在实验室的时间比待在家里还多,总结一下上班的时间叫做"5+2""白+黑",基本没有节假日。这个采访约了再约,一则是因为他实在太忙,还有一个原因是他不太爱接受采访,他说搞科研的人要耐得住寂寞,这位老教授就是国家技术发明一等奖获得者——江风益。

【正文】1月8日,在北京人民大会堂,由我省独立完成的硅衬底项目获得今年国家技术发明奖唯一的一等奖,这是江西创造首次荣登这一领域的最高领奖台。习近平总书记为项目第一完成人、南昌大学教授江风益颁奖。

【同期】国家技术发明奖一等奖获得者、南昌大学教授　江风益:

记者:您在人民大会堂领奖的时候,习近平总书记有没有对您说什么?

我一走上台的时候,习总书记第一句话就问:"你来自江西呀?"我说:"是,总书记,我来自江西,在南昌大学工作。"我说:"很高兴。"从最高领导人手中接过奖励证书,很高兴。

记者:您当时进入人民大会堂,到接过这个证书的时候,您当时心里都在想什么?

当然会回想一下十多年的研究历程,有很多酸甜苦辣呀。

记者:那您会怎么去形容酸甜苦辣?您最想选择的是其中的哪一个字?

应该说最想选择的是苦,要吃苦也要吃得亏,有时候还要脸皮厚,这句话可能一般人不会说出口来吧!

记者:为什么要脸皮啊?

当人家说你不行的时候,你要去面对它,你自己要充满信心。

【正文】国家技术发明奖是国家三大奖中对自主创新水平、推动技术进步等要求最高的奖项,一等奖曾连续5年出现空缺。小小的硅衬底蓝色发光二极管的诞生,使中国成为世界上继日美之后第三个掌握蓝光LED自主知识产权技术的国家,打破了日本蓝宝石衬底、美国碳化硅衬底长期垄断国际LED照明核心技术的局面,令国人骄傲,世界震动。

【现场同期】

实际上有 70 多层材料组成。

记者:薄薄的一片,有 70 多种材料?

70 多层不同性质的材料。

【同期】国家技术发明奖一等奖获得者、南昌大学教授 江风益:

记者:硅衬底 LED 发明之后,对我们老百姓的生活会有什么样的变化?

就是一种新光源,它比白炽灯能节能 90%,比日光灯也能节能 50% 以上。

记者:您从事这项研究多少年了?

从跟踪到跨越总共是 19 年。

【正文】江风益,江西余干人,1984 年毕业于吉林大学物理系。本可去北京有色金属研究总院工作,可他放弃了,回到当时的江西工业大学任教。1989 年江风益硕士毕业,在继续读博、留中科院长春所工作、回工大的三项选择中,江风益还是选择了回江西。

【同期】国家技术发明一等奖获得者、南昌大学教授 江风益:

记者:其实在您的求学生涯中,应该说两次,都可以留在外地,但是您每次都选择了回到家乡,这是为什么?

家乡好,家乡美,所以就回家乡,用现任的省委书记强卫同志的话说就是:"吃在江西,饱口福;游在江西,饱眼福;住在江西全家福。"多好,江西美。

【正文】从 1996 年开始,江风益作为南昌大学材料科学研究所的副教授,他领导的课题组突破了多个技术瓶颈,七年之后江教授决定要从跟踪国外技术,转变为自主创新。

【同期】国家技术发明一等奖获得者、南昌大学教授 江风益:

记者:当初为什么会有一种这样的转变,说我不跟了,我要自己来创新?

如果我老是跟,这个产业大批量应用的时候就可能遭到国外的起诉,就有知识产权的纠纷,另外,从这个历史上也知道,这个大家点的煤油灯,以前叫洋油灯,为什么叫洋油灯,因为油要从国外进口,那时候国内自己不能生产煤油。基于这些思考,所以在 12 年前决定进行创新。

记者:但是创新绝不是一件容易的事情。

那还是一个非常艰难的事情。

【正文】然而在硅上做发光二极管是当时的世界性难题,虽然硅衬底具有性价比优势,但面临材料皲裂、合格率低等技术难关。

【同期】国家技术发明一等奖获得者、南昌大学教授 江风益:

创新在开初的时候,很多人会不理解的,认为国外没有做成的事情中国能做成吗?是一个世界难题呀,人家做了几十年,在我们做之前前 20 多年就有人做了。

记者:那您是为什么会相信说别人做不成的事情,这种世界难题,那我江风益的团队,我可以带它去攻克,是什么让您有这种信心的支撑?

选择这个项目并不是头脑发热,是有很长时间的思考,最大的难题就是鞍裂,因为这个材料热胀冷缩,这个上面的发光材料就会裂,我只要从本质上解决了这个裂的问题,原则上这个就能做成。

【正文】江教授说在 2003 年底,只做了六次试验,他们就看见了一簇微弱的蓝光。

【同期】国家技术发明一等奖获得者、南昌大学教授 江风益:

当时部分同志就感觉到这一点点光,可能没什么意思,没有什么价值,不算什么。但我说实话我是从学物理的角度去判断,我说已经很亮了。

记者:但是从那一点点光到现在这一片光明走了 12 年。

走了 12 年。

【正文】这位于南昌大学西侧一栋不起眼的 5 层老建筑,就是具备世界一流实验设备的国家硅基 LED 工程技术研究中心。然而当年筹建发光材料制备实验室,靠的是江风益向学校贷款 60 万元起家。如今谈笑风生的江教授回忆起初创时的艰辛总是一笑而过,没钱买设备,自己动手设计、组装,没有研究经费,合作伙伴离开课题组,他就自己没日没夜地钻进实验室,患上了严重的腰椎间盘突出症。

【现场同期】(坐凳子脱鞋子)

我弯不下去了,我现在,要弯很难,后遗症就是这个了。

【同期】国家技术发明一等奖获得者、南昌大学教授 江风益:

记者:我听说您当时在实验室的时候连走 100 米都走不了。

走了 50 米就要蹲下来歇,然后蹲下来几分钟又可以走 50 米。

【正文】功夫不负有心人,经过 3000 多次的试验,硅衬底蓝光二极管材料及器件于 2006 年研制成功。2006 年以江风益课题组为技术依托,晶能光电有限公司成立,边实验、边生产,在全球率先打造具有中国原创自主知识产权的硅基发光产品,并开拓性地开展了科研企业化的工作模式。

【同期】国家技术发明一等奖获得者、南昌大学教授 江风益:

记者:您是什么时候觉得这个时机到了,我要把它投入到这种产业化当中,其实并不是技术特别成熟的时候,您做的这件事情。

边进行产业化的过程,边提高水平,边提高合格率,边降低成本。并不是说实验室什么东西都做到十全十美再去做,那样拖的时间会比较长,会失去一些机遇。

【正文】一项实验室的发明催生千亿产业的构想,洞见的是技术的力量。

【同期】国家技术发明一等奖获得者、南昌大学教授 江风益:

记者:您觉得您这种成就,对于我们南大的学子来说,或者对于我们每一个在校的,或者是正在拼搏的人们来说,做技术的人员来说,意味着什么? 您想跟他们说什么?

要吃得了苦,要吃得了亏,要坚持。

记者:就像您这个墙上写的?

我墙上那个"多发光少发热",如果发热多了发光就少了,这是技术上追求的永恒的主题,我这个少发热还有一层含义就是:少去跟风。人家热的时候,人家非常看好的时候,大家都看好的时候,很热吧? 至少你不一定要热,你要冷静一点,冷静思考。

【正文】"十三五"期间,江西省将以这项发光技术为核心,重点建设"南昌光谷",致力打造千亿 LED 产业。

【同期】国家技术发明一等奖获得者、南昌大学教授 江风益:

记者:您的中国梦是什么?

硅基 LED 中国梦。就是要造福于人类,让这种新光源,伴随着人类文明与进步前行。

【口播】人类的文明与光源同行。火把照亮了人类文明的萌芽,白炽灯促使电气时代降临,日光灯则推动技术时代的前行,第四代 LED 则是绿色照明时代的革新。在江风益的获奖证书上有一串编号,那串编码上有三个"1":分别代表:一等奖、唯一和项目第一人,而这三个"1"的背后是一颗颗跳动的中国心,19 年创新梦圆,愿中国"芯"照亮世界。

江西广播电视台

主创人员:杨茜、张帆、王洋、杜云志、朱林、饶力

新闻的意义产生于交流背后
——电视新闻访谈《中国梦 中国"芯"》评析

张忠仁

《中国梦 中国"芯"》作为江西广播电视台《社会传真》栏目中的一期新闻访谈节目,记者选取的新闻人物及新闻背景视角准确,提出的几个核心问题内在逻辑严谨,其结构设计合理,整体叙事思路也非常清晰。本节目采访的主要人物是南昌大学的江风益教授,他所带领的科研团队发明的"蓝光 LED 照明核心技术",打破了日本蓝宝石衬底、美国碳化硅衬底长期垄断国际 LED 市场的局面,其自主知识产权技术令国人骄傲,也令世界同行震动,并由此获得了国家三大奖中对自主创新水平、推动技术进步等要求最高的奖项——"国家技术发明一等奖"。面对这样一个新闻人物,面对专业的科

研内容,如何有效传达新闻关注、如何挖掘其中的内涵意义是一个难题。本片较好地解决了这些问题,概括本片的最大优点可以用一句话:节目制作者较好地把握了议程设置,使得本片的新闻意义产生于相对轻松自然的交流之后。

新闻访谈节目是将记者与被访者交流过程加以呈现,造成相对客观的不受外界干扰的一种节目形态。这种形态的应用,在记者与被访者交流过程中可以很好地体现议程设置。众所周知,新闻访谈节目的难度首先体现在记者同被访者交流之前。采访前的准备不仅要熟悉被访者的详细情况,还要整理清晰的采访问题,更重要的是明确最终将要呈现的新闻定位。很多记者访谈前的准备做得很详细,问题设计也很合理,但是在与被访者交流的过程中,往往因为对整个采访流程提前的设计太多,反而没有办法在真正面对被访者时完全回归记者本身视角,造成了访谈交流过程的无趣。

《中国梦 中国"芯"》在交流视角运用上记者明确回归本位,从一名记者本身的视角看待这次采访过程。很多记者面对的科技领域新闻采访中的难题,本片记者在片子一开场就明确地加以说明了,只不过本片记者采用的是暗示方法。比如,片子开场采用了记者外景的镜头前报道形式,其报道词如下:在南昌第一场雪后的那个清晨,我采访了一位年过半百的老教授。他说他平时很少系领带,那天他特意系了条红的。他说他待在实验室的时间比待在家里还多,总结一下上班的时间叫做"5+2""白+黑",基本没有节假日。这个采访约了再约,一是因为他实在太忙,还有一个原因是他不太爱接受采访,他说搞科研的人要耐得住寂寞,这位老教授就是国家技术发明一等奖获得者——江风益。上述外景报道词仅仅用了 100 多字,采取了"欲扬先抑"的切入点,暗示性传达给观众如下几层意思:第一句话,在南昌第一场雪后的那个清晨,我采访了一位年过半百的老教授。这是强调本节目的访谈交流形式,并留给观众一个为什么是在雪后的清晨采访的小疑惑。第二句话,他说他平时很少系领带,那天他特意系了条红的。以红领带作为象征物在节目开头埋下伏笔,以呼应节目结尾的中国梦。后面的几句话,意思更有暗示性,主要是呼应江风益教授后面写在实验室里的一句话,也是其做事、做人的态度,那就是——多发光少发热,一是他研究领域要不断攻克的"蓝光 LED 照明核心技术"难题;二是他倡导科研工作要不赶潮流。像任何影视文艺作品一样,开场吸引人,那么整体水平也不会太差,《中国梦 中国"芯"》的开场已经体现出了这样的特点。含蓄表达,让新闻的意义体现在节目的背后,这也是完全符合电视传播特点的一种有效做法。

此外,《中国梦 中国"芯"》在 10 分钟的片长内,记者与江风益教授的交流问题都是从江教授的谈话中敏感抓住一个点,以此展开进一步的采访交流,这是比较难能可贵的。比如,在谈到去北京领奖时的交流内容就很有代表性。

记者:您当时进入人民大会堂,到接过这个证书的时候,您当时心里都在想什么？

江风益：当然会回想一下十多年的研究历程，有很多酸甜苦辣呀！

记者：那您会怎么去形容酸甜苦辣？您最想选择的是其中的哪一个字？

江风益：应该说最想选择的是苦，要吃苦也要吃得亏，有时候还要脸皮厚，这句话可能一般人不会说出口来吧！

记者：为什么要脸皮厚啊？

江风益：当人家说你不行的时候，你要去面对它，你自己要充满信心。

综上，《中国梦 中国"芯"》一片的访谈过程就是聊天过程，只不过这种聊天过程客观体现了记者的新闻敏感，通过短短的 10 分钟访谈交流，不但将江风益教授的求学努力、科研艰辛的历程呈现给观众，而且还给观众留下了一个爱家乡、爱国家的科技工作者的丰满形象。

2015—2016 年度中国广播影视大奖提名奖
第二十四届江西新闻奖电视新闻专栏奖
杂志天下

代表作：

2016 年 5 月 2 日文稿

　　观众朋友大家好，欢迎收看《杂志天下》，我是廖杰，和你一起来关注正在流行的话题。今天是"五一"小长假第三天，咱们来说一说劳动者。最新一期《南方人物周刊》，封面话题：故宫的匠人匠心。另外一本杂志，《中国周刊》，封面话题：匠人精神。

　　前段时间，纪录片《我在故宫修文物》在网上大热。令人意外的是，"舔屏"故宫老师傅的，大多是 90 后、00 后。在 B 站，满屏的弹幕，都是年轻人对故宫文物修复师的爱慕。钟表组的王津王师傅受到最多的追捧，他外表神似郑少秋，被称为"故宫男神"。有粉丝问："王师傅，您缺儿媳吗？"王师傅就奇怪："她们怎么知道我有儿子呢？"很显然，王师傅并不了解现在年轻人的表达方式。其实，这就跟他们把明星称为"老公"一样，问王师傅有没有儿媳，仅仅是一种表达方式。

　　故宫的工作让他们有点"与世隔绝"，以前很少有人关注他们。不过，红墙的隔绝，在某种程度上又保护了他们，他们的工作节奏，没有被卷入到焦虑的现代化进程中。这里没有加班加点，没有截止期限，没有拖延症。他们可以沉下心来，专注于文物修复这一件事。

　　故宫里的文物修复师，他们是普通的"手作"劳动者，但他们的手艺，却穿越了千年，他们把毕生所学，全都用在了文物的修复、保护上，他们是真真正正的"工匠"。这部片子圈粉无数，不仅因为他们的手艺精湛，更因为，他们对待工作的那种认真、那种专注，很吸引人。有网友说，看了这部纪录片后，去故宫看展品，会更有感触，因为知道每一个文物背后，都有大师们付出的心血。还有人就感叹，说原来我们身边还真有这样的人，一辈子只干一件事，只为了把这件事做到极致。比如，王师傅，16 岁进入故宫钟表组，修了 39 年的钟表。一个破损的钟表，已经坏了 100 多年，经过他的修复，就像重新被赋予了生命。在修复过程中，普通人看不出来它的缝隙，他要反反复复调校，直到看不出半点瑕疵。这样精益求精的做派，不正是我们常说的"工匠精神"吗？这种气质，如今太稀缺了。在工作越来越流水化的今天，成为一个工匠，是一件被尊重、被渴望的事情。

　　在过去，工匠精神充满了理想主义色彩、充满了传奇浪漫精神。比如，江西永修的

"样式雷"家族,那真是建筑界的一个响雷,从康熙年间到清末,200来年,雷家的八代人,主持了皇家建筑的设计,负责过故宫、圆明园、颐和园、清东陵、清西陵等重要工程。中国建筑当中,"世界文化遗产"这个级别的,有五分之一是由雷家建筑设计的。"样式雷"的家族史,就是一部"工匠精神"史,他们专注、严苛、极致的标准,无不体现着传统的匠心。

当然,工匠,并不仅仅限于故宫皇家"高大上"的领域。套用财经学者吴晓波的话来讲,工匠精神就是:做电饭煲的,能让煮出来的米饭,粒粒晶莹、不黏锅;做吹风机的,能让头发吹得干爽柔滑;做马桶盖的,能让使用者如坐春风。

工匠精神的反面,是追求短期经济效益的"短、平、快"。相较于粗制滥造赚快钱,坚守工匠精神更苦,也更难。你要静得下心、耐得住寂寞、坐得住冷板凳、下得了苦功夫。工匠,不仅是一项技能,更是一种精神品质。

要我说,只有让匠人活得体面有尊严,让工匠精神成为一种社会共识,工匠精神才会生根发芽。

(断开)

4月29日,著名作家陈忠实因病去世,享年73岁。他的离去,是中国文坛的重大损失!说起陈忠实,就不得不提《白鹿原》,可能很多人对《白鹿原》的了解,源于2012年的那部电影,导演王全安将小说搬上了大荧幕,当时引起过不少话题。但电影毕竟是再创作,150多分钟很难将这部50多万字的小说淋漓尽致地表现出来。在这部巨著中,陈忠实不仅有对个人命运的关照,更讲述了白鹿原上几代人的苦难命运和心灵秘史,折射出中国农村社会近半个世纪的深刻变革,堪称一部渭河平原近现代50年变迁的雄奇史诗。陈忠实也凭借它获得了第四届茅盾文学奖。《白鹿原》至今已经发行了200万册,被教育部列入"大学生必读"系列,小说除了被改编成电影,还被改编成话剧、秦腔、舞剧、连环画、雕塑等。

西方学者是这么评价《白鹿原》的:"由作品的深度和小说的技巧来看,《白鹿原》肯定是大陆当代最好的小说之一,比之那些获得诺贝尔文学奖的小说并不逊色。"但这样一部文学巨著的诞生,也是充满故事的。陈忠实当时写《白鹿原》的初衷,还离不开另一个作家,那就是路遥。陈忠实,是陕西人,路遥呢,也是陕西人。说起来,陕西出过不少知名的作家,除了这两位,还有一位,贾平凹。这三位,那被誉为是陕西文坛的三杆枪,陕北有路遥,陕南有贾平凹,关中大地当属陈忠实!咱话再说回陈忠实和路遥,1988年,路遥发表《平凡的世界》,达到个人文学事业的巅峰,获得了多项文学大奖,其中就包括茅盾文学奖,而路遥比陈忠实小7岁,这就让陈忠实很有压力,他曾经在采访中这样说道:"当路遥的作品获得文学最高奖项时,我再也坐不住了,心想,这位和我朝夕相处的、活脱脱的年轻人,怎么一下子达到了这样的高度!我感到了一种巨大的无

形压力,我下定决心要奋斗,要超越,于是才有了《白鹿原》。"说到写《白鹿原》,还有个小插曲,在闷头写《白鹿原》的那几年里,陈忠实的妻子经常说他没啥用,挣不了钱,《白鹿原》写完后,陈忠实对妻子说:如果发表不了,我就去养鸡。当然,结局大家也都知道,陈老当然没有去养鸡。1992年,《白鹿原》横空出世,评论界欢呼,新闻界惊叹,读者争相购阅,一时间"洛阳纸贵"。路遥的《平凡的世界》前脚刚获得茅盾文学奖,陈忠实后脚就跟上来了,《白鹿原》随后就获得了下一届茅盾文学奖。瞧见没,这用时下的流行语说,看朋友比自己好,友谊的小船并没有说翻就翻,而是更用力划桨了,迎头赶上。

说起来,写作那是一个漫长的过程,所以,作家们在搞创作的时候,都有自己的写作习惯。像鲁迅,喜欢在晚上写作,因此,写作期间,鲁迅晚上几乎是不睡觉的,早晨六七点钟到中午十二点钟才是他的睡眠时间,他的朋友都知道,如果有事,上午去找鲁迅先生一定是找不到人的。还有法国作家雨果,写作的时候,有个习惯,就是让家人把他的衣服都收起来,这样他想出去都不行,只能待在家里一直写写写。陈忠实呢,也有自己的写作习惯,他喜欢把自己关进"小黑屋"里,他写《白鹿原》的时候,一直住在乡下的老屋里,他说:"我在创作时必须把自己关在屋里,这里笔下的人物仿佛都在我的周围活动,要是屋子里进来一个人,那些人物都吓跑了,我也就写不出一个字。"陈忠实曾经这样描绘自己写作时的状态:"我进入这个世界,就把现实世界的一切忘记了,一切都不复存在,四季不分,宠辱皆忘了,我和我的世界里的人物在一起,追踪他们的脚步,倾听他们的诉说,分享他们的欢乐,甚至为他们的痛心而伤心落泪。这是使人忘却自己的一个奇妙的世界。"

陈忠实是陕西人,陕西的秦腔很有名,说到这,有一首秦腔,大家估计都能唱上一两句,那就是"他大舅他二舅都是他舅,高桌子低板凳都是木头。"其实,这首秦腔就是出自于《白鹿原》,因为演唱的时候,近乎于怒吼的状态,直起直落、宽音大嗓的特点,被一些年轻人称为中国古代的"摇滚乐"。后来,这首秦腔在影视剧当中被各种演绎,像导演张艺谋,在他的电影《三枪》里,就稀罕地露了一嗓子,把这首秦腔唱得别有另一番滋味,感受一下【接歌曲】。

陈忠实,会写作,会秦腔,他的书法也是一绝,自成一派。但无论外界如何高看,陈忠实对自己的书法,却是谦虚得很,说自己的书法"仅仅是用毛笔写的字"而已。在《白鹿原》获得茅盾文学奖后,他的书法作品也成了抢手货,众人纷纷上门求墨宝,因为是自家"土特产",便少了"斤斤"之计较,朋友喜欢,拿去便是。陈忠实还定下一个规矩,凡是作协会员出版作品,索题书名一律分文不取。虽然陈老这么表态了,但收到墨宝者,都不好意思白拿,往往会礼尚往来给陈老一些礼物啊,一些现金什么的,以表感谢,但却无一例外地遭到陈老的拒绝,他说:"以文会友是快乐的事,怎么能当成生意做?在不熟悉陈忠实的人眼里,陈忠实是大作家,是文坛巨匠,而在熟悉陈忠实的人看来,他就是个和蔼可亲可敬的长者,忠实忠实,忠诚老实。

在小说《白鹿原》的开头,整整一页纸的篇幅,陈忠实只写下了巴尔扎克的一句话: "小说被认为是一个民族的秘史。"陈忠实走了,但他的作品还在,世间再无陈忠实,长安犹存白鹿原,让我们在书里面找他!

(断开)

前不久,国家博物馆副馆长陈履生火了一把。他在一档节目中说,很多人进了博物馆后,不是欣赏文物,而是全部精力都用在拍照上。他忍不住吐槽:你拍的照片,像素也好、清晰度也好,都不如我们官网上的图片,直接到官网下载就可以了,何必辛辛苦苦跑来拍照呢?他甚至"毒舌"了一句,说:"在博物馆,拍照的都很傻。"估计这句话一说,不少人在"五一"期间默默躺枪了吧。

其实,每逢节假日之前,都会有人讨论这样一个话题:旅行时,要不要把精力全部放在拍照上。为什么我们在旅行时那么喜欢拍照?这种行为到底傻不傻?

不可否认,拍照可以满足人们对于美好事物的占有欲望,将美好的事物定格,日后慢慢回忆。但如今,拍照跟旅行,似乎有点本末倒置了,很多人形成了"遇到美景,非拍不可"的习惯,手机、相机取代了双眼,手指就像被 502 胶水黏在了快门上,疯狂地连拍,动辄拍上千张照片,连手机都受不了,内存不堪重负,"空间不足,无法拍照",以此来表示抗议。

拍照的人一多,人民群众的智慧也展现得淋漓尽致。比如,看樱花的人太多了,有人就爬上树,这里风景独好!看铜像的人太多了,本宝宝就靠在铜像怀里,分分钟成了被拍的主角。当然,素质和节操,也随之掉落一地。每到假期,我们的朋友圈,就像环球摄影大赛一样精彩。有人不仅一天 PO 照无数次,而且每 PO 必是九宫格。

有人会说了,我拍的照片都是美好的记忆呀!可是呢,很多人在旅游景点,拼出吃奶的力气,挤到标志性的景色前拍了照,拍完就走,不再看一眼;旅行结束后呢,数千张照片,默默地躺在硬盘里,再无出头之日,这和没拍又有什么区别呢?

日本一位作家,用七年半时间,骑车环游世界,他就说:既然降生到这个世上,我就要好好看看它,用眼睛看风景,用耳朵听虫鸣,用嘴巴品美食,用鼻子嗅花香,最重要的是,用心感悟这个世界。如果我拍了很多照片,回忆中的场景就不再是回忆了,而只是一张照片而已。

所以,出门旅行,别只顾带相机,而忘了眼睛和心。

(断开)

接下来,进入板块,杂志标题:《看世界》,文章标题:"迪拜"乞讨月入 47 万,你以为这是真相吗?

最近,迪拜的乞丐火了。有媒体报道,说最近迪拜警方正在全力抓捕"职业乞丐"。

迪拜市长对外宣称,他们都是外国人,拿着3个月的旅游签证到迪拜,他们来了之后,既不去看哈利法塔,也不去住帆船酒店,而是到街头乞讨,3个月就能赚到81万迪拉姆,平均每个月27万,相当于人民币47万左右。网上还有一个视频,一个富豪坐在车里,跟车窗外的乞讨者说"没带现金",没想到,乞讨者随手从兜里掏出一个POS机,让他刷卡。

有不少网友就说,"准备组团去乞讨"。还有人调侃:"如果有一天,我老无所依,请把我送到迪拜去行乞。"

那么在迪拜,真的就是遍地黄金,乞讨也能一个月赚47万吗?有人就拿出了一个数据,说根据统计,在迪拜,辛辛苦苦的白领,一年也赚不了这么多。比如,做销售的,奢侈品牌的销售,一个月加上提成的话,大概能赚3万;普通品牌的销售,也就1万左右。

所以,"弯腰就能捡到钱"这种美事,迪拜是没有的,它也算不上是淘金者的天堂。那么,迪拜为什么喜欢把自己包装成"土豪之都"呢?这里面大有文章。

问你一个问题,迪拜的经济支柱是什么?很多人估计想都不用想,就会说,肯定是石油啊。告诉你,错了。迪拜的石油仅仅占到了GDP的6%,它的旅游业其实是大头,占到了GDP的10%以上,更重要的是,旅游业解决了迪拜25%的就业。

如此看来,新闻上说的迪拜:什么布加迪当公交车,兰博基尼当警车,土豪把豹子当宠物,用黄金做贩卖机,这些其实都是为了增加迪拜的奢华感和神秘感,吸引全世界更多的游客。

看到没,人家炫富,其实是为了圈钱。

接下来,进入板块,杂志图片。

河南洛阳某温泉景区,推出水果温泉,温泉池子里泡满了苹果、柠檬和橙子,景区负责人就说,水果温泉可以美化皮肤,促进新陈代谢。有趣的是,有游客禁不住水果的诱惑,苹果拿起来就吃,柠檬拿来敷脸,这水果温泉,连泡带吃加面膜,还真是半点没浪费!

夏天到了,又到了丝袜争奇斗艳的时候了,咱听说过自带美颜的相机,但你有听过自带美甲的丝袜吗?对于懒得抹指甲油的女生们来说,这种丝袜那可谓是大写的福利,从条纹到波点,再到各种可爱的卡通样式,爱美之心,一袜搞定!

某大学举办运动会,4×100米接力赛,接力赛那得有接力棒吧,可你看看人家这接力棒,非同寻常,居然是灭火器,选手们肩扛、手提、抱着,怎么顺手怎么来,那场面喜感十足。

(断开)

接下来,咱们来说一说平衡车。哈是平衡车啊,看图片,有这种独轮的,也有这种双轮的。前几年,在马路上看见有人脚踩平衡车,那都觉得很稀奇,就像哪吒脚踩风火轮,酷炫到不行,忍不住要多看两眼。不过,这两年,马路上的"哪吒"好像是越来越多了,大家对平衡车也就见怪不怪了。只是,这平衡车一多,问题也就随之而来。什么问题啊,安全问题。说前不久,广州的王先生,购买了一款平衡车,每天踩着它上班下班,还真挺方便的。可某天在上一个缓坡的时候,他像往常一样,身体前倾一点加速,哪知道平衡车突然失去动力,结果,小王摔倒在地,这一跤可不轻,直接摔了个右腿髌骨骨折。这让小王很郁闷,认为是平衡车有设计缺陷,就把厂商给告上了法庭。

小王的受伤,其实并不是个例,你在网上输入"平衡车"、"受伤"这两个关键词,有不少相关的新闻。平衡车最早进入中国市场,是在 2008 年北京奥运会期间,当时安保人员使用的是某一国外品牌的平衡车。随后,国内就开始有人试水平衡车,到现在,平衡车在国内的发展那叫一个迅速,仅在深圳,生产平衡车的厂家就有 500 多家,浙江也有几百家。那都是些什么企业在做平衡车呢?有做手机的,有做汽车用品的,还有什么做电池的,总之吧,那是什么人都来做平衡车。来分蛋糕的人一多,好处就是,平衡车的价格下去了,几千块钱、甚至几百块钱就能买一辆,那坏处就是,谁都能做,这质量能不能保证呢?那就只有天知道了,因为到目前为止,关于平衡车,还没有一个国家的相关的质量标准,也没有地方标准。换句话说,在缺乏统一的行业标准下,大家想怎么生产就怎么生产,至于产品是不是够安全、出现问题如何处理,不好意思,这些都是空白。有媒体就曾经报道过,一些小厂商,购买低价劣质的配件进行组装,然后贴牌销售,这样的平衡车,就很容易出现安全问题。而一旦出现问题,因为没有相关标准,就导致消费者在维权的时候,遭遇尴尬,出现推诿扯皮。比如,就像前面说到的小王受伤的事例,他认为是平衡车的质量和设计存在缺陷,可厂商则认为是你用户操作不当造成的,双方就这么打起了口水战。此外,因为没有标准,低价的劣质产品太多了,劣币逐良币,对平衡车行业的发展也不利。

有业内人士就说,目前平衡车行业越是发展迅猛,越是亟须规范和统一,比如平衡车的最高行驶速度是多少,在哪些道路可以行驶,哪些地方禁止,模具的材料标准、电池的材料和使用寿命标准等等,都需要规范,这样不光是对消费者负责,其实也是对整个行业负责。

在这,我们就想说,平衡车,看起来很有范,但想让平衡车没有隐患,恐怕还需要有范,有所规范!

接下来,《新周刊》,文章标题:中国式留学。

前不久,美国国土安全部用野鸡大学"钓鱼执法"的事引起热议。它虚设了一所大学,叫北新泽西大学,结果一千多名留学生上当,其中有数百名是中国留学生,他们将因此被遣返,理由是涉嫌"签证诈骗"。

用假大学"钓鱼执法",这固然引来了一些争议,但这件事,恰恰说明了签证造假的严重性。同时也说明,有些留学生,那是饥不择食,明知是野鸡大学,为了给自己镀金,他也愿意花钱。

文章就说,中国式留学,这几十年来,发生很大的变化。20世纪80年代的留学生,大多是公派留学,他们没有钱,但有良好的教育背景、有真正的求知欲。而现在呢,大量中国留学生拥到国外,他们有钱了,不用去刷盘子赚学费了,却有了另外一些负面标签:像什么签证诈骗、奢靡炫富、考试作弊等等。前不久,《纽约时报》在头版报道了中国留学生,他们随手一买,就是兰博基尼,那叫一个有钱,让美国人都咋舌。还有一部分留学生,把留学变成了"海淘",每天围着包包、化妆品、奶粉打转,成了一个"跨国搬运工"。

这些现象,就影响了中国留学生的整体形象。比如在美国,中国留学生比例过高的大学,当地人就会主动避开;而常春藤名校,像哈佛、耶鲁,招收中国学生的比例明显下滑了,录取要求也更苛刻了。有人就用一句话总结:说中国式留学,20年前是求学,10年前是投资,现在是找虐。

早些年,"海归"就意味着精英。如今,"海归"已经风光不再了。教育部发布了一份2015年度《中国留学回国就业蓝皮书》,里面就显示,2015年留学生50多万,海归40万。这就意味着,出国与回国的人数相差不大了,越来越多的留学生回国发展,"海归"的就业成了一个大问题。用昂贵学费换来的国外毕业证书,并不一定就能换来高收入的工作。当然,真心想求学的人,他是为了去历练、去认识世界,这比一张文凭更有价值。

要我说,就像不是所有人都适合考试一样,也不是所有人都适合留学。孩子要不要出国留学,这个问题,家长们还真得留心。

(断开)

接下来,我们来看这一期的《南方人物周刊》,介绍锐词:雨滴饼。这是美国纽约最近很流行的一种食物,喏,长这个样子,就如同它的名字一样,形状宛如一颗巨大的雨滴,透明,有点像果冻。雨滴饼由水和琼脂制作而成,你可以单吃,也可以就着黑糖和黄豆粉一起吃。雨滴饼之所以这么流行,好吃只是一方面,更重要的是就因为它颜值高,很适合拍照,你看看,这随便拍一拍,就美得不要不要的,不用吃,光看着就饱了,因为秀色可餐。

好的,感谢收看《杂志天下》,读杂志观天下,杂志话题多,明天中午接着说。节目最后是天下言论。

江西广播电视台

主创人员:廖荣杰、段祖庆、王杰、胡王夏宇、李儒凤、陈晶晶

碎片化时代的精神食粮拼盘

——评《杂志天下》

李 琳

《杂志天下》是江西卫视的一档新闻类脱口秀节目,该节目通过主持人阅读各类资讯的方式,从资讯的图文中展开话题,读解与人们精神生活、日常生活有关的内容,满足人们对时尚生活的追求,传播具有流行意义的信息,用一个形象化的说法,《杂志天下》是一道精神食粮拼盘,包罗热点信息、时尚话题,满足了碎片化时代受众对信息的需求。

《杂志天下》是当下社会催生的媒体融合的新型节目形式。媒体融合是数字时代背景下一种媒介发展的理念,是在互联网迅猛发展的基础上对传统媒体的有机整合。如果让一个普通人描述自己十几年前的媒体接触方式,简单的几句话就可以描述清楚:白天看报纸,晚上看电视。但是今天,人们的生活被很多碎片化的内容切分,在信息传播进入网络时代以后,碎片化逐渐成为中国社会传播语境的一种形象性描述。在这种语境下,《杂志天下》这一融合了平面媒体和视听媒体,融合了多类别信息的节目应运而生,这是一档在以听为主的节目中创造视觉美的节目。节目创作团队根据多媒体的原始素材,综合、整理、提炼、加工,表现事件背后的真实,还原新闻的全貌,同时对新闻进行延展性叙述和评论,从而提升新闻报道的质量和深度。

《杂志天下》定位精准,将观众定位在都市繁忙生活的白领人群,这部分人具有寻求改变的精神,有获取政治、经济、社会新闻、流行资讯等信息的需求。但是,碎片化时代的现代白领已经没有大量时间通过阅读平面媒体来获取相关信息。《杂志天下》节目最大的功能是"替代性"。替代观众事先完成了信息碎片的收集和选择,从各类媒体中把更具有冲击力和可能受到观众关注的资讯信息选择并集中呈现;替代观众进行延伸阅读,节目不是其他媒体资讯的简单复制,是在平面媒体、网络媒体所提供信息的基础上收集其他相关资料一并呈现给观众,大大扩展了原始资讯的信息量;替代观众进行评价,节目对各热点话题会进行深刻而犀利的评价,一方面和观众获得共鸣,另一方面也为很多观众提供了热点社会话题的高大上的观点,为观众的社交活动提供了谈资。节目这种对资讯的替代性精读,某种程度上解决了现代白领没有时间阅读,但又渴望了解社会热点、热衷于参与热点话题讨论的两难困境。

《杂志天下》的另一个成功之处在于节目内容符合当下的受众审美取向:话题热、用语潮、评论新。如《杂志天下》2016 年 5 月 2 日这一期,从"五一"引出了劳动者,引出了热门话题"工匠精神",引出了热点节目《我在故宫修文物》。这一期的第二个话题是 4 月 29 日,因病去世的著名作家陈忠实。第三个话题也和假期有关:旅行拍照。三个话题涉及文化热点、社会热点,新鲜热辣,很难不引起受众关注。杂志标题板块评议的是杂志《看世界》中的文章标题:"迪拜"乞讨月入 47 万,你以为这是真相吗?杂志图片板块分别介绍了河南洛阳某温泉景区推出的水果温泉、自带美甲的丝袜、灭火器接力赛。其后两个社会生活热点话题"平衡车""中国式留学"。最后介绍锐词:雨滴饼。《杂志天下》2016 年 11 月 28 日这一期节目中叙述、评议了"老人走失""120 急救电话""黑人中医""骑摩托车能否上高速""快递员猝死"等热点话题,介绍了某酋长用网络呼吁保护"地球之肺",外国小伙的 PS 趣事等奇闻异事。可以说节目内容有新意,话题有热度,自然能吸引受众。在节目中各色流行词汇随时可闻,如"舔屏""拖延症""圈粉""手作""友谊的小船并没有说翻就翻"等等,这些流行词汇的使用会使观众产生同一话语语系的认同感,由此也增加了收视的兴趣。节目对话题的评议观点新,同时又具有一定的深度,如 2016 年 5 月 2 日这一期评工匠精神:"要我说,只有让匠人活得体面有尊严,让工匠精神成为一种社会共识,工匠精神才会生根发芽。"评价已故作家陈忠实:"在不熟悉陈忠实的人眼里,陈忠实是大作家,是文坛巨匠,而在熟悉陈忠实的人看来,他就是个和蔼可亲可敬的长者,忠实忠实,忠诚老实。"从节目对热点话题的评述可以看出,节目的主创人员具有较高的文化素养,和节目的目标受众白领属于同一文化圈层,更易引起思想上的共鸣,从而让受众接受并喜欢上节目。

多种媒体资讯的融合,多种媒体手段的融合,《杂志天下》节目就像一道精神食粮拼盘,在短时间内满足了特定受众人群的多种需求,正是这样一种符合碎片化社会语境的节目特点,使得节目脱颖而出。

第二十七届中国新闻奖三等奖

方家大院的中国年

口导:在南昌老城区,有座方家大院,院子里住着方氏四兄弟,走出了 12 位画家。今天,我们就去这个书香之家,看看他们的春节是怎么过的。

【配音】方家大院坐落在南昌老城区的一条巷子里。老宅院不仅是方家的私人住所,也是四方书画院所在地。一走进方家,就见四兄弟正在为春联忙乎。老四方云的对联以富有禅意的"和"为主题。

【同期】方云:自信和悦,人我和敬,家庭和睦,社会和谐,世界和平。

【配音】90 年代,方学晓、方学奇、方学良、方云四兄弟在江西书画界声名鹊起,他们遵循文章节义,善隐厚重,十多年来坚持在这座院落里静静地写字、画画,一如他们给自己的居所所取的斋名。

【同期】方学晓:我的斋名叫大方斋。

【同期】方学良:(咱们这个叫?)晟园。

【同期】方云:我的斋名叫"云岫斋",出自陶渊明的"白云出岫",它告诉我们什么呢? 一切要顺其自然。

【同期】方学奇:我的斋名就叫著心宇,运用了《庄子》里面的一个典故,就是教导我们后人,治学要严谨,要用心用脑。

【配音】四方之家现在已经走出了 12 位画家,在方家四兄弟的影响下,第三代年轻画家们开始崭露头角。春节期间,他们每周一次的读书会活动照常进行。今天,兄弟姐妹们研读的是《庄子》。

【同期】江西师范大学美术学院教授、方家女婿苏米:经典的传统文化书籍,它是一个安身立命的根本之修,对于中国文化来讲,它也是传统文化最基本最精华的一个内核。

【同期】南昌大学艺术与设计学院 方园:这些心得不会直接体现在像画谱对技法和画面的直接变化的作用,但是肯定会对我们观察事物,还有思考问题的角度上会有一个非常好的启发作用。

【同期】江西画院专职画家 方李:让我们内心变得更强大,才不会被外面的世界所左右,然后坚持自我恪守传统。

【同期】湖北美术学院油画系毕业生 方天川:给自己静下来的机会,我觉得这是上课之后给我最大的改变。

【配音】方家人认为,在自己家里办读书会是一件特别酷的事情,对中国传统文化的喜爱与专注,是方家几代人共同的基因和沟通的纽带。从年三十到正月十五,一大家25号人都将聚在一起,书画之家的中国年,热闹而温馨。

【同期】"家和万事兴,祝国泰民安!"

【同期】中央美术学院研究生 方家女婿解丁泉:最大的感受就是温暖,一家人在一起和和谐谐。这些长辈们每天都笔耕不辍,给我们这些晚辈做了很好的榜样。

【同期】江西教育期刊社 方量:他们的画可以拓展开来,无限地拓展开来,从里面去寻找他们的美丽的世界。这也是我们现在画画所追求的。

【配音】一方之家,国之缩影。晚上,方云开始耕耘他的"四方缘"微信公众号。每天,有成千上万的粉丝阅读这个号。目前,方云与星云大师合作的云禅画正在海峡两岸巡展,他希望能够通过互联网传递更多的中国智慧。

【同期】方云:中国传统文化中的精髓其实是和我们社会主义核心价值观一脉相承的,它有助于社会的和谐,增加文化自信。我们的目标,把它继承好,把它发扬光大。

江西广播电视台

主创人员:谢永芳、付忆静、赵洪潭、程小刚

《方家大院的中国年》创作谈

谢永芳

江西画坛有一个著名的书画世家,以方学晓、方学奇、方学良、方云四兄弟为代表,人称"四方"。记者在一个偶然的情况下了解到,四方之家现在已经走出了12位画家;更有意思的是,方氏家族一直生活在同一个院落里,几代同堂。在人心浮躁、急功近利的现实世界,是什么神奇的力量让书香得以代代传承?在喧嚣的尘俗中,又是什么,将方家人和谐地凝聚在一个屋檐下?我的直觉告诉我,这一社会现象背后隐藏着重要的新闻价值,于是,我选择春节这一特殊的时间窗口,以目击者的身份,以纪录的方式,走进四方之家,独家解密"方家大院"。

方家大院地处南昌闹市里巷,掩映在斑驳门墙和葱郁翠竹下。一走进院门,便感觉穿越时空,走进了安静的旧时光。除夕这天,温情脉脉的方家人,一起写对联、贴对联,一起读书作画……遵循文章节义、善隐厚重的方氏家族群像真实地呈现在我面前。在与方家人一一对话之后,我发现,方家独特的文化坚守,缘于家风,又植根于中华传统文化,优秀传统文化的浸淫和传承,让方家大院在浮华喧嚣中显得遗世独立。与此同时,方家人与时俱进地通过互联网,将中国智慧从这一方宅院传递到海内外,体现了传统和现代的结合。这不正是中华文化实现精华传承和时代创新的一个典型?!

如何将这一典型的社会现象进行视觉化呈现,我从以下三个方面着力:

一、以点见面

以春节这个时间窗口,集中展现方家人的文化自信,洞见方家大院的根和血脉——中华优秀传统文化。让作品润物无声地传达出这样一个信号:中华优秀传统文化,代表着中华民族独特的精神标识,是中国特色社会主义植根的文化沃土,是实现中华民族伟大复兴中国梦的持久力量,是当代中国发展的突出优势,意义重大。

二、以小见大

"一方之家,国之缩影。"节目透过对联、斋名、读书会、公众号这几个小场景,自然真实地展示了文化的传承、家风的延续,把社会主流价值观这一宏大的主题,浓缩在一方之家的几个学习、生活场景中。

三、以叙代评

节目大量运用现场纪录和同期声采访,深入挖掘方家人的艺术情感和创作原动力,故事性和感染力强。中国社会主流价值观、普通百姓"家国情怀"和中华民族文脉"活"了起来。

作品在江西卫视《江西新闻联播》播出后,在网络上被大量转发,引发海内外社会各界,尤其是海峡两岸对于中国传统文化及家文化的热议。其中,官微评论区爆棚,达到评论条数上限。报道播出后,南昌市东湖区做出决定,将处于拆迁地段的方家大院列入文化保护单位,打造成文化地标,不予拆迁。2016 年 5 月份,由方家兄弟创作策展的《星云禅话 方云禅画创作展》参加星云大师佛光山开山五十周年纪念画展,在台湾引起轰动。

2017 年初,中共中央办公厅、国务院办公厅印发《关于实施中华优秀传统文化传承发展工程的意见》,在新中国历史上第一次以中央文件形式,专题阐述中华优秀传统文化传承发展工作,提出在尊重文化传统,注重社会实际,注重变通、创新、开放、多元基础上的传承。这也从另一个侧面肯定了方家大院在文化传承上的典型意义。

图书在版编目（CIP）数据

2016年度江西省报纸广播电视优秀新闻作品评析 /
杨六华，王文科主编. —杭州:浙江大学出版社，
2018.2
ISBN 978-7-308-17973-7

Ⅰ.①2… Ⅱ.①杨…②王… Ⅲ.①报纸－新闻报道
－评论－江西－2016②广播节目－评论－江西－2016③电
视节目－评论－江西－2016 Ⅳ.①G219.275.6

中国版本图书馆 CIP 数据核字（2018）第 021113 号

2016 年度江西省报纸广播电视优秀新闻作品评析

杨六华　王文科　主编

责任编辑	李海燕
责任校对	孙秀丽
封面设计	续设计
出版发行	浙江大学出版社
	（杭州市天目山路 148 号　邮政编码 310007）
	（网址：http://www.zjupress.com）
排　　版	杭州中大图文设计有限公司
印　　刷	浙江省邮电印刷股份有限公司
开　　本	787mm×1092mm　1/16
印　　张	26.75
字　　数	525 千
版 印 次	2018 年 2 月第 1 版　2018 年 2 月第 1 次印刷
书　　号	ISBN 978-7-308-17973-7
定　　价	76.00 元
